刘泽华全集

刘泽华◎著

南开大学历史学院◎编

历史认识论与方法

天津出版传媒集团

天津人民出版社

图书在版编目(CIP)数据

刘泽华全集. 历史认识论与方法 / 刘泽华著；南开
大学历史学院编. —— 天津：天津人民出版社, 2019.10
ISBN 978-7-201-15220-2

Ⅰ.①刘… Ⅱ.①刘… ②南… Ⅲ.①刘泽华–文集
②历史哲学–研究 Ⅳ.①C53②K01

中国版本图书馆 CIP 数据核字(2019)第 201643 号

刘泽华全集·历史认识论与方法
LIU ZEHUA QUANJI · LISHI RENSHI LUN YU FANGFA

出　　版	天津人民出版社
出 版 人	刘　庆
地　　址	天津市和平区西康路 35 号康岳大厦
邮政编码	300051
邮购电话	(022)23332469
网　　址	http://www.tjrmcbs.com
电子信箱	reader@tjrmcbs.com

总 策 划	任　洁
责任编辑	金晓芸
特约编辑	王小凤
装帧设计	明轩文化·王　烨

印　　刷	河北鹏润印刷有限公司
经　　销	新华书店
开　　本	710 毫米×1000 毫米　1/16
印　　张	27
字　　数	435 千字
版次印次	2019 年 10 月第 1 版　2019 年 10 月第 1 次印刷
定　　价	175.00 元

前　言

　　由天津人民出版社编辑出版的《刘泽华全集(全十二卷)》,在众多南开师友、刘门弟子、家属及出版社领导、各位编辑的共同努力下,终于可以问世了。此套全集由南开大学历史学院主持编选,一些事项需要在此说明:

　　一、刘泽华,享誉海内外的著名史学家、南开大学荣誉教授,1935 年 2 月出生,2018 年 5 月 8 日病逝于美国西雅图,享年 83 岁。自 1960 年大学三年级破格留校任教后,刘先生在南开大学历史系、历史学院执教四十余载,直至 2003 年退休。刘先生曾任南开大学历史系主任、校学术委员会委员、教育部人文社科重点基地中国社会史中心主任等校内外多种重要学术职务,受聘于多家高校及科研单位并担任客座教授,退休后被授予"南开大学荣誉教授"称号。刘先生著作较多,理论观点自成一体,所提出的"王权支配社会""王权主义是传统思想文化的主脉""中国传统政治思想是一种'阴阳组合结构'"等命题和论断,准确而深刻地把握住了中国传统政治文化与政治实践的特点,具有重要的理论创新性,学术影响极大。

　　二、在几十年的教学与科研进程中,刘先生带起了一支专业素质较强的学术团队,以他的学术观点为灵魂,系统梳理中国传统政治思想的脉络,找寻传统与现代政治理念间的异同,致力于剖析中国现代化进程中的诸多症结,具有鲜明的学术个性、敏锐的问题意识和强烈的现实关怀,被誉为"王权主义学派"或"刘泽华学派"。先生可谓是中国政治思想史领域的代表性人物之一。

　　三、鉴于刘泽华先生崇高的学术地位及其论著的重要理论价值,《刘泽华全集(全十二卷)》得以入选天津市重点出版项目。为保证文集的学术水平和编纂质量,天津人民出版社与南开大学历史学院密切合作,联手打造学术精

1

品。经刘泽华先生生前授权,由南开大学历史学院主持全集编选工作,成立了由李宪堂、张荣明、张分田教授为主的编选工作组,带领部分研究生收集初稿进行编选,之后又多次协调召开京津地区刘门弟子研讨会,对全集十二卷的顺序、各卷目录及学术年谱进行了反复讨论。天津人民出版社副总编辑任洁带领团队全力投入,负责各卷编辑工作。

四、时值南开大学百年华诞,作为献礼之作的《刘泽华全集(全十二卷)》的出版引起广泛关注。全集编选工作得到各方支持,进展顺利。多位师友提供刘泽华先生文章手稿及照片。阎师母及先生的女儿刘琰、刘璐对全集的出版十分关心,就全集的编撰、封面设计提出不少建设性的意见。葛荃教授代表刘门弟子撰写了全集的序。葛荃、张荣明、李宪堂、孙晓春、季乃礼、林存阳等教授审读了各卷。何平、杨阳、林存光、邓丽兰等诸多刘门弟子,以及诸多南开史学的毕业生纷纷表达期待之情,翘首以待。

五、由于刘泽华先生的写作时间始自 20 世纪 50 年代初,直至 2018 年 5 月逝世前夕,跨度长达半个多世纪,各个时期的学术规范、报刊发表要求不尽相同,给收集整理和编辑工作带来相当大的困难。此次出版,除对个别字句的误植进行订正外,基本保持发表时的原生样态,以充分体现论著的时代性,便于后人理解当代中国史学演变的路径及意义。刘泽华先生的回忆录《八十自述:走在思考的路上》于 2017 年由生活·读书·新知三联书店出版后,引起广泛关注,被誉为"当代中国学人的心灵史",此次全集出版时也将其收录进来,以体现全集的完整性,并于文末附由林存阳教授与李文昌博士所梳理的"刘泽华先生著述目录"。

六、由于印刷模糊、议题存疑等原因,刘泽华先生的个别文章未能收入。希望以后有机会再增补出版,以补缺憾。

七、天津人民出版社《刘泽华全集(全十二卷)》编辑小组的全体编辑,对全集编辑出版工作倾情投入,付出了艰巨的劳动,他们是责任编辑金晓芸、张璐、赵子源、霍小青、孙瑛、王小凤、康嘉瑄、韩伟,二审赵艺编审和三审任洁编审。在此向天津出版传媒集团和天津人民出版社表示衷心的感谢。

刘泽华先生长达半个多世纪的学术生涯是在南开度过的,他对南开大学、南开史学拥有一份真诚、朴素的情感,曾带头汇捐四十万元用于设立"中国思想史奖学金",希望中国思想史学科能后继有人。这套全集也是按照刘先生生前愿望,由南开大学历史学院主持编选,这也是刘泽华先生向南开百年奉献的一份真挚祝福。

唯愿刘泽华先生在天之灵安宁!引导我们永远走在思考的路上!

南开大学历史学科学术委员会

2019 年 10 月 17 日

序:刘泽华先生的学术贡献

葛 荃①

刘泽华先生(1935—2018),河北石家庄人,中国当代著名史学家,中国政治思想史研究著名学者。研究领域包括先秦史、政治史、知识分子史、历史认识论和中国古代政治思想史。先生成果丰硕,为当代中国学术研究贡献良多,主要体现在以下三个方面。

一、著述等身

中国政治思想史研究自 1952 年全国院系调整以后基本处于停滞状态。间或也有些研究成果,刘泽华先生此时即有论文面世,大都是先秦诸子及后世思想家方面的学术论文,鲜有专著问世。20 世纪 80 年代改革开放后,中国政治思想史研究得以复苏。1984 年《先秦政治思想史》出版,这是继 1924 年梁启超《先秦政治思想史》②之后唯一的一部同名学术专著,其翔实和厚重的程度,体现了中国学术界六十年来的知识积累和理性认知的进步。其后,1987 年《中国传统政治思想反思》出版,这两部著作在学术界形成了重要影响,奠定了刘泽华先生的学术地位。

关于《先秦政治思想史》,据先生自述,这是一部"迄今为止最系统、最全面(包括'人'和'书')、资料最翔实的一部先秦政治思想史"。诚哉斯言!从体例来看,这部著作有三个特点。一是脱出中国哲学史研究的套路,真正形成了

---

① 葛荃(1953—   ),安徽巢湖人,系刘泽华先生首徒。曾在南开大学、山东大学任教。现为中国政治学会常务理事,中国政治思想史研究会常务理事兼会长。术业专攻:中国政治思想与政治文化。

② 该书一名《中国圣哲之人生观及其政治哲学》。

中国政治思想史的知识体系。二是立论允当，均有翔实的史料依据。所谓"言必有据"，这正是先生"让史料说话"治学理念的验证。三是在理论突破方面有所尝试。《先秦政治思想史》的写作时间大约是从 1979 至 1983 年。那个时段的中国刚刚改革开放，曾经的教条主义思想束缚还没有完全破除，在理论方面有所突破是需要胆识和超前意识的。刘泽华先生说："在研究方法上我突破了用阶级理论定义政治的'铁则'。我认为政治有阶级性，也有社会性。""1949 年以后到本书出版之前所有的思想史著作，在论述人物及其思想时几乎都被戴上'这个'阶级或'那个'阶级的帽子，而我在本书中实行了'脱帽礼'，把帽子统统摘掉了。这在当时也可以说是绝无仅有的，谓余不信，不妨翻翻那时的著作。"刘泽华先生延续了"马克思主义"流派的论说方式，破除了教条思维的束缚，摒弃了几十年来桎梏人们头脑甚而轻车熟路的"阶级代入法"，形成了夹叙夹议、史论结合、突显学术个性的叙事方式。刘泽华先生以传统中国的政治思维与当下的家国情怀相观照，充分展现了政治思想史研究的理论深度与学术感染力，具有明显的开创性，从而在学术界形成了广泛影响。

《中国传统政治思想反思》更是一部力作。刘泽华先生以鲜明的问题意识"反思"传统，论题包括人性、民论、天人合一、法制、礼论、谏议思想、清官问题，等等。书中提出了中国传统政治思想的研究对象和研究方法问题，论述了传统人文思想与王权主义问题。这些论题的视角和形成的学术判断展现出作者自由思维的敏锐与犀利，引起学界极大的关注。《先秦政治思想史》和《中国传统政治思想反思》开启并奠定了刘泽华先生的研究路向，提升了先生在学术界的知名度和影响力。其中王权主义理念的提出，预示着先生学术思想体系的核心部分已经形成，为其以后的研究及王权主义理论体系的构建开通了道路。

嗣后几十年，刘泽华先生在中国古代政治思想史研究领域用功尤勤，出版了一卷本《中国古代政治思想史》(1992)、三卷本《中国政治思想史》(1996)和九卷本《中国政治思想通史》(2014)。这三部著作跨越二十余年，反映出先生在中国政治思想史领域的超越性进路。其中，1992 年初版的《中国古代政治思想史》于 2001 年出版修订本，被国家教育部研究生工作办公室推荐为全国研究生教学用书。2014 年出版的《中国政治思想通史》是这一学科发展近百年来唯一的一部通史类著作。如果从 1923 年出版的谢无量的《古代政治思想研究》和 1924 年梁启超的《先秦政治思想史》算起,近百年来,有关中国政治思想史类的个人著述并不少。除了梁、谢之作,还有萧公权、萨孟武等人的二十余种,但是冠以"政治思想通史"者,唯先生一人耳。

此外,刘泽华先生还出版了《中国政治思想史集(全三册)》《中国的王权主义》《专制主义与中国社会》(合著)、《士人与社会(先秦卷)》《士人与社会(秦汉魏晋南北朝卷)》《中国传统政治哲学与社会整合》(合著)、《洗耳斋文稿》《中华文化集粹丛书·风云篇》《中国传统政治思维》《竞争、改革、进步:战国历史反思》(合著)、《王权思想论》《中国古代王朝兴衰史论》(合著)等三十多种书,并主编《中华文化通志·制度文化典》。晚年出版个人回忆录《八十自述:走在思考的路上》,这部著作登上了《南方周末》《新京报》等各大书榜,又被《中华读书报》评为 2017 年 5 月月度好书。

刘泽华先生在《历史研究》《哲学研究》《历史教学》《红旗》《文史哲》《南开学报》《天津社会科学》《学术月刊》等刊物,以及《人民日报》《光明日报》《文汇报》《今晚报》等先后发表学术论文、学术短文合计两百四十多篇。

另外,先生还有多部论文和著作在外文期刊或外国出版社出版。其中《中国传统政治思想反思》由卢承贤译成韩文,首尔艺文书苑 1994 年出版;三卷本《中国政治思想史》由韩国著名学者、韩国荀子学会会长、韩国政治思想学会会长张铉根教授用功二十年(1997—2017),译成韩文,合计二百六十万字,已经于 2019 年 2 月面世。

20 世纪 80—90 年代,中国政治思想史研究形成热潮,计有几方重镇。中国古代政治思想史有南开大学、吉林大学,中国近现代政治思想史以中国人民大学为首。进入 21 世纪,重镇相继衰落。唯 2014 年泽华师主编的九卷本"通史"问世,彰显了他数十年的学术积累和巨大的学术影响力,即以皇皇巨著表明其学术追寻的孜孜以求和笔耕不辍的坚守,誉为"著作等身",实至名归。

二、开创学派

学者的成功不仅在于著述,更在于培养新人、接续文化与学术传承。刘泽华先生于 1982 年初指导硕士研究生,1994 年始招博士研究生, 几十年培养弟子众多。其中一些弟子选择在高校或科研单位任职,在学术观点上与先生相承相通,逐渐形成了一个相对松散却志同道合的学术群体。刘泽华先生的学术旨趣在于反思中国历史与传统文化, 以批判中国君主专制政治为要点,形成了一套学术理念,具有鲜明的启蒙性。在先生的感召和引领下,学术群体虽然分散在各地,但仍能坚守学术志向,传承先生衣钵,形成了李振宏先生命名的"中国政治思想史研究中的王权主义学派"①。

这里需要说明的一点是,这一"学派"的形成,并非有意为之,更非刻意求之,而是在长期的指导、引领与合作中自然形成的,正所谓"无心插柳柳成荫"。一方面,先生指导研究生的重点是精读原典和研习理论方法,主要通过讨论的方式,激发学生思考,学会做研究。另一方面,先生以指导学生习作的方式来培养和提高学生的研究能力,旨在通过实际操作,激活学生的思维能力。特别是对于某些年龄偏大、入门较晚的学生更是如此。正是在这样的过程中,在先生耳提面命、逐字逐句的谆谆教诲中,师生得以思想交流、情感交融。老师的学术旨趣、价值理念感染和浸润着受教者,许多学术判断和创见性论断在学生的著述中得到接续和不断阐发。兹可谓聚似一团火,散则满天星,历经有年,以刘泽华先生为中心的学术群体逐渐形成。

关于学派的名称, 李振宏认为 "是考虑到这个学派内部成员的学术个性、差异性问题,而'王权主义学派'较之'刘泽华学派',可能具有更大的包容性"②。这一判断当然是有道理的。不过据我所知,先生本人却没有完全认同。他认为,应该是"王权主义批判学派"或"王权主义反思学派",否则容易令人产生误解,以为我们是赞同王权主义的,其实恰恰相反。

我与师门中诸位好友倒是倾向于最初的提法,以为"刘泽华学派"更为恰当。李教授关注的重点是"王权主义学派"的提法有更大的包容性。不过我以为,孔子以后儒分为八,墨子之后墨分为三,无论怎样分化,其学派的基本理念和宗旨是一脉相承的。中国传统政治文化的价值系统抑制人的个体主体性,长期以来的集体主义教育也使得我们的文化基因对突显个人有着天然的

①② 李振宏:《中国政治思想史研究中的王权主义学派》,《文史哲》,2013 年第 4 期。

恐惧和抵制。事实上，以刘泽华先生为创始人的学术群体，其成员主要是硕士生或博士生，以及部分优秀私淑弟子及学道同人。正是基于价值观的认同与长期的学术合作而相互呼应，形成了学术传承，以礼敬先生、光大师门的共识凝结了认同基础，具备了"师承性学派"的典型特征。故而冠以老师之名讳而称学派，或可开当代中国学界风气之先。

开创或形成学派，并非自家的一厢情愿，而是成就于学界共识。其规定至少有三：一是创始人创建出相对完备的理论体系及相应的知识与话语体系，具备特色鲜明的方法论；二是学术群体成员基本沿顺着相同的学术立场和价值观而接续传承；三是学术群体不仅合作，更有学术创新，而且多有建树，发扬光大。借此而言，刘泽华先生能身体力行，堪为典范。学术群体成员长期合作，建立了全国性学术组织①，并在各自的研究领域各有擅长与学术特色。李振宏对此论述详尽，这里不赘言。

三、知识创新

坊间探讨何为大学，谓之须有大师。能称为大师者，必然能在人类社会的知识传承方面有所创新。刘泽华先生正是这样，主要体现在三个方面。

一是中国政治思想史理论架构和知识体系的创新。梁启超早在20世纪20年代就已经提出了政治思想史研究对象问题，不过他仅仅从类型的视角解读了中国政治思想史的研究对象。一是从"所表现的对象"来划分，分为"纯理"和"应用"两类；二是从"能表现之主格"来区分，分为"个人的思想"和"时代的思想"。这样的概括显然过于笼统，学理性略有不足。此后，大凡涉猎中国政治思想者，纷纷做出解读。

近一个世纪以来，比较具有说服力的是徐大同在20世纪80年代初的认识。他提出："政治思想史的研究对象是：历史上各个阶级和政治集团对社会政治制度、国家政权组织，以及各阶级相互关系所形成的观点和理论体系；各

---

① 2014年，以刘门弟子为主，发起成立中国政治学会之中国政治思想史专业委员会，即中国政治思想史研究会，迄今已经召开七届年会暨"中国政治思想史论坛"。该论坛始于2012年，即筹备成立研究会，在学术界形成了广泛的影响。

5

种不同政治思想流派之间的斗争、演变和更替的具体历史过程;各种不同政治思想对现实社会政治发展的影响和作用。"①进入 21 世纪,徐大同的认识进一步凝练,提出"一切政治思想无不是反映一定的社会阶级、阶层或集团的政治理想、政治要求,设计夺取、维护政治统治方案或为政治统治'出谋献策'。古今中外概莫能外"②。这一认识较之 80 年代有所扩展,不过其核心仍然可以概括为"关于国家与法的认识"。

刘泽华先生认为,徐大同等人的说法相当深刻,抓住了政治思想史研究的主要内容,可是尚有不足。"问题主要是把政治思想史的对象规定得过于狭窄,有碍于视线的展开。"他提出政治思想史除了研究国家和法的理论外,还有一些内容也应列入研究范围。计有政治哲学、社会模式理论、治国方略和政策、伦理道德、政治实施理论及政治权术理论等。③三十年后,先生在 2014 年出版的《中国政治思想通史》中进一步概括说:"中国古代的政治学说包罗万象,有时还与其他领域的学说理论交织在一起,而中国古代政治思想史的研究对象应包纳无遗,故在确定研究的内容和范围时,宁失之于宽,勿失之于狭。即除了关于国家、政体、法制的理论以外,还要根据中国古代政治学说自身的特点,充分注意政治哲学、社会模式理论、关于治国方略与政策的理论、政治实施理论、政治权术与政治艺术理论、政治道德理论,以及中国古代政治学说所关注的其他各种理论和其他各种门类学术理论中所包含的政治理论内容。"④

刘泽华先生在前人研究的基础上,重新审视中国古代政治思想史的研究对象,提出了政治哲学等五个方面也须作为中国政治思想史的研究对象。这一学术判断符合中国历史和文化生态,拓宽了中国政治思想史的研究视域,具有原创性,为构建中国政治思想史知识体系奠定了基础。

---

① 徐大同、陈哲夫、谢庆奎、朱一涛编著:《中国古代政治思想史》,吉林人民出版社,1981 年,第 2—3 页。

② 徐大同:《势尊道,又尊于道》,载于赵宝煦主编:《知识分子与社会发展》,华夏出版社,2003 年,第 51 页。

③ 刘泽华:《先秦政治思想史》,南开大学出版社,1984 年,第 2—7 页。

④ 刘泽华主编:《中国政治思想通史(综论卷)》,中国人民大学出版社,2014 年,第 6 页。

对中国政治思想史进行整体性的概括是基于学科的发展逐渐展现出来的。自从 20 世纪初叶梁启超"常作断片的发表"①,随着学科发展,有诸多研究者想对中国政治思想史做整体性的把握。不过,研究者往往是通过历史分期或概括特点进行整体性的描述。如陶希圣《中国政治思想史》、吕思勉《中国政治思想史十讲》等,莫不如此。被誉为以政治学理论研究中国政治思想史第一人的萧公权也是这样。②相较而言,萧公权的整体性认识是有一定的创新性的,但是基本格局没能走出前人的思路。

刘泽华先生的认识在一定程度上超越了前人,他以"王权主义"概括中国古代社会、政治与思想,对中国政治思想史做出了整体性判断。在《中国政治思想史(先秦卷)》序言中,他将中国政治思想史的主题归纳为三点:君主专制主义、臣民意识、崇圣观念。随后,他将这三点归结为一点——王权主义。在他看来,所谓王权主义"既不是指社会形态,也不限于通常所说的权力系统,而是指社会的一种控制和运行机制。大致说来又可分为三个层次:一是以王权为中心的权力系统;二是以这种权力系统为骨架形成的社会结构;三是与上述状况相应的观念体系"③。他认为,"在观念上,王权主义是整个思想文化的核心"。作为现代人的研究,当然要借助现代学科的分类来审视传统思想,"但不能忽视当时的思想是一个整体,它有自己的特定的逻辑和结构,而政治思想则是其核心或主流部分,忽视这个基本事实,就很难贴近历史"④。借此断言,"在中国的历史上,除为数不多的人主张无君论以外,都是有君论者,在维护王权和王制这一点上大体是共同的,而政治理想几乎都是王道与圣王之治"⑤。显然,王权主义不是一个简单的政治意识形态化的陈述,而是对中国传统社会的政治、社会与思想文化的结构性认知。在这一结构中,君主政治权力系统是中心。与中心相关联的,一方是与之相应的社会结构,另一方则是与权力中心及社会结构相应的思想观念。这里的逻辑关系

---

① 梁启超:《先秦政治思想史》,中华书局,1936 年,第 1 页。

② 萧公权按照思想演变的趋势,划分为四个时期:草创时期、因袭时期、转变时期、成熟时期。又以思想的历史背景归纳为三段:封建天下之思想、专制天下之思想、近代国家之思想。

③ 刘泽华:《中国的王权主义》,上海人民出版社,2000 年,第 2 页。

④⑤ 刘泽华:《中国的王权主义》,上海人民出版社,2000 年,第 4 页。

很清楚,政治思想与政治权力系统及社会结构相关联,三者之间存在着相互影响与作用的互动关系。

这就是说,刘泽华先生突破了以往就思想而谈思想,以分期的方式概括政治思想全局的思路。他从历史学家横亘历史长河的认知高度审视中国古代社会、政治与文化,用王权主义的体系性框架对中国传统社会政治、经济、思想文化做总体性把握,梳理出思想与社会、思想与政治、思想与制度之间互动和相互影响的认知路径,形成了独具学术个性的学理逻辑,实则构成了一种认知范式。

正是在王权主义总体把握的认知基础上,先生对中国政治思想史的命题和范畴做了梳理。诸如传统人文思想与君主专制主义、宗教与政治、王权与"学"及士人、王权与圣人崇拜、革命与正统、政治理想与政治批判,以及道与王、礼与法,等等。又提出中国传统政治思维的"阴阳组合结构",这一判断极具首创性。刘泽华先生在几十年的探索、思考中,渐渐形成了自成体系的学理逻辑,构建了充分展现其学术创新性的知识体系,终成一家之言。

二是学术观点的创新。刘泽华先生的研究新见迭出,多有首创性学术判断,这里仅举两例。

1.关于"王权支配社会"。这一观点是在传统的"权力支配经济"基础上提出的。先生坦言他受到了前人的启发:"王亚南先生的见解可谓前导。"不过他指出,王亚南是从经济入手解读政治权力与社会的关系。而"王权支配社会"与前人所论有着相当的差别。他说:"第一,我不是从经济(地主制)入手,而是直接从政治权力入手来解析历史。君主专制体制主要不是地主制为主导的经济关系的集中,而恰恰相反,社会主要是权力由上而下的支配和控制;第二,我不用'官僚政治'这一术语,君主要实现其统治固然要使用和依靠大批官僚,但官僚不是政治的主体,而只是君主的臣子、奴仆,因此不可能有独立的'官僚政治'及其他学者提出的'学人政治''士人政治'等。君主可以有各式各样的变态,如母后、权臣、宦官,等等,但其体制基本是一样的。"①

"王权支配社会"的提出具有首创性,用先生自己的话说:"我提出这一看

---

① 刘泽华:《王权支配社会的几个基本理论》,《历史教学(上半月刊)》,2018年第2期。

8

法不是出于灵机一动,而是多年来学术积累的概括。"正是在这一看法的基础上,总结出了"王权主义"理论体系。这一学术判断为深入解读和诠释中国政治思想提供了政治学视角,使诸多传统论题的研究,诸如天人合一、圣人观、重民思潮等,得以走出前人的框架与格局。

2."政治文化化与文化政治化"。刘泽华先生沿顺着思想与社会互动的思路提出,"政治关系就不仅仅是单纯的权力关系, 它还是一种文化关系"。他把制度、法律、军队、警察、监狱等称为政治关系中的"硬件",将信仰、情感、态度、价值观等称为政治关系中的"软件",认为"政治文化指的就是这些'软件'"。在这里,先生借鉴了现代政治文化理论,指出"政治文化是政治实体中一个有效的组成部分,在某些情况下,对政治行为起着指导作用"。他把这种状况称为"文化政治化"。其中"包括两层政治含义:其一,一定政治体制的形成有赖于一定的文化背景;其二,一定政治体制的存在和运行,受到文化因素的制约和改造。仅仅从制度、法律、规定、强制等范畴来谈政治是远远不够的,还必须结合一定的文化背景才能真正理解政治的运行和发展"①。

政治文化化是说,一定的政治制度与法律体系可以通过不断的政治社会化过程逐渐内化成为政治共同体内成员所奉行的行为准则与政治观念。刘泽华先生从政治与文化互动关系的视角切入,借鉴现代政治学的政治社会化理论,深刻剖析中国传统政治思想的内在结构与关联。"政治文化化与文化政治化"不仅具有学术创新性,而且作为政治学立论本土化的案例,充实了中国政治思想史研究领域的中国话语。

三是研究方法的创新。严格而论,人文社会科学的研究方法和方法论是有区别的。一般而言,研究方法指的是研究的技术手段,如计量方法,包括田野调查、质性研究,等等。方法论是指运用某种理论作为认知、分析、论证和形成学术判断的手段。刘泽华先生是彻底的唯物主义者,自喻"马克思主义在我心中"。他的方法论基础是历史唯物论和辩证唯物论,学界称为"历史与逻辑相结合"的研究方法。从 20 世纪 70 年代中期起,先生坚定而决然地摒弃了僵化教条思维,扩展视野,提出并践行中国政治思想史研究的"互动"方法与价

---

① 刘泽华:《政治文化化与文化政治化》,《天津社会科学》,1991 年第 3 期。

值研究方法。

关于"互动"方法。刘泽华先生提出的"思想与社会互动研究方法"是其辩证思维的体现。他认为,"在以往的研究中,大致说来,占主流的是'二分法'。先是阶级的二分法,强调两者的对立。近年来,讲阶级性的大大减少,取而代之的是'精英'与'大众'的二分法"①。在他看来,"思想与社会本是一个有机的整体。然而,由于学科的分化,人类社会的主要领域被分割"。"为了提高研究的专门化程度,人们可以将本来浑然一体的历史现象分割给不同的学科。"为此他提出"必须以综合性的研究来还原并解读事物的整体",概括出"互动"方法论。就是要"综合思想史与社会史的资源、对象、思路、方法",运用"互动"方法进行研究,"撰写更全面的思想史和社会史"。②

为了进一步说明,泽华师举出统治思想与民间社会意识关系问题作为案例。他认为,正是学科分工细化导致的"二分法"将思想分为统治思想和民间社会意识,研究者将上层与下层、官方与民间、经典与民俗、精英与大众、政治思想与社会思想分隔开来。为此就需要运用互动方法论,"依照历史现象之间固有的内在联系,确定研究对象,拓展研究视角,设计研究思路,对各种社会政治观念进行综合性解读""在对统治思想、经典思想、精英思想、社会思潮、民间信仰和大众心态分别进行系统研究的基础上,考察它们之间的相互关系,对全社会普遍意识发展史做出深度分析和系统描写。"③互动研究方法关注事物之间的联系与逻辑,可以视为辩证唯物论在政治思想史研究领域的具体运用。这种研究方法能够突破主流思想和政治意识形态对于政治思想史研究的局限,对中国社会的思想与文化做出更为深刻与合理的阐释。

关于价值研究方法。刘泽华先生说:"一方面要注意学科自身的认识规律,循序渐进;另一方面还要借鉴思想史和哲学史研究的经验与教训。"于是提出要把价值研究作为中国政治思想史研究的重要视角,这显然是一种方法论的提炼。

---

①②③ 刘泽华等:《开展统治思想与民间社会意识互动研究》,《天津社会科学》,2004 年第 3 期。

先生认为,研究中国政治思想史不能只限于描述思想内容和思想发展的历史过程,同时要考察思想的价值,价值性认识在政治思想史研究中是具有特别重要意义的。他说:"为了判明一种思想的价值,首先要明确价值标准……这就是历史唯物主义。""价值问题不只是个阶级定性问题,还有许多其他方面的内容。不做价值分析,政治思想史就会变成一笔糊涂账。为了更好地判明各种思想的价值,应该探讨一些价值标准问题。在这个问题上,既要借助历史学中已获得的成果,又要结合政治思想史的具体情况,理出一些自身特有的标准。"①

在他看来,在历史上,一些代表剥削阶级的政治思想付诸实践,是可行的,有效的,"甚至起了促进历史的作用"。那么,"在这种情况下,真理与谬误该如何分辨,代表剥削阶级利益的政治思想中有否科学和真理?实践证明是可行的,起了积极作用的思想是否就是实践检验证明了的真理?"②这些认识是在《先秦政治思想史》中提出的,时值 20 世纪 80 年代初期,"思想解放"几近热潮,这些认识代表着中国政治思想史研究的新思维趋向。

总的来看,刘泽华先生密切关注中国思想、社会和历史相关的宏观性问题,从批判和破除教条主义的思想禁锢出发,彰显和倡导史家自由思考和独立认识的主体意识,形成了成熟的方法论理念,并用于研究实践。互动研究方法和价值研究方法的提出,对推动中国政治思想史研究的深入与拓展,构建创新性知识体系具有重要意义。

四、学术人格

刘泽华先生的学术人格主要是通过其治学理念体现出来的。他说:"研究中国的政治思想与政治精神是了解中国历史与现实的重要门径之一。"为了从传统的封建主义体制和心态中走出来,"首先要正视历史,确定历史转变的起点。我们经常说要了解和熟悉国情,而历史就是国情最重要的组成部分。我的研究目的之一就是为解析中国的'国情',并说明我们现实中封建主义的由

① 刘泽华:《先秦政治思想史》,南开大学出版社,1984 年,第 11 页。
② 刘泽华:《先秦政治思想史》,南开大学出版社,1984 年,第 12 页。

来"①。可知先生作为历史学家有着强烈的家国情怀和现实关怀，并凝聚为特色独具的治学理念，形成了极富主体精神的学术人格。

其一，反思之学。反思(turn over to think)的概念在近代西方哲学已有使用，可以界定为认知主体以当下的立场和认知方式审视、回溯传统，即以往的事物与知识。刘泽华先生最早使用这一概念就是在前文提到的《中国传统政治思想反思》一书中。"反思"作为书名，实则体现了他的治学理念。作为历史学家，他认同这样的理念：历史是个不断地再认识的过程，需要当下的认识主体不断地予以反思。历史本来就是人类过往的记述，历史研究就是要为当下的现实生活做出解释，给出学术判断。"学科学理与反思国情就是我研究政治思想史的两个主要依据，也是我三十年来循而不改的一个原因。"这是他致力于"反思"中国历史与传统政治思想的"愿力"②所在。

刘泽华先生曾明确表示："我觉得我们这一代人经历的曲曲折折很值得反思，其中我认为政治思想的反思尤为重要。""我是强调分析，强调反思……我自己也认为我是反思派，是分析派，而不是一个弘扬派，我主张在分析当中，在反思当中，来区分问题。"③先生的反思之学有两个突出的特点。一是坚持马克思主义基本方法，"把马克思主义作为一种认识论来看待"。他坚持"马克思是伟大的思想家，是人类的精神财富"，并且"仍然认为马克思讲的一些基本的道理，具有很强的解释力，比如经济是基础这一点，我到现在仍然认为是正确的"。但马克思主义不是教条，因而对于某些观点需要"修正"。"作为一种学派，它的发展一定要有修正，没有修正就没有发展。其实不只是我在修正，整个社会从上到下都在修正，历史在变，不能不修正，有修正才能发展。"④这里说的修正，指的是学理层面的反思、批判和发展。

二是延续"五四"批判精神。刘泽华先生认为："'五四'在中国思想文化史上都是划时代的，不管别人怎么批评，我个人还是要沿着'五四'的批判道路接着往下走的。""我自认为我是一个分析的、批判的态度。""五四"精神体现

---

① 刘泽华：《中国政治思想史集(第一卷)》，人民出版社，2008年，第1页。

② 佛教用语，指心愿的造业力。在这里指意愿之力。

③④ 王申等：《独立思考，突出学术个性——刘泽华先生访谈》，《中国研究生》，2011年第4期。

着一种鲜明的批判精神,正如李振宏所指出的,王权主义学派有着鲜明的学术个性和强烈的现实关怀,"与现代新儒家有明显对立的学术立场,对中国古代政治思想文化抱持历史批判的科学态度"①。这里说的批判当然不是对传统思想与文化的全盘否定,而是哲学意义上的"扬弃",有否定,有拣择,有传续。泽华师延续"五四"批判精神的初衷是"关切民族与人类的命运"。他认为"历史学的重要功能之一,应该是通古今之变,关切民族与人类的命运"。"如果史学要以研究社会规律为己任,那么就必须关注人间烟火。所谓规律,应该程度不同地伸向现实生活。"②

"反思"的治学理念彰显着刘泽华先生的学术个性。正是基于数十年的坚守,先生及其研究群体才能在中国政治思想史领域不断推出成果,为当代中国的文化精神提供理性与新知。

其二,学术主体性与自由思维。刘泽华先生的治学理念体现了作为历史学家理应具有的学术主体性和自由思维。他明确表示"我一直主张独立思考,强调学术个性"③。20世纪80年代后期,先生发表了两篇文章,一为《除对象,争鸣不应有前提》,一为《史家面前无定论》,④集中体现了先生的学术人格。

刘泽华先生提出:"在认识对象面前,一切学派都应该是平等的,谁先认识了对象,谁就在科学领域处于领先地位。"他反对在"百家争鸣"面前设置前提和人为的规定,"百家争鸣是为了发展科学。科学这种东西是为了探索和说明对象,因此科学只对对象负责"⑤。他明确表示:"我认为在历史学家的面前,没有任何必须接受的和必须遵循的并作为当然出发点的'结论'与'定论'。""从认识规律上看,众说纷纭,莫衷一是,是认识的常态;反之,舆论一律,认识一致,则是变态。前者是认识的自然表现,后者则是权力支配与强制的结果。"⑥

---

① 李振宏:《中国政治思想史研究中的王权主义学派》,《文史哲》,2013年第4期。
② 刘泽华:《历史研究应关注现实》,《人民日报》,1998年6月6日第5版。
③ 王申等:《独立思考,突出学术个性——刘泽华先生访谈》,《中国研究生》,2011年第4期。
④ 分别载于《书林》,1986年第8期、1989年第2期。
⑤ 刘泽华:《除对象,争鸣不应有前提》,《书林》,1986年第8期。
⑥ 刘泽华:《史家面前无定论》,《书林》,1989年第2期。

基于这样的认识，刘泽华先生力主研究者理应具有认知主体的个性，即主体精神，认为研究者要从历史中走出来，以造就当下的主体精神。为此，他不赞成把"国学"说成是中华文化的本体，不赞成"到传统那里寻根、找自己，等等"。他说："我认为传统的东西是资源不是主体或本体，我不认为孔子能包含'我'，孔子他就是一个历史的资源，我就是我！中国文化的主体应该是一个活的过程，应该首先生活在我们的现实之中，至于说作为资源，那没问题。"①

　　此外，涉及中西文化的"体用"问题，先生断言："如果讲到体和用，我就讲先进为体，发展为用。只要是属于先进的东西，不管来自何方，都应该学习，拿来为我们现在的全方位发展服务。"②

　　刘泽华先生的主体性也体现在他有意识地对教条化阶级理论进行批判。1978年与王连升合写《关于历史发展的动力问题》一文，"依据马克思、恩格斯有关生产是历史发展的'根本动力'说，来修正当时神圣的阶级斗争说"。这篇文章是他从教条主义束缚中走出来的标志，也是其学术主体性得以彰显并确立的标志。这篇文章与戴逸、王戎笙先生的文章成为20世纪70年代末、80年代初史学界和理论界关于"历史动力问题"大讨论的由头文章。

　　总的来看，刘泽华先生的学术主体性贯穿着深刻的反思精神，坚持站在当下看传统。在研究对象面前，没有前提，没有定论，也不存在任何不可逾越的权威。他要求自己也教导后学要在前人画句号的地方画上一个问号。他的自由思维是学理认知的自由和学理逻辑的自由，内含着深刻的怀疑和批判精神，确认在学术研究的场域，研究者必须持有独立人格。他用自己数十年的学术生涯践行了这样的治学理念，形成其作为历史学家的学术人格，展现了学者的良知和现代知识分子的天职：质疑、颠覆和构建。

　　其三，笃实学风。刘泽华先生秉承了南开史学的学风——"平实"。他的创新性论断和首创性学术判断，无不具有翔实的理论依据和史料依据。这种治学理念的基础是"一万张卡片理论"。

　　在南开大学做青年助教时，南开大学历史系泰斗郑天挺先生的一句话他牢记在心——没有两万张卡片的积累，不能写书。嗣后先生自称为"文抄工"。

---

①② 王申等：《独立思考，突出学术个性——刘泽华先生访谈》，《中国研究生》，2011年第4期。

他说:"我属于平庸之才,脑子也不好,所以我就拼命抄。""我这个人不聪明,底子又差,记忆力也不好,所以首先做的是文抄工(不是'公'),每读书必抄,算下来总共抄了几万张卡片。批评者没有人从资料上把我推翻。我的一些考证文章到现在仍经得起考验。"① 这里说的"文抄工"指的是从历史典籍、文献或研究著述中抄录资料,在没有电脑等现代录入手段的时代,这是文史研究的基本功,也是学术积累的重要方式。所谓"读书破万卷",由此方能锻铸扎实、厚重的学术功底。

刘泽华先生的勤奋给他带来巨大收获。1978 年湖北云梦睡虎地出土的"秦简"公开发表,他根据秦简考证出战国时期各国普遍实行"授田制"这一事实。这项发现印证了"权力地产化"是实际存在的,从而为"王权主义"理论的建构提供了史实支持。② 这是他学术生涯中感到最得意也是津津乐道的一件事。

刘泽华先生倡导"让史料说话"的治学理念,对他的研究结论充满自信,因为所有的结论都是从史料中得来的。他曾说过三卷本一百二十万字的《中国政治思想史集》"不是每一个字都恰当准确,却没有一个字是空洞的、轻飘的"。

笃实学风体现的是治学理念,展现的是其学术人格。作为历史学家必须构筑坚实的史学功底和理论功底,先生的"王权主义"理论就是在长期的研究和思考中形成的,结构严谨,逻辑通透,从而感召学界同人与弟子,形成了被李振宏誉为"使人真切地感受到了学术的进步"的王权主义学派。

五、全集编序

编辑出版全集是刘泽华先生的遗愿,感谢天津人民出版社和南开大学历史学院为此做了详细规划,多次召开研讨会议,最终确定了全集编序。

全集共计十二卷,我们将《先秦政治思想史(上下)》作为第一卷和第二

---

① 刘泽华述,陈菁霞访:《反思我们这代人的政治思想尤为重要》,《中华读书报》,2015 年 3 月 4 日第 7 版。

② 参见刘泽华:《论战国时期"授田"制下的"公民"》,《南开学报》,1978 年第 2 期。

卷。之所以做这样的安排,主要是考虑到这部专著在泽华师的学术生涯中具有重大意义。如前所述,中国政治思想史研究开端于20世纪初叶。1923年,谢无量著《古代政治思想研究》由商务印书馆出版。翌年,梁启超著《先秦政治思想史》由中华书局出版。时隔半个多世纪,刘泽华先生的《先秦政治思想史》于1984年问世。这部著述多有创新,在研究对象、研究方法和理论深度方面超越了前贤,奠定了刘泽华先生的学术地位。

全集以《中国传统政治思想反思》作为第三卷。这部力作于1987年出版,汇集了这一阶段刘泽华先生关于中国古代政治思想的深刻反思,突破了传统的教条主义思维,明确提出了王权主义理念,用于概括传统中国的政治与思想。事实上,正是《先秦政治思想史》与《中国传统政治思想反思》这两部著作在研究视域上和认识深度上走出了前人研究的窠臼,独辟蹊径,初步形成了王权主义理论的核心内涵体系,将发展了半个多世纪的中国政治思想史研究提升到了一个新高度,同时也形成了独具特色的学术风格。

第四卷收录的《中国的王权主义》是2000年由上海人民出版社出版的专著,这是刘泽华先生关于王权主义理论的一部专论。"王权主义"是先生对中国古代社会、政治与文化的总体概括。从最初思路的提出到理论体系的凝聚成形,历经十多年。其间先生有诸多论文问世,观点一经提出,便遭遇太多视儒学为圭臬为神圣为信仰者的攻讦。刘泽华先生秉承先贤"直书"理念,辅之以历史学家的独立人格与学术个性,在不断的反思与深思中将这一理论体系构建完成。这部著作是先生关于中国传统政治思想创新之论的集大成,为21世纪的中国学术增添了最为浓重的一笔。

第五卷和第六卷收录的是先生关于中国政治思想史研究的论著。其中,第五卷主要是对先秦、秦汉政治思想的论著,曾经结集作为《中国政治思想史集(第二卷)》出版(人民出版社,2007年)。第六卷则是未曾结集的学术论文,包括先生对于中国传统政治文化的一些研究成果。

第七卷收录的是刘泽华先生关于中国社会政治史研究的论著。如前所述,先生的学术视域比较宽阔,除了政治思想史研究,还涉猎先秦史、秦汉史、社会史、政治史,等等。本卷即收录了这一方面的研究,包括《士人与社会(先秦卷)》和学术论文。刘先生的王权主义理论不仅仅是对于中国古代政治思想的概括,而是将君主政治时代的中国视为一个制度与思想相互作用的社会政治整体,因而先生并不是孤零零地只谈思想,而是十分关注思想与社会的互动。认为从思想与社会相互作用的视角才能更深入地剖析传统政治思想的真谛,把握其真质,从而对于中国传统社会政治本身才会形成更为贴近历史真实的解读。本卷收录的正是刘泽华先生践行这一治学理念的学术成果。

刘泽华先生的历史研究主要放在战国秦汉史和历史认识论及方法论方面。前者编为第八卷,即关于战国秦汉史及中国古代史的有关著述。后者即历史认识论与方法论,编为第九卷,内容相对比较丰富。包括先生的治学心得、历史认识论与方法论的研究成果等。诚如前述,其中《除对象,争鸣不应有前提》(《书林》,1986 年第 8 期)、《史家面前无定论》(《书林》,1989 年第 2 期)两篇文章集中展现了先生的治学理念和学术自由精神,对于冲破教条主义束缚,培育科学精神和独立人格极具催动性,在学术界影响巨大。今天读来,依然感受到其中浓烈的启蒙意蕴。

全集最后三卷分别是第十卷《随笔与评论》、第十一卷《序跋与回忆》、第十二卷《八十自述》。这三卷的文字相对轻松些,主要是发表在报刊上的学术短文、采访、笔谈,以及为南开大学师长、学界同人、好友及后学晚辈撰写的序跋等。其中最后一卷收录的《八十自述》是刘泽华先生对自己一生治学与思考的总结,从中可以深切感受到先生“走在思考的路上”之心路历程。

全集最后附有刘泽华先生的著述目录,以方便读者检索。

全集是刘泽华先生毕生治学精粹的汇聚,展现了先生这一代学人的认知与境界。经南开大学历史学院与天津人民出版社着力促成,对于当代学界及后世学术,意义匪浅。

“哲人其萎”,薪火永续。

是为序。

葛荃于巢社
2019 年 7 月 21 日

目　录

思考进程中对若干问题的再认识

政治思想研究方法问题

学术自述

我在中国政治思想史园地

翻开二十四史,到处讲的是政治。

翻开各种文集,到处充满了对政治的论述。

我们民族很重要的一项历史传统就是突出政治。韩愈讲:"文以载道。"司马光讲:"才者,德之资也;德者,才之师也。"张之洞讲:"中学为体,西学为用。"他们讲的道、德、体都是指封建政治原则。

照理,我们应该把政治思想作为一个重点任务来加以对待,然而直到20世纪80年代初以前,政治思想史的研究处于不绝如缕的状况。在很长一段时间内,从学术上看,它不是一个独立的学科,自然也没有系统的专门的著作。在很长时期内,除两三所大学,基本上没有开设完整的政治思想史课程的,更不要讲专业了。专门研究机构几近于零。景况尽管惨戚,然而默默耕耘者仍有人在。随着近十年健康思维的恢复与发展,中国政治思想史教学与研究也复苏了,作为一个学科正在茁壮成长。我就是在这种环境中,随众贤之后做了点探索。

回忆学术历程,需要从1959年说起。1959年秋我到中山大学从杨荣国先生进修思想史,我嫌思想史面太宽,便选择了政治思想史。正在兴致勃勃从学之际,不幸患病而中辍。病稍好又转从王玉哲先生学习古代史,并讲授古代史。1964年巩绍英先生来南开任教,讲授中国政治思想史,这时又唤起了藏在心底的兴趣。当时与巩先生常做长夜之谈,每每至三更而不已。我也想不起是什么原因,巩先生只讲了一学期的课就停止了。我也因课程关系把主要精力转到了古代史、史学理论及政治经济学方面去了。然而压不住的兴味又驱使自己加班加点泛舟于政治思想史,并且还发表过几篇小文章。过来的人都知道,那个时期阶级斗争的弦越绷越紧,以致弄得很多人都变了形,什么事都要倒过来看。当时有一批文吏,以专掏别人的"黑心"为能事。我是小人物,又写的是小文章,还算平安。可是"文化大革命"一来,"群众"发动起来了,我就难逃"火眼金睛"。于是因文字等原因,被打入另册,几次被抄家。为了避免招

3

来更多的麻烦,把写成的十余篇有关政治思想史的文稿付之一炬,几年的心血就此了结。当时正值而立之年。

人的怪癖,常常连自己也说不清楚。不知怎的,又死灰复燃,读书时,情不自禁要抽出一部分精力去思考中国政治思想史。与以前所不同的是,经过"文化大革命"的"锻炼"与磨难,不知不觉地生长出一种莫名的使命感,起初模模糊糊,经过事实的教育和智者的启发,逐渐清楚了,意识到研究古代政治思想史的当务之急是研究封建主义一整套理论的形成、发展及其影响。1978 年我开设了"中国古代政治思想史"的课,出乎意料地引起了同学们浓厚的兴趣,这又推动我进一步研究。我的研究大体是沿着三个层次进行的,这三个层次,在我这里又是递进关系。

第一个层次是沿着历史的进程,梳理古代政治思想的形成、发展,力求在准确的描述中揭示出内在本质、发展趋势和规律。这种研究与教学结合在一起,其成果是教材,已出版的《先秦政治思想史》便是整个教材的一部分(秦以后的稿子正在整理中,并将交出版社)。历史的研究是最基础的研究,其中有一系列问题,不能一一讨论。这里只就几个麻烦问题略作说明。

1.把政治思想史独立化。中国古代思想家有一个重要特点是综合性,上论天,下论地,中论万物、人事,纵论古今。政治思想史的研究要从中抽出政治思想的内容。为使政治思想史成为一门独立的学科,就要设法建立一套既符合历史事实,又具政治思想特点的范畴、概念体系。这是一个大问题,对此我做过苦思,也做了一些探索,但问题很多,目前尚处于剪不断、理还乱的状况。这里把问题提出来,期待同仁共同努力解决。

2.关于客观描述与价值选择的关系问题。对这个问题,人们的看法是很不相同的,在思想史中尤甚。有的人认为,材料是著者价值选择的对象,作者的价值观居于主导地位, 思想史则是作者通过历史所表现的个人的思想和价值选择。另一部分人则认为历史著作应是著者主观对历史客观过程的反映、认识和概括。两者看法孰是孰非另当别论。不过在我看来,前者应以后者为基础,因此在写作过程中,我下了很大功夫用于原始资料的梳理,文字也侧重于描述,在描述中夹议夹叙,以求先有据而后有论。在思想史领域,抛开价值选择的描述几乎是不存在的, 著作的外在形式几乎都是以价值取向为框架。不过对我来说,这只是结果,而不是工作过程。我的工作过程是从梳理材料开始的。

3.关于思想家的阶级性问题。阶级分析是研究历史的基本方法,尤其是对政治思想史,应该说更为重要。可是在这个问题上,我恰恰采取了较为模糊的方法,概括而言,叫大而化之。这样做基于如下两方面的原因:一方面,迄今为止,关于先秦社会性质问题的认识分歧甚大,不下五六种之多。这些认识也多半是巨笔勾勒,缺乏工笔细画,比如对先秦的各种身份、阶层、集团具体生活状况研究得很不够。我本人目前虽然在从事这方面的研究,但一时还难以把握全局。在这种情况下,与其把事情说得具体入微,还不如采取素描的方式更为适宜。比如关于"民"的问题,是思想家们普遍关注的对象之一。民属下层,属被剥削者、被统治者,这一点可以断言。但究竟是奴隶,是农奴,是农民,还是平民?一时还难以说清楚。这一类问题弄得不大清楚,说这个思想家是奴隶主代表,那个思想家是领主的代表或地主的代表,等等,都比较仓促。深一步说,当时有没有一个典型的奴隶主阶级?是大可怀疑的。面对这种情况,对思想家的阶级定性似乎宜粗不宜细。另一方面,就思想家而言,并不是每个人都自觉地站在某个阶级来论述问题。有些人简直说不清,比如庄子代表谁?在《庄子》一书中,可以看到颓废没落的奇谈怪论,又有对"食人"制度的最无情的批判;有不与当权者合作的理论,又给当权者奉上了一些治民的妙道要术;作者常常把被剥削者的苦难当作抨击统治者的根据,喊出了受害者的心声,可是又要劝受苦人把仅有的一点物质与精神文明也毁掉。庄子代表哪个阶级?实在难说清楚。基于上述两方面的原因,对阶级分析我采取了大而化之的办法来处理。

4.关于特殊性与普遍性问题。从历史角度看思想家,他们都是处在特定的历史环境中从事思考。但这并不排除他们提出的问题有可能超越时代而具有超前性或普遍性。严格地说,没有或缺少超前性和普遍性的见解,就不可能成为思想家和理论家。理论思维不同于其他思维的地方,就在于它具有全局性、超前性和普遍性。一个理论上的结论可能导致对整个社会生活和历史的重新估价,理论思维的威力就在这里。比如当时一些思想家提出"人性好利",这四个字引起了人们对社会关系的重新认识,并从中引出一系列政治原则。基于上述事实,我在书中对思想家们全局性的、超前性的和具有普遍性的理论给予较多的注意。

5.关于个性、争鸣与认识深化问题。思想家不能离开一定的历史环境和社会关系,但思想又是个体大脑的产物。思想家之所以为思想家,他必须有理论个性,只重复已有的理论,无论如何也构不成理论家。有个性而又能表现,势必会形成争鸣局面。而争鸣又是认识深化的必备条件。春秋战国是三者良性循环时期,我在拙作中反复地阐述了这个道理。个性并不排斥流派的形成,相反,流派的深化和发展,也必须依赖于有个性的思想家推动。儒分为八(实际不止八派),正是儒家兴旺发展的标志。从先秦政治思想史看,派中无派,必然会造成本派的僵化与萎缩。

6.是非判断问题。在政治思想中如何判断是非,是一个非常麻烦的问题。从哲学上讲,这个问题已经解决,人所共知,实践是检验真理的标准。但是用于政治思想史就产生了许多枝节问题。政治实践具有鲜明的阶级性。绝大部分思想家是剥削阶级的代言人,有不少人虽同情下层民众,但并不是下层民众的代表。在当时条件下,代表剥削者的程度不同地付诸实践,代表下层民众的多半陷于幻想,美好的愿望难以实践。我力图用历史的进程做判断标准,但一遇到具体问题,好多问题仍说不清。这个问题也急切需要讨论。

第二个层次是进行历史反思。什么叫反思?目前也还没有一个准确的定义。在我看来,反思是基于历史对现实生活的影响而对历史进行的再认识。通过对历史的价值判断说明历史与现实的区分与联系,从中可以得到借鉴,更重要的是讨论如何从历史中走出来。我在《中国传统政治思想反思》前言中有这样一段话:"时代每向前迈进一步,都要唤起人们反思一下历史,以便弄清楚自己背靠的是什么,自己的起点在哪里,自己处于历史发展链条中的哪一环,以及在什么样的文化背景中向前迈进,等等。反思是为了未来!"不管人们意识到或毫无意识,我们每个人的躯体内都有历史的精灵在游荡。如果缺乏自觉,现实的人常常又落后于现实,成为眼睛长在脑后的申公豹。历史反思可以帮助人们获得自觉,反思未必都正确,但可促使人们动脑子进行选择。

粉碎"四人帮"之后,很多人著文肯定清官与清官思想,甚至认为在社会主义政治舞台上也应该有像包公、海瑞那样的清官。这种心情是可以理解的。然而自古以来流传很广的清官思想恰恰需要反思。于是我与王连升同志合写了《清官思想评议》一文。从古代看,清官的主要形象和清官思想的核心是英雄崇拜。在清官与民的关系上,民乞求的是恩赐、怜悯、宽恕、救命,清官的伟大则在于满足这种乞求。静心想想,这难道能同社会主义思想联袂吗?无论如何,我们认为必须把清官崇拜与社会主义民主区分开来。当时我们还写过一篇对纳谏进行反思的文章,是针对当时歌颂纳谏而发的。通过对历史上进谏、纳谏及其理论的考察,我们认为这种现象是君主专制制度的一种补充。进谏与纳谏二者之间没有政治上的平等关系,从而造成了强谏多悲剧的局面。那种跨时代的颂扬进谏、纳谏,实际上是肯定和宣扬政治权利的不平等,这同社会主义民主是格格不入的。

历史的反思绝不是搞历史虚无主义,而是为了获得自觉,从历史中走出来,增强现代意识。无论是一个民族,还是个人,为了发展,不仅需要从历史中汲取营养,同时还必须恰如其分地把自己与历史区分开来,这样才能充分地实现自身的价值。如果埋头于历史,那只能充当活着的化石。化石固然可贵,但终究是历史的落伍者!

第三个层次是探索传统的政治文化。什么是政治文化,众说纷纭。我的看法比较简单,政治文化的主要点就是政治文化化、文化政治化。政治关系不完全依靠强力维持,很多情况是靠文化来实现的。一定的文化观念会把某种政治关系视为自然的和当然的。比如,在君主专制时代,众多的人见到帝王会不假思索、不由自主地下跪。这就可视为政治文化的一种表现。具体而论,政治文化可包括如下内容:政治理论、政治信仰、政治意识、政治价值取向、政治心理等,这一切又与政治系统的运动紧密相关,并相互影响。传统的政治文化是相对现代政治文化而言的。政治文化不同于政治思想的地方,除了涵盖面宽窄外,更主要的是,政治文化侧重于用立体的方法进行综合的研究,并着眼于社会化过程。比如,儒家的一套政治理论是通过什么方式实现社会化的;儒家政治理论社会化之后所形成的社会和个人的政治心理与政治价值取向又如何影响政治过程。这正是政治文化应该研究的。

关于传统政治文化,目前尚处于摸索入门的阶段。我与我的同仁试着写了几篇文章。至于像不像政治文化,还望同好指正。俗话说:草鞋无样,边打边像。我希望有更多的同志共同来打这双草鞋。

这样的文字很难收尾,但又好收尾,止笔即收笔。最后说一句话:希望有更多的同志到这块园地中来!

原载《书林》,1988 年第 2 期

困惑与思索

就实而言,我个人谈不上有"我的史学观"。我虽然写了一堆文章和书,但至今缺少有分量的、有思想性的著述。在这种情况下,要谈"我"的史学观实在勉强。不过像我这样的人在史学界也不在少数,剖析一下自己,对后来者或许能提供一点借鉴。

一、史料——历史认识的中介

1958 年曾掀起一场以学生为主力对教师进行全面大批判的运动。当时我刚入大学不久,因所知事不多,观战多于参战。那场运动给我留下印象最深的是对先师郑天挺教授"两万张卡片论"的批判。郑先生是在什么场合讲的,我未听过。据大字报揭露,郑先生再三倡导,从事史学研究要重视资料积累,没有两万张卡片不宜写书、写文章。于是被戴上"唯史料论"的帽子,而唯史料论是反马克思主义的,等等。

我这个人在当时是很革命的,说来也怪,对做卡片却十分热衷。上大学之前我曾工作过一段时间,那时我就爱抄,特别是对马克思主义经典著作的名句抄了不少,至今仍保留着。1957 年入学伊始,王玉哲教授给我们讲上古史,王先生讲商代的甲骨文津津有味,招人入迷,讲的中间也不时讲做卡片、积累资料之重要。于是我借了几本有关甲骨文的书,特别是陈梦家先生的《殷墟卜辞综述》,一下子把我带到了一个新天地。买不起书,于是便抄个不止。起初我是自发地抄,没有明确的目标,然而对郑先生的批判,使我顿开茅塞。啊!写书,必须积累那么多的卡片!生活的启示是多彩的,在这一点上,大批判对我成了大引导。从那之后,每读书必抄。另外,我的记忆力甚差,不抄,过一段时间都会忘掉,生性驽钝,逼得我不得不抄。抄书,成了习惯,至今不辍。截至目前,抄了多少张卡片,未做过统计,但远远超过了郑先生号召的数目,这也算

8

是对郑先生的一点告慰吧！

俗话说，天下文章一大抄，抄好了就是创造！对于其他学科吾不敢言，于史学则是有相当道理的。我不赞成"史料即史学"，也不赞成"以论带史"。史料的重要性在于它是认识历史的唯一中介体。我在《历史认识论纲》一文中"关于历史认识的特点"一节中曾做过如下叙说：

> 认识是主体对客体的反映，主体直接作用于客体，这是直接认识，主体间接作用于客体，这是间接认识。历史认识都是间接认识。因为在历史认识活动中，史家这一认识主体与客观历史这一认识客体之间并没有直接的联系。活生生的客观历史一去不复返，不可能直接介入后世史家的认识过程。换言之，史家要认识的是昨天和前天，而史家本人却生活在今天。这种时间上的限制把认识主体(史家)与认识客体(客观历史)截隔开来，这是历史认识不同于现实认识的一个重要特征。
>
> 那么，史家依据什么去认识历史呢？这就是各种历史材料，包括以物质形态存在的文物、遗迹，和以精神形态存在的文献、口碑，我们统称为史料。史料虽然并不是历史，却是史家认识历史的中介体，是唯一能展示客观历史面貌的中介体，史家的认识活动是直接作用于也只能作用于史料的。因此，从这个意义上说，史料乃是史家历史认识活动的客体。我们称之为中介客体。而活生生的客观历史则成为历史认识所反映所描述的原本客体，这就构成了历史认识客体的二重性，这是历史认识的又一特点。
>
> 或曰，文物、遗址等物质形态的史料，固然可以作为认识客体，难道精神形态的文献、口碑也能够称之为客体吗？我们的回答是肯定的。马克思在《关于费尔巴哈的提纲》中所说的"思想客体"就具有类似性质。当前兴起的科学学不也是以精神产品作为自己的认识客体吗？某种用语言文字符号等为载体的知识体系虽然不是物质，但却反映物质，它从来就是人们的认识对象之一。
>
> 从历史认识过程中二重客体的相互关系看，一方面中介客体并不能完全覆盖原本客体，因为不管史料如何丰富，也只是保存了客观历史的部分片断和痕迹。因此，中介客体总是"小"于它反映的原本客体的。但在另一方面，中介客体主要指文献、口碑，又"大"于原本客体，因

为不管史料记载如何凿凿有据，但它毕竟是当事人或传述者主观反映的记录，除了一些简单的记述如人物的姓氏乡里、生卒年月，事件的时间、地点，典制的名称沿革等(尽管这方面也有不少讹误)比较容易确定之外，很难说它就完全正确地记录了客观历史的真实过程，由于当事人和传述者的阶级立场、个人感受、认识水平和条件等的影响，总要在所做的历史记述中不可避免地掺进一些外在的成分和主观的因素。对此梁启超有一段坦率的自白："吾二十年前所著《戊戌政变记》，后之作清史者记戊戌事，谁不认为可贵之史料？然谓所记悉为信史，吾已不敢自承。何则？感情作用所支配，不免将真迹放大也。"这里说的是当事人的记述，尚不免如此，至于一再转手的史料，更如"古史辨"派所指出的"层垒地构造的历史"那样，加进了更多的东西，所以说，中介客体往往又"大"于原本客体。

历史认识二重客体之间的上述非偶合关系对历史认识活动产生了极为重要的影响。它限制了历史认识的内容，即当中介客体过于小于它反映的原本客体时，就无法开展这部分历史的认识活动。它规定了历史认识的特殊方法，即通过考证，以减少二重客体之间的误差。它还决定了历史认识检验中的实践标准具有多种多样的途径和形式。因此，它也就决定了历史认识活动既要遵从认识论的一般规律，又具有自己特殊的运动形式。

我们掌握了足够的史料，在历史认识领域便可以上下求索，可以考实，可以抽象，可以评价，可以通变。考实、抽象、评价、通变是不同的认识形式，甚至也可以说思维方式也不尽相同，然其间又有相通者，即史料是历史各种认识的共同基础或中介。

这些年来，我所指导的研究生，都要让他们翻阅我的卡片柜、卡片匣。大多数人的第一反应是咋舌。随后，或曰：太苦了；或曰：这是一条老路，与过去的皓首穷经无别；或曰：投入太多，产出太少，史学是低效益之学；或曰：应该现代化，用电脑代之，等等。我不无灰色地说：上智另当别论，对我这样的中人，苦则苦矣，然是唯一的最便捷之路，谓余不信，以俟来日！

二、"史学革命"中的两难选择与"疑天"意识的萌生

20世纪50年代末60年代初,我步入史学之林,当时正是大批判越演越烈之时。人们普遍把革命视为最崇高的圣事,史学要为革命服务。于是做学者首先要做革命者便成为公论。我抱着满腔的热情投入"革命",自然也热心于大批判。遗憾的是,"文革"前写了一篇又一篇大批判的文章,一篇也未被报刊采用。"文革"伊始,本想大显身手,奉命组织了一帮人,批这批那,但都是按照1966年《二月提纲》的精神,本着"在真理面前人人平等"的原则,力求一种更高的真理,批判被批判者。谁知"五一六通知"一传达,自以为是努力建功之事,一下子变成了错误。6月初大字报铺天盖地而来,一夜之间我变成了被批判对象,时年31岁,只能充当修正主义苗子。6月下旬从革命群众中被剔除,另入"中间组"。这是我们在单位的一个小发明,顾名思义,"中间组"的人既不是敌人,也不是革命群众。随着革命的深入,不久又被贬入"牛鬼蛇神"行列。在那一群"牛鬼蛇神"中,我较年轻,日后常自戏曾为"小牛"。1967年夏,我被"解放"。当时有一句豪言:"在哪里摔倒,要在哪里爬起来。"我又参加了大批判,不止一次地由我"装药"(执笔),尔后由干净的革命者"放炮"(发言)。遗憾的是这类大批判稿一篇也未留存下来。真正由我主持定稿并公开发表的批判文章是1971年批判"让步政策论",题目是《人民群众是创造历史的动力——彻底批判翦伯赞的"让步政策论"》,署名是"南开大学历史系写作小组"。这篇文章发表在1971年5月13日《天津日报》上,后被多本批判"让步政策"的集子收录,颇有一点影响。写作中间还有一小插曲,我当时仍立意从"理论"高度进行批判,政治问题尽量淡化。我定稿时便将有关政治论述大部分勾掉,只保留了几句虚论,所以这篇文章的政治用语比之当时同类文章可能略低一格,但恶语仍是连篇的。本以为满意,没有料到,又受到比我更"左"的领导同志的批评:"只谈理论,不谈政治就是折中主义。"我在"文章"中提到的大小各种会上,做过多次检查,别人可能早已忘却,但自己还能追忆一部分,其中主要一点便是折中主义。由于折中主义就是机会主义,我的朋友们便给我起了个别号曰:"老机"。这位同志批评我折中主义也是切中要害的。

1970年大学开始招生复课,历史系有幸在其中。工农兵学员要上大学、改造大学,但没有书本也不成。我奉命主持编写《中国古代史》。为此我发表了

一篇"施政纲领"——"开展大批判,实行百家争鸣"。大旨是对敌人实行大批判,在人民内部要贯彻百家争鸣,并在全校介绍过经验,颇引起震动,因为百家争鸣久已不闻于耳了。这样,在当时的一片专政声中,多少增加了一丝宽容,同仁之间对诸历史问题多少能讲些个人的看法。何兹全先生在《悼念毅生师》一文中曾有如下一段记述:"'文化大革命'后期,大约1973年左右,南开大学历史系中国史教研室的同志到北京来,和北师大历史系中古史教研室的同志开过一次座谈会,交流教学、科研经验。南大的同志都很敢讲话,这说明他们都是思想解放,心胸舒畅的。"这层意思何先生在相隔十几年多次同我讲过。这无疑是南开诸师友敢于思考,我想这与我的痼疾——搞"折中主义"也有点关系吧。

同仁们经过一年多的努力,写出了《中国古代史稿》(上、下册)。在此期间我还参加了"批林批孔",写了《论秦始皇的评价问题》一文,刊于《南开学报》复刊后的1974年第1期上,我努力紧跟,也跟不上形势之变,一场"评法批儒"的烈火又燃烧起来。一查,我又犯了错误。《中国古代史稿》及论秦始皇一文中,有肯定孔子的论述,有批评秦始皇残暴之语,再加上我曾讲过"百家争鸣",在一些"左派"看来,这同在意识形态领域实行无产阶级专政是相悖的。我又成了错误倾向的典型,不仅在校内被贴了一批大字报,在全市的有关会议上被拉出"示众",上了"红头"文件,登了报。这次讲政策,幸而未被点名。由于我的错误,数千册《南开学报》从印刷厂转到了造纸厂(我仍留了几份,以资反省)。我感到十分委屈,本意是紧跟的,又有经典为据,为此曾与当时学校主要负责人抗辩过一次。但最后我还是写了检查,刊于《中国古代史稿》下册"后记"里,现全文照录如下:

> 这本《中国古代史稿》(试用教材),基本上是在去年五月份以前写就的。由于我们马列主义、毛泽东思想水平很低,路线觉悟又不高,加之历史知识的贫乏,所以,稿中肯定会存在一些不妥之处。最近我们对上册初步做了一下检查,发现在论述儒法斗争和对一些历史人物的评价等问题上存在着原则性的错误。过去不少同志曾向我们提出了宝贵的批评和建议,谨向这些同志致以衷心的谢意。希望读者今后继续提出批评和指正,以便我们进一步修改。

编者　1974年1月

在这种谦卑中,既不能说完全意诚,也不能说无诚意。林彪的垮台虽使我吃了一服清醒剂,疑问发生了,但他对最高指示态度的名言:"理解的要执行,不理解的也要执行,在执行中加深理解",依然是有效的。"检讨",是当时人们的一种生存条件,也是一种生存艺术。一位老革命告诉我:"我是在检讨中成长的!"我没有敢问这是正话还是反话。但检讨的确是"过关"的妙术。我这次检讨就是一个例证。现在看来,"检讨"并不可怕,可怕的是把它作为生存的条件和生存的艺术(应该叫伎俩)。假作真时真亦假,真作假时假亦真。真假不分,何言善、美!当时玩真弄假,骗术公行,每每忆起,不禁汗颜!如何人哉!如何人哉!

犯了"错误",检讨之后,接着下放干校劳动。6月的一天突然接到通知,让携装返校。我不知发生了什么事情,惴惴不安。在教研室范围内,我时不时地发点怪论,有些又近于"反动",是不是后院着火了?啊,原来不是,而是另有重用。经过一番准备,作为天津代表之一到北京去参加"法家著作注释出版规划座谈会"。会期从7月5日到8月8日。会议高潮是8月7日中央首长的接见。我同"文革旗手"江青还握了手,就实而论,我并不激动。但她的长篇讲话我还是一字不漏地进行了传达。关于这次会议,《人民教育》编辑部、《历史研究》编辑部所写的《"四人帮"尊法丑剧的幕前幕后》一文(刊《历史研究》1978年第5期)作了详细的披露。文章中有几段话:

> 不少同志,不顾"四人帮"的高压政策和迟群的淫威,同他们针锋相对进行了斗争。
>
> 在尖锐的革命挑战面前,"四人帮"和迟群恨之入骨,极端恐慌。他们一面虚伪地表示可以允许"百家争鸣",一面则大搞见不得人的特务活动。在迟群和那个心腹的直接策划下,派人以走访、听会为名,广泛搜集与会同志的动态和反映,整成黑材料,名之曰《情况反映》,径直单线密送迟群,上报姚文元。他们给这些革命同志安上了一顶顶帽子,什么"对主席和中央领导同志有关指示及社论精神理解不够",什么"思想跟不上形势",叫嚷"应注意分析思想动向,掌握其中的斗争"。这种语言所包含的杀机,已经很清楚了。这个黑材料,从七月六日到九日,连续上报三期。七月十六日的第四期,又详细列举了一位同志发表上述

言论的时间、地点,显然是罗织"罪证",准备整人。

《人民教育》和《历史研究》编辑部的有关同志在清理这次会议档案时,把我"发掘"出来了。我是上了"黑材料"的人之一。文中所说的那"一位同志"便是我。《历史研究》编辑部曾邀我到北京小住数日,还让我看了这些"黑材料"。就实而言,我并不反对评法批儒。我只不过是对会议上一些名家大谈以儒法斗争重新改写历史、儒法斗争贯穿古今之论持不同观点而已。我强调阶级斗争是历史的主线,汉代盐铁会议之后就没有明显的儒法斗争,更何谈近代、当代?有一次我在大会上发言,迟群听得不耐烦,打断我的话,让我少讲点。我当时也不知从哪来的"斗胆",回敬了一句:应该让我讲完!而且确实也讲完了事先准备的发言稿。幸亏有关我的材料没反馈到学校,没有引起什么麻烦。这次紧跟,又没有跟上。正好,这年已近不惑之年,确实也有了一丝不惑之悟。跟不上,算了,不跟了。我借口修改教材,同热火朝天的评法批儒保持了一定距离。后来又批《水浒传》,便闻风逃之夭夭了事。

紧跟,源于对革命的崇敬与崇拜,以为随革命而来的必定是红彤彤的新世界。跟不上,于我而言,原因主要有二:一是入仕心不切,二是学人心未灭。入仕心不切则下笔不够狠;学人心未灭则迂腐于理。

紧跟与跟不上的教训及变幻莫测的政治风云动摇了我五六十年代形成的思维定式。那时,我崇拜圣贤,而圣贤是权、理兼备,真、善、美一统。且不说见不到的伟大的圣贤,就是对目力所及的在位的中、小圣贤,也是相当敬畏的。只要说是"指示",都要尽心去领会。与自己的想法不合,首先认定是自己错了,而对着圣贤们,我不过是一个错误的载体而已,还有则是一件工具。这个定式对我并不是强迫的结果,而是心甘情愿接受,由外铄而为自觉。生活告诉我,这种想法离现实太远了。我不是不要理想,但必须把理想与现实适当分开。分开的第一步就是把权力系统与认识、真理系统分为二途。虽然这二途可以交叉,也可以有一定的重合,但不是必然的合二而一。这种想法无疑是相当危险的,所以在很长一段时间,我几乎如履薄冰,蹑足而行。

科学精神,诚如马克思所说,既不畏登艰险,也不怕进地狱。而我既想尊重科学,又怕艰险和地狱,两难选择之苦使心理变态,使人格变形。我曾反复思考过这一时期思维方式的特点,我概括了这样一句:防御性的思维。这与鲁迅先生讲的"横着站"全然不同。不妨打个比喻,这种思维像只乌龟,披上厚厚的甲,能伸头也不会伸长,稍有风声则赶快缩进甲中,可悲又可怜!

事物总有它的过程,从迷信到生疑,而且疑问与时俱增,直至朦朦胧胧地出现了"疑天"的念头。彼时彼刻我又一再自我告诫:危险,危险!然而知识的逻辑力量是一个伟大的推动力,使自己欲止而难休,苦不堪言!

三、从教条主义禁锢中走出来

1976年是中国现代史上强烈震荡的一年,别的不说,"四人帮"在理论上曾有过非常辉煌的时代,随着他们的垮台,他们的理论也被送上了审判台。那些日子里几乎天天举杯相庆、借酒助兴,写了一篇又一篇批判"四人帮"的文章见诸报刊。写着写着,发现自己仍没有从"文革"思维方式中走出来,仍然用"四人帮"批判别人的方式批判"四人帮"。当然,这种批判也不是无意义的,再向前走,就要同教条主义的禁锢发生冲突。这个思潮来临了,我也自觉地投入大潮之中。其中有三篇文章在史学界曾引起过相当的影响,一篇是《砸碎枷锁解放史学》。1978年在天津召开了"全国史学规划会议筹备会",群贤咸集,这篇文章在会上宣读过,后刊于《历史研究》同年第8期。另一篇是《关于历史发展的动力问题》(与王连升合作)。此文在1977年4月成都"全国史学规划会议"上宣读过,同时刊在《教学与研究》该年第2期。这篇文章是引起史学界关于历史动力问题大讨论的由头文章之一。再一篇是《论秦始皇的是非功过》,刊于《历史研究》1979年第2期。这几篇文章涉及一个时代史学诸方面问题。这里我只摘要介绍几点:

1.对十几年的"史学革命"进行了全面的批判

当时的"史学革命"有两个基本口号,即"重新改写历史"和"无产阶级重新夺回领导权"。文中对此一一作了驳斥。这里引一段原文以示其概:

> "四人帮"把史学领域的斗争归结为一个"权"字,根本背离了史学革命的规律。他们用"夺权"代替史学的争鸣与批判,用权力确定科学中的是非,依仗权势把"帮言""帮论"定为绝对真理,不允许任何人提出异议。但是,权力和真理并不是一个范畴。有权不一定有真理。"四人帮"手中就没有真理,他们夺权,带来的不是史学革命,而是法西斯文化专制主义。

2.破除"批判"的恐惧症

经历过那个时代的多数人程度不同地都染有"批判"恐惧症,不打破对"批判"的恐惧是很难挺起腰来的。这里引一段原文:

> 在"百花齐放、百家争鸣"中,如何对待"批判"是一个很突出的问题。"四人帮"一伙是以"批判"发迹的野心家。他们经常假借马克思"在批判中发现新世界"的名言蛊惑人心,把"批判"当作圣物,煽动人们"批判"一切。我们有些同志确实被"四人帮"的"批判"吓怕了,一想到批判便不寒而栗,畏首畏尾。不打破"批判"神圣化的观念,思想就很难得到解放。
>
> "四人帮"千方百计制造这样一种神话:只要高喊几句"批判"的口号,真理的天果就会应声而落,调门越高,得到的天果就越甜。这种形而上的诱骗,曾使不少阅历浅薄的人上当,这个教训应引以为戒……检验历史理论、史学观点的是什么?是原则吗?当然不是。在认识史上,人们总是把经过实践检验的正确认识或原则作为进一步认识其他事物的基础和阶梯,也常常用来检查新认识是否正确。这样做绝不意味着"原则"本身成了衡量真理与否的又一标准,归根结底仍是实践。

3.打破人们不敢触犯的"禁区",闯进"禁区"进行一番观光

文中写道:

> 法西斯文化专制主义主要内容就是禁锢人们的思想。史学领域中的许多"禁区"便是为此而设。为了行禁,又总有相应的禁条。"四人帮"设置的"禁区"或"禁条",把统一的历史整体肢解得四分五裂,使人们不能从整体上去研究历史,不准从总体上去考察历史,也就扼杀了历史科学。如今有许多已被冲破,但有些还像恶魔一样束缚着人们的头脑,使人们在探索真理的道路上却步不前。不打破这些"禁区""禁条",繁荣历史研究就是一句空话。

我们写的《论秦始皇的是非功过》一文,就是为冲破禁区而作。从那个时代过来的人都知道,秦始皇何其神圣,又何其敏感。破禁区需从此开刀。所以

文章一开始我们便说：

> 这篇文章，旨在根据历史唯物主义的原则，对秦始皇做一番自由的，实事求是的讨论。

不出所料，文章一出就引起舆论小哗。一些人来信指斥我们搞影射，别有用心等。我当时曾致信《历史研究》编辑部，请示公开发表这些信稿，我们愿意应战。就我们的本意而言绝无搞影射之意，但在当时那种历史环境下，一些人做出某种联想，也是不难理解的，我们的目的就是捅一下人们过敏的神经。同样，为了从教条化的文风中解脱出来，我们加大了文字的自由度。应该说，我们的目的达到了，至今仍有惬意之感。

这里附带说几句"影射"问题。"影射"的历史由来已久。从思想史上看，对"影射"要具体分析。如果来日有暇，我一定从思想史角度讨论一下"影射"问题。

4.对"阶级斗争是历史发展唯一动力说"提出质疑和商榷

"文革"是阶级斗争极端化的产物。由此而上推，反思一桩桩不该发生的往事，同"阶级斗争是历史发展唯一动力说"有着密不可分的关联。我们史学界(包括我自己)大都把阶级斗争绝对化了。很多人正是在这一绝对化的理论指导下撰写这样或那样的史学著作。这就是我们写《关于历史发展的动力问题》一文的背景和由头。当然，这也不是我们首倡，在批驳"四人帮"批判唯生产力论时，人们或多或少已涉及这个问题。我们所做的是把问题集中并推广到整个历史理论问题。文章一出，在史学界激起了很大反响。求实出版社1982年出版的《关于社会历史发展动力问题》(论文选辑)一书，汇集了这次大讨论各种观点的文章。

我绝不否认阶级斗争的意义，文章的重点只不过是更强调了生产力在历史整个发展中的地位与作用。我们写这篇文章时，不无历史的思考，但同时又是以马克思的论述做依据的。即使如此，仍引起了那么多的争议。我不想评论各种见解的是与非，但有一点是令人欣慰的，"唯一动力观"这一神圣命题变成了可以讨论的问题。事实上，人们也从阶级斗争是唯一动力说的思维定式中解放出来。

以上几篇文章无疑还有那个时代的浓重的八股气，也还有"文革"大批判的遗风,对此,经历过那个时代的人是不会感到奇怪的。至今我们感到欣慰的是,为了从教条主义的枷锁下解脱出来,我做了努力,进行了呐喊。

最近我看了两部大型的论述四十年来史学状况的著述,令人感到不足的是,都忽视了教条主义的影响与从教条主义走出来的艰难历程的回顾,这不能说不是重大的疏漏。与此相关,几乎把"文革"时期中的史学从四十年当中排除出去,好像史学界没有参与"文革",或"文革"中没有史学一样。严肃的、负责的史学家们不应回避这段历史。有人说,那不是史学。我则曰:此言差矣!那正是该时期的史学,而且是非常有特色的史学,是一代史学!如果假我以时日,我拟写一本"文革史学",而且要把那些隐姓埋名的作者都考证出来。"文革史学"是中国史学一笔巨大的遗产,即使列入"闰统",也不能弃而不顾。简单的抛弃,不仅是不负责任的,甚至是罪孽。我们这把年岁的人来日无多,做这件事应责无旁贷。如果史学家们连自己的历史都不敢正视,何言其他!这段文字像题外话,实则也是我的一点史学观。

四、"平视"——"我"在历史认识中的地位

在我的经历中,很长时间内就不敢想有"我"。"我"究竟干什么?一言以蔽之:代我由衷崇敬的圣贤述言。随着历史的变迁,社会观念的变更,还有我个人时不时地受到另一些人的批评、指责,逐渐意识到我之有"我"是一个无可奈何的事实,"无我"本身就是"我"的一种存在形式。直到不惑之年才悟到:即使"代",也有"我"与"谁"代的问题。都是代圣贤述言,也会出现"我"与"谁"的差异。过去对大大小小的圣贤,言听紧跟,事情经得多了,原来圣贤们也常常今是而昨非,圣贤之间争论何其多,有时打得不可开交,甚至置对方于死地而不已。我每遇到这种局面,一下子六神无主,无所适从,心烦意乱。于是我萌生了如下观念:与其让"我"被动、潜形存在,不如让"我"主动、公开存在。"我"是什么?"我"是认识的主体。这个主体应该有什么样的品格?我认为最基本的一点,对一切应有"平视"精神。"平视"同"仰视"和"俯视"大有差别。为了探讨历史认识论,我曾写过近十篇文章,从不同角度涉及上述问题。这里撮录其中的两篇。

"仰视",即"唯上""唯书"也。在传统观念中,崇圣意识是非常普遍的,延续到今天即"唯上""唯书"。我在《史家面前无定论》①一文中集中讨论了这个

_____
①《书林》,1989 年第 2 期。

问题。我是这样论述的：

在以往从事历史研究时，常常在研究之前会浮现出如下一些习惯之论。如"理论根据"是什么、"历史早已结论""已有定论"、某某权威已做出"结论"或"论述""论断"等。在这些"定论"面前，很长的时期内，我把它作为前提和遵循的准则，对这些历史问题只作顺论，与己见不合，或却步不前，或绕道而行。

后来疑问发生了：在史学家研究之前，应不应该把某些"定论"作为前提呢？如果作为前提，它是建立在什么基础上呢？如果不能作为前提，又如何对待那些确定已存在的"定论""结论"呢？从历史认识上看，这些"结论""定论"处于什么地位呢？等等。

历史研究常常会涉及许多与现实生活纠葛在一起的复杂问题，从这个意义上说，对一些问题的研究要慎重，以至做出某种限制也是可以理解的。但是在理论上必须辨清，所谓的"结论""定论"等，是不是史家所必须遵从的前提？我的看法是否定的，道理如下：

首先历史上的一切，包括所谓的"结论""定论"等，同史学家的关系，只能是认识客体与认识主体的关系，而不是领导与服从的关系，更不是某种硬性规定的关系，一句话，两者之间不存在行政化、组织化的关系。认识主体与认识客体之间只能是反映与被反映关系。反映与被反映之间除了应遵循反映规则外，它排斥任何外来干预。认识客体除了作为一种存在外，它对认识主体没有任何约束。认识主体在认识客体面前是能动的认识"上帝"，它除对认识对象负责外，不应接受任何外来的干涉。

反映与被反映的结果最好是一种映象，但是在实际上这一点是很难做到的，且不说客体的复杂性，单是认识主体就是一个无穷的变项体，除了通常所说的立场、观点、方法之外，还有认识结构、情感、价值取向等因素。认识主体的变项性质势必造成认识结果的多样性。那么能不能对认识主体的认识轨迹做出硬性规定，以确保反映的结果是一种真切的映象呢？我个人非常盼望这一天的到来，但到目前为止，人类的智慧还远没达到这一步。在这一点上，我是个悲观主义者，我怀疑这一天能否到来。迄今为止，唯物主义的反映论是最科学的，它虽指明了前进的方向，但对认识主体的变项问题却很难使之"同一化"。在这种情况下,我认为认识主体对认识客体的自由认识是唯一有可能接近真切反映的保证。作为认识主体反映的结果,可能人人各异,但认识的总和则毫无疑问会接近认识客体。如果有人硬把已成为历史认识对象的某种"结论""定论"等变为认识主体认识的前提,其结果势必破坏认识主体的自由认识。认识主体失去了自由认识,唯物主义的反映论首先就被破坏了,其结果只能南辕北辙。

其次,历史在其发展过程中,常常是诸种因素的重新组合,这些组合会赋予某些"定论""结论"以新的意义,从而导致对它们的重新认识。

由于历史不可逆转,决定了历史事件、人物行为、"定论"作为历史事实的确定性。然而许多事件、人物行为、言论等又不是随历史翻开新的一页而消失,它们常常作为某种遗存而加入到新的历史行列中去,表现出新的意义,或者说,在历史发展的全过程中才能展现它的意义。比如秦始皇修万里长城,作为秦始皇的活动与决定,随秦始皇去世而结束。但是修长城是中原农耕为主的汉族(当时称华夏)与草原游牧民族之间矛盾的一种产物。这一矛盾存在,长城问题就总有它的意义。所以伴随着塞北与塞南民族矛盾,秦始皇修长城问题一直是人们议论的一个题目。近代的洋务运动在很长一段时间内,人们都遵循着一条基本否定的认识路线去看待,但是中国走向开放的新历史,又唤起人们重新去认识近百年前那一次特定环境下的开放活动。"文化大革命"已经结束十几年,中国的历史已经翻开了新的一页,但谁都无法否认,"文化大革命"的遗存还与我们的生活纠缠难分。总之,较为重要的事件人物等的作用与意义,需要经过相当长的时间才能充分完整地表现出来。

某些权威对有关历史的"决议""结论""定论"等与上述情况也颇类似。由于种种原因,某些权威的"论断""结论""定论"在特定时期蔚然成风,受到多数人的支持和拥护,似乎与历史的发展相符合,获得了历史的通行证;反之,持不同见解的人则遭到批判、孤立,似乎被历史抛弃。一时间似乎各自都被置于稳定的历史位置。然而历史却是这样无情,随着时转运迁,曾被多数人接受、拥护的"决议""结论",越来越成为历史发展的障碍;一时被批判、受孤立的少数人的主张却显示了强大的生命力。现在多数人才清醒过来,在农业合作化中被批判的"小脚女人",恰恰是站得住脚的"历史硬汉"。

既然许多历史事件和人物的作为包括所谓的"定论""结论",在历史的发展中不断与新的历史条件重新组合,展现出新的意义,那么,"定论""结论"等怎么能成为历史学研究的出发点或必须遵守的原则呢?

史学家对历史上的问题说三道四,似乎很高明,其实都是事后诸葛亮。史学家所做的不是处理实际事务,而是鉴往知今和文化建设。这是提高整个民族和人类素质所不可缺少的。

我们天天讲社会分工,但是我们又常常缺乏真正的分工意识和相应的行为准则。在很长时期内,强调的是认识统一和服务于一种规定的认识,或用一种认识统辖一切认识。其结果只能僵化、教条,甚至引出造伪。我认为应该切切实实承认在认识上没有什么人掌握了一通百通的"一"。世界上根本不存在一通百通。过去搞的一通百通是借权力实现的,这种情况无论如何要改变,至少我个人在历史研究问题上不再盲从了。

第三,价值标准的变化也会引起不同的评价。有关历史的"结论""定论"等。不仅仅是价值判断,但无可否认,其中也包含着某种价值判断。关于历史认识中的价值问题,我曾写过一篇专文讨论①,这里从略。价值问题的一项重要内容是主、客观的复杂结合。简单地说,讨论价值问题首先需要确定价值标准。价值标准有许多,对历史事件、人物做"决议""结论",与历史学家研究这些问题,对价值的选择可能是不一样的。标准不同,认识就不可能相同,即使是同一标准,由于对形势、程度的估计不同,也会得出不同的认识。远的不要说,新中国成立以后,围绕着以阶级斗争为主,还是以发展社会生产力为主,就有数不清的争论与相应的"决议""结论"等。至今这个问题也还没有解决,还在争论。

价值问题具有非常明显的主观性,也可以说有很大的随意性。这是谁也没有办法避免的。有些人标榜完全的客观主义,摒弃价值论。其实,他们所谓的纯客观主义恰恰也是一种价值论。价值问题是人的社会化活动的一部分,反过来说,只要是社会化的人,参与社会交往,就不可能消除价值关系,道家讲的"无",佛家讲的"空",似乎抛弃了一切。然而在社会交往中这只是一个价值项。

我强调价值的主观性、随意性及其不可避免地存在于人的活动中,

---

① 刘泽华、张国刚:《历史研究中的价值性认识》,《世界历史》,1986 年第 12 期。

无非是要说明关于历史的任何权威性的"结论""定论"都是相对的,都是可以重新认识的,可以重新评价的。

基于上述三点理由,我认为在历史学家的面前,没有任何必须接受的和必须遵循的,并作为当然出发点的"结论"与"定论"。至于在实际上人们怎样安排自己,完全有自己的自由。有人愿意把某种"决议""结论"作为自己研究的前提,不仅无可厚非,还应受到一视同仁的尊重。

有人可能会问:不遵循权威性结论,岂不众说纷纭,莫衷一是?对,从认识规律上看,众说纷纭,莫衷一是,是认识的常态。反之,舆论一律,认识一致,则是变态。前者是认识的自然表现,后者则是权力支配与强制的结果。求"一是"的思想和心态,说明自己还不是认识的主体或主体意识还很淡薄,还没有从中世纪中走出来,程度不同地存在着贾桂气。

历史研究中众说纷纭是把认识推向深入的唯一之路,它的总和更接近事实和真理。

所谓的"俯视",主要指方法论的优越感,唯"我"之方法论独尊。在时下思潮的大变动中,我仍信奉马克思主义的方法论,仍信奉唯物史观。但信奉的方式与过去有所不同。过去以在位者为马克思主义之体现;从今尔后,在认识领域,马克思主义是我的选择,在我心中。"我"同他人是平等的。我写过一篇《除对象,争鸣不应有前提》①,做了如下的论述:

> 在我看来,马克思主义与百家争鸣之间的关系,不应理解为在马克思主义指导下开展百家争鸣,而应是,百家在争鸣上都是平等的。马克思主义者的目的是在百家争鸣中发展马克思主义。众所周知,百家争鸣是为了发展科学。科学这种东西是为了探索和说明对象,因此科学只对对象负责。毫无疑问,马克思主义是引导人们走向科学的康庄大道。但是我们不能认为马克思主义是引向科学的唯一之路,更不能认为除了马克思主义之外,一切都是混话。如果真的这样认为,请先证明除马克思主义以外的全部知识都是谬误,否则,那只能是武断。

> 我是信奉马克思主义的,那么为什么还要在百家争鸣应不应该有

① 《书林》,1986年第8期。

前提这个问题上做文章呢？这涉及如何对待非马克思主义学派及怎样理解马克思主义是开放的问题。从认识论上讲，在认识对象面前，一切学派都应该是平等的，谁先认识了对象，谁就在科学领域处于领先地位。因此，在认识对象面前，各种理论与方法是一种认识竞争关系，不应该有谁领导谁的人为规定。我们马克思主义者坚信沿着马克思主义道路能最快地攀到科学的顶点，但我们也不排除非马克思主义者也会做出重大的贡献。如果有这样的胸怀，科学事业就会全方位前进。再者，我们说马克思主义是开放的，如果不承认在马克思主义之外还会有科学发现，那么开放什么呢？向谁开放呢？

还有，谈百家争鸣，不能只限于一国之内。思想文化和科学认识这种东西是没有国界的。众所周知，我们引以为经典的马克思主义并不是中国的土产，而是从西方传来的。在现代世界交往如此频繁的情况下，思想文化已远远走在政治、地区区划的前头，逐渐成为一盘棋。我们相信马克思主义最后一定会赢得这一盘棋，但它所依靠的不是认识以外的什么强力，而是靠它的正确。马克思主义是在争鸣中发展壮大起来的。这种争鸣有马克思主义内部不同流派之争，也有马克思主义与马克思主义以外各种理论和学派之争。

为了推进百家争鸣，有些同志著文一再呼吁要把政治与学术分开，并反复论证学术争鸣除少数情况下一般不具有阶级性。在粉碎"四人帮"不久那一段时期，每读到这些论述，常常产生一种轻松感。但时隔不久，又发生了在学术领域反对资产阶级自由化的斗争，调门还相当高，至今余波未消，于是不得不重新思考。有两个问题总是在我的脑海里盘桓不止：第一个问题，政治和学术的分界线究竟在哪里，由谁来划分？第二个问题，意识形态领域到底还有没有阶级斗争？在什么情况下具有阶级斗争的性质，这种性质又由谁确定？思考使我越来越倾向如下这种说法：政治和学术根本无法彻底分开，想分也分不开，也没有人能分开，有人要分那也只是属于他个人的事。把两者分开的道理难以把握，分不开的道理却很简单。从科学上讲，一切领域，一切对象都是学术所需要探索的，政治作为一种现象，也应包括在学术探索的对象之内。在这种情况下，如果一定要把政治和学术分开，政治就会变成一块神秘的土地，变成超对象的不可知的东西，变成中世纪的神堂。众所周知,客观事物本身是错综交织的,因此知识本身是连在一起的,硬要把政治从社会科学体系中挖走,那么整个社会科学就会变得残缺不全,不成体统,大部分社会科学会因此而失去它科学的意义。现在学术越来越不承认有任何不可认识的禁区。政治,一方面应充分保证认识的自由,另一方面又要对各种认识进行选择,这种选择应该像到商店里买东西那样,不买的并非无用的,更无权毁弃。所以学术与政治的关系,应该是自由认识与自由选择的关系。政治家们不要超出法律规定去干涉学者们的认识自由,学者们也要承认政治家在法律范围内有选择的权力。为了妥善地处理两者的关系,关键是要有相应的立法。利用职权粗暴干涉认识并造成极坏后果的事例,在古今中外历史上到处可以找到。这说明人类自身还很不完善,而建立和健全相应的立法会有助于妥善处理两者之间的矛盾。在没有这样的立法之前,应该造成这样一种气氛,行政负责人当然可以对学术中的是非发表意见,也有权与工作相结合进行选择,但这一切都不要对持不同见解者构成人身安全的威胁,也不要强迫别人接受自己的见解,搞什么认识统一之类的活动。学者不要因自己的见解被行政选中而趾高气扬,以为自己是真理的化身,借行政权力搞学霸那一套;未被行政选择者也不必因受冷遇而灰心,学术之道,不在眼前之功利,眼光要放远些。总之都要豁达宽容。

在学术领域,有没有马克思主义与非马克思主义、反马克思主义以及不同阶级之间意识形态的矛盾与斗争呢?如果干脆说无,事情自然好办,可是大家又说大部分争论不具有这种性质,但少数还是有的。这样一来就麻烦了。这个界限如何划,由谁划?由于每个人的知识结构、思想方法、经历不同等原因,常常仁者见仁,智者见智。另外,大部分和少部分又如何分?每个人都可以说我属于大部分;但每个人又都是个体,又可能属于少部分。特别是学术这种东西个性很强,更容易与“少数”发生联系。所以,用“大部分”与“少数人”根本无法解决这个问题。如果在事实上存在着“主义”之争,存在着“阶级”之分,那么争鸣中不用阶级分析,不用“主义”,就无法分清事实上的“有”一用,一些人又认为是打棍子、扣帽子。这样一来左右为难,反而更麻烦。依我看,索性不如把问题明朗化。在目前的大千世界里,不可否认确实存在着不同的“主义”,“主义”的背后不能说没有阶级的影响和作用。事实上既然有,理论上也就不必回避,有理有据阐明"主义"上的分歧于学术进步不但无妨,而且是一种推动,学术常常是相激而进的。我认为讲主义,甚至讲阶级,对理论上诚实的追求者构不成妨碍。在理论与学术上不要搞你好、我好、大家都好,而要提倡执着的追求。为此,倡导不怕天、不怕地、不怕神、不怕鬼。在争鸣中,不要怕讲"主义",也不要怕"上纲上线"。反之,把讲"主义"、分"阶级"看作正常现象,你往我来,一律平等。我们要提倡学术上是对头、生活上做朋友的精神,像惠施与庄周、列宁与普列汉诺夫那样。见解不同就成仇人是封建专制主义影响的表现,动用手中权力党同伐异则更为恶劣。

今后的百家争鸣,还会不会出现激烈的场面,会不会出现政治干预,我相信会发生的。发生了怎么办?如果是自己错了,而且真心承认错了,就改正;如果认为自己有理,就应该向张志新、孙冶方学习。历史的进步很大部分是由苦难做代价的。马克思把科学追求同攀险峰与进地狱连在一起,真是至理!一切追求真理的人,要不畏艰难攀险峰,同时要准备随时进地狱。

以上所说的"平视",仅仅就认识论而言。社会生活比认识论要复杂得多,各个领域有各自的规则,对此另当别论,但在历史认识范围内,应充分贯彻认识论的规则。

五、通古今之变,关切民族与人类的命运

我曾写过一篇《历史学要关注民族与人类的命运》[①],主要想法是:

一个学科的产生、发展、繁荣或曲折、衰落,固然是受诸多社会条件以及学科内在的因素制约的,但是,对一个学科的生命力具有决定意义的,是社会的需要和该学科对社会需要满足的程度。如果社会没有相应的需要,或者某个学科远离社会的需要,那么该学科是注定要走向困境乃至衰落的。历史学的内容极其丰富,也有不同领域和层次,史学家可以任意选择。但作为历史学的重要功能之一,应该是通古今之变,关切民族与人类的命运。

---

① 《求是》,1989 年第 3 期。

历史学号称是以研究历史发展规律为己任的,但扪心自问,我们史学界究竟提出了哪些与当今人类、与我国现实生活相关的"规律"或"规律性的理论"呢?讨论昨天与前天的规律无疑对认识今天具有重要意义,但如果只限于昨天和前天,所谓的规律就不免苍白无力。人都是现实的人,是生活在今天的人。如果史学所讲的规律与人们生活的现实无关或者间接而又间接,那么,这些"规律"是不会引起人们的兴趣与注意的,这是最简单不过的道理。老实说,如果不能把规律性的认识贯通到现实社会,而仅限于过去,虽然我们不能忽视它的科学意义,但在很大程度上只能是些文化性的知识开发和积累。如果史学要以研究社会规律为己任,那么就必须关注人间烟火。所谓的规律,应该程度不同地伸向现实社会生活。迄今为止,史学家们所讲的"规律",很少是自己的发现,多半讲的是与现实生活无关或关系很少的规律。一句话,缺乏独创性、缺乏实用性。

　　在现今人们关注的时代的声音中,有多少是从我们史学家队伍中发出来的?我们的民族向何处去?人类的命运如何?按说,这些问题,没有历史学家的关心、参与和探讨,是难以深切了解和把握的。遗憾的是,大部分史学工作者对于这类问题还是袖手旁观或无动于衷的。出现这种情况的原因固然是多方面的,况且我也绝不是说要所有的史学工作者都来从事这方面的工作,因为作为一个独立的科研工作者有权安排自己的研究领域,任何人无权干涉。但是,作为整个史学界,如果大多数人都对现实漠不关心,那么史学不遭到时代与社会的冷遇反倒显得有些奇怪了。平心而论,史学不关心时代,有什么理由要时代关注自己呢?史学家应当以自己的智慧、见解与时代的需要进行平等的交换。历史学研究的内容不涉及或很少涉及当代,而当代所提出的问题史学又很少关心,这样的史学不能不走向"困境",陷入"危机"。

　　关注现实与满足当代社会需要的史学研究,是历史学的龙头,其他都不过是龙身。如果龙头抬不起来,龙身就只能在水中拖曳。就目前史学现状看,不是说龙身过大,而是龙首小而弱,难以带动整个史学的腾飞。据我大致了解。在我国史学研究的队伍中,从事当代史以及对社会重大问题进行历史研究的人是很少的,而在这很少的队伍中,能够大胆、毫无顾忌地触及一些社会敏感问题的,又是微乎其微。史学家疏远了现实,相应地,现实也疏远了史学。这一点是最需要我们史学工作者深刻反省的。近几年的所谓"史学危机",并不是表示史学本身价值的下降。只要有人类存在,历史学就永远是它的伴侣。

如果说有"危机"存在的话,那只能说旧的已经失去生命力,而新的突破即将来临。我认为,开展与人类和民族命运相关课题的研究,是历史学摆脱危机、走向复兴的重要途径。

开展当代史的研究,是牵动整个史学界步入新阶段的火车头。有人说,当代史是人们熟悉的,用不着研究。然而,熟悉的或有过经验的,同史学是两个不同层次的东西。史学作为一种认识,是史学家经过特殊劳动之后的产品,当代史也必须经过史家的再认识才能呈现在人们面前。当代史与人们的生存休戚相关,有广泛的群众基础和社会需要。现代以前的历史,社会进步是较为缓慢的,现实与历史差别不大,所以能察古知今。然而现代社会,尤其是当代,几十年,甚至十几年就会发生重大变化,"察古知今"基本上不中用了,必须察今而后知今!甚至可以这么说,对当代史研究的深度和广度,是史学现代化的重要标志。

历史研究应面对现实,反顾历史。无论从世界看还是从我国看,都面临着许多重大课题有待解决,如社会主义与资本主义的关系,战争与和平,进步与公正,阶级与调和,革命与改革,平等与效率,文明与野蛮,道德与强制,文化交流与冲突,社会主义发展与多元化,等等。为解决这些问题,首先需要了解它,而历史考察则是绝对不可少的,史学家对此应责无旁贷。

有一种看法认为,历史同现实一挂钩,似乎有损历史学的圣光,这实在是一种偏见。史学家不能离开人间烟火,为什么要把与人间烟火有密切关系的历史研究视为庸俗呢?关系到整个民族,乃至人类命运的大事,史学家绝不应该袖手旁观。当然,这类问题的研究绝不是唯一的,但必须视为正当的,同样具有很高的学术价值。

不可否认,史学研究的突破在相当大程度上依赖史学界之外的大环境的改观,但史学界本身的努力也是非常必要的。史学工作者应该具有对于人类与民族命运的强烈的关切感与使命感。从某种意义上讲,史学工作的特点是从外部观察生活,冷静多于热情。但是,史学工作者绝不能在精神上亦游离于现实世界之外。换言之,史学家应当先把对时代的关切感、责任感与使命感作为研究工作的动力之一。史学工作者应该树立积极的参与意识,使自己的研究成果起到影响决策、影响公众的作用。现代公民一般都有明确的参与意识。作为从事理性思维的史学家难道不应该成为一个积极的公民吗?当然,史学家的参与应以科学作为基础。史学工作者中,至少有一部分人应该把参与意识贯彻于史学研究中,本着总结过去、服务现实与未来的精神去从事自己的研究,使之最大限度地纳入到现实需要的轨道上,从一个方面显示史学研究的价值,适应社会对史学研究的需要。我们的新闻记者、文学家、政治学家和经济学家早已把目光投向了许许多多现实敏感的区域,引起了社会广泛的重视,我们史学工作者还有什么理由徘徊他顾呢?只要我们是真正抱着利国利民的目的去追求,是会得到社会承认的。

史学工作者必须树立独立自主的意识和为科学献身的精神。我们史学界不少人还缺乏这种精神,甚至存在着与此相反的两种较普遍的心态。心态之一,认为历史学之所以出现危机,在于领导不重视,以为只要解决了领导重视的问题,历史学就会出现繁荣;心态之二,史学家过分关心现实,会有掉脑袋的危险。我以为这两种心态都是值得商榷的。因为前者无疑还是把自己放在一个依附的地位上,而后者仍然表现为一种臣民心态,两者都缺乏为科学和真理献身的勇气和精神。史学家要用自己的成果来赢得自身的价值,通过自己的辛勤劳动实现与社会的平等交换,不能总是寄希望于别人的重视,过分乞求重视只能贬低了自己。从历史考察,除了起码必需的物质条件外,一门科学、一种学问的地位,从来不是由任何行政力量所能决定的;相反,往往是行政"关心"越多,学科就越容易衰落,古今中外,这样的例子并不鲜见。我们应该提倡,在研究对象面前,自己是自己认识的主人,史学面前无定论。史学家应当只对事实负责。史学家面前只有科学,只有实证,有什么结论就是什么结论,科学至上,而不是条条框框至上。

以上仅是一种认识,就实而论,我本人也只是徒说空言而已。难矣哉!

六、君权支配社会——对中国古代社会运动机制的看法

马克思主义讲,一定的生产力水平和经济状况决定着社会形态。这个道理比其他各种说法更能说明历史的进程和大趋势。但长期以来,史学界一直把"阶级斗争是历史发展的唯一动力说"视为圣条,我也是追随者之一。经过反思,产生了疑问,于是写了《关于历史发展的动力问题》一文,阐述了生产力是推动历史最根本的动力之一的观点。其实这是马克思讲过的。但在20世纪70年代提出,不能不引起广泛的争论。直到今日,我对那一场争论感到很愉快,也很欣慰。

在进一步思索过程中,我感到,历史的过程是分许多层次的,上面讲的是基础层面,在此之上,社会的具体运动、控制、操作不一定都要从经济运动中去说明。从20世纪70年代末,我逐渐形成了一种看法:中国古代社会的特点是权力支配社会,君主专制则是其核心。当然,这个思想是受了马克思论19世纪法国时讲过"行政权力支配社会"这句话的启发而来的。

中国君主专制权力体系的形成,在深层中起决定作用的无疑是经济利益,但它直接的"生母"却不是经济,也不是公众的选举,也不是宗教信仰,而是军事。正如刘邦讲的,是"马上得天下"。军事力量和权力体系结合起来之后,经济反而变成了支配物或囊中物。

"溥天之下,莫非王土;率土之滨,莫非王臣。"秦始皇讲的"六合之内,皇帝之土;人迹所至,无不臣者"。这不仅是观念,而且可以转化为现实。从某种意义说,这种被普遍化而且被几乎所有人认同的观念,可能比事实更为重要。皇权在现实中(在观念上还有天、道高于皇权的理论)高于一切,支配一切,拥有一切,这在中国传统(相对于近代而言)中的方方面面,都可以看到它的巨大作用与影响。我在《专制权力与中国社会》(与汪茂和、王兰仲合著)"给读者的话"中第一句话是这样写的:"翻开中国历史,会看到一只巨大的罗网覆盖着古代社会的各个角落,这就是以君主为首的政治体系和专制权力,忽视了它就难以把握中国的历史。"

人身支配与人身占有,是君主专制登峰造极的表现。皇帝对天下臣民拥有生、杀、予、夺之权。对臣民的生、杀、予、夺虽不是毫无程序,但又可以任意而行;对臣民的行政管理与人身支配占有是胶结在一起的。与上述这种支配与占有伴行的,还有一套等级体系,而皇帝则是等级体系的控制者和操纵者,所有居民都是皇帝的臣民,这虽然与人人皆奴隶有别,但亦相去不远。这种臣仆最显著的特点并不全是直接经济关系的,而是权力的支配与被支配和观念上主人与臣仆的结合造成的。

在权力支配社会的大背景下,社会的财产运动也不是完全按照经济规律运行的,经济规律无疑力求实现自己,但在巨大的君主专制体系下,超经济的力量常常比经济的力量更有力。有一种观点认为,中国古代的土地主要是私有制,自由买卖是其主要运动形式。土地兼并的资本主要来源于地租,于是把土地集中概括为地租地产化。我绝不否认地租地产化的事实,但在土地运动中真正起主导作用的并不是经济因素,应该说是政治权力,在很大程度上是政治权力的分配支配着土地分配。在土地运动中占主导地位的不是地租地产化，而是权力地产化。土地的运动的主流是权力再分配的附属物，土地买卖在很大程度上只不过是权力兼并土地的外壳，强买、强取豪夺的背后大抵都是由权力做后盾的。我曾经写过《论中国封建地主产生与再生道路及其生态特点》《从春秋战国封建主形成看政治的决定作用》等文，对上述观点进行了具体论证。总之，中国古代的封建地主中的主要组成部分不是靠经济的方式产生和再生的，而是靠权力。

中国古代社会结构的核心部分也由权力铸成，并围绕权力运动而运动。在中国古代社会结构中，文人－官僚－地主循环结构无疑在社会生活中占有最突出的地位，并影响和制约整个社会。这三者之间形成了一个生态循环圈，把社会的政治、经济、文化贯穿为一体。大部分人读书是为了入仕，当了官财神也就降临。明代有一部小说叫《醉醒石》，其中有一段很耐人寻味的描写："大凡大家，出于祖、父这支笔取功名，子孙承他这厢籍，高堂大厦，衣轻食肥，美姬媚妾，这样的十之七；出于祖、父以这个锄头柄搏豪富，子孙承他这些产业，这样的十之三。"这段话活灵活现地把上述生态圈描述出来，作者还指出官僚地主占了"大家"的十分之七。中国古代的官僚制世袭的成分较少，多半是你方唱罢我登台。随着官位的轮换，封建地主也不断轮换，"十年财东轮流坐"内在起主导作用的是权位的替代。中国社会关系的活化，上下交流频繁，主要不是经济的原因，而是因为官僚制度比较灵活，开科取士造成的古谣曰："朝为田舍郎，暮登天子堂"，正说明这一事实。

由于权力支配社会，皇权高于一切，这就使得中国古代思想文化的最基本的特点是王权主义的文化，或者说王权主义的思想文化是占统治地位的文化。我在《中国传统的人文思想与王权主义》一文中有这样一段论述：

> 有一种意见认为，人文思想与民主、自由相联系，其实无论从逻辑上还是从历史上看，这种说法都难以成立。从逻辑上讲，专制主义可以包括在人文思想之中；从历史上看，中国古代的人文思想很发展，君主专制主义也很发展，专制主义恰恰以具有浓厚的人文色彩的儒家思想为统治思想。另外，从内容上看，中国古代人文思想的主题是伦理道德，而不是政治的平等、自由和人权。这种认识结构也决定了人文思想只能导致专制主义，即王权主义。在古代的传统思想，特别是儒家思想

中，虽然有不少重民、爱民、利民、惠民、恤民、爱民如子、民为邦本等主张和理论，这些常被人们誉为民本主义和民主主义等，其实，事情的本质未必如此。古代的重民、爱民并不是目的，一般地说，它只是一种手段。孔子讲得很清楚："惠足以使人。"①不管人们就"爱民"问题讲了多少美好语言，民基本上是被恩赐和怜悯的对象。民从来没有比这个地位更高。那么谁是目的呢？谁是握操民这个手段的主人呢？是君主，是帝王。人们常爱把范仲淹的"先天下之忧而忧，后天下之乐而乐"作为民主思想的典型加以征引，其实不应忘记他前边说的两句话："居庙堂之高则忧其民，处江湖之远则忧其君。"这两句正说明君主是目的，民只是被怜悯的对象，当然，我并不想怀疑作者的赤诚之心。

我们说君主是目的，并不是说君主是不受任何制约的。从理论体系上看，君主也是被规定的对象。他不仅要受到天、人的制约，还要受名分、伦理道德的制约，即受到道统的制约。中国传统的名分、道德和道统确实对君主的行为有规定和制约作用。但是我们不能忽略这样一个基本事实：在总体上，这些理论又是对君主地位的肯定和维护。对君主严格的要求正是为了保证君主地位的巩固与稳定。

王权主义之所以成为主流，一方面是君主专制的需要。另一方面同思想文化的主要制造者——士人的性格也极为密切。我在《士人与社会》(第2卷)"序"中讲了如下一段话：

秦、汉大帝国的出现，造就了一个巨大的事实：皇权凌驾于整个社会之上并支配整个社会。一统的、集中的、绝对的皇权要为整个社会"立极"和"定于一"。这种"一"具有无限扩张的性格，它同思想文化的多元、多样发展不可避免要发生冲突。秦始皇的"焚书坑儒"和汉武帝的"罢黜百家，独尊儒术"，就是解决这种冲突的两种不同方式。秦始皇的血与火，且不说对思想文化的摧残，就是对秦家天下而言，也是得不偿失的。而汉武帝的有导有塞之术则获得了极大的成功。

皇帝与官僚的结合，是中国古代君主专制统治的主体。汉武帝的独

①《论语·阳货》。

尊儒术与开科取士,为士人步入官僚行列开设了渠道,其结果是把皇权运行、思想引导、社会教育与选用人才结合为一体。这对维护君主专制是极为有利的。其后两千年,朝代尽管换过多次,然而终封建之世,这一体制却没有大的变动,只是越来越完善。

在皇权支配社会和自然经济条件下,基本上不存在靠知识"商品"化在社会中寻求生计。摆在士人面前最主要的一条出路是入仕,正如古俗语所说:"学得文武艺,售与帝王家。"用现代经济学中买方市场与卖方市场比喻,帝王是独占性的买方市场,士人争相向帝王出售。买方市场有限,售出的自然也有限,多数人为此空白了少年头,可悲而又可怜!既然入仕是士人的最主要出路,士人的性格与学问就不可能不受这条道路的制约。

独尊儒术与以儒取士,带来两个最明显的后果:其一,像清人方苞所说,"儒之途通而其道亡"。方苞的话不免绝对,但大体上是中肯的。多数士人不再把儒学作为"道"来追求,而是把它作为入仕的敲门砖;同时,由于儒学在很大程度上被置于皇权支配之下,变成了政治的一部分,它本身也便失去了学术文化上的独立与超越的性格。其二,士人,主要是儒士,为了挤进官僚行列,他们自觉或不自觉地把自己下降为皇权的从属物和工具,这种品性的士人所酿造出的思想文化产品,自然大都是为皇权服务的。正因为如此,中国古代的皇权－官僚政治文化格外发达。

中国历史上的农民反抗斗争是可歌可泣的壮举。他们无疑是反剥削,但更主要是反暴政,特别是大规模的起义,几乎都是以反暴政为旗帜的。然而那些农民起义的领袖,只要有一点自觉,必然向夺取皇位进军。在当时的条件下,农民起义的烈火便成了造就帝王的大熔炉。农民反抗暴政,却又要制造新一轮帝王体系,这除了其他原因外,实在是因帝王之位令人垂涎万丈而不已!

中国封建社会是否有发展"停滞"问题,学界对此有不同的见解。但它长达两三千年也是无可否认的事实,特别是与世界进程相比,在向近代社会转变这一点上,中国确实落后了几百年。所以我接受"停滞"这一说法。为什么会出现"停滞",有许多不同的说法,我则归咎于君主专制过于强大。我在《中国封建君主专制制度的形成及其在历史上的作用》一文中曾有过如下一段论述：

对于中国封建社会长期性和停滞性的原因，固然需要从多面来探讨。但我们认为，认真分析封建君主专制国家对封建社会经济规律的干预和破坏，或许会找到一把打开这个迷宫的钥匙。

封建时代的经济规律，具体讲起来有许多，但从封建社会能否生存和发展这个根本点上来看，有两个最主要的规律：一是简单再生产的规律，一是价值规律。之所以说有两个主要规律，是因为简单再生产是封建社会生存和延续的基础；价值规律的实现和作用范围的扩大是推动扩大再生产和封建经济发展的主要杠杆，是封建社会内部产生新因素的前提。从中国历史看，至迟从春秋开始，农民中的多数是以一家一户为单位进行生产的。这种生产表现为一种简单再生产。但这并不是说这种简单再生产是一成不变的，简单再生产包含着扩大再生产的因素。诸如农民扩大再生产的要求、生产工具的逐渐改善，生产经验的不断积累等，而这些因素能不能变为现实，能不能成为推动和瓦解小生产的力量，要看社会能否提供适宜的条件。

价值规律是与商品交换同时来到人世间的。但在春秋以前，由于商品交换与商品经济在整个社会经济中所占地位甚微，所以价值规律的作用范围也极其有限。春秋以后，情况就不同了，工商业有了突飞猛进的发展，商品经济和货币经济日益发达，交换在整个社会经济中占有重要地位。从社会分工看，春秋战国时期，各行各业已经泾渭分明，纯粹的自给自足的自然经济的概念已不能完全反映当时的社会面貌。基本上反映这一时期情况的《管子》一书，把士、农、工、商并列，称为四民。其中《管子·大匡》篇说："凡仕者近宫，不仕与耕者近门，工贾近市。"可见工商在社会上已赫然成势。社会分工已经发展到人们只有靠交换这条纽带连接起来才能生活下去的地步。

上述两个规律在社会经济的发展中起着不同作用。农民的简单再生产是社会赖以存在的基础，它本身虽然不能产生使社会变革的新因素，但随着生产的不断扩大，可以促进工商业的发展。工商业的进一步发展，价值规律的不断实现，必定会掀起社会的波澜，小农经济必定会被冲垮，封建经济绝不会停滞在一个水平上，中国也一定会较早地出现资本主义的生产关系。

但是,秦汉以后的历史事实和我们这种推论正相反,中国封建社会具有长期性和停滞性的特点。这个历史的罪责究竟由谁来承担呢?我们认为,这不应归咎于中国封建经济结构本身,而是由于封建君主专制制度对以上两个经济规律的抑制和破坏造成的。沉重的赋税、徭役以及其他形式的剥削,常常使简单再生产不能进行,社会难以生存。抑末的结果破坏了价值规律的正常运转,因而社会也就失去了发展变化的活力。这样,我国封建社会便长期处于停滞不前的状态。

任何一种理论根据,都不可避免地要舍弃一些内容,甚至会伤害一些东西。为了尽量避免和减少这种情况,所以我在本文中不厌其烦地用了"主要""主导""基本""主流"等限制性的词,即使如此,恐怕也是难免片面和带来伤害。

我对中国古代史的看法,自以为首先是描述性的,每一论点都是以相当充实的材料为基础的。那么其中是否包含意义与价值呢?当然有。但我不是以意义与价值为出发点。就意义与价值而言,我也不是非历史主义者,君主专制在中国的历史上的某个时期和某些方面有过重要的建树和历史的功绩。但当中国步入世界性近代化之路时,君主专制无论如何都过时了。中国的君主专制主义像百足之虫,死而不僵,影响还广泛存在。我的"价值"和"意义"之一就是想对它有一个清醒的认识,以便从中走出来。

原载张艳国主编:《史学家自述——我的史学观》,武汉出版社,1994 年

我和中国政治思想史

1957 年我考入南开大学历史系。1958 年"大跃进"我被"跃"出来，当上了历史系的助教。1961 年我开始讲授中国古代史。1978 年我从助教越级升为副教授。我的经历实在有点蹊跷，本文难以细说。说到学业的成长，我首先要感谢郑天挺、王玉哲、杨志玖、杨翼骧、巩绍英、魏宏运诸位先生，他们从各方面给我以指导和厚爱。他们严谨的治学精神使我终身受益。比如郑先生提出要有两万张卡片方可写书、著文；又说，收集史料如捉贼，稍纵即逝，不可放过。这成了我终生的"立命方"。几十年来，看书必抄，从不敢放松。现在可以告慰先生的是，我抄的卡片远远超过了他老人家号召的数字。下面谈谈我学习中国政治思想史及相关的一些体会。

我为什么选择了中国政治思想史这个方向

多年来我的主要精力用于中国政治思想史的研究，1984 年出版了《先秦政治思想史》，1987 年出版了《中国传统政治思想反思》，1991 年出版了由我主编（也是主要作者，下同）的《中国传统政治思维》，1992 年出版了《中国古代政治思想史》，1996 年出版了三卷本的《中国政治思想史》。另外还发表了数十篇有关论文。

回想起来，既有个人志趣，又有自我使命的选择。我上大学以前曾工作了六年，那时就对思想史有兴趣，在我书架上保存下来的最早的书要属郭沫若1956 年出版的《十批判书》和侯外庐等人所著的《中国思想通史》。当时没有任何人指导，又没有受过科班教育，读这些书十分困难，但却十分有兴趣。1957 年我考入南开大学历史系，1958 年留系工作。南开历史系的教授很多，也很强，但没有专事思想史这一行的。我向系负责人谈了我的志愿和想法，当即获得了支持，于是 1959 年我到中山大学师从杨荣国教授进修中国古代思想史。时值饥饿时期,我第一次体会到读书可以"忘饥"。本想学两年,然而天不遂人愿,患了肺病,只好半途而归。在我治病期间,思想史的著作又成了我的"良药",流连其中,忘却病魔缠身。在学习过程中,发现政治思想史被融入哲学史和大思想史之中。环顾学界,专事政治思想史的研究者也寥寥无几。这种现象有点奇怪,我虽没有找到说明这种现象的足够的理由,但也有一点模糊的感觉,好像是"政治"不需要它。可是自认为,从学科上说不能没有它,研究中国古代史是不能忽视思想史的,尤其不能忽视政治思想。多年来我一直从事古代史的教学,但总不能忘怀思想史,特别是政治思想史。1964年巩绍英先生来南开大学任教,讲授了半年"中国政治思想史",我给他当了一个学期的助教,本以为有了归宿,可以追随巩先生专攻政治思想史。然而一个接一个的政治运动,教学计划全被冲垮,政治思想史的课也被取消了。"文革"期间封建主义的大泛滥给我以极大的刺激,为了从"文革"走出来,为了从封建主义中走出来,为了清理自己,从20世纪70年代后期我开始下定决心,把主要精力投入中国政治思想史的研究和教学。令人悲伤的是,巩先生于1973年病逝,我只能靠自己摸索。

我是一个教书匠,研究必须与教学相配合。随着教学层次(本科、硕士、博士)的提高,我也力求把政治思想史的研究推向深入。大致说来,可分为递进性的三个层次。

政治思想史的基础研究:为了适应本科和硕士生,我写了《先秦政治思想史》和主编了《中国古代政治思想史》。为了给博士生提供一部完备的参考书,我与合作者写了较专深的三卷本的《中国政治思想史》。我把政治思想史的基础问题归纳为如下几个方面:一是以人为单位的"列传"式研究;二是政治流派研究;三是一个时代的社会政治思潮研究;四是专题性问题的研究;五是政治思想与政治实践的关系研究。在我看来,基础研究是一个学者终生的事业,越专越要回顾基础,如果在"专"的过程中不注意拓宽基础,容易漂浮和偏颇。

政治文化研究:在基础性研究过程中已涉及普遍的社会政治意识问题,如何深入,多有困惑。适值20世纪80年代初西方的"政治文化"理论开始介绍进来,于是我想到"传统政治文化"问题。人们对"政治文化"还众说纷纭,更何况"传统政治文化"?我不想先给"传统政治文化"下什么定义,而是先从问题出发,我认为有两个问题很值得研究:一是政治价值观念问题。所谓政治价值观念,指的是一种政治观念的文化结晶或凝固状态,如成俗性的政治心理定势,无明确意识的政治行为准则,无须论证的当然前提,不以为非的公认的政治形式、框框、套套等。这些是历史长期积累的成规,是历史的惰性,在历史上影响极大,过去注意的比较少。我写了一些文章来剖析这些问题。二是"政治文化化与文化政治化"问题。比如,儒家最初是诸子百家的一派,后来与政治结合为一体,这就有一个儒家政治化和政治儒家化问题。这一类问题在历史上同样有极大的影响。我曾搞过一个课题:"儒家与汉代社会的再整合",就是试图把这个问题在历史层面上展开。

政治哲学问题:如果说传统政治文化侧重社会政治价值研究,政治哲学则主要研究政治思维方式和形而上的抽象,政治哲学不仅在研究政治思想史时会遇到,在研究整个中国历史时也会遇到。政治哲学是政治思想的最高抽象,同时又反过来成为社会政治控制的理论系统,而且在实际上它所起的控制作用有时可能比政治硬件还有效,因为它成为人们的精神规范和不可逾越的框框。我认为必须把政治哲学作为独立的领域来看待,这就需要从中国思想史中抽象出特有的政治哲学命题、范畴,要研究我们祖宗的政治思维方式。虽然至今我还没有理出一个清晰的头绪,但大体说来是沿着以下几点进行探索的:其一,哲学史中最高、最抽象的问题,同时也是政治哲学问题;如果讲中国哲学的特点,正在于是"政治哲学",或者说哲学问题都要归结为政治问题。其二,从中国的历史过程解析中国传统政治精神的主旨问题,在我看来,中国传统政治精神的主旨是王权主义。其三,传统政治思想和观念有一个重要特点,这就是理论上的"混沌性",也可以说是一种"阴阳结构",我们要做的事情之一就是剖析这种"结构"的组合特点。其四,研究传统政治思维方式问题。以上这些问题在《中国传统政治思想反思》《中国传统政治思维》两书中已有所论述,我也写了若干篇文章,但只是开了一个头。目前我与合作者正集中力量写一部《中国传统政治哲学》,进一步系统论述这些问题。

我认为中国传统思想的主体是政治思想,政治思想的主旨是王权主义。但愿这一判断离历史的实际不太远!

对中国古代社会运行机制的看法:王权支配社会

我身在历史系,不能只限于政治思想史,还必须研究通史。我主持编撰过《中国古代史》。由我主编并作为主要作者之一的著作还有《专制权力和中国社会》《士人与社会》(包括"先秦卷"和"秦汉魏晋南北朝卷")。在通史的学习和研究中,我逐步形成如下的看法:应把社会形态与社会运行机制适当区分开来,后者应作为一个相对独立的问题来研究。马克思在谈到法国中世纪的特点时曾说过这样一句话:"行政权力支配社会。"这句话对我有极大的启发意义。我稍加变通,把"行政权力"变成"王权"二字。我认为中国传统社会的一个重要特点是"王权支配社会"。

从历史的总过程看,我仍相信生产力的发展状况与生产关系决定着社会的基本形态,这是最基础性的看法。王权支配社会问题是在此基础上提出的一个具体的社会运行机制问题。这两者既有联系又有区别。前者要回答这个社会何以是这样,后者则是回答这个社会运动的主导力量是什么。就中国古代社会而言,区分这两个不同层次对更真实地把握历史过程是有意义的。

社会的运动主要是受日常的社会利益关系矛盾驱动的。社会利益问题无疑有许多内容,但主要的还是经济利益。在长达数千年的中国传统社会中,经济利益问题主要不是通过经济方式来解决,而主要是通过政治方式或强力方式来解决的。这样政治权力就走到历史舞台的中心,并在相当长的时期内成为社会运动的主角。

中国从有文字记载开始,即有一个最显赫的利益集团,这就是以王-贵族为中心的利益集团,以后则发展为帝王-贵族、官僚集团。这个集团的成员在不停地变动,而其结构却又十分稳定,正是这个集团控制着社会。这是一个无可怀疑的事实,我的问题就是以此为依据提出的。

这种王权是基于社会经济又超乎社会经济的一种特殊存在。它是社会经济运动中非经济方式吞噬经济的产物,是武力争夺的结果,所谓"马上得天下"是也。这种靠武力为基础形成的王权统治的社会,就总体而言,不是经济力量决定着权力分配,而是权力分配决定着社会经济分配,社会经济关系的现实主体是权力分配的产物;在社会结构诸多因素中,王权体系同时又是一种社会结构,并在社会的诸种结构中居于主导地位;在社会诸种权力中,王权是最高的权力;在日常的社会运转中,王权起着枢纽作用;社会与政治动荡的结局,最终是回复到王权秩序;王权崇拜是思想文化的核心,而"王道"则是社会理性、道德、正义、公正的体现,等等。过去我们通常用经济关系去解释社会现象,这无疑是有意义的;然而从更直接的意义上说,我认为从王权去解释更为具体,更便当。

王权主义是上述现象的总称，我所说的王权主义既不是指社会形态，也不限于通常所说的权力系统，而是指社会的一种控制和运行机制。大致说来又可分为三个层次：一是以王权为中心的权力系统；二是以这种权力系统为骨架形成的社会结构；三是与上述状况相应的观念体系。

王权为中心的权力系统有如下几个特点：其一，一切权力机构都是王的办事机构或派出机构。其二，王的权力是至上的，没有任何有效的、有程序的制衡力量，王的权位是终生的和世袭的。其三，王的权力是无限的，在时间上是永久的，在空间上是无边的，六合之内，人事万物，都属于王权支配对象；或者说，王权的无限并不是说它包揽一切，而是说，王权恢恢，疏而不漏，它要管什么，就可以管什么；就某些人事而言，可以同它拉开一定距离，所谓"不事王事"，但不能逃脱它。其四，王是全能的，统天、地、人为一体，所谓的"大一统"是也。

在王权形成的过程中，同时也形成相应的社会结构体系。王权无须经过任何中介，直接凭借武力便可以拥有与支配"天下"，所谓"溥天之下，莫非王土；率土之滨，莫非王臣""六合之内，皇帝之土""人迹所至，无不臣者""天子以四海为家""土地，王者之所有"，等等，这些话并不是虚拟之词，而是历史事实的反映。在那个时代，政治统治权和对土地与人民的最高占有、支配权是混合在一起的。也可这样说，对土地和人身都是混合性的多级所有，王则居于所有权之巅。这种观念和名义上的最高所有，有时是"虚"的，但它随时可以转化为"实"，"虚""实"结合，以"虚"统"实"。因此权力的组合与分配过程，同时也是社会财产、社会地位的组合与分配过程。王权--贵族、官僚系统既是政治系统，又是一种社会结构系统、社会利益系统，集政治、经济、文化为一体。这个系统及其成员主要通过权力或强力控制、占有、支配大部分土地、人民和社会财富。土地集中的方式，主要不是"地租地产化"，而是"权力地产化"。这个系统在社会整个结构系统中居于主要地位，其他系统都受它的支配和制约。

在观念上，王权主义是整个思想文化的核心。各种思想，如果说不是全部，至少是大部分，其归宿基本都是王权主义。

作为观念的王权主义最主要的就是王尊和臣卑的理论与社会意识。

我们的最伟大、最杰出的思想家几乎都在为王尊编织各种各样的理论，并把历史命运和开太平的使命托付给王。天、道、圣、王合一（简称"四合一"），置王于绝对之尊。"四合一"是传统思想中的普遍性命题，只要是称得上思想家的,几乎没有不论述"四合一"的。如何"合一",固然有种种说法和理论,但所追求的都是"四合一"。关于这些问题我已写过多篇文章进行了讨论,此不赘述。

与王尊相应的是臣卑的理论和观念。臣民卑贱是天秩所决定的。所谓天秩指的是宇宙的结构或万物秩序之类的事物关系。在各式各样的结构和秩序中,君主都处于至尊至上之位。臣民与君主相对而处于卑下之位。"君臣相与高下之处也,如天之与地也。"千姿百态的阴阳论无一例外地把君主置于阳位,把臣民置于阴位,虽然阴阳相对相成而不可分,但同时又有主次,阳为主,阴为辅。于是臣民为地、为阴、为卑、为下,这是天秩,是命定,是必然。臣民在社会与历史上只能为子民、为辅、为奴、为犬马、为爪牙、为工具。"主者,人之所仰而生也。""为人臣者,仰生于上也。"君主是天下人的衣食父母,生养万民。既然臣民是被君主恩赐才能生存的下物,那么属于君主自然是理中之事。

面对着君主,在认识上臣下虽然有某种自主性,比如以道事君、以道谏君等,但这种认识的自主性是有限的,绝没有在认识对象面前认识平等的意义,相反,在文化观念和心理上深深存在着一种错感和罪感意识。于是在臣下的上疏中,开头、结语常常有这样一些语句,诸如"昧死以言""臣某诚惶诚恐,顿首顿首""愚臣""愚见""兢惶无措""惟圣心裁鉴""臣不胜惓惓之至""彷徨阙庭,伏待斧锧",等等。这绝不是空洞的客套语和形式主义,而是社会和认识定位的真实写照。在君王面前,臣民生就的错感和罪感意识对传统的思想文化有着巨大的影响,是造就思想贫乏、缺乏创造力和想象力,以及人格普遍萎缩的重要原因之一。

说几点有关历史认识论的体会

我们这一代人,在历史认识论这个问题上,或者说在指导思想上,大抵都有被"规范"的经历。但就个人而言,情况各有不同。就我而言,不但接受这种"规范",而且由外铄而为自觉,并且还曾积极对所谓"异端"进行整肃、批判和专政。对这些问题实在应做一番清理,但本文说不清,只能讲几点体会。

马克思主义在我心中。这是我在 20 世纪 80 年代一篇文章中对马克思主义与我的关系所做的一种表述。一看便知,这句话是从"上帝在我心中"脱胎而来的。这种想法大约从 20 世纪 70 年代后期开始萌生。就我而言,这是一个很大的变化。对马克思主义,从前我信,而今而后我仍认为它对历史的解释功能远远优于其他的"主义"和方法论。不过过去我信的马克思主义,主要是"活的"马克思主义,即大大小小有权威的"圣贤"。当时我的世界观属于资产阶级范畴,对此虽不能说心悦诚服,但也不能说不服,因此要夹着尾巴做人。在这种情况下自然不敢有自主的"我"。那时的"我"大体有两种功能:一是做圣贤的工具;二是做错误的载体。自从萌发了"马克思主义在我心中"这一意念,也就开始有了自主意识和自信力。1974 年夏,为了落实最高指示,在北京召开了全国"法家著作注释出版规划座谈会",大人物、大学者出席的人很多,我作为一个年轻人(其实也快四十岁了)有幸忝列其中。我当时真不知人们出了什么毛病,一窝蜂地大讲:"要用儒法斗争重新改写中国历史。"我这个后生小子也不知道当时从哪里来了一股子邪劲,竟认为这不符合马克思主义,站到反对者的立场,接连说"不"!于是我上了"黑材料","四人帮"垮台后清理这次会议时,把我所谓"顶风"的事发掘了出来,因此还"风骚"了一阵子(《历史研究》1978 年第 8 期有文披露)。当时我之所以敢"顶"一下,就是"马克思主义在我心中"这一信念起了作用。后来这一意念越来越自觉,我不再听从别人的规定和规范,尽管想规范人的人还络绎不绝,大有人在,但那是他们自己的事,我则要归我自己。由此而来的是,对别人的评价看得也就比较淡,任人说去,自己做自己喜欢的事比什么都开心。自从有了这一信念,我才开始有了一点学术个性,也才开始讲点学术逻辑。现在回想起来实在可笑,然而当时的历史就是那样。

从防御性思维定式中走出来:在教条主义横行时期有两种思维方式对学人影响极大:一是思不越位的"范定式思维";二是小心翼翼的"防御性思维"(这种说法是我的杜撰)。所谓"范定",犹如铸范那样,或者范定别人,或者被范定。"防御性"是说要时时准备挨打,要有所防备。这两种思维方式是孪生姊妹,但对具体人而言则有所侧重。我是一个"从道者",对"范定式思维"虽有不适,但并不拒绝。我更注重"防御性思维",因为这是胆小鬼的护身符和生存艺术。"防御"的第一防线是所言所论都要有"理论依据"。只要有了所谓的"理论依据",似乎就进了"保险箱",于是引经据典成为首要之功。这种状况直到批判"四人帮"时依然如故。我写过多篇批判"四人帮"的文章,就实而论,我的思路和思维方式与"四人帮"没有太大的差别。因为我们都是一个"模子"里铸出来的,差别只是对当时的政治选择不同而已。随着认识的深化,逐渐认识到必须从教条主义中走出来,必须从"防御性思维"中走出来。就我而言,1978 年写的《砸碎枷锁 解放史学》《评秦始皇的是非功过》《关于历史发展的动力问题》等文章是"走出来"的关键一步。这几篇文章在当时史学界应该说颇有点"轰动"效应,特别是论"动力"一文,对神圣的"阶级斗争是推动历史发展的唯一动力"说提出了质疑,不能说没有点"叛逆"的意味,以至史学界的大人物在几年以后"反精神污染"时还大加痛斥。现在看来这已不算什么,可是在当时确实是一个严重"问题"!又如评秦始皇的文章发表后,有多封读者来信,从政治上进行猛烈的批评,指责是"砍旗"行为。是不是"砍旗"姑且不论,秦始皇当时的确是一个具有神圣性的禁区,我写这篇文章的目的也很明确,就是要闯闯这个禁区,所以文章一开头就声明,要对秦始皇来一番自由认识和评论。应该说这个目的是达到了,秦始皇从史学的"禁区"被移到了自由认识区。

树立自觉的主体意识,从历史中走出来:我要直言不讳地声明,我从事历史研究不是要回到历史,而是为了走出历史,或者说,接着历史往下走。我不大相信没有主体意识的历史学。人所共知,历史认识的一个重要特点,就是认识主体和认识客体在时间和空间上没有直接的统一性(研究当代史的稍有例外),因此就不存在所谓纯客观的直接反映问题。认识主体在认识历史的过程中,不可避免地要投入自己的选择和判断,必然要有一种主体意识,对不同人来说,只是多少的问题。我是十分注意自己的主体意识的,在著文过程中,每写一句不仅要斟酌是否有据,同时也要再三思索我的主体意识是什么。如果说我有什么个性的话,可以概括为六个字:入于史,出乎史。作为个人,面对着恢宏的历史和伟大的人物,实在是渺小得很,以至五体投地膜拜都来不及;但是作为一个研究者和认识主体就必须把一切对象置于眼皮底下,不管什么帝王将相、英雄豪杰,都可以从容点评。每个历史学家,无疑都有自己心目中的英雄或讴歌对象,但我认为这同做守灵人是两回事。至少就我个人而言,绝不做守灵人;如果要回到历史,要"我"何用?作为历史学家的"我",总应该做点超越历史的事;也许一事无成,但不能没有这种追求。我们这个民族的历史影响太重了,在观念上尤其突出,"文革"时期封建主义大泛滥就是明证。我的许多文章,特别是思想史的文章,不仅仅在与古人对话,同时也是与今人对话。比如所写的论"清官"和"谏议"问题的文章,既是清理历史,又是要同今人对话,意在说明十分流行的"清官"崇拜和倍受称赞的进谏、纳谏观念,不是现代的公民意识,而是臣民意识的遗存。我曾写过《历史学要关心民族与人类的命运》一文来论述历史学家要有时代责任感。我在《"史学危机"与历史的再认识》一文中提出,史家不要怨天尤人,乞求别人的重视,应反身自责,自身缺乏时代责任感是造成"史学危机"的重要原因。

学理至上,我持我故,我行我素:两手空空、两袖清风的书生,唯一可以依恃的是学理和逻辑,学理和逻辑无疑可以变,但要有轨迹。我作为一个专业人员,几近四十岁才开始有一点点自觉的学理和逻辑意识,实在可怜。在我们的环境里,学理和逻辑的麻烦主要来自同政治的纠葛。当然这不是中国所独有的,各国各民族程度不同地都有这类问题。有人提倡学术和政治分家,在我看来,"分家"说"肢解"了事物的整体性,是回避和逃避问题。当然,学理和知识的逻辑不一定要走入政治,但如果在自身的展开过程中需要走入,那也应该是合情合理的事。用"学理"的方式与政治对话是公民社会不可或缺的。20世纪70年代后期我开始有了这种认识,一下子来了一个"自我解放"。政治的事情归政治,如果从研究中得出的学理与政治发生某种关系,也属正常之事,我对我的认识负责。在中国历史的研究中,我逐渐形成如下一种认识:中国古代社会的一个重要特点是王权支配社会,为此我写了上百万字的东西。有人说我多"微言",也有人说我藏"影射",也不免"自由化"之讥。可是我自认为我的看法是建立在历史事实基础之上的,是对中国历史过程的一种判断。对上述离开历史过程的议论,我置若罔闻,那是议论者自己的事。我选择了学理至上、我持我故、我行我素的态度。至于我讲的道理走到哪里,那是知识逻辑问题。所以物议归物议,我归我自己,物议是一种认识权利,我持我故也是一种权利。

史家面前无定论:"定论论"对我们这一代人有着极大的影响,也是一种"禁锢"。所谓的"定论"来自何方,有时我自己也说不清楚。经典、权威、圣贤固不待言,还有许多是俗成的认识定势或范式。我们的许多人也爱说"历史早已有定论""历史已经做了结论""这就是定论"等。其实稍微冷静想想,谁能给历史作"定论"?"论"到什么地步就算"定"了?老实说,这些问题从认识论上看是不能成立的。我曾写过一篇《史家面前无定论》来讨论这些问题。历史学家的神圣职责是对认识对象负责,从历史的角度看,任何一种事物都是一种历史的存在,即使最伟大的圣贤也不例外。而一切历史存在对历史学家而言只能充当认识对象,即使在另一些人看来是属于必须绝对服从的东西(因为角色和行政关系不能违犯等),但对历史学家的认识统统是无效的。认识对象对历史学家的制约只是事实的制约,除此之外不能有其他关系,诸如行政关系的制约等。至于历史学家对对象的认识，特别是涉及价值、是非、功能、意义等问题，在很大程度上是由历史学家自己来判断的。每个历史学家有自己不同的特点和认识方法，因此对同一个对象可能有不同的认识，这是正常的现象。基于上述理由，我还写过《除对象，争鸣不应有前提》的文章，并受到过大人物的批评。有人主张"前提"比对象更重要，作为个人的选择固无不可，但从认识论上看，它不能作为一种必须遵从的认识法则，对这个问题我至今不悔。

要研究点历史认识论：历史学是一种特殊的认识学，为了提高自己的历史认识的自觉性，有必要研究历史认识论问题。这既需要读点历史方法论的有关著作，也要结合自己的实际和经验，从中理出一些认识上的道理来。我从20世纪70年代末开设了"历史认识论"的课程，还约一批年轻人"加盟"共同研究。我与合作者前后写了十几篇有关历史认识论的文章，并引起了史学界的专门讨论。这些文章有《历史认识论纲》《历史研究中的考实性认识》《论历史研究中的抽象性认识》《历史研究中的价值认识》等。本来还拟写《关于历史是非认识的几个问题》《小议思想史研究中的古今贯通性认识》《历史认识的检验问题》，很遗憾，未能完成，只能俟来日了。说到这里，希望史学界的年轻同仁务必在历史认识论上下点功夫，肯定会有好处！

形而上学难，难于上青天：形而上者谓之道，道这种东西是很难把握和认识的。我们的老祖宗认为只有"圣人"才能"知道"。顾颉刚老先生说他自己搞的是"下学"，唯物史观是"上学"。老先生这种说法有失妥当，形而上学不限于唯物史观，一切具有抽象的认识都应视为形而上学之列。依我看顾先生的"形而上学"是极高明的，他的"古史是层累地造成的"一句话把神圣的古史系统捅了一个大窟窿。治史之难多矣，以我的经验而言，形而上学尤难。特别是我们这些教书匠要讲通史，而要对通史进行总体把握，没有形而上学几乎是不可能做到的。就自己的经验而言，要想对历史做一点点形而上的概括，简直有难于上青天的感觉。我们整天说历史规律，试问，有多少"规律"是由我们历史学者提出来的？有时我很悲哀，是历史规律被说尽了，还是历史学者智力不足，摸不到"规律"？眼下历史学界的多数人对形而上问题几乎没有什么兴趣，只谈"问题"，不谈"主义"，如果说历史学有危机，这应是最大的危机！最近我参与一部中国通史的写作，感到最大的困难就是没有适当的形而上学体系把握全局。我认为唯物史观仍然是最科学的，但其中一些不合实际的"范式"显然应予以修正。如何修正？十分困难。比如社会形态问题，"奴隶社会"不能成立,可以不用,但用什么取代呢？又如,"封建社会"的"封建"二字的确不足以概括中国历史的特点,可是不用"封建"二字又用什么呢？除此之外,还有许多问题,此时此刻,热切地希望智者多来关心历史学中的形而上问题！

原载张世林编:《学林春秋(三编·下册)》,北京朝华出版社,1999 年

答客问:漫说我的学术经历和理念

一日肖史先生来访,要我写写自己的学术经历和取得的学术成就,我很犯难,碌碌多年而少有为,不知从哪里说起。他提议,由他来问,我来答,遂有下边的答客问。在问答之中略述个人的一些经历和学术理念。

客问:1979年初你被破格提升为副教授,在南开和史学界曾引起广泛影响,请问,为什么花环落在你头上?

答:那年我都四十有四了,当了二十多年助教,还说"破格",很难为情。不过,此前近二十年没有晋升过职称,也确实是一个让人瞩目的事。当时没有个人申请制,至今我也没有打听过是谁提议的,以及如何决定的,"谢恩"都不知道找谁!我猜测,至少有两条依据:其一,我在"文革"中没有恶行和遭人恨的事;其二,我想同我主持编写、出版《中国古代史》(100万字)有关,另外我还有其他一些文章。

客问:据我所知,"文革"期间各高校编写的古代史有多部,大多没能出版,你主持撰写的《中国古代史》怎么能出版?

答:别人写的为什么没能成活,说不清楚。我们写的之所以能出版,我想主要有两点:第一,参加写作人员没有因这样与那样的政治事变而产生内部纠葛。1971年复课后我们认认真真从事历史研究与教学,没有在内部搞过所谓的"路线斗争",相反,我们提倡实行百家争鸣,不同意见协商调和,求同存异,所以大家一直能合作。第二,我们没有贯彻"以儒法斗争为纲重新改写历史"。1974年提出这个口号,影响了整个史学界,我们不是一点影响也没有,但我们的框架依然是以阶级斗争为主线。"四人帮"垮台后稿子大体仍可用,局部调整即可,于是就由人民出版社出版了。

客问:听说你在1974年北京开的"法家著作注释出版规划座谈会"上与主持者唱了"反调",不同意"以儒法斗争为纲重新改写历史",引起特别"关注",是这样吗?

答:这次会是遵照毛主席指示开的,会议结束时,除毛主席、周总理、叶剑英以外,全体在京政治局委员,包括邓小平在内,接见了会议的出席者。江青、张春桥等有长篇讲话。江青开头问,今天是几号?今天是8月7日,历史上有"八七会议",今天我们也是"八七"会议,要斗修正主义、要批儒等,真是不伦不类。在这次会议上,一窝蜂式地大讲"以儒法斗争为纲重新改写历史""儒法斗争贯彻到现在,贯彻到党内",等等。我很愚钝,不知政治用意,再三说这种提法不符合历史,不符合马克思主义,会上会下一再嘟嘟囔囔,儒法斗争在东汉白虎观会议之后基本消失,怎么会贯通到现在和党内?不能用儒法斗争取代阶级斗争。严格地说我也说不上是唱"反调",只是不识时务罢了。等到1978年《历史研究》与《人民教育》编辑部联合写文章,对这次会议进行清理时,他们发现竟然整了我的专门材料。这份材料也让我看过。这就是所谓的"反潮流"吧。由于我对儒法斗争在历史上的定位离历史事实不太远,所以在写《中国古代史》时没有太多的胡来,另外对诸如"让步政策"问题、"反攻倒算"问题、统治阶级政策的评价等问题,都留有余地,这对《中国古代史》的成活无疑有重要作用。

客问:20世纪70年代末你写的《砸碎枷锁 解放史学》《论秦始皇的是非功过》,以及《关于历史发展的动力问题》等文,在史学界曾引起很大反响,历史学界与理论界对历史动力问题还展开了一场大讨论,你是怎么提出问题的?

答:说来话长,只能长话短说。"文革"之初,1966年6月3日《人民日报》发表了《夺取资产阶级霸占的史学阵地》的社论,传达了最高指示:"史学要革命。"可见史学革命在"文革"期间的意义有多重。经历过的人都有体会,一波"革命"就会造成一片禁区,革命越深广,禁锢的就越多。"四人帮"垮台后大家忙于批判他们政治上的"影射史学",对"史学革命"很少涉及。我感到不破除对"史学革命"的迷信和禁区,便无从谈史学界的拨乱反正。于是写了《砸碎枷锁 解放史学》这篇长文。适逢1978年6月要召开"中国历史学规划会议筹备会",我有幸作为特邀代表。这次会的规模很大,有数百人,"文革"中被打入另册的"反动学术权威"几乎都出席了。我是一个名不见经传的老助教,何以能作为特邀代表?后来有关人士告诉我,就是因为我在1974年"法家著作注释出版规划座谈会"上有"反潮流"之举。恰好当时我写了这篇文章,会议主持者要我在会议上发言。由于切中肯綮,引起很大反响,以致招来否定"文革"的非难。因为当时还处于"两个凡是"时期,情有可原。由于有黎澍等人的支持,《历史研究》很快刊登了全文,所以对史学界的思想解放起了推动作用。

关于秦始皇的问题,在当时也是一个敏感的政治议题。人所共知,领袖不止一次以秦始皇自喻,因此秦始皇成为一个神圣的"代号",形成望秦始皇而生畏的局面。我们(与王连升合写)评秦始皇的功过是非的目的十分明确,就是要把秦始皇还给历史,同时要批判秦始皇的残暴和罪过。文章在《历史研究》一刊出,便接到一批愤怒的读者来信,说我们"项庄舞剑,意在沛公",意在"砍旗"云云。我希望年轻的读者,把我们的文章放到当时的历史文化环境里读读,比较一下,会有兴味的!

阶级斗争是历史发展唯一的动力、真正的动力,是多年来,特别是1949年以后不可怀疑的铁则,谁碰了这个问题,都没有好下场,不是右派就是反革命修正主义分子,等等。阶级斗争为纲是我们那个时代的最强音,是"文革"的理论基础。1976年批判"四人帮"的文章很多,但没有对阶级斗争为纲的理论进行必要的反省,然而这恰恰是"文革"的生命线。我们(与王连升合作)经过反复的思索,认定必须向这一理论提出质疑和挑战。但当时形势是不容许"正面"提出问题的,这是涉及"旗帜"的大事。于是我们只能采取迂回的方式,你看,《关于历史发展的动力问题》这个题目本身就是"中性"的。就我们而言,当时只能用打着红旗"修正"红旗的办法来反思这个大问题。于是从生产斗争是历史发展的根本动力入手来纠正和修正阶级斗争是历史发展的唯一动力说。这篇文章在即将发表之际,又被1979年在成都召开的"中国历史学规划会议"选中(会议向全国征稿),要我在大会上发言。这中间还有一点小小的插曲。起初要我做大会发言,然而在即将开会时又通知我不讲了,没有过一天,又要我讲。这也反映了会议主持者的矛盾心情。我在大会上宣读了文章,几乎同时,《教学与研究》也刊登出来,于是立即引起史学界和理论界的热烈讨论,一些地区和大学召开了多场专题讨论会,在不长的时间里发表的文章数以百计。我们的文章是否有这样与那样的不足,另当别论,但有一点是令人称意的,即打破了阶级斗争为纲这一观念的神圣性,使它变成了一个可以讨论的问题。

客问:你1978年写的战国"授田"制问题,最近几年被史学界重视起来,认为你揭橥了一个重大的历史制度,你是怎么发现这个问题的?

答:1971年写教材(内部铅印稿)时已经提到这一史实,但未及细论。

48

1976年以后,我开始重新审视历史上的"阶级"问题。对过去把历史简单地装入两大对立阶级(奴隶主阶级与奴隶阶级,地主阶级与农民阶级)的口袋,深深感到过于简单化和教条化。如何走出来?当时我与同仁们拟定从研究历史上实际存在的等级与身份入手来重新勾画阶级关系。为此我对战国时期的社会等级与身份进行了系统的、全面的考察,写了一系列文章。1978年《南开学报》为此辟了专栏连续发表有关研究成果,开栏首篇文章就是我写的《论战国时期"授田"制下的"公民"》。经过二十多年的学术验证,学界公认战国的"授田"是一个大制度,有关文章不下二十篇。近几年来人们在追述学术史时,承认我这篇文章是最早的发轫之作。

客问:你研究战国的社会等级和身份得出了怎样的历史结论,这同你讲的"王权支配社会"这一观点有否关系?

答:你提的问题切中要点。战国秦汉是中国两千年封建君主专制社会的形成和定型时期。当我研究了社会各阶层与不同身份的形成机制后,我得出结论:作为占主导阶级与阶层的那部分社会成员,主要靠政治资源而形成和维持的。我在《历史研究》发的一篇文章的题目是《从春秋战国封建主形成看政治的决定作用》。所谓政治权力主要指"王权",所以我在三联书店(北京)出版的《中国传统政治思想反思》一书中又用"王权支配社会"来概括我对中国历史特点的认识。

客问:1988年8月11、12日《人民日报》接连两天发表了对你的专访,就是由你的《中国传统政治思想反思》一书出版引起的。记者以"专制主义:中国传统思想文化的必然归宿?"为题凸显问题,文中又评论说:"这可是一个相当大胆的论断"。这些年高扬传统文化的浪潮一浪高于一浪,把民本主义高高扬起,你今天对此看法有否变化?

答:我依然坚持上述看法。一定要注意,战国时期的百家争鸣是争要建立什么样的君主专制主义,绝不是体制上的君主专制主义与民主主义之争。我们的先哲没有设计出民主体制,哪怕是贵族民主体制。这是我的一个重要学术观点。民本观念我也认为很值得高扬,但民本不是"元"命题,民本与君本之间是一种组合结构,而主导是君本。离开君本说民本是片面的。

客问:你说君本与民本是"组合结构",请你把"组合结构"说得再具体点如何?

答:在传统政治思想中,我们的先哲几乎都不从一个理论元点来推导自己的理论,呈现出来的是一种辩证结构。这种结构的特点我称之谓"阴阳组合结构",有时我又称之为谓"混沌"结构。说起来有点麻烦,这里不妨开列一些具体的阴阳组合命题,诸如:圣人与圣王,道高于君与君道同体,天下为公与王有天下,尊君与非君,正统与革命,民本与君本,人为贵与贵贱有序,纳谏(听众)与独断,"四勿"与人各有志,教化与愚民,等等。这些命题是互相组合的,一方不能单独成立,但双方又不是对等的,而是一种阴阳关系,即主辅关系。研究中国的政治思维不能从一个角度切入,否则会顾此失彼。

客问:上海人民出版社出版了你的《中国的王权主义》一书,为什么你又用了这个提法?

答:在20世纪80年代讨论中国传统文化特点时,有一种影响很大的说法,即中国传统文化的特点是人文主义,针对此说我提出了中国传统人文主义的归结点是王权主义。后来我把王权主义的范围又扩大了,我在《王权主义概论》中有如下一段论述:

从历史的总过程看,我仍相信生产力的发展状况与生产关系决定着社会的基本形态。这是最基础的看法。王权支配社会问题是在此基础上提出的一个具体的社会运行机制问题。这是既有联系又有区别的两个不同层次的问题。前者要回答这个社会何以是这样?后者则是回答这个社会运动的主导力量是什么?就中国古代社会而言,我认为区分这两个不同层次对更真实地把握历史过程是有意义的。

在社会生产力发展缓慢的历史时期,在生产力还没有突破现有的社会关系以前,社会的运动主要是受日常的社会利益关系之间的矛盾驱动的。这里所说的日常利益是指形成利益的社会条件没有什么大的变化,利益的内容大体相同,利益分配和占有方式大体相同。社会利益问题无疑有许多内容,但主要的还是经济利益。在长达数千年的中国传统社会中,经济利益问题主要不是通过经济方式来解决,而主要是通过政治方式或强力方式来解决的。这样政治权力就走到历史舞台的中心,并在相当长的时期内成为社会运动的主角。

中国从有文字记载开始,即有一个最显赫的利益集团,这就是以王-贵族为中心的利益集团,以后则发展为帝王-贵族、官僚集团。这个集团的成员在不停地变动,而其结构却又十分稳定,正是这个集团控制着社会。

这是一个无可怀疑的事实,我的问题就是以此为依据提出的。

　　这种王权是基于社会经济又超乎社会经济的一种特殊存在。它是社会经济运动中非经济方式吞噬经济的产物,是武力争夺的结果,所谓"马上得天下"是也;这种靠武力为基础形成的王权统治的社会,就总体而言,不是经济力量决定着权力分配,而是权力分配决定着社会经济分配,社会经济关系的主体是权力分配的产物;在社会结构诸多因素中,王权体系同时又是一种社会结构,并在社会的诸种结构中居于主导地位;在社会诸种权力中,王权是最高的权力;在日常的社会运转中,王权起着枢纽作用;社会与政治动荡的结局,最终是回复到王权秩序;王权崇拜是思想文化的核心,而"王道"则是社会理性、道德、正义、公正的体现,等等。过去我们通常用经济关系去解释社会现象,这无疑是有意义的,然而从更直接的意义上说,我认为从王权去解释更为具体,更便当。

　　王权主义是上述现象的总称,我所说的王权主义既不同于社会形态,也不限于通常所说的权力系统,而是指社会的一种控制和运行机制。大致说来又可分为三个层次:一是以王权为中心的权力系统;二是以这种权力系统为骨架形成的社会结构;三是与上述状况相应的观念体系。

　　客问:你说的"王权主义"是一个否定性的概念吗？是否意味着全面地反传统？

　　答:哦！不能这样看,如果这样看,或者是我没有把道理交代清楚,或者是存在着误解。这其中有五个问题要进行研究:第一,历史事实的判断问题,即是说,中国历史的主体是王权主义(君主专制主义)吗？对此我深信不疑。如果有人说,中国古代不是王权主义,我很希望能展开讨论。认定中国古代是君主专制主义是史学界的普遍认识,甚至是共识。既然是共识为什么我还要反复说呢？我认为正因为是共识,反而没有深掘其内涵。毫无疑问,早在19世纪末一些哲人开始提出批评中国古代君主专制,但进一步批判的是"五四"时期的哲人。但当时哲人们忙于现实的问题,没有能深入的分析。这件事是关乎社会转型的大问题,需要更多的人来做深做透,我自信我的研究不是简单的重复。第二,王权主义在历史上有过历史的合理性吗？对此我取历史辩证法的观念来看待,君主专制主义是一种社会秩序和社会资源控制与分配体系,它有其必然性和历史的合理性。我从来没有说过中国历史上不该有君主专制主义。在叙述历史的时候,我认为只能用辩证分析的方式来对待,要在矛盾中陈述。第三,研究王权主义的现代意义问题。这个问题又有很多层面,一句话,我的看法是:要现代化就要从王权主义中走出来,对王权主义有个"蜕壳"的问题。要充分认识,从历史中走出来不是一朝一夕的事情,要有整整一个时期的不懈地蜕变过程。第四,这是否会引出民族虚无主义?我认为,说中国古代是王权主义同民族虚无主义是两回事,只要历史地看待王权主义就不是虚无主义。站在时代前进的立场对遗留的王权主义持批判态度,更说不上是虚无主义。在我看来,民族虚无主义不单单是对历史持何种看法,而是对民族历史与现实创造力是否有信心的问题。有一种不可忽视的现象,即有些人把民族的生机归根到远古,不相信我们的民族有新的创造力,这是在复古气氛中来搞民族虚无主义,对此不可不引起思索。第五,关于反传统与继承、弘扬传统的问题。我认为通常说的"反传统"或"发扬传统",其提法似乎都过于简单,都会舍弃许多东西。这种提法的确极其明了和概括,泛泛地这样说未尝不可,但真正以此为旗号的人是很少的,大凡都是批评对方的用词。如果有人说我反传统,我就不以为是准确的。我自认为我是以"分析"为务的。另外,王权主义在现实中还有其表现和影响,我对其持批判立场,对此更不宜用"反传统"来概括。

客问:在中国古代政治思想史方面,你与你的合作者有系统的著作问世,多达二十多部,在这个领域,南开是重镇,你是领军人物,这是如何得来的?

答:哦!说起来不复杂,主要有四点:一是笨鸟先飞;二是咬住青山不放松;三是有一个学术自由联合小团队;四是水涨船高。

客问:从 20 世纪 80 年代你写了一系列的历史认识论和政治思想研究方法论的文章,你基于什么要研究这些问题?

答:"文革"以后学术面临从教条主义走出来的大问题,在此情况下,没有认识论的自觉,就没有学术的自觉。假设我没有在历史认识论和政治思想研究方法论上下功夫,我不会取得现在的成果。历史认识论内容很多,我集中研究了"考实性的认识""抽象性认识""价值性认识""是非性认识"和"通变性认识"。前三项都有专文,后两项只有一个论纲,没有完成,至今遗憾。在我个人认识问题上有一个重要的转变,这就是我选择了"马克思主义在我心中"这一定位。在封闭的情况下,我长期受马克思主义的教育,从思想与情感上是自觉接受的,但基本属于"外铄型"。开放后,传来众多的思想观念,我也深深感到在被禁锢时期所学的马克思主义有很大的片面性,但我比来比去,仍认为马克思的思想更深刻,我仍然选择了马克思主义,但与过去相比,有一个重大的变化,我不再轻信别人对我的灌输和规定,诸如"统一"到什么地方去云云。我依然尊重这类的说教,但在我看来这仅仅是多元中的一家而已。关于认识的多元性或多样性问题,我在《史家面前无定论》《除对象,争鸣不应有前提》《思想自由与争鸣——战国百家争鸣的启示》《增强历史研究的主体意识——答李晓白问》等文中做了详细的论述。"马克思主义在我心中"对我十分重要,是我自主意识的标志。过去我是"外铄"型,跟着"风"转,有时跟不上,要找差距,要自我检查,等等。有了这一点就有了自主意识,有了学术逻辑和学术理念。

我主张学术自由,对学生也一样。我可以自豪地说,我从来没有要求过学生必须与我一致,相反总是鼓励学生们与我争鸣,并能对我的观点提出批评,但有一条要求,即必须有证据。我还有一条自己的立法,凡属能有理有据与我进行商榷的,要给以高分。在我看来,培养学生独立自主学风,首先要鼓励学生敢于与教师面对面的争鸣。以上不是自诩,是我的教育理念。我相信我的学生们会给我做证!

客问:十五年前你在《求是》上发表《历史学要关注民族与人类的命运》的文章,这可能吗? 历史学是否会因此走向实用主义之路?

答:应该说,历史学就是研究民族和人类的"命运"之学,如果历史学不以此为己任,那么历史学就会变成茶余饭后的消遣小物,中小学可以不设历史课,大学没有必要设专业,社会科学院也无须设专门的研究机构,但这行吗?哲人说过,要灭一个民族,要先消灭其历史,可见历史关乎着"命运"。如果历史工作者和研究者缺乏"命运"关怀意识,恐怕是缺乏了自觉性,应该补足。关怀"命运"的方式是各式各样的,要百花齐放,求同存异。至于会不会走向实用主义,我看,有人搞实用主义也应该允许。另外,有人一说到"御用学者"就嗤之以鼻, 其实大可不必,20 世纪 80 年代我在一篇文章中曾论述过,"御用学者"也是一种学者,古今中外都有,不仅是职业的选择,也是一种"使命"的选择,重要的是在认识上要平起平坐。

客问:你的文章的转载率很高,仅《新华文摘》就有十几篇,有什么窍门和关系?

答:这些年约稿的多,来不及写,反而有些被动。过去我的文章,都是"自流稿",转载不转载是人家的选择。我没有花过版面费,也没有托过人。至今我依然自信,只要下了功夫,有学术个性,不愁没有地方发表。

客问:有人说你们已形成一个学派,你怎么看?

答:哎呀!学派是自然形成的,我从来没有建立学派的想法,也从来没有要求我的学生必须接受我的观点。如果有些学术同志,那绝对不是我个人的扩大,而是共同切磋的结果。在我们这个小群体里,实行的是学术自由、互相尊重学术个性,在许多问题上各不相同。现在把话说回来,也不要把学派神秘化,只要有一定的学术个性,又有一些人持大体相同的见解,就可以说是一个学派。人不多,就是一个小小的学派吧。

原载《社会科学战线》,2004 年第 4 期

研究中国政治思想史的思路与心路
——《中国政治思想史集》序

这三卷本的《中国政治思想史集》，是我近三十年来研究成果的汇集。第一卷系统地论述先秦政治思想史。第二卷是秦以后的政治思想散论。这两卷是基础性的研究。第三卷是论述传统政治思维方式及形成的范式问题，这些范式贯通古今，在现实依然有广泛的影响。

在这个总序中简要说几点我的思路与心路。

一、研究政治思想史的主要目的之一是为解析国情

研究中国的政治思想与政治精神是了解中国历史与现实的重要门径之一。然而遗憾的是，由于1949年以后中国特殊的政治环境和大学专业设置的片面性，政治思想史的研究在很长时间里几乎中断，20世纪80年代以后，情况逐渐有所好转，但至今仍未引起人们的足够关注。

我从事政治思想史的学习与研究可以追溯到20世纪60年代，但集中精力则是在20世纪70年代末以后。这与反思"文革"中的封建主义大泛滥有极大的关系。细想想，那些封建主义的东西不仅仅是"文革"的创造，而且是历史封建主义的继续和集成。专制权力支配中国社会有二三千年的历史，其影响是相当广泛的，它不仅形成了一套体制，也形成一种文化心态。我们要从这种体制和心态走出来，不是一蹴而就的。为了走出来，首先要正视历史，确定历史转变的起点。我们经常说要了解和熟悉国情，而历史就是国情最重要的组成部分。我的研究目的之一就是为解析中国的"国情"，并说明我们现实中封建主义的由来。

二、中国传统社会的特点：王权支配社会

1984年我在《论中国封建地主产生与再生道路及其生态特点》一文中提

出,数千年中国社会一个根本的特点是:"政治特权支配社会、支配经济","暴力和政治虽然不能创造出封建经济,但在封建经济关系基础上,它可以在很大程度上影响乃至决定封建地主成员的命运及其存在形式"。沿着这一思路我又写了多篇文章,后来我用"王权主义"来概括中国历史的特征。我所说的王权主义既不是指社会形态,也不限于通常所说的权力系统,而是指社会的一种控制和运行机制。大致说来又可分为三个层次:一是以王权为中心的权力系统;二是以这种权力系统为骨架形成的社会结构;三是与上述状况相配的观念体系。具体内容主要表现为:

1. 中国从有文字记载开始,即有一个最显赫的利益集团,就是以王-贵族为中心的利益集团,以后则发展为帝王-贵族、官僚集团。这个集团的成员在不停地变动,而其结构则又十分稳定,正是这个集团控制着社会,是一个无可怀疑的事实。

2. 这种王权是基于社会经济又超乎社会经济的一种特殊存在。它是社会经济运动中非经济方式吞噬经济的产物,是武力争夺的结果,所谓"兵胜者王""马上得天下"是也。这种政权也可以说是武力或暴力政权。

3. 这种靠武力为基础形成的王权统治的社会,就总体而言,不是经济力量决定着权力分配,而是权力分配决定着社会经济分配,社会经济关系的主体——皇室、贵族与官僚地主是权力垄断与分配的产物。

4. 在多种社会结构(权力结构、经济结构、等级结构、血缘结构、族群结构等)中,王权体系居于主导地位。

5. 在社会诸种权力(政权、族权、父权、夫权、宗教权、行会权、经济主体权、绅权等)中,王权是最高的权力。

6. 在日常的社会运转中,王权起着枢纽作用,主要表现在人身支配、赋税、徭役、兵役、某些经济垄断等方面。

7. 社会与政治动荡的结局,最终是回复到王权秩序。

8. 王权崇拜是思想文化的核心,而"王道"则是社会理性、道德、正义、公正的体现,等等。

过去我们通常用经济关系去解释社会现象,这无疑是有意义的。然而从更直接的意义上说,我认为从王权去解释更为具体,更便当。

从整体上说,我仍然承认经济关系是社会的基础,但我认为不能忽视政治力量在经济中的地位与特殊作用。比如在社会资源分配等方面,政治一直起着决定性的作用。中国的土地买卖很普遍，并形成土地集中。有人从经济上概括为"地租地产化"，我认为买卖是表象，内在的决定因素主要是"权力地产化"。

三、王权主义是传统思想文化的主脉

在我近三十年的著作中，"王权主义"的含义有宽、窄两种内容，宽的即上述的含义，窄的是在思想观念上使用它。就后者而言，我认为王权主义是传统思想文化的主脉。关于这一点可从几方面说：

第一，先秦诸子的主旨都是王权主义

春秋战国的百家争鸣可以说是中国历史上的思想文化定型时期，诸子百家创立的学说和思维方式开其后两千多年的先河，后来者虽不无创造，但直到近代以前，基本上没能突破那个时代创造的思想范式和框架，甚至不妨说，承其余绪而已。因此对诸子百家的思想做一个总体估计，对把握其后两千年的思想是极有参考意义的。诸子百家思想的主流和归宿是什么呢？应该说是政治。司马谈有很好的概括："《易大传》：'天下一致而百虑，同归而殊途。'夫阴阳、儒、墨、名、法、道德，此务为治者也，直所从言之异路，有省不省耳。"班固的看法承继了司马氏，他认为诸子是"王道"分化的结果，归根结底又为王服务，"使其人遭明王圣主，得其所折中，皆股肱之材已"。诸子百家所论，可以说是上穷碧落下黄泉，无所不及，但最终归于一个"治"字。"治"的中心是什么？我认为只有一个结论，那就是王权和王制，也就是君主专制主义或王权主义。战国百家争鸣是争实行什么样的君主专制主义，并极大地丰富了君主专制主义理论。秦始皇的君主专制主义正是先秦诸子的承继和发展，是诸子君主专制主义理论的集中和实现，是先秦政治文化的集成，是其后两千多年帝制的祖师。有人说"历史文化传统对他们（秦朝君臣——引者注）而言是没有真实意义的"，这种看法是不符合历史事实的。

在中国的历史上，除为数不多的人主张无君论以外，都是有君论者，在维护王权和王制这一点上大体是共同的，而政治理想几乎都是王道与圣王之治。我们的最伟大、最杰出的思想家几乎都在为尊王编织着各种各样的理论，并把历史命运和开太平的使命托付给王。

第二,君尊臣卑是中华传统思想文化的骨架

尊君的理论多多,有一点应特别注意,那就是把中华传统思想文化的最高理念都献给了帝王。每种思想文化都有一套纲纽性的概念来表达和支撑,这些纲纽性的概念集中体现了真、善、美,以及更超越的精神。在中华思想文化里,表达超人和本体、本根的概念,如神、上帝、天、地、乾坤、日月、阴阳、五行、四时等;表达理智的,如聪、明、睿、智、英、谟、理、文、武等;表达道德的,如仁、义、德、惠、慈、爱、亲、宽、恭、让、谦、休等;还有一些包含了上述诸种含义,如天、圣、道、理等。这些纲纽性概念都奉献给了帝王,或变成了帝王的品性与功能。在此我把杰出文豪韩愈、柳宗元颂扬帝王的词组胪列一下,计有:"神化""神功""大化""与天合德""法天合德""感通天地""参天两地""功参造化""整齐造化""政体乾坤""体乾刚""协坤元""体昊穹""移造化""革阴阳""仁化""德化""统和天人""顺时御极""幽明感通""王风""金风""帝力""皇化""皇灵""皇风""皇泽""皇慈"等。总之,与造物主相匹,是人间的救世主,自然帝王也就居于思想文化的顶点。

与尊君论相对的是臣民卑贱论。君主以下所有的人,上至达官贵人,下至百姓、仆隶,在君主面前尽人皆卑贱、皆奴仆,把思想文化中的下流的概念、词汇几乎一股脑地套在臣下头上。这里仍以韩愈和柳宗元的言论为例。臣民天生就属于卑贱者,"君者,阳也。臣者,阴也"。臣"身微命贱""性本庸疏"。臣下的社会地位、衣食、知识、寿命,皆来自"圣恩"。君主"子养亿兆人庶","身体发肤,皆归于圣育;衣服饮食,悉自于皇恩"。臣下愚昧无知,"至陋至愚,无所知识"。在君主面前臣下是天生的罪人,"皇恩浩荡,臣罪当死"。

当然在传统思想文化中也有对昏君、暴主的斥责与批判,少数思想家还提出了无君论,但这不是主流;也有对臣民作用的肯定,但只能居于辅助地位。

君尊臣卑成为一种思维定式,成为人们一种不自觉的当然观念和认识的前提,影响深远。

第三,帝王的"五独"观念

中国古代最高权力观念体现在"王""天子""皇帝""帝王""君主"等最高政治元首的观念之中。帝王的权力特征可以用一个"独"字来概括,具体说来有"五独":天下独占、地位独尊、势位独一、权力独操、决事独断。所谓帝王"贵独",大致说来也就是这"五独"。

天下独占指的是君主，是全社会最高和唯一的主人。世上的一切存在物、全部资源及所有的人都归王所有，而且王权的实施范围在时间与空间上都是无限的。《诗经·小雅·北山》最早把上述观念做了最明确的表述："溥天之下，莫非王土；率土之滨，莫非王臣。"秦始皇统一中国之后几乎以同样的语言宣布："六合之内，皇帝之土"，"人迹所至，无不臣者"。刘邦称帝后也同样把天下视为自己的"产业"。皇帝虽然像走马灯一样轮换不已，但上述观念却一脉相承。这不仅是皇帝的一厢情愿，同时也为整个社会所认同，形成全社会的普遍意识。宋儒程颐说的如下一段话可作为典型代表："天子居天下之尊，率土之滨，莫非王臣……凡土地之富，人民之众，皆王者之有也。"应该说"王有天下"是中国传统社会最高权力观念的核心内容。不管任何社会成员拥有什么，只要与"王有"发生矛盾，必须无条件地服从"王有"，所谓"君于臣有取无假"是也。"王有天下"好像一个其大无外的穹庐，死死地扣在社会之上。君主们"无法无天"的理论依据就是"王有天下"。

地位独尊是说，在一切社会关系中，在社会身份普遍化的等级关系中，唯有君主的地位至高无上，至尊至贵。有关资料比比皆是。这里仅引《礼记·坊记》称孔子之语为例以示其要："天无二日，土无二王，家无二主，尊无二上。"

势位独一是说在权力体系中帝王是独一无二的。在中国的历史上有否"二元"或"多元"权力结构，学界有不同的看法，我要说的是，至晚到春秋初已提出"国不堪贰"的问题。当时的政治家与思想家纷纷提出"国不可贰"，齐悼公说："君异于器，不可以二。器二不匮，君二多难。"思想巨擘老子与孔子从宇宙体系上论证了君只能"一"，老子把王与"天""地""道"并列称为"四大"；孔子说："天无二日，民无二王。"[①]其后所有的思想家几乎都在这个思想圈子中颠三倒四，从不同角度论述只能有一个君主。董仲舒说："天之常道，相反之物也，不得两起，故谓之一。一而正二者，天之行也。"帝王就是人间的"一"。在传统思想界除了少数人主张无君论以外，都是"君一"论者。这个"一"不仅要凌驾于一国之上，而且要凌驾于天下之上。总之，权力结构的一元论是不移之论。历史上的先哲们关于政治结构的聪明才智在"一"面前可以说是走到了尽头。他们只知"一而治"，除极少数人如黄宗羲略有质疑外，基本上没有人深思过"一而乱"的问题，自然也就没有想过从"一"中走出来。

---

① 《孟子·万章上》。

权力独操是说一切权力属于帝王。孔老夫子率先教导："唯名与器，不可以假人，君之所司也。"《周礼》中"五官序"把帝王的大权概括得更为清楚："唯王建国，辨方正位，设官分职，以为民极。"《管子·七臣七主》说："权势者，人主之所独守也。"《商君书·修权》说："权者，君之所独制也。"董仲舒说："君也者，掌令者也，令行而禁止也。"又说："君之所以为君者，威也。"这一类的论述比比皆是。总之，权力独占是政治的核心问题。皇帝以下的所有权力机构，无一例外的都是皇帝的办事机构、派出机构和服务机构。

决事独断是说在政治决策过程中，君主是最高、最后的决断者。中国传统政治决策过程的特点可以用"兼听独断"四个字来概括，这一点早在先秦已形成公论和定势。宋儒司马光的一段话很典型："古人有言曰'谋之在多，断之在独'。谋之多，故可以观利害之极致；断之独，故可以定天下之是非。若知谋而不知断，则群下人人各欲逞其私志，斯衰乱之政也。""终决之者，要在人君"。司马光在此提出了"独断""多谋""定天下之是非""人人之私志""衰乱"几者的关系，不难看出，君主的"独断"是决定性的，所谓"终决"就是最高与最后决断权，只归君主独有。陈亮在《论执政之要》中对宋代帝王的独断做了如下的描述："发一政，用一人，无非出于独断；下至朝廷小臣，郡县之琐政，一切劳圣虑。"康熙说得十分绝对："天下之权，唯一人操之，不可旁落。"乾隆也反复说："本朝家法……一切用人听言，大权从不旁假"，"权衡悉出自朕裁"。

以上讲的君主"五独"是中国传统政治的基础和基本原则。帝王们自然不会放弃"五独"，臣民中除极少数主张无君论者外，几乎所有的人都认同君主的"五独"，连出家的和尚、道士也难逃其外。我们研究中国古代的权力运动和权力结构的变迁、调整等，绝对不可忽视君主"五独"观念的全局控制意义。

第四，帝王控制了"学"和士人

春秋以前"学在官府"，其后"官学"解体，分化出诸子之学，"学"在王权之外获得了自由。诸子之学在学术上无疑是多元的，然而在政治上却又有惊人的一致性，在鼓吹君主专制这一点上是途殊同归。秦始皇的"以吏为师"无疑是太粗糙了。但与战国诸子的学术精神并无大违，而是诸子之学内在的专制主义精神的一次实现。这一点在前边已做了概述。

汉武帝的独尊儒术是秦始皇的以吏为师的继续和发展。李斯是以吏为师的倡议者，董仲舒是鼓吹独尊儒术的重要人物之一（在他之前鼓吹者多多）。乍然看去，李斯和董仲舒的政见差别很大，可以说是敌对的，李斯要打击儒家,董仲舒则要独尊儒术。可是调换一个角度看,分析一下他们的出发点和要解决的问题,却是惊人的一致,甚至所用语言也雷同。他们的目的都是为了尊王,实现大一统;在政治思想上一个讲"定一尊",一个讲"持一统",都是实行思想统一和专制;所尊之外一律排他,李斯提出,对非所尊实行"禁""烧""族",董仲舒提出"皆绝其道"。所以我认为汉武帝的独尊儒术与秦始皇的以吏为师是一脉相承的,又都是"学在官府"的再建。当然,汉武帝比秦始皇高明,他有成套的措施,最主要的是把学和取士结合在一起,其后延续了两千多年。

儒家政治的基本原则是"三纲",帝王制度就是建立在"三纲"之上的。也正是以此为据,我说儒学的主旨是维护帝王体系之学。人们当然不是事事必说"三纲",但"三纲"就像一个天网笼罩在全社会之上。

汉武帝独尊儒术同秦始皇以吏为师一样,意在把社会的思想文化置于王权控制之下,使思想文化降格,成为王权的从属物。且不说被"罢黜"者,就被"独尊"的儒术而言,其恰恰因被尊而失去了原有的独立性格。因为它的被尊是皇权决定的,它被皇权宣布独尊的同时,也就被置于皇权控制之下。儒术变成皇权政治的组成部分,成为皇帝需要的政治原则,儒家的"经典"是由皇帝钦定的,最高解释权也归皇帝。儒学既是官学,也就是官方的意识形态。这种官方意识形态借助帝王的政治力量推向全社会,从而使整个社会观念儒家化。儒家的社会化无疑有自身的儒化因素,但更主要的是政治推动的结果。特别是以经取士,把多数的士人吸引到儒家的轨道,并成为维护帝王体系的学人或政治工具。

四、政治思维的阴阳组合结构

中国传统的王权主义如铁板一块,十分坚硬,但又有柔性,刚柔相兼,这表现在政治思维的阴阳组合结构。所谓阴阳组合结构是说一个主命题一定有一个副命题来补充,形成相反相成的关系。这里不妨先开列一些具体的阴阳组合命题,诸如:

1. 天人合一与天王合一
2. 圣人与圣王
3. 道高于君与君道同体

4. 天下为公与王有天下

5. 尊君与罪君

6. 正统与革命

7. 君本与民本

8. 人为贵与贵贱有序

9. 等级与均平

10. 纳谏(听众)与独断

11. 思想一统与人各有志

12. 教化与愚民

13. 王遵礼法与王制礼法

14. 民为衣食父母与皇恩浩荡、仰上而生

……

我开列了这一大串,为了说明这种组合命题的普遍性。这里用了"阴阳组合结构",而不用对立统一,是有用意的。在上述组合关系中有对立统一的因素,但与对立统一又有原则的不同,对立统一包含着对立面的转化,但阴阳之间不能转化,特别是在政治与政治观念领域,居于阳位的君、父、夫与居于阴位的臣、子、妇,其关系相对而不能转化,否则便是错位。因此阴阳组合结构只是对立统一的一种形式和状态,两者不是等同的。我上边罗列的各个命题,都是阴阳组合关系,主辅不能错位。比如在君本与民本这对阴阳组合命题中,君本与民本互相依存,谈到君本一定要说民本;同样,谈到民本也离不开君本,但君本的主体位置是不能变动的。这里只就"道高于君与君道同体"的组合命题稍做说明,以示其概。

"道"是中国传统思想文化的核心范畴之一,是理性(也包含程度不同的神性)的最高抽象,又是整个思想文化的命脉。

"王"是最高权力者的称谓,同时又代表着以专制权力为中心的社会秩序,以及与这种秩序相对应的观念体系。

道与王是什么关系?就我拜读过的论著,特别是新儒家和崇儒者,十分强调儒家的道与王是二分的,常常把"道高于君""从道不从君"作为理论元点来进行推理,认定道是社会的独立的理性系统,由儒生操握,对王起着规范、牵制和制约作用。就一隅而论,也不无道理;然全面考察,则多偏颇。在我看来,道与王的关系是相对二分与合二而一的有机组合关系,分中有合,合中有分,

分合相辅,以合为主。这不限于儒家,而是整个传统思想文化中的主干。

"道高于君""从道不从君"只是组合命题的一面,还有更重要的一面,那就是"君主体道""王、道同体""道出于王"。

先秦诸子把圣人、君子视为道之原,同时又认为先王、圣王也是道之原。在这一点上先秦诸子有着共识。这一理论为王与道一体化,以及道源于王铺平了道路。秦始皇是历史上第一位把自己视为与道同体、自己生道的君主。秦始皇宣布自己是"体道行德",实现了王、道一体化。秦始皇不仅体道,又是圣王,他颁布的制度、命令是"圣制""圣意""圣志",永垂万世。先秦诸子创造的巍巍高尚的"道"一下子变成了秦始皇的囊中之物。秦朝虽然很快垮台了,秦始皇的思想却流传给后世。其后,贾谊提出"君也者,道之所出也"。董仲舒在《春秋繁露·王道》中说:"道,王道也。王者,人之始也。"他还有人所熟悉的"王道通三"之说。道、王道、王混为一体,道由王出。在中国的历史上,人们尽管可以把道捧上天,但一遇到"圣旨",它就得乖乖让路。在漫长的年代里,帝王既要搞"朕即国家",又要搞"朕即道"。宋、明理学家高扬道统的大旗,道统俨然独立于王之外。然而恰恰在把道统说得神乎其神的同时,却又把这个神圣的道敬献给了帝王,这一点在帝王谥号中表现得尤为突出,诸如"应道""法道""继道""合道""同道""循道""备道""建道""行道""章道""弘道""体道""崇道""立道""凝道""明道""达道""履道""隆道""契道""阐道""守道",等等。汉语词汇实在太丰富了,在这里,都说明一个问题:帝王是道的体现者。

王对道的占有,或者说道依附于王,是整个传统思想文化的一个基本命题,几乎所有的思想家,甚至包括一些具有异端性质的人,都没有从"王道"等大框框中走出来。只要还崇拜"王道"等,那么不仅在理论上被王制和王的观念所锢,而且所说的道也是为王服务的。

其实,王对道的占有只是问题的一面,另一面更应注意道本身的王权主义精神,以致可以说,道的主旨是王权主义。这一点被我们的许多学者,特别是被新儒学忽视。中国传统思想文化中的道无所不在,千姿百态,但影响最大、最具有普遍性的,要属有关宇宙结构、本体、规律方面的含义了。正是在这种形而上学的意义中给予王以特殊的定位。《易·系辞上》说:"一阴一阳之谓道",阴阳相交而生万物,而君臣尊卑之位便是宇宙结构和秩序的一环。被形而上学化的伦理纲常的首位就是君主关系。程颐说:"天地人只一道也。才通其一,则余皆通。""道之大本如何求?某告之以君臣、父子、夫妇、兄弟、朋友,于此五者上行乐处便是。"朱熹说："三纲五常,天理民彝之大节,而治道之本根也。"又说："道之在天下,其实原于天命之性,而行于君臣、父子、兄弟、夫妇、朋友之间。"儒家所论的伦理纲常无疑比具体的君主更有普遍意义,但也从更高的层次上肯定了君主专制制度,用形而上学论证了君主制度是永恒的。我们不能忽视儒家的纲常对王的规范和批判意义,同时更不宜忽视这种规范和批判的归结点是对王权制度的肯定。张扬儒学的朋友对此实在有点漠视,或视而不见,真不知其可也!

道、王相对二分与合二而一是有机组合关系,同时也形成一种思维范式,历史上最伟大的思想家都没有从这种范式中走出来。这种思维范式的影响比具体内容的影响更为广泛和深远。

"阴阳组合结构"是古代政治思维的普遍事实,这种结构性的思维应该说是极其高明的,它反映了事物的对立与统一的一个基本面。也可以说是"中庸""执两用中"思想的具体化。这种"结构"的思维方式和认知路线对把握事物非常有用,也非常聪慧,正是所谓的"极高明而道中庸"。就思想来说,这种结构的容量很大,说东有东,说西有西,既可以把君主之尊和伟大捧得比天高,又可以进谏批评,乃至对桀纣之君进行革命。由于有极大的容量,以至于人们无法从这种结构中跳出来,至少在政治思想史范围内,直到西方新政治思想传入以前,先哲们没有人能突破这种阴阳组合结构。最杰出的思想家黄宗羲虽有过超乎前人的试跳,但终归没有跳过去。

在政治实践上,这种阴阳组合结构的政治理念具有广泛的和切实的应用性。以古代的君主专制体制为例,一方面它是那样的稳固,不管有多少波澜起伏,多少次改朝换代,这种体制横竖岿然不动;另一方面,它有相当宽的自我调整空间和适应性。我想这些应该说在很大程度上得力于政治思维的阴阳结构及其相应的政治调整。

这种思维范式影响至深,在我们现实生活中还广泛流行,依然笼罩着许多人的思维。在过渡时期,这些无疑具有很强的包容性和灵活性,但在学理上是需要分析的。1986年我曾写过一篇文章:《除对象,争鸣不应有前提》,对以什么为指导与百家争鸣问题进行了辨析。我想,对类似的问题都应从理论上作进一步的辨析。只有通过辨析,指出其在历史进程中的局限性才可能更有效地推进政治改革。如果我们不从这种还普遍流行的阴阳组合结构中走出来,就不可能有政治观念的突破,也不可能迈上历史的新台阶。

五、现代封建主义与传统封建主义一脉相承

封建主义对我们的时代有着广泛的影响,造成了惨重的后果,这是各层人士的共识。封建主义表现多多,其中危害最大的应该是"官本位""一言堂""独断专行""无法无天""严刑峻法""个人迷信""特权经济""以权谋私"等。这些其实就是封建专制主义或王权主义的现代版,也可称之为现代封建主义。我们有过亲身经历的人都很熟悉,这些都不是简单的直白,而是有一套理论来支撑,并被这一套理论所折服,或征服、或屈服。且不说我辈普通人,就是那些大知识分子不是也有很多跟着跑或为虎作伥吗?

有另一种看法,他们认为中国传统思想文化的主流——儒学,是人文主义的,是"人学"、是"成人之学"、是"人文关切之学"等,因此富有和谐、平等、友爱、独立、自由、民主、人权等精神。封建主义的泛滥只不过是上述传统的中断。为了现代化应该"复古",要"发扬传统""回归传统",也有人说得很白,这就是"尊孔读经"。

我向赞美儒家具有现代性的先生们提一个简单的问题,在中国民族危机的时刻它怎么拿不出自救的办法?时至今日,还要从"人心不古"来找原因、找出路,我期期以为不可也。在我看来,思想文化都有时代性,不同时代的主流思想文化应是该时代的产物!一些人老爱说我们是"礼仪之邦",要以"礼仪"来救弊,如果较真追问:什么是"礼仪之邦"?依我看,就其历史内容的主干而言,那只能是"等级贵贱之邦",或者说是"君主专制之邦"。"礼仪之邦"与"民主之邦"是历史进程中的两个高低不同阶段,是两种不同的语言和价值体系,再怎么"转化""返本开新",也不能使两个阶段混为一谈。一些人老爱从儒家语言和价值中找民主语言和价值,如果在中国被拖入世界潮流以前,这样做无疑是创造,时到今日还去求古,实在是缘木求鱼,这不过是阿Q式的精神胜利法。就实而论,把功夫下在让"枯木生花"上,不如像鲁迅说的搞"拿来主义"。鲁迅有些地方确实够"虚无"的,提倡不要读古书等,但他赢得了"民族魂"的称号。胡适支持全盘西化,但他对中国故学则多有创见,并成为中国自由主义的祖师。钱穆曾自豪地说我们早就有中国式的民主,中国恰恰没有专制主义,说有者都是"自鄙"之论。但遗憾的是,以亿兆人匍匐在帝王脚下为基础的"中国式的民主"没能把中国引上现代化,能不让人哀叹?我们"礼仪之

邦"的尾巴拖得实在又粗又长,要从"礼仪之邦"变为"民主之邦",必须痛下决心割尾巴,进行自新和改造。要承认我们落后了,但我们是有前途的,这就是在向先进学习中进行再创造。近代以来我们的进步主要是靠"拿来创新"实现的。中国过去的历史再辉煌也是属于那个阶段的事,历史进入新阶段就相形见绌了,无可奈何,这就是历史决定论!我的著述就是要展示"礼仪之邦"真实的历史内容,同时揭示现代封建主义的由来和历史的联系,为割尾巴提供参考思路。基于上述认识,我认为要准确把握中国传统思想文化的真谛,不能离开政治思想和政治精神。如果离开政治思想和政治精神就像抛开中枢神经去说骨骼、皮肉,是很难接近中国历史精神的。

消除老的和现代的封建主义,是摆在我们面前的一项紧迫的任务,岂可等闲视之!

原载刘泽华:《中国政治思想史集》,人民出版社,2008 年

我从"文革"桎梏中向外蠕动的三篇文章
——研讨历史的思想自述之一

粉碎"四人帮"后的一段时间,"文革"依然是不可触动的旗帜,凡是涉及"最高"依然是禁区。1978 年开展的真理标准的大讨论,一步步揭开面纱,开始触及事情的"源头"。此前,1978 年初我写了《砸碎枷锁 解放史学》就想触动史学领域中的"源头"问题,但只能是明扬暗批。其后我又写了《关于历史发展的动力问题》一文,就直接针对"最高"的阶级斗争论了,并引起了史学界的大争论。同时还写了《论秦始皇的是非功过》,除把秦始皇还给历史外,多少也有意重新评价"马克思加秦始皇"的"秦始皇"。这三篇文章对"砸碎枷锁 解放史学"应该说都有一定的影响。

这三篇文章有两篇在《历史研究》刊出,其中两篇还在"中国历史学规划会议"筹备会(1978 年 6 月初)和正式会议(1979 年 3 月底)上做过大会发言,更直接地扩大了影响。如果没有史学界思想解放的先行者黎澍先生的支持,不知会是什么样的结果。

现把这三篇文章的思路做一简单地叙述。

一、关于《砸碎枷锁 解放史学》

1978 年春,我接到中国社会科学院历史研究所的出席会议的特邀信,邀我参加"中国历史学规划会议(筹备)",这个会于 6 月初在天津宾馆举行。我为什么会是特邀代表,当时并不清楚,后来才知道与我在 1974 年"法家著作注释出版规划座谈会"上的"反潮流"有关,这个事另述。会议特邀代表很少,在"年轻"人中我知道的还有李泽厚。

开会前,大约在 4 月中旬左右,一个星期日,校值班室一位同志跑来要我接北京的长途电话(我家离行政楼很近,值班的人又认识),我有点纳闷,谁会给我打电话?一接电话竟是丁伟志先生,我们认识,那时他是《历史研究》的副主编。他先问我接到开会通知否？我说接到了。闲聊几句之后，他接着说，希望我在大会上做个批判"四人帮"的发言，不知有否成稿？我感到很突然，停顿了一下，我说有一篇文章，题目是《砸碎枷锁 解放史学》，不知是否对路？他当即表示，这个题目很好，能把稿子寄来吗？我说可以。随后即把稿子寄去，他看后告诉我，内容不错，用这个稿子就可以。

这次会参加的人很多，有各地史学界的著名学者和各大学历史系、省社科院的负责人等。那个时候是华国锋主政，各行各业都要制定快速发展规划，这次"中国历史学规划会议筹备会"就是社会科学发展规划的组成部分。在我印象里，这次会并没有讨论史学发展规划问题，而是一个"落实政策"会和务虚会。所谓落实政策，就是把在"文革"中被打倒和批判的"反动学术权威"们（除毛主席点名批判和有"历史问题"的以外）几乎都请来出席会议。出席者主要是老先生，他们劫后相见，互相祝贺和道安，喜笑颜开，令人兴奋。所谓务虚就是批判"四人帮"。会上发言的主要是老先生，每人限 30 分钟。印象比较深的是一位上海的老先生，他大谈他如何抵制"四人帮"，时间超过很多，拖拖沓沓，被主持者几次打断。后来听说此公曾向"四人帮"写过"效忠信"，引为笑柄。我在大会上也做了发言，就是文本的内容。主持会议的是黎澍先生，此前只知大名，没有见过面。轮到我发言时，他把我叫到他的座位前，小声对我说：你放开讲，不受时间限制。我本来颇有压力，那时还是一个小助教，从来没有见过这种场面，更没有在这么多的教授面前说过话，他的这一句话使我立刻轻松了许多。黎澍先生要我放开讲，但我也没有临时进行调整的本领，大体还是按事先准备的讲，只是稍微详细了些，印象中用了 40 多分钟。我的发言在会议上引起了较大的反响，因为这个题目就有震动性。现在看，离真正打破"枷锁"还有十万八千里，但在当时，在官方举办的会议上，应该说还是有所突破的。随后丁伟志先生向我提出在《历史研究》发表，对我来说是求之不得的，欣然同意。这篇稿子除个别词句由编辑稍加修饰，内容没有任何大的改动，在《历史研究》8 月号全文刊出。

这篇文章不是应邀而写的，完全出于自己的选择。1977 年以前人们忙着从政治上批判"四人帮"，我也是积极分子。但对"文革"中的"史学革命"理论和形成的禁区并没有太多的触动，因有毛主席的"最高指示"在。随着批判的深入，我感到必须向"史学革命"理论"问过"，打破"文革"中形成的禁区。于是从 1977 年冬开始着手写这篇文章。我对毛主席的"文革"理论和实践，应该说已有了比较清醒的认识,基本上是否定的,这在 1976 年日记中已有提纲挈领的批判。《炎黄春秋》2011 年第 9 期刊载了我的回忆文章《我在"文革"中的思想历程》,其中有几段日记摘录,可参考。

但当时的形势正是"两个凡是"时期,我不能也不敢在公开的文字中把矛头指向"最高"本人。相反,还要摆出高举毛泽东思想旗帜的架势,但又要批判他的"文革"思想,处在夹缝里做文章,文字如何表达很费思索。在行文中,必须把毛主席与"四人帮"分开。其实明眼人一看就清楚,我提出的问题都是针对"最高指示"和有关"教导"的。我既要举毛主席旗帜,又要批他提出的理论,因此文章写得七扭八歪,上下跳跃,不成逻辑,也真是无奈啊!

文章分三部分。第一部分批"史学革命"论。1966 年"文革"初始的 6 月 3 日《人民日报》就发表了题为《夺取资产阶级霸占的史学阵地》的社论,传达了毛主席的有关指示,因此"史学革命"在整个"文革"中一直具有神圣意义。我认定要砸碎枷锁,解放史学,首先要打破对"史学革命"的迷信和恐惧。

我的文章一开头就说:"'史学革命'这个口号,由于'四人帮'及其同伙的歪曲和篡改,已经失去了它本来的革命意义,成为这伙反革命黑帮在史学领域推行文化专制主义的反动思想武器。"论述中虽然仍保留了"史学要革命"这个口号,但把"文革"中进行的所谓"史学革命"基本否定了。"文革"派把"十七年文艺黑线专政论"引进史学领域,提出了"重新改写历史"与"把无产阶级领导权重新夺回来"。毛主席对郭沫若、范文澜、翦伯赞等都有过严厉的批评,说他们只会搞帝王将相等,因此说史学界"黑线专政",而"重新改写历史"是得到了尚方宝剑的。我针锋相对提出史学领域不存在"黑线专政"问题,历史已经重新改写了;又详细论说了"史学革命"是讲理的问题,从来不是"夺权"问题,"只能采取民主的办法,摆事实,讲道理,以理服人"。

第二部分批判"四人帮"的"法西斯文化专制主义"。主要围绕以下问题展开:一是他们以反对资产阶级自由化为名取消了"百家争鸣";二是以"意识形态领域实行无产阶级专政"为名把学术政治化,置异己于死地。文章用了很长的篇幅论述政治与学术的区分;重新提出久违了的"百家争鸣",马克思主义内部也有不同的流派;打破"批判"恐惧症,要有反批评的自由;分清两类矛盾,保护人民;即使有修正主义观点的人也不都是坏人、敌人等。

第三部分提出打破"禁区"和"禁条"。文章主要说了三方面:一是对孔、孟、儒的禁忌。我提出对孔、孟应自由评论,更不能见儒就否定,儒家也有唯物

69

论和主张改革者,即使是唯心论者政治上也有可取之处,如董仲舒;二是摒弃历史类比,要把秦始皇等还给历史,允许自由认识;三是打破对人物评价"神化"与"鬼化"的定势。评价人物应就事论事,不能因晚节不终,就一切皆坏。

就实而论,囿于当时客观形势的束缚和局限,我也还没有达到更深入的理性认识,因此要"砸碎枷锁 解放史学",是根本做不到的,但我提出了这个问题。应该说,黎澍先生能支持我的文章,说明在当时还是有一定冲击力的。特别是让我在大会上尽情地发言,确实更加强了冲击力。对我个人而言,也有点小的轰动效应,使很多人知道了我这个小人物。

尽管这篇文章文字阴阳两面,欲说又止,有些地方牵强附会,但在当时也还真的起到了一点砸碎枷锁、解放史学的作用。2011 年 7 月 7 日《南方周末》发表了《中共正修改的历史评价》长文,文中说到:"1978 年、1979 年,《历史研究》杂志曾发表包括《砸碎枷锁 解放史学》《打破党史禁区》在内的一系列文章,引发强烈反响。"

回想起来尽管不如意,但毕竟为清算所谓的"史学革命"尽了一点力。

二、《关于历史发展的动力问题》对阶级斗争说绝对化的质疑

20 世纪 70 年代末和 80 年代初,史学界和哲学界开展的关于历史发展动力问题的大讨论,对史学及其以后的发展产生了重大影响。

蒋大椿在其《当代中国史学思潮与马克思主义历史观的发展》[①]一文中对这场讨论做了这样的评述:"'文革'结束,史学界在'拨乱反正'后掀起的历史发展动力问题大讨论……目的都是批判和否定阶级斗争史观,以求得对唯物史观的正确理解。"

王学典在《近五十年的中国历史学》[②]一文中的评述如下:"从 20 世纪 50 年代初开始强调的'阶级斗争是历史发展的唯一或真正动力'这一观念预设,在 1979 年受到激烈挑战,由此展开了一场牵动整个学术界的'历史动力问题论战'。挑战的一方由对'阶级斗争动力'的质疑发展到对'暴力革命'的反思,再由对'暴力革命'的反思发展到对历史发展非正常道路的检讨,并由此导致对'改良主义''保守主义'在历史上地位的重新估计。谁都能看到,放弃'阶级

[①]《历史研究》,2001 年第 4 期。
[②]《历史研究》,2004 年第 1 期。

斗争动力观'的预设,将引发对整个人类文明史的改写。"

瞿林东在其《中国史学的理论遗产》①一书"自序"中也有类似的评语:"20世纪70年代末至80年代初,在新的历史条件下,中国史学界逐步展开了关于历史学领域的理论问题的讨论。这个讨论,是从'历史发展动力'问题开始而不断扩大范围的。到了80年代中后期,关于理论问题的讨论走向高潮,可以看作是中国史学界出现了'理论热'的表现。"

上述三位是研究史学史和史学理论的专家,他们的评判是有分量的。但稍感遗憾的是,他们都没有叙述这场讨论是如何引起的,也没有介绍由头文章。我不能不毛遂自荐,引起这场争论的由头文章之一是我与王连升同志合写的《关于历史发展的动力问题》一文,现把有关情况做些介绍。

1976年揪出"四人帮"后,我不知有多兴奋和激动,写了多篇批判"四人帮"的文章,刊于《历史研究》《光明日报》等刊物。1978年夏季的一日我突然发现,我虽然批"四人帮",但我的思维方式、路数、文风、语言与"四人帮"没有什么太大的差别,只不过把矛头对准"四人帮"而已。我开始冷静地反思,到底问题的症结在哪里?想来想去,感到问题出在阶级斗争理论上。我开始对阶级斗争要天天讲、一抓就灵、阶级斗争为纲、阶级斗争是历史发展的唯一动力等说法萌生了疑问。啊!这是一个天大的问题,众所周知,此前,这一理论是极其神圣的,关系革命的生命线,关系到对全部历史的再认识,更关系到"文革"的理论基础。历史的经历告诉我们,谁敢对这一神圣观念发疑,谁就倒霉,有多少人因触犯它而陷入囹圄!但"文革"的灾难给我以勇气,在痛定思痛之时,我深深感到必须对这一理念进行反思。当时还是"两个凡是"时期,人们的怒气发向了"四人帮",但体制内的人在理论思维上并没有太大的改变,大家还在张扬阶级斗争理论,坚持无产阶级专政下继续革命的理论,很少向这一神圣理念公开质疑。当我对这一理论生疑时,心里自然是胆战心惊,不仅有"砍旗"的问题,还有与整个路线发生冲突的危险,弄不好会给自己带来说不尽的麻烦。因此如何提出问题,很费心思,首先想到的是如何防御。过去我都是处于防御思维状态,首先想想自己挨批时怎么应付,怎么找到"理论依据"做盾牌。想来想去还是只能用"打着红旗修正红旗"之策,另外只限在历史教学与研究,不涉及政治路线。1978年后半年我与王连升同志写出了《关于历史发展

---

① 瞿林东:《中国史学的理论遗产》,北京师范大学出版社,2005年。

的动力问题》一文。我们依据马克思、恩格斯有关生产是历史发展的"根本动力"说,来修正阶级斗争是历史发展动力说,并使其降到次要的地位。

在第一部分"问题的提出"中引述了马克思、恩格斯有关生产是一切社会活动的基础论述后,提出如下问题:"回顾我国史学界以往的研究与教学,我们认为存在着一个普遍倾向,即重视阶级斗争这一理论的研究和应用,而忽视关于生产斗争在历史发展中的最终决定作用的阐发,甚至有本末倒置的现象。如有的同志把阶级斗争看作是推动生产力发展的根本动力就是明证。因此我们认为,完整地准确地领会和运用马克思主义关于历史发展动力问题上的论述,纠正我国史学界多年来存在的这种偏向,是进一步提高历史研究和教学水平的关键之一。为此,我们愿意提出一些不成熟的意见,以期引起人们对这个问题的重视。"熟悉的人一看就清楚,我们的理论矛头对准的是"最高"。

文章的第二部分论述了"生产斗争是历史发展的最终动力"。文中讨论了如下一些问题:

　　关于生产力与社会性质的关系问题;
　　关于生产力与革命性质的关系问题;
　　关于生产力的发展同一个社会形态发展的阶段性问题;
　　关于生产力与社会发展不平衡问题;
　　生产力对上层建筑也同样具有直接的最后的决定作用。

在论述上层建筑部分我们特别强调了以下看法:"我们认为在上层建筑中,有的是由生产关系决定的;有的是由生产力决定的,如尚未被运用于生产实践的自然科学思想;还有的则是由生产力和生产关系分别决定着它们的不同侧面,如教育、卫生、语言、文学艺术、管理企业的规章制度、某些思想,乃至国家机器的某些部门,等等。"

在这一部分我们大胆地提出上层建筑的非阶级性的一面,尤其是教育,相当部分是由生产力直接决定的。我们的结论中说:"上层建筑同阶级性并不是必然地连在一起的,有的有阶级性,有的则无阶级性。"我们的这种看法对"文革"有直接的"逆反"性,同时与历来的观点和当时占主导地位的观念也明显相悖,同伟大领袖的教导更是相左的。上层建筑属于阶级性是由来已久的

"定论"，没有人敢触动。特别是提到教育和国家，更是敏感和犯禁的话语。

这部分接下来还论述了生产力发展与社会分工的经济体系的关系，与人际交往的关系，以及与家庭、生活方式和生活习惯的关系，与人的思维能力的关系等，在这些关系中都有生产力的直接的决定性的作用。

列举上述诸问题，都重在说明生产力的直接作用，并由此论证这些领域的非阶级性的一面。

我们的结论是："生产斗争是一种普照的光，是历史发展的根本动力，是一切历史变革的终极原因。"

第三部分论述的是"生产斗争与阶级斗争的关系"。在这部分的结尾有如下一段论述："无产阶级为夺取政权而进行的斗争，目的是为了解放生产力；无产阶级掌握了政权之后所进行的斗争则必须保证生产力的迅速发展。如果在某个时期进行的阶级斗争，没有促进生产力的发展，没有能逐步提高人民的物质与文化生活水平，没有促进毛泽东同志所说的那种生动活泼的政治局面的实现，那么人们就有理由提出问题：这种斗争是无产阶级的斗争吗？或者方针政策是正确的吗？"应该说这里把锋芒直接指向了"文革"。接着还批驳了"庸俗阶级斗争论"。

在第四部分"研究中存在的问题与建议"中又进一步把问题明确化："在过去很长一段时间里，阶级斗争成了历史发展的唯一动因，一切都要从这里做出最后的说明。这十几年来编写的许多历史书籍，纲是阶级斗争，目还是阶级斗争。阶级斗争的地位真是扬扬赫赫，生产斗争则几乎完全变成附属物。我们认为历史学领域出现的这种偏向，已严重地影响了史学研究的发展。"

稿子写成之后寄给哪家刊物呢？那时的刊物还很少，但商定一定要投给北京的，于是1978年深秋作为自流稿寄给《教学与研究》杂志，时间不长收到王思治同志的来信，这是我与王思治同志相交之始。他支持我们的大思路，认为立意极为重要，并提出了一些修改建议。稿子上还有其他审稿者的批语，都予以支持，要我们尽快修改，大约在年底我们把修改稿寄上。正当此时，"中国历史规划会议"筹备处来发征稿启事，我们应征将此稿也寄给会议筹备处。时隔不久，会议筹备处来信，采纳了我们的稿子，并邀我做大会发言。1979年3月底4月初"中国历史学规划会议"在成都召开，人数达几百人。原本让我在开幕式上发言，但由于我乘坐的从西安到成都的飞机因天气推迟，当时无法与会议联系，南开大学先到的几位先生和会议主持者很惦记，生怕飞机出事。

因为前一天北京许多人乘坐的飞机腾空后出现漏油事故,在天上盘旋多时又降落下来,引起参会人员的不安。所以我一到会场,很多人来询问情况,熟悉的人直说以为你们掉到秦岭里去了。

我到会后又发生了一些戏剧性的情节,秘书处的负责人(一位女同志,历史研究所科研处处长)一会儿通知我在大会上发言,没有过几个小时又通知我不发言了,隔了几个钟头又通知我在大会上发言。秘书处已经把我们的稿子排印出来,一会儿说要收回,一会儿又说不收了。由此可推测出会议主持者的犹疑心态。当然这有更大的背景使会议主持者难做决断,因前几天北京的大人物发表了"坚持"这、"坚持"那的宏论,传到会议上来,搞得人心惶惶,不知底数。我佩服会议主持者的胆量,最后仍决定要我在大会上发言,不限时间,说完说透。我的发言无疑引起了与会者的关注和议论,有些人以为我有什么背景,反复地向我询问底细。我越说是自己的意见,人们越怀疑,因为这个问题太大了,怎么会是你刘泽华自己的意见?与会议几乎同时,《教学与研究》也在第2期(4月份)刊发了本文,并加了编者按,原文如下:

> 本文作者认为,社会历史发展的根本动力是生产斗争或生产活动,并论述了生产斗争和阶级斗争的关系、生产力如何直接作用于上层建筑的某些领域等问题。所有这些问题,是很有意义的,需要认真深入地研究,从理论与实践的结合上完整地准确地领会马克思主义的有关论述。我们希望哲学和史学工作者进一步探讨这些问题。

在这次会议上,戴逸和王戎笙先生从不同的角度也论述了这个问题。戴逸先生的发言刊登在《历史研究》同年第8期上,王戎笙先生的文章《只有农民战争才是封建社会发展的真正动力吗?》随后刊登在6月的《光明日报》上。他们的发言也都很有分量。这样,我们的文章与王戎笙和戴逸先生的大会发言便成为史学界关于历史动力问题大讨论的由头文章。

这里还要说我的一点推测,会议安排我们三个人的发言都是对准神圣的阶级斗争绝对化观念的,我们三个人没有任何横向联系,此前我也不认识两位先生。显然,我们的发言是由会议主持者精心安排的结果。谁是操盘手,我不清楚,但我猜想肯定会有黎澍先生,因为在我发言之后,丁伟志先生即刻要我的稿子,希望在《历史研究》发表。丁伟志先生当时是《历史研究》的副主编,主编是黎澍先生,他也是会议主持者之一,当然,我想会议诸位主持者都是重要的支持者。

我们三人在会议上集中论述这个问题,其影响比我们单篇发文要大得多,所以会议之后,史学界开展了关于历史发展动力的大讨论。可以毫不夸张地说,这是继"五朵金花"之后,迄今为止,参加人数最多的一次专题性学术争鸣。各地和许多高校举行了专门的学术讨论,各种刊物发表了上百篇的文章,发表了各种看法。求实出版社把这次讨论文章集结为《关于社会历史发展动力问题论文选辑》公开出版。在争鸣中,对我们的意见有支持的,也有许多批评,我的印象,坚持阶级斗争说的(也都有修正)似乎更多些。

回想起来,有两点我们感到十分宽慰:一是这次讨论打破了对阶级斗争绝对化的崇拜和盲从;其二是上层建筑与阶级性不能画等号,不能都用阶级分析看待上层建筑现象。上层建筑,包括国家机器也都不能简单地完全纳入阶级的框框,而是都有社会性,即超阶级性。至少从"文革"说起,我们冲决了僵硬的牢固的堤坝,至于水向何处宣泄,又不是我们能预测的。

现在看,我们的文章还有浓重的教条八股气,不过在那个时代还是相当"冒犯"的,直到1983年"反精神污染"时,还遭到史学界一位大人物的斥责,说我们没有一点马克思主义的常识,但他还算宽容,没有点名。我还记得当时正赶上天津社科著作评奖,我们还自以为是的申报了,以为能引起史学界大争论的文章总应该给一定的地位吧,结果连历史系都没有通过,就被评审者否定了。听说审议者认为,文章的方向把握不定,这样的稿子不能推荐!

这篇文章是我缓慢而艰难地从教条主义束缚中向外蠕动出来的标志,在史学界也引起了抛砖引玉的效果,打破了僵局。历史地看,我们做了能做的事!

三、关于《论秦始皇的是非功过》

1971年林彪事件之后不久,开始了"批林批孔",当时只知道林彪引述孔子的话语,把毛主席比作秦始皇,于是对儒家、对秦始皇的态度就要与林彪相对,要充分肯定秦始皇。我那时评秦始皇大致沿着三条线:一是颂扬秦始皇的大统一与开创之功;二是批儒生主张搞封建制的复古、复辟;三是也要适当从阶级分析上说秦始皇的残暴、苛政。后一点讲得比较淡。当时我曾在不同场合讲过多次,听众没有提出过大的异议。在讲演稿的基础上,我写了一篇《论秦始皇的历史作用》一文,适逢《南开学报》复刊,文章被学报要去。为这篇文章,负责学报的学校领导还找了多位大教授帮助审稿,大家认为还可以,于是刊登在1974年复刊的第1期上,印了8000册。学报正准备发行之际风云突变,突然传来了上头的指示,说林彪"右的不能再右了",随着指挥棒从批林彪的"极左"转为批"极右"。当时听到"劝君少骂秦始皇"的最高诗句,秦始皇已经成为一个特殊的代称,对秦始皇是不能进行一点点批评的。

原来批林彪的"极左",一下子转向批"极右"。在这个大背景下,1973年末针对批"极左"中有否定"文革"的趋势,出现了新一轮的反回潮。正当此时学报刚刚印出尚未发行,我懵里懵懂成为反回潮的靶子。学校行政楼的大字报向我开火,不仅批评我对秦始皇的看法有政治性错误,还批评说由我主持编写的《中国古代史稿》教材也有批评秦始皇残暴之语,还说了几句孔子的好话。1972年在全校教材编写经验交流会上我大讲久违的"百家争鸣",也被捎上了,说是反对意识形态领域实行无产阶级的全面专政。我成了错误倾向的一个小"典型",不仅在校内被贴了一批大字报,学校一位领导在全市的有关会议上也把我作为错误倾向的例证,并且上了"红头"文件,发言稿摘要刊登在《天津日报》上。好在只说事,没有点我的名。学校领导对我也很关注。学校党委书记朱自强找我谈了两次话,对我进行批评帮助,说我缺乏政治敏感,觉悟低,要我做检查。开始我还抗辩了几句,但书记倒很耐心晓以利害,态度十分温和,一片特殊的爱心,我也只能乖乖就范,做了检查。我的检查文字写在内部铅印的《中国古代史稿》"后记"中。全文照录如下:

> 这本《中国古代史稿》(试用教材),基本上是在去年五月份以前写就的。由于我们马列主义、毛泽东思想水平很低,路线觉悟又不高,加之历史知识的贫乏,所以,稿中肯定会存在一些不妥之处。最近我们对上册初步做了一下检查,发现在论述儒法斗争和对一些历史人物的评价等问题上存在着原则的错误。过去不少同志曾向我们提出了宝贵的批评和建议,谨向这些同志致以衷心的谢意。希望读者今后继续提出批评和指正,以便我们进一步修改。

> 编者　1974年1月

领导怕引出更大的麻烦,决定把《南开学报》复刊号全部送回造纸厂,一本不留。这也可以说是对我的保护吧。说实在的,那篇文章充满了对秦始皇的歌颂,对秦始皇批评是轻描淡写,我哪里知道毛主席自称是"马克思加秦始皇"呢?后来从小道传播中知道毛主席以秦始皇自况,吓得我出了一身冷汗。这篇文章是一个小小的公案,涉及南开领导人对我的批评和焚毁"学报"事件,1977年《南开学报》又发表了原文,这是对南开领导人焚毁"学报"事件的一种"回应",就实而论,在理论上已没有任何意义了。

到了1978年,对"最高"的质疑已成为一股社会思潮,我也深深感到需要再评秦始皇,从政治上和理论上把秦始皇还给历史,打破评秦始皇的禁区,同时也包含对自称"秦始皇"者的再认识。上边说到的《砸碎枷锁 解放史学》一文有一小节,就是专门谈打破秦始皇的"禁区"问题。由于该文太简略,从当时史学界的情况看,对秦始皇的看法依然是畏畏缩缩,甚至还是一个不敢正视的问题。于是1978年秋我与王连升合作着手撰写《论秦始皇的是非功过》一文,意在进一步砸碎枷锁,同时也有对"自称者"含蓄地再评价的内容。

这篇文章作为自流稿投给《历史研究》,此前《历史研究》曾发表过一篇很长的评秦始皇的文章,但他们又刊发了我们的文章。发文后一次与庞朴先生见面,他告诉我,稿子由他审定,很费心思,由于当时毛主席依然居于神位,生怕惹出是非,再三掂量后,请主编黎澍先生裁定。黎澍是一位很有胆识的学者,他决定尽快发表。于是在《历史研究》1979年第2期(4月)刊出,离我们投稿时间总共只有4个月。当时是双月刊啊!

此稿刊出后,果然引起不少议论,在当时的形势下,无疑是一篇令人侧目相待的文字。我们的文章在那种形势下的确有点冒天下之大不韪。文章分四节。

第一节的标题是"关于秦统一中国的主要原因问题",文中论述了秦始皇统一根本不是"顺应了人民的要求""适应生产力的发展"等占主流的理论与观念,而是武力争夺社会资源的结果。

第二节标题"用社会实践效果来检验秦始皇政策、措施的意义"。文章在一一分析了秦始皇的政策后,结论是:

> 在以往的著述中,几乎总是说秦的统一有利经济文化发展,符合人民群众的要求等。这种把统一说成是绝对好的观点是不符合历史事实的。在阶级社会里,统一总是同一定的政治内容联系在一起的。封建的统一比封建的战乱有可能为经济文化的发展提供一个相对稳定的政

治环境,但封建的统一的中央集权也可能为统治者胡作非为、阻碍经济文化的发展提供了强有力的工具。因此封建的统一同经济文化的发展之间并没有直接的必然的逻辑关系。秦始皇统一中国比扰扰攘攘的战国是个进步,但统一之后,由于秦始皇统得过死,凭借极权强行搞了那么多违背历史发展规律和超越当时人民负担能力的活动,反而窒息了社会经济、文化的发展,使广大农民丧失了起码的生活条件。因此,对统一要进行具体分析。

第三节的题目是"从英雄到孤家寡人"。文中说:

> 历史事实表明,君主越是神秘,权力越是集中,这个君主就越是容易被人愚弄和操纵,他的权力也就越是容易被奸臣所篡夺⋯⋯奸臣一类人物任何时候都有,这样的毒蘑菇能否冒出来,关键是"人主所为"。赵高这个毒蘑菇应该说是由秦始皇培育出来的。

第四节是"法家与秦胜秦亡的关系"。文章在具体论述后,结论是:"秦始皇依靠法家所取得的胜利,绝不能代替他依靠法家所犯下的罪恶!"

文章最后又说:"秦始皇在中国历史上是一个功大过亦大的人物,集中在他身上的矛盾重重交错。怎样在复杂的矛盾变化中陈述他的功过是非,是我们远未解决的一个问题。"

上述种种论述,在当时的特殊环境下,很容易让人有现实感和针对性,说"影射"也不无道理。用历史来影射现实是中国史学的一个重要传统,尽管批"四人帮"时一再声讨"影射史学"。其实何止当时有"影射"?中国古往今来不是一贯盛行"影射"吗?在传统中"影射"是一种思维方式。在言论不自由的情况下,"影射"是一种不可缺少的表达方式,是具有规律性的现象。

我们文章的作用有两点应该是明显的:一是把秦始皇还给了历史,使其成为可以被自由认识的对象,完全可以与毛主席的评价唱对台戏;二是在当时的思想环境下,对重新认识和评价"最高"起了敲边鼓的作用。毛主席以秦始皇自况,那么,对秦始皇的批评自然就有相应的客观效应,这是特殊环境中的一种特殊的思想文化现象。

原载《史学月刊》,2012 年第 6 期

"文革"中的紧跟、错位与自主意识的萌生
——研讨历史的思想自述之二

有一种说法,"文革"中没有史学,此言大错特错!应该说,"文革"中有一代史学!试想想,我们那么多的史学家写了那么多的文章(多化名或集体署名),当时领风骚的很多人后来又是我们史学界的领军人物,怎么能把"文革"史学一笔勾销呢?!有关的先生应该主动反思,免得有朝一日被人考证出来,怪寒碜的。这篇小文就说说我自己。

"文革"之前和"文革"前期,我是最高领袖的信徒,对他的著作及能听到的指示视若神明,与己意有差距时,立即检讨,赶忙纠正。我前半生的学术经历是从属于政治的,不仅唯"圣人"是从,次一级的"贤人"也是要紧跟的。政治上的事这里不说,只说与史学多少有点关系的几件事来说自己的紧跟、生疑、错位和自主性的萌生。2011年《炎黄春秋》第9期刊登了我的一篇述往:《我在"文革"中的思想历程》,可作参照。

一、紧跟批"让步政策"

1965年9月22日孙达人在《光明日报》"史学"专刊上发表了《应当怎样估价"让步政策"》一文,批评翦伯赞的"让步政策"说,由此引起学术界的广泛关注和热烈讨论。翦伯赞先生是用"让步政策"来解释农民起义后统治者的政策,早在20世纪40年代他的《历史哲学教程》一书中就有相关阐述,1949年以后又多次重述,后来流行于史学界,似乎成为一种认识模式。就我而言,对"让步政策"虽没有仔细思考过,但在印象中马克思主义的经典作家对"让步政策"有过不少论述。我讲过苏共党史,把1905年斯托雷平解放农奴等改革视为"预防革命的反动"(印象是列宁的话),对我影响很深。所以对孙达人的观点我很矛盾,一方面认为孙的观点有相当道理,但我又提出应"留个天窗",不能全盘否定。最初还是在学术范围内进行的。到12月初,戚本禹在《红旗》

杂志上发表《为革命而研究历史》一文，把翦伯赞的观点说成是"反对"马克思主义的，是"现实阶级斗争在史学界的反映"，是"近几年来史学领域两个阶级、两条道路尖锐斗争中资产阶级一方的代表人物"。这样，关于让步政策的讨论升级为政治批判。大约在同时，又传来毛主席对孙达人的支持，听说有这样的话：在农民战争之后，地主阶级只有反攻倒算，哪有什么让步？天津社联组织讨论，我急忙转弯、紧跟，进行了激烈的批判。我的发言摘要刊登在《历史教学》1966年第3期。我的发言只字不提自己说过的"留个天窗"，没有一点点自我反思和检讨，可见我是多么的紧跟！

1970年，不知什么原因，是否因为翦伯赞去世，又开展新一轮批判翦伯赞的"让步政策"论。这次批判由北大历史系发起，我们当然要紧跟。1971年春季革委会组织了批判班子，指定由我负责，参加者有王玉哲教授，还有两位同年。王先生曾著文反对孙达人的观点，"文革"开始便遭到猛烈批判。这次要王先生参加表示落实"一批二用"的政策。我考虑到王先生的实际情况，只请他参加小组的讨论，没有让他执笔。

如何批判，我提议从理论上入手，政治问题可以联系，但我们不掌握材料，不宜说得太多。参加写作者的看法也不尽一致，我这个人多少有点打"太极拳"的味道，不顶牛。我说这样吧：咱们边写边议，在进行中来调整，要有依据，重在说理。经过多次商量，题目定为"人民群众是历史的创造者"，副标题是"批判翦伯赞的让步政策"。初稿很快就写出来了，经过几次商讨，最后由我定稿。

文章投给谁呢？我有点犯愁。先给《光明日报》，迟迟没有回信。我去信询问，编辑的回答模棱两可。系领导交给的任务，如不能刊出，有点难为情。于是我找到《天津日报》的一位相识的编辑，请她帮助。发这类批判文章也不容易，要请示宣传部，还要请市革委会大批判组过目。由于我认识市革委会大批判组的组长，请他便中关照。不知是哪里起了作用，文章很快在1971年5月13日《天津日报》上发表了。文章引起北京大学历史系有关人员的注意，不久接到北京大学历史系的邀请信，说在北大举行一次批判"让步政策"的会，邀我参加。这本是出风头的事，也是紧跟的好机会，但一转念，我决定不去。这是集体名义发的文章，我一去，就把自己亮出来了。就实而论，我对当时很多大批判文章总有一种说不清道不明，又难以完全认同的感觉。我们这篇文章是奉命写的，我不能说不投入，但隐隐约约也感到上纲上线有点过分，这部分虽不是我执笔，但我是定稿人，自然也应承担责任。另一方面，在我心底对翦伯赞仍存有一点同情和敬意。他那本《历史哲学教程》对我影响很大，过去也读过他不少文章，有思想，有文采，曾让我很敬佩。他已经去世了，还穷追猛打，实在太残酷了。于是我就要滑头，请汤纲同志(后为复旦大学教授)去参加。但会议主持者还特地向我问好，大概知道我是召集人吧？

后来上海人民出版社、陕西人民出版社都出版了批判"让步政策"的文集，把我们的文章都收录了，在当时有一定的影响。

1978年下半年，翦伯赞获得平反，适值他去世10周年，北大历史系学生会要搞纪念，给我来信，希望我写几句话。我感到很内疚，也很惭愧。我回了一封信，大意是：我写过批判翦老的文章，无颜面写纪念文字，待我把自己的恶行公之于世后，有机会我再写。那篇批翦先生的文章本来不是署我的名，像很多写过大批判文章的人那样，完全可以隐瞒了事，但我很难安心。20世纪90年代出版的《史学家自述》一书中有我一篇，我承担了责任，承认文章"恶言连篇"①，向翦伯赞先生悔罪，我的心才稍有些平稳。

二、跟不上"以儒法斗争重新改写历史"与"不跟"

我在"思想自述之一"中谈到，"批林批孔"、评秦始皇我是紧跟的，但糊里糊涂发生了一点"错位"，挨了一通批，做了检查，这对我是个很深的教训。没有想到接着又有一件事让我碰上。

1974年春，由姚文元提议，毛主席批准，要召开"法家著作注释出版规划座谈会"。天津要为会议做准备，注释一篇法家著作，由市委宣传部一位处长负责召集了几位专业人员参加，其中有郑天挺先生、杨柳桥先生，还有我(从下放劳动抽回来)。杨柳桥因主张老子是唯心主义，被毛主席引为同道，两次谈话中表扬这位"少数派"。我们注释的是荀子的《天论》。到了6月，我被指定作为天津"代表"人之一到北京参加会议，这完全出乎我的意料。天津有6位代表出席，由宣传部副部长陶正熠带队，成员有两名工人，一位农民，都有江青试点的背景。专业人员有杨柳桥和我。

这个会7月上旬在北京前门饭店召开，规模不大，有十几个省市参加，所

---

① 刘泽华：《困惑与思索》，张艳国主编：《史学家自述》，武汉出版社，1994年，第109—110页。

谓正式"代表"有五六十位。著名的学者不多,能忆起来的有中山大学的杨荣国、厦门大学的傅衣凌、北京师范大学的郭豫衡、复旦大学的杨宽,还有十几位讲师、助教。其他的是行政领导与工农兵。不过在我的印象里,会议工作人员中有很多北京活跃的中青年学者,都是"笔杆子",后来不少成为大名家。会议开始由李琦主持,李琦是当时国务院文教组副组长,曾任过周总理秘书。他传达了姚文元给毛主席的报告和毛主席的批示,接着就是让大家学习讨论、务虚、领会。会议分几个小组,天津、广东、福建是一个组。人们都很谨慎,几乎没有横向交往,互不往来,尤其是与上海的代表,几乎没有接触。在我的印象中,上海的"代表"很神秘,领队是赫赫有名的朱永嘉。他们从不在大会上发言,在会场上常常见不到他们的人影,会期长达一个多月,我与上海的"代表"没有说过一句话。

会议的主调是"用儒法斗争重新改写历史""儒法斗争贯彻古今,也表现在共产党内"。与会者多数跟着跑,杨荣国做过报告。冯友兰先生不是会议出席者,是"梁效"写作班子的顾问,在会上有过一次长篇发言。老先生很激动,大意是,东汉有白虎观会议,这次会议是新时期的白虎观会议,只是反其道而行之,并赋诗一首。唐长孺是史学界的名家,当时在中华书局标点"二十四史",也被请来讲魏晋南北朝隋唐时期的儒法斗争。后来听他的弟子朱雷先生讲,唐先生为此懊悔不已,是一生的学术大谬,临终都不能原谅自己。当时还听说,有些名家因没能出席这次会议感到被漠视,很失落,可见当时学人的心态。

我政治上十分愚钝,不解会议主持者的政治意图。其实1974年6月18日《人民日报》社论《在斗争中培养理论队伍》中已提出:"两千年来的儒法斗争,一直影响到现在,继续到现在,还会影响到今后。"后来有文章披露,这是根据江青1974年6月14日在人民大会堂举行的"批林批孔"座谈会上讲话精神写的。江青还明确提出要批"现代的儒"。会议的主调就是由此而来。

社论归社论,我却傻乎乎地在理论和历史事实上说事。对上述说法在大会、小会、私谈中均持反对意见。其实,我并不反对评法批儒,只是从历史角度说事,仍然是老一套,强调阶级斗争是历史的主线。我认为儒法斗争在先秦有阶级斗争的含义,主要是两个剥削阶级(奴隶主与封建主)之间的斗争,但他们之间的斗争与他们和劳动人民之间的斗争是两股道上跑的车。汉代盐铁会议以后就没有明显的儒法斗争了,更何谈近代、当代、党内?有一次我在大会上发言，依然是沿着这个思路讲，坐在主席台上的一位听得不耐烦，打断我的话，问：你是哪里来的？我回答是天津的。他说：少讲点，尽快结束！我不知从哪来的"斗胆"，回敬了一句：应该让我讲完！我不认识迟群，会后有人告诉我，你怎么敢顶迟群？让我一怔，但也有点"牛"劲，自辩没有错，是马克思主义的基本常识和基本的历史事实啊！我说的这老一套理念和基本事实竟成了"反潮流"，当时中国的事有多怪？但对我自己来说，也算有点"自主性"了。

前门饭店外是大街，晚饭之后没有地方可去，大家就在门前散步，其中有一位熟人，与他闲聊的机会比较多。他开始是会议工作人员，开了半截成为正式"代表"。我有些在会上不便说的有时与他讲。这位老兄便把我的言论汇报给庄印。在我印象中，庄印主持具体会务，是会务组负责人。庄印是北京大学哲学系教师，冯友兰在《中国哲学史新编》"前言"中提到庄印是他的助手。此时是迟群助手之类的角色，分量相当重。过后不久听说去世了，又听说去送别的人很多，叹息才子短命。

大概庄印为了核实和进一步了解我的看法，前后两次把我约到他的办公室，说起来是聊天，他的确很客气，显得很亲切，也很耐心听我絮叨，始终也没有反驳过我，或指出我的"错误"。所以给我留下的印象很好。我哪里知道他们在整理我的专项"材料"。

会议结束前一天，除毛主席、周总理、叶剑英以外，全体在京政治局委员在大会堂接见了会议的出席者。江青最为活跃，她走到每个人面前"亲切"握手，其他人都频频招手，只有邓小平很特别，鱼贯而入时，他毫无表情，也不招手，一屁股就坐在沙发上。江青、张春桥等有长篇讲话。江青开头问，今天是几号？今天是 8 月 7 日，历史上有"八七会议"，今天我们也是"八七"会议，要斗修正主义、要批儒……让我大吃一惊，我们是什么人，怎么联上"八七会议"，真是感到不伦不类。江青、张春桥讲话时，其他人如李先念等也有插话，而邓小平不睬一眼。接见结束时，大家鼓掌，邓小平好像发呆，告辞时也不招手，扬长而去。

关于这次会议，《人民教育》编辑部、《历史研究》编辑部所写的《"四人帮"的尊法丑剧的幕前幕后》一文作了详细披露。文章中有几段话：

不少同志，不顾"四人帮"的高压政策和迟群的淫威，同他们针锋相对进行了斗争。

在尖锐的革命挑战面前，"四人帮"和迟群恨之入骨，极端恐慌。他们一面虚伪地表示可以允许"百家争鸣"，一面则大搞见不得人的特务活动。在迟群和那个心腹的直接策划下，派人以走访、听会为名，广泛搜集与会同志的动态和反映，整成黑材料，名之曰《情况反映》，径直单线密送迟群，上报姚文元。他们给这些革命同志安上了一顶顶帽子，什么"对主席和中央领导同志有关指示及社论精神理解不够"，什么"思想跟不上形势"，叫嚷"应注意分析思想动向，掌握其中的斗争"。这种语言所包含的杀机，已经很清楚了。这个黑材料，从七月六日到九日，连续上报三期。七月十六日的第四期，又详细列举了一位同志发表上述言论的时间、地点，显然是罗织"罪证"，准备整人。①

1978 年《历史研究》与《人民教育》编辑部联合写文章，对这次会议进行清理时，把我"发掘"出来，他们发现了整我的专项材料，文中说到准备被整的"一位同志"竟然是我。《历史研究》编辑部曾邀我到编辑部小住数日，由副主编李学昆先生接待，让我看了会议档案和这些"黑材料"，并约我写批判文章，我还真的写了一篇批判文稿，由于我实在不知会议内幕，说不到点子上，只好作罢。

"一位同志"虽然说的是我，其实真的还有一些人不认同会议主旨的，中山大学的李锦全先生与我的看法就大致相同。在整理的专项材料中，也有李锦全的言论。

会议之后，天津市委宣传部要我给市领导们讲儒法斗争史，我无奈，只好拿北京大学编写的《儒法斗争史概况》照本宣科。头头们听了几次，也没有多少兴趣，不了了之。

此后我们对《中国古代史》教材进行修改，我是主持者，对我而言真是个难题。我既不敢公开对着干，但也不能一点也不贯彻。我只能强调要突出阶级斗争，盐铁会议后，儒法逐渐合流了，不提或少提儒法斗争的话题。正是由于我们没有贯彻以儒法斗争改写历史，所以在"四人帮"垮台之后，我们写的《中

---

① 《历史研究》，1978 年第 8 期。

国古代史》才能成活,应该说本书是"文革"后最早出版的一部教材性的著作,先后发行 15 万册,在 20 世纪 80 年代被很多大学用作教材,颇有点影响。我写本文时重新翻阅了一下,的确很突出阶级斗争,讲儒法斗争的笔墨真的较淡。另外在叙事上应该说还是比较多的关照了历史进程的各个方面,用语大抵还较为平和。

1974 年后"评法批儒"很热闹了一阵子,我没有写过任何文章,评《水浒传》时我躲得远远的。当时的想法是"惹不起,躲得起"。

三、跳出"让步政策"与"反攻倒算"羁绊的尝试

以往的古代史都把改朝换代的大规模的农民起义放到一个朝代的末尾来写,"文革"前郭沫若主编的《中国史稿》别出心裁,把这类农民起义置于新王朝的开始,俗说"农民起义打头"。这种改动有深意在,那就是强调农民起义的开创之功,但曾受到翦伯赞的批评。"史绍宾"(尹达领导的写作组的笔名)著文进行过猛烈的回击。在我的记忆中,"史绍宾"写过多篇批判文章,是革命派,很有势头。

过去带有公式性的做法是,引起改朝换代的农民起义之后必有"让步政策";孙达人批判"让步政策"之后,又有一个新的公式,即必有"反攻倒算"。如果查一下当时编写的教材(内部铅印或油印本),后者是通例,1971 年我们写的教材也不例外。1966 年 6 月 3 日《人民日报》发表了《夺取资产阶级霸占的史学阵地》社论,文中说:"他们(引者按,指'史学界的资产阶级权威')叫嚷反动统治阶级的所谓'让步政策'是历史发展的动力,把劳动人民和农民战争的伟大作用一笔抹杀。他们歌颂的,只是那些骑在人民头上的帝王将相。他们是史学界里的'保皇党'。"这个社论是很有权威的。

1974 年在修改此前编写的教材时,我开始思索,农民起义打头,很难说清楚历史的连续性,如果接着农民起义而来的都是"反攻倒算",许多新王朝的政策也难说清楚。当时我想出一个办法,即把大规模的、引起改朝换代的农民起义单独列一章,既不附属在一个王朝的末尾,也不以它打头,理由是:农民起义时期,社会矛盾和社会关系既不同于前朝,也不同于后朝,而是一个特殊时期。这个时期的社会矛盾与前朝有重大变化,是农民与地主社会地位的起伏和转化时期,与后来的王朝社会关系与社会矛盾的地位也不同,后朝重

建了封建秩序,这个时期农民有诸多创造。

对新王朝的政策使用了"恢复封建秩序"的提法,这是原来就有的提法,我们的用意在于:既抛开"让步政策",也抛开"反攻倒算",以便有更多的空间来论述新王朝的制度和政策。人民出版社 1979 年出版了我们集体撰写的《中国古代史》,本书成稿于 1976 年唐山大地震前,定稿于 1977 年。这里以写"西汉"一章为例来说明当时的思路:

第一节　楚汉之争(子目略。注:已不属秦末农民起义)

第二节　西汉的政治

一、刘邦恢复和重建封建秩序的各项政策与措施

(一)恢复和健全封建国家机器,加强地主阶级专政

恢复和健全封建国家机器

重建赋税徭役制度

收集地主阶级人才,充实各级封建政权

恢复地主的爵位和田宅

(二)铲除异姓王,分封同姓王、功臣侯和迁豪

(子目略)

(三)恢复农业生产的各项措施

(子目略)

文中只字不提"让步政策"和"反攻倒算",尽量就事说事。

对"恢复封建秩序",1979 年我在《论刘邦——兼论历史的必然性与偶然性》一文中有如下的论述:

继农民起义之后,"恢复封建秩序"是不可避免的唯一的前途……封建的生产关系是当时唯一能使生产得以进行的形式……恢复封建秩序更是不可避免的……秦末农民起义和楚汉战争结束后,社会的主要矛盾是恢复封建秩序,以保证生产的恢复,使社会的存在得以延续;但又不能因此否定农民继续反抗的合理性。既要看到农民起义之后恢复封建秩序的必然性及其合理性,但也应看到由于这种必然性中的阶级对抗内容……

农民大规模起义失败后，恢复封建秩序首先代表了地主阶级的利益，而在一定条件下也不同程度地符合农民的利益，这个条件取决于统治者所采取的政策是否适合于生产力恢复和发展……

农民起义失败后，恢复封建秩序这一必然性是当时历史发展的主要趋向。新统治者概无例外地要实行恢复封建秩序的政策。刘邦"恢复"政策的高明处就在于他从当时社会实际出发，选择了一条既代表地主阶级利益，利于加强刘氏政权，又能为多数农民接受或不超过农民负担能力的政策。[①]

我之所以不谈"让步政策"和"反攻倒算"，理由如次：

经过农民起义打击和战乱，新的统治者同旧的王朝所处的环境有很大的差别。让步政策论所说的让步，通常都是比较税收的数量。离开生产条件、劳动生产率等具体条件是很难判断这种数量的含义的。如果以绝对量为标准，那么能否在整个封建社会找出一个最高量，其他所有低于最高量的都叫让步呢？让步政策论也承认新统治者当务之急是"恢复封建秩序"，正像反攻倒算论所指出，怎么把"恢复"叫作"让步"呢？另外，新统治采取什么政策还有许多偶然因素，翦伯赞同志在《对处理若干历史问题的初步意见》一文中就指出，不是每一次农民战争之后都有让步的。

用反攻倒算来说刘邦这类新统治者对农民的政策同样也是不科学的。这里的问题在于推翻秦王朝以后，原农民起义领袖如刘邦等能否避免转化为封建统治者呢？起义者以及广大农民能否另辟一条非封建化的道路呢？把刘邦这类新统治者的政策概括为反攻倒算，实际上是以农民领袖可以不转化，农民可以另走一条非封建主义的道路为前提的。很显然，这是一种主观主义的方法。

让步政策论是离开具体历史条件的形式主义比较，反攻倒算论是离开了历史规律的主观主义的比较。[②]

---

①② 刘泽华、王连升：《论刘邦——兼论历史的必然性与偶然性》，《南开学报》，1979 年第 2 期。

我们修改《中国古代史》时,避开"让步政策"和"反攻倒算"的理由大抵如上,获得多数人的赞成。不过也有同志认为还是要表示贯彻最高指示为妥,对此我也不勉强,由执笔人自行选择,于是出现不同的体例。明代部分最为明显,子目就有"倒算"的字眼,求同存异,也是"合众"的一种妥协方式。

　　放到今天看,从广义上说,在不同的历史环境下,矛盾的双方既互有"让步",也有"反攻",其作用也是多样的,要具体分析。

原载《史学月刊》,2012 年第 11 期

从观念"定势"中走出来的尝试
——研讨历史的思想自述之三

我在"研讨历史的思想自述"之一①、之二②中回述了我在"文革"与其后两年中观念上的紧跟、错位和自主意识的萌生,作为个案有没有代表性,请读者裁定。随着自主意识的萌生,我试图从传统的思想"定势"中走出来。在我撰写《先秦政治思想史》时(1979—1983),有成型的社会形态和阶级的定位,有唯物、唯心两大阵营的区划,有政治是阶级的集中表现的铁则,有彻底的阶级分析方法的通则,等等,此前我也曾信奉不疑。1983年的反精神污染又重新将阶级斗争的巨斧指向刚刚起步的思想解冻。面对这种形势,一方面深深感到"定势"的僵化;另一方面,想走出来既有胆怯问题,又有眼界和知识的局限。但我还是尝试从"定势"中走出来。

撰写本书可以说是我的一次尝试。本书1984年由南开大学出版社出版。著名先秦史专家沈长云评价本著作:"在先秦思想史研究中独树一帜。"③是否树起来了,我也说不清。但我的确是照着这个方向做了点努力。现把我当时的思路做点介绍。

一、我为什么研究中国政治思想史?

1949年以前政治思想史的著作还是比较多的,这与当时很多高等院校设有政治系有极大关联。1952年院系大调整之后,政治系基本被取消,中国政治思想史的研究也随之被边缘化,几近取消,只在哲学史、思想史中多少有

---

① 刘泽华:《我从"文革"桎梏中向外蠕动的三篇文章——研讨历史的思想自述之一》,《史学月刊》,2012年6月。

② 刘泽华:《"文革"中的紧跟、错位与自主意识的萌生——研讨历史的思想自述之二》,《史学月刊》,2012年11月。

③ 沈长云:《先秦史研究的百家回顾与前瞻》,《历史研究》,2000年4月。

一点点关照。据我所知,只有极少数几位还默默坚守在这个领域,且主要是近现代史,可怜的几位集中在人民大学,由何干之主持,接续了香火,功莫大焉!

20世纪60年代初,我初涉中国思想史时,读梁启超的《先秦政治思想史》,他在绪论中说:"所谓'百家言'者,盖罔不归宿于政治"①,这句话对我影响很大。由此想到,研究历史不研究思想史是极大缺憾,而研究思想史不关注政治思想,则无所归。后来又读到章太炎在《国学概论》中说:"周时诸学者已好谈政治,差不多在任何书上都见他们政治的主张。……中国人多以全力着眼政治。"②钱穆当时是被批判的代表人物,但他说的,中国的士人以政治为宗教,对我也很有启发。张奚若说"中国没有值得研究的政治思想"③,是以西方为标准导致的否定,是违反历史事实的。

不研究政治思想史很难解析中国历史的真谛,因为中国历史进程中政治思想的作用太突出了。政治思想是传统思想的主干和归宿,不研究政治思想就很难说触及中国传统思想的灵魂,也很难说清楚社会种种问题。

1961年和1962年《光明日报》发表了我论荀子和孔子政治思想的两篇处女作。④后来在其他报刊上又陆续发表了几篇。"文革"一来这些文字都成了"反党"的"黑话":张扬孔子的"富民思想"是攻击三面红旗,张扬荀子的"重农思想"是攻击人民公社,说墨子的专制主义是攻击无产阶级专政,等等。再加上我是走资派的红人、是修正主义的苗子之类的罪名,6月下旬我就被驱除出革命队伍,被编入"中间组"(不准革命,但也不是专政对象)。1967年造反派夺权之后,又以受到"资产阶级反动路线保护"为由,把我投入了"牛棚"。

对"文革"我始终有些茫然。"9·13"事件后积极参与了批"极左","批林批孔"时也想紧跟,出乎意料地又出现错位,挨了一顿批,我也做了检查。算啦,不再紧跟了。反之,我进入沉思,疑问不停地在内心鼓动,不可遏制之时,1976年我秘密写起了日记,记述内心的苦痛、不满和批判。我写过《我在"文革"中的思想历程》,刊于《炎黄春秋》2011年第9期,其中有一节摘抄了部分日记。

"文革"是中国历史的一次浓缩性再现,其中有太浓的封建主义因素,特

---

① 梁启超:《先秦政治思想史》,中华书局、上海书店联合出版,1986年。

② 章太炎:《国学概论》,中华书局,2003年。

③ 萧公权:《中国政治思想史》,辽宁教育出版社,1998年。

④ 刘泽华:《略论荀子的经济思想及其重农倾向》,《光明日报》第293期(1961年6月2日);《试论孔子的富民思想》,《光明日报》第347期(1962年6月22日)。

别是在思想上尤为突出。为了清理"文革"中的封建主义，必须回头分析一下封建主义的文化精神是如何形成的，这成为我研究中国政治思想史更强烈的驱动力。历史上的专制(封建)主义与现代的专制主义确实有着内在联系。因此，只要说古代的专制主义，很容易使人联想到现代的专制主义。且不说"一切历史都是思想史"的提法是否准确，研究思想史如果缺乏古今贯通的视觉，肯定就缺少了"思想"。由于研究者本人是有思想的。因此，不可避免地要把自己的思想带到认识过程，这是无可避免的事实，想摆脱也不可能。所以我坦率地说，我的研究有我的价值取向在其中。但我又自信，我是根据历史资料来确保我的价值取向不是天马行空的肆说。

反思"文革"和专制主义的影响，可以说是一种"使命"的驱动，需要重新检核中国的政治观念。

二、对若干历史理论的探索

下边只就涉及本书进路的几个问题略作简述。

(一)关于政治思想既有阶级性，也有社会性(超阶级性)的问题

1979 年我曾著文对当时占主导地位的"绝对化阶级斗争"说提出过质疑和修正，但整个的学术形势并未有明显的改观，阶级定性依然是确定政治的基本进路和基本观念。写政治思想史如何处理这个问题，成为我最费周折的难题。

说到政治思想总与政治相关联，古今中外的学者给"政治"下过很多定义，各种说法差异很大，我写书时只知道有两大派。

一种是非马克思主义的，他们都不从阶级性入手。如有人认为政治即国家事务，有人认为是与公共权力有关的现象，有人认为是人与人之间的权力关系，还有一些人试图通过一系列关系的综合考察来多层次、多角度地界定这个概念，相应的对政治思想的看法也如是。这些观点基本上都是 1949 年以前的事。

另一派是马克思主义派，认定政治属于上层建筑范畴，政治是阶级关系的集中表现，政治思想更是阶级的集中表现。这是当时的主流观念。

基于这样的指导思想，中国政治思想史的研究对象主要集中表现为阶级斗争的思想。典型者如吕振羽说："我们说到政治思想是什么东西呢？它并不

是和经济思想相对立的东西,毋宁是人类个别阶级的阶级斗争思想的集中表现,而为其行动指导的原理。所以政治思想史,本质上系同于社会思想史,只有其范围大小的差异。"①1981 年,徐大同等在《中国古代政治思想史》的"前言"中说:"政治思想最主要的就是各个阶级对待国家政权的态度和主张,即关于国家的产生、性质和作用,以及如何维持国家政权的理论观点和政治主张。"②以上的表述占统治地位。

1984 年"反精神污染"余威尚在,我不敢明确表达内心的疑问,只是泛泛地指出上述诸说"把政治思想史的对象规定得过于狭窄,有碍于视线的展开"。1985 年我写的《中国政治思想史研究对象和方法问题初探》一文明确表达了我的看法,认为不能把政治思想都装入阶级的口袋,政治思想还有社会性,即超阶级的内容。③下边把该文中的一段文字解析为如下几点:

1.在阶级社会,政治思想的核心部分具有最明显的阶级性质。但从政治思想的总体看,又不能全部归入阶级范畴,比如关于处理人与自然的关系的理论,除有阶级烙印外,还有人类与自然的共同关系问题。

2.关于社会生活的认识,也有一些超出了一个阶级的范围,比如调和阶级关系的某些论述,便包含了不同阶级、不同阶层的要求。

3.还有一些社会规范是人人需要遵守的,也不好简单地划入某一个阶级范畴之中。

4.就每个思想家而论情况更为复杂,虽然每个人都无法游离于阶级生活之外,但在观念上,并不妨碍某些人会提出超阶级的理论和主张。对于思想家的这些主张,从本质上看,无疑是掩盖了事物的本质,歪曲了事物的真相,但不能排除有些人是出自真诚,并为之献身。应该说,阶级的存在,恰恰又为某些人制造超阶级的幻想和理论提供了根据。

5.在政治思想史的研究中,一定要坚持阶级分析,但阶级分析方法并不是要求人们简单地把每一个人和每一个思想命题都统统编排到阶级的行列中。比如说某个人代表某个阶级,于是便认为他讲的每一句话都代表某个阶级,每个命题都是阶级意志的体现。在过去一段时间内,有些人在这方面做得

① 吕振羽:《中国政治思想史》,人民出版社,2008 年,第 6 页。

② 徐大同编:《中国古代政治思想史》,吉林人民出版社,1981 年,第 3 页。

③ 刘泽华:《中国政治思想史研究对象和方法问题初探》,《天津社会科学》,1985 年第 2 期。

很彻底,结果如何呢?常常是捉襟见肘。……例如,庄子的主旨并不是站在这个或那个阶级立场来讨论政治问题,而是站在自然主义的立场看社会。

我的结论是:"即使在政治思想史范围内,也不能把每一种思想命题统统还原为阶级的命题,因为政治思想的对象本身并不都是阶级的。"①

正是由于上述看法,书中都没有给论述对象简单地戴某个"阶级"的帽子,从盖盆式的阶级论中向外蠕动了一步。

这里要申明一点,我并不是全盘否定阶级分析,至今我认为社会是划分为阶级的(包括等级、阶层、集团等),一种政治思想对哪些人更为有利是不能忽视的重要问题和分析点。

我怎样把握和分析社会性与阶级性的关系呢?大致说来有如下几种方式:

其一,从论题出发展开叙述。请稍稍翻阅一下全书的章、节、目以及小子目,没有一个是从阶级性立论的,所有的都是层次不同的论题,而论题又尽量来自思想家本人著作中的论题。

其二,突出利益分析。利益问题是政治思想的核心,而利益问题有的有明显的狭隘性,有的则具有广泛的兼顾性或包容性,有的则是交叉错综的结合。例如我在分析法家的利益观时是这样评述的:"法家认为,人的本性是好利的。这种本性既改不了,也无须改。政治家的责任不是要改造人的本性,而是应该适应人的本性,并善于利用人的本性。高明君主的妙术之一是搞好利的排列组合,使人们追逐利益的活动汇成一股合力,以利于君主或为君主所用。法家用利的观点考察人们的一切活动,也正是这个利字推动了整个社会的运转。"②《商君书》的作者们主张君主以田宅作为争取民众和利用民众的资本。尽管事情是矛盾的,但依照这条道路走,双方都得到了一定程度的满足:民获得了一定数量的田宅,君从民那里获取了赋税、徭役与兵源。相反而相成,形成一股合力。这股合力极大地推动了当时社会经济、政治的发展。"③把利益看成单线的阶级问题,既不符合历史实际,也把马克思主义的阶级分析简单化了。

其三,在复杂的矛盾关系中分析问题,抛却了格式化的阶级定性。全书基

---

① 刘泽华:《中国政治思想史研究对象和方法问题初探》,《天津社会科学》,1985年第2期。

② 刘泽华:《先秦政治思想史》,南开大学出版社,1984年,第179页。

③ 刘泽华:《先秦政治思想史》,南开大学出版社,1984年,第215页。

本没有给任何思想家以固定的阶级定位。当然从政治体制上说,我认为他们基本都是维护君主制的。

其四,不再谈"奴隶社会"问题。本著作不是论述社会形态的,但它是个大背景。我抛开了"奴隶社会"说,书中也没有使用过"奴隶社会"这个大概念,没有关于"社会形态转变"的命题和"社会革命"之类的语言,只是具体地说社会经济和政治制度的逐步转变或改革,避开了许多传统的阶级划分的纠缠。

(二)以人性论等作为分析的起点

与阶级分析拉开了距离,那么政治思想从何说起?我的论述多半从人性论以及历史观和社会矛盾观等政治哲学作为分析政治思想的逻辑起点,这同以往的著作有很大的差异。1982年我在《战国时期的百家争鸣》一文中对人性论问题做过如下的概述:

> 战国诸子最有价值的认识是什么?在我看来,有关人性问题的讨论最有价值,至少是最有价值的认识之一。理由如次:
>
> 第一,殷周时期神权思想占统治地位,人,包括天子,是作为神的派生物或附属物存在的。世间一切祸福的终极原因都要到神那里去寻找。因此,人性问题,是针对神学而提出的。有关人性的讨论,把人从神的束缚中解放出来,还给了自身,还给了自然,还给了社会。这是人类精神的一次大解放。
>
> 第二,人性问题的讨论,使人们广泛地探讨了人与自然的关系,人在社会历史变动中的作用与地位,以及人如何进行自我改造和完善等问题。
>
> 第三,关于人性的诸种理论是当时思想家们改造社会方案的理论基础。正如《论衡·本性》所说:"情性者,人治之本,礼乐所由生也。"
>
> 第四,人性问题是贯通当时哲学、政治学、经济学、教育学等学科的一个重大的共同命题。
>
> 人性问题发端于春秋。当时论及者多把感官欲望称之为人性,认为追求"利""富""贵""乐"是发自人的本性,而不是邪恶。战国诸子在此基础上扩大了对人性问题的讨论。……
>
> 为什么诸子热衷于讨论人性问题呢?主要有如下两个原因:其一,由于政治经济的变革,割据与竞争,商品经济的活跃,使人的能力得到空前的发挥,加之人从神的桎梏中解放出来,人类迫切需要对自己进

行再认识；其二，人心的向背在当时社会历史的变动中起了决定的作用。怎样才能把握住人的动向，就需要深入分析人的共同本质。谁能抓住人的共同本质，谁就能抓住历史的链条。正是这两个原因推动了人们对人性问题的探讨。①

1984年我在《论先秦的人性说与君主专制主义理论》一文中更详细论述了人性论兴起的历史性的意义，文中说：

　　历史的事实就是这样：在阶级社会中，人们特别是下层人们的个性表现得越突出、越多样化和越纷乱，统治者的统治就越困难，也就迫使他们不得不急切地去探索人的共同的本性，因为只有把握了共性，才可能指导个性，让个性为我所用。春秋时期的政治家与思想家之所以去积极地探讨人性，其目的就在于此。

　　春秋时期有关人性的论述，多把人性归之于感官欲与实际的物质利益欲，这虽然是朴素的，但却相当深刻，具有唯物主义因素。这种理论的基本点就是把人的生物本能要求和物质利益集中起来，并宣布这种要求是人所共有的。这就动摇了关于人的神秘主义的理论基础，使理论更接近于事实。这种理论归结为一个字就是"利"。由此出发，认为人们追求"利""富""乐""贵"等，是出自人的本性，而不是什么邪恶。持这种观点的政治家与政治思想家认为，统治者的实际政策应当照顾和满足人的这种要求。由此他们提出了"利民""惠民""抚民""安民"等主张，他们认为不这样做就是违反人性。如师旷批评晋君时就说："今宫室崇侈，民力凋尽，怨讟并作，莫保其性。"②

　　照顾民性的思想虽然在殷周时代有过萌芽，但当时是作为天意的指示器来论述的，而不是从人的自身中引申出来的。春秋时期"利民"思想的主要依据则是从人的自身引申出来的人性。这两者在思想体系上是迥然不同的，后者在人类认识史上具有革命的意义。在人性提出之前，人的一切都要从天那里寻求原因和根据，而人性的提出则改变了这种认识路线，

---

① 刘泽华：《战国时期的百家争鸣》，《文史知识》，1982年第2期。
② 参见《左传·昭公八年》。

认为人事问题应从人自身中去寻找。所以人性与神性是对立的,人性又是在批判神性中发展起来的。……

在当时,人性问题是探讨人的本质的一个最高命题,是各种有关人的认识与理论的核心。人性理论给政治理论、经济理论、伦理道德、军事理论等等提供了一个指导原则。故我们主张给先秦诸子的人性论以充分的估价,其根据就在于此。①

上述两文关于人性的论述,是我写《先秦政治思想史》的理论概括。在论述具体的思想家时多以人性论以及历史观等理论作为分析的起点。这既比较符合历史的实际,又突出了当时的政治哲学问题,还突破了以阶级论为大前提的束缚。人性问题曾是一个认识的禁区,因为有最高指示在,把人性视为一个先验性的问题,没有抽象的人性,只有阶级性是实在的。我撰写本书时便把人性问题作为一个实在问题(有些说法无疑有片面性),并作为政治思想的起点。

(三)关于君主专制是政治思想的主体问题

在以往有关诸子政治思想的价值认定方面,几乎从不同角度使用了专制主义、民主主义、民本主义、人本主义、人道主义、原始社会主义、原始公社思想以及人治、法治、德治、民主、平等、自由等,作为分析、评价政治思想的工具。沈长云对本书的评价是:"虽亦以诸子为主要研究对象,但却致力于发掘诸子思想与君主专制制度的联系,表现出作者对于君主专制主义所持的批判立场。"②沈长云先生的评价基本是准确的。关于"批判立场"下边再说。

萧公权先生有过这样一段论述:"中国之君主政体,秦汉发端,明清结束,故二千余年之政论,大体以君道为中心。专制政体理论之精确完备,世未有逾中国者。"③但他指的是秦汉以后,先秦时期他认为是"封建天下",只说法家主张专制。

我则认为不止诸子,中国从有文字记载开始的政治思想就是君主专制思想占据主导地位,商、周是专制体制,其下的诸侯在其内部也是专制体制,相应的政治观念都是专制主义。在我看来,周代的分封制向一统集权制转变,而

---

① 刘泽华,王连升:《论先秦的人性说与君主专制主义理论——关于先秦思想文化质的探讨之一》,丁守和、方行主编:《中国文化研究集刊(第一辑)》,复旦大学出版社,1984年。

② 沈长云:《先秦史研究的百年回顾与前瞻》,《历史研究》,2000年第4期。

③ 萧公权:《中国政治思想史》,辽宁教育出版社,1998年。

其内在的君主专制体制是一脉相承的，只是随着历史的进程不断强化君主专制与相应的政治观念。萧公权说秦汉后"以君道为中心"，其实诸子所论同样是如此，除农家外，主流都是主张君主专制主义。关于诸子的政治归宿是君主专制(稍后我多用"王权主义"这个概念)是我的一个大的判断，我拒绝民本主义、民主主义、朴素社会主义等概念。另外我也不用"国家""政体""政府""阶级性""合法性"等作为框架去分解先秦诸子的政治观念，因为当时的思想家和著作没有这样去观察政治，其本身是"混沌"的，比如国家、君主、政府、权力、政策等都是搅和在一起的，很难分开、分解，因为这一切都是以君主为核心的。

对诸子的争鸣与君主专制的关系，前边提到的《战国时期的百家争鸣》一文的结语有一段概括：

> 从平面上看百家相争，很有点民主气氛。但如果分析一下每家的思想实质，就会发现，绝大多数人在政治上都鼓吹君主专制，思想上都要求罢黜他说，独尊己见，争着搞自己设计的君主专制主义。因此，百家争鸣的实际结果不可能促进政治走向民主、思想走向自由，只能是汇集成一股强大力量，促进了君主专制主义制度的完善和强化。把握了这一点，才能把握住百家的政治归宿。①

我在《论先秦的人性说与君主专制主义理论》一文中又说：

> 先秦诸子思想文化最基本的特征是什么呢？依我们看，最基本的有两点，即人性学说与君主专制主义理论。这两者互相补充，互为表里，构成中国先秦思想文化的内核。其他方面的思想与理论是这个内核的皮肉。
> ……从理论和逻辑上看，人性说发展的趋势应该是对君主专制主义的批判，走向个性解放，如西方启蒙时代的思想家大抵如是。但是，先秦人性问题的讨论是在完全不同于西方启蒙时代的历史条件下进行的。受这种历史条件的限制，先秦人性的讨论非但没有导致专制主义的毁灭和人的个性解放，反而和专制主义同流合污，成为君主专制制度的理论根据。即便是最激进的老庄的人性自然说，在对君主专制主义

---

① 刘泽华：《战国时期的百家争鸣》，《文史知识》，1982 年第 2 期。

97

进行了一阵责骂之后,也临阵脱逃了。我们清楚地看到,除庄子的这种出世思想外,其他各派研究人的目的,都不是寻求人的个性解放的道路,而是向统治者进献从实际出发对人民进行统治的办法,或者教育人去容忍这种专制统治。他们虽然有过温情脉脉的言辞,有过对人民的同情怜悯和对暴政的批判,但这不是他们的理论的归宿点,归宿点是维护君主专制主义的统治。①

法家无须说,这里只说一下儒、道、墨。关于孔子和儒家,张岂之在《五十年中国古代思想史研究》一文中说,刘泽华认为"儒学是一种等级制的统治学说,儒家的人格思想从本质上说,不是强调人的主体性,而是等级人格","他在《中国政治思想史》中对儒家思想的社会性作了详尽的剖析"。张先生的评语我能接受。等级人学与许多学者说的"人学""成人之学"的确有相当大的区别,等级人学的顶端必定是专制君主。

对墨子我认为最后的归宿也是专制主义,他的"尚同"说,"上之所是,亦必是之;上之所非,亦必非之"就是明证。当时我不知道胡适在 20 世纪 30 年代也有过类似的论说。

道家的老庄派要把人类文明都抛掉,使人变成愚昧无知,把人动物化,在我看来这是君主专制最好的社会基础。而道家的黄老派则是十分肯定君主专制的。

对诸子的结论,我不是从某些词句来说事,而是对"母本"的整体进行全面分析之后做出的。

君主专制是政治思想的最高层次问题,在其下还有种种议题,但都是在君主专制这个大前提下说事。

(四)价值、是非的判定问题

我在《先秦政治思想史》"前言"中说:"在研究政治思想时,……价值性认识和是非判断性认识,具有特别重要的意义。我们研究政治思想史不能只限于描述,还要考察它的价值。为了判定一种思想的价值,首先要明确价值标准。"②说起标准,其中大大小小有很多,这里说几点。

---

① 刘泽华、王连升:《论先秦的人性说与君主专制主义理论——关于先秦思想文化质的探讨之一》,丁守和、方行主编《中国文化研究集刊(第一辑)》,复旦大学出版社,1984 年。

② 刘泽华:《先秦政治思想史》,南开大学出版社,1984 年,第 11 页。

1.我仍然认定历史进程中有保守和先进之分,其间存在着这样和那样的矛盾与斗争。

2.我提出:"价值问题不只是个阶级定性问题,还有许多其他方面的内容","在古代,除了某些短暂的'革命'时期以外,当权的都是剥削阶级。人民群众的许多美好政治理想不能实现,也实行不了;反之,代表剥削阶级的政治思想却付诸实践,而且证明有许多主张在当时是可行的,有效的,甚至起了促进历史的作用"。①

3.我又提出:"把哲学史中判断是非的方法简单地拿过来运用于政治思想史,是难于说清问题的。"②当时分唯心、唯物两大阵营论还占据主流地位,我抛开了两大阵营说,没有给哪个思想家戴过唯心、唯物的大帽子,当然在个别论点上有时还用一下。

4.另外,对"实践是检验真理的标准"问题也提出了疑问:"把这条原则用于政治思想史,就产生了许多节枝。"③接着提出:"人民群众的许多美好政治理想不能实现,也实行不了;……在这种情况下,真理与谬误该如何分辨……人民美好的,但不能付诸实践的政治愿望,与真理是什么关系?"④对这些问题我虽没有明确的回答,但我的意思是想说:即使不能"实践"的,但只要对不合理的现象有某种批判意义的观念和理论,都应给予必要的积极的评价。

5.马克思说的"在矛盾中陈述历史",这是我从始至终遵循的分析问题的基本思路。当时我虽然尚未概括出"阴阳组合结构"这一分析的工具(这点另文专述),但我在实际上是这样做的。我尽量用贴近历史事实和当时人们话语来叙述和概括出相关的论题。

6.传统思想中的核心概念具有混沌性和多层次性,我尽可能分析开来,进行分层次评价。

我与张国刚合写了《历史研究中的价值认识》,刊在《世界历史》1986年12期。这篇文章详细阐述了我对价值问题的见解,有兴趣者可以参考。

沈长云先生说本书"表现出作者对于君主专制主义所持的批判立场"⑤。这个评价我能认同一半,我"所持的批判立场"是从古今贯通的层面说事。从历

---

①②③ 刘泽华:《先秦政治思想史》,南开大学出版社,1984年。

④ 刘泽华:《先秦政治思想史》,南开大学出版社,1984年,第11—12页。

⑤ 沈长云:《先秦史研究的百年回顾与前瞻》,《历史研究》,2000年第4期。

史过程来说,我坚持了两个基本进路:其一是历史事实问题,诸子政治思想基本归宿于君主专制,自信这个结论有充分依据的;其二,君主专制在当时的作用我并没有完全否定,相反,在"矛盾的陈述"中我给予了程度不同的肯定。

(五)拓宽了政治思想的研究对象的内容

我认同政治思想史要"研究国家和法的理论",但我提出以下内容也应列入研究范围:

1.政治哲学。这是一些哲理性的政治认识,与政治思想有极为密切的关系,其中一些问题是政治思想的理论基础,许多思想家把这些问题与政治理论、政策等交融在一起。

2.社会模式的理论(又可称之为理想国的理论)。它是关于社会总体结构与相互关系的理论或设计,它包括社会生活的各个方面,在政治思想史具有独特的意义。

3.治国的方略和政策。这类内容与实际政治最为接近,政治家常常从中选择行动方案,故而在政治思想研究中对这一方面应特别加强。

4.伦理道德问题。伦理道德政治化是儒家思想的特点,由于儒家在中国古代占据正统地位。因此,对于伦理政治思想需要给予足够的重视。

5.政治实施理论及政治权术理论。政治实施与权术理论是古代官场争斗的理论表现,具有特殊的价值和意义,是很值得研究的。[①]

其他诸多具体问题的思路,这里不再一一陈述。

原载《首都师范大学学报(社会科学版)》,2013 年第 5 期

---

① 刘泽华:《先秦政治思想史》,南开大学出版社,1984 年,第 2—7 页。

为什么说王权主义是中国传统思想文化的主干？
——研讨历史的思想自述之四

中国传统思想文化的主旨是什么？"五四"时期许多哲人有过清晰的总体概论，那就是专制主义，儒家思想的核心部分是宗法等级思想，也是专制主义。不过，"五四"新文化运动的倡导者和中坚力量并不否定古代文化传统中蕴含的优秀因素。

"五四"稍后兴起的"新儒家"的观点与上述判断有很大差别，一些人把孟子说的"民为贵，社稷次之，君为轻"等称为"民本主义"，并与民主主义混为一谈。再后来，钱穆认定古代民主是中国式的民主，指斥说专制者是民族自卑、自贱。而后又有人文主义、人道主义、和谐主义、天人合一、优秀主义等说法。

"民本"是不是"民主"，在学术界分成两大派：一派说是民主，一派否定。陈独秀最早指出："所谓民视民听，民贵君轻，所谓民为邦本，皆以君主之社稷——即君主祖遗之家产——为本位。此等仁民爱民为民之民本主义……皆自根本上取消国民之人格，而与以人民为主体，由民主义之民主政治，绝非一物。"①

认为中国民主思想很发达者，甚至认定其在理论上具有至上性，比如，"民贵君轻"论、"道高于君"论、"从道不从君"论、"革命"论等。如果离开整个思想体系，单从一个孤立的命题推论下去，似乎不无道理。但在中国传统思想文化中，这些命题都不是"元"命题，也不能从这一点无限推演。从整体上说，这些命题都是"副"命题，或辅助性的命题。因此，我提出中国传统政治思想是一种"阴阳组合结构"。在20世纪80年代我提出传统思想的特点是结构性，曾提出是"相反相成"的有机"统一体"，是"刚柔结构"，到90年代又概括为"阴阳组合结构"。在传统的政治思想中，几乎所有的命题都是在"阴阳组合结构"中存在，没有单独的"元"命题。对此我在多篇文章中做了论述，这里只说一个例子，即"君本"和"民本"的关系。两者互相为定义，但"君本"是目的和主

---

① 陈独秀：《再质问〈东方〉杂志记者》，《独秀文存》，安徽人民出版社，1987年，第220页。

导。"阴阳组合结构"具有普遍性,这个问题以后另说。

从整体上看,我依然认定"五四"时期的哲人们对传统思想文化主旨判断是符合历史实际的,我所做的是接着走,进一步进行理论剖析,当然也有与新儒家进行辩论的内容。

从理论上,我从多角度对君主专制主义亦即王权主义进行了剖析,具体请看拙作《中国政治思想史集》①,我敢自诩,所有文字都不是简单复述前人之论,大的思路固然跟踪前贤,但具体理论论述与史料搜集都有我自己的独到之见和独立之功。

我说的王权主义与普遍流行说的君主专制主义的确很相近,也可以说大致相同,但我对王权主义的概述也还是有我自己的个性,我曾做过如下的表述:"我所说的王权主义既不是指社会形态,也不限于通常所说的权力系统,而是指社会的一种控制和运行机制,大致说来又可分为三个层次:一是以王权为中心的权力系统;二是以这种权力系统为骨架形成的社会结构;三是与上述状况相应的观念体系。"②再简化,我说的王权主义就是我多年反复重复的六个字:王权支配社会。

在观念范围内,说中国传统思想的主旨是王权主义,自认为如下诸方面是我所突出的,也可以说是我的学术个性。

这里先说一下王权时代的开始与相应的观念。我认为,中国自有文字记载以来就是王权时代,王权是最高的权威。一些学者说中国的早期文化可称之为"史官文化""巫史文化""神权文化""巫术文化",等等,这些看法都有相当的依据和认识意义,不过我认为称之为"王巫文化"更为确切,我之所以曰"王巫文化",依据是王、巫是合二为一的,王是最高的巫,其他的神职人员都属于王之下的臣属。而王的权力又是最高的,这只要看看政治文献的开篇《盘庚》就一目了然。王的独尊与神化有两个概念即可以证明:一是"余一人";二是殷王与上帝相对应称"帝"或"下帝"。这两个称谓背后有成套的观念进行支持,王的观念居于社会观念的统领地位。因此,说"王巫文化"或许更接近事实。

王的独尊观念一直被传承下来,并不断强化,西周出现的"溥天之下,莫非王土;率土之滨,莫非王臣"③,把王的权威推向极致。春秋时期周王固然走

---

① 刘泽华:《中国政治思想史集》(三卷本),人民出版社,2008年。

② 刘泽华:《王权主义:中国文化的历史定位》,《天津社会科学》,1998年第3期,第60页。

③ 《诗经·小雅·谷风之什·北山》。

向衰落,但君主专制观念一直在发展,突出表现为君主只能"一",不能"二",更不能"多"。到了老子,说王与天、地、道并列为"四大"①。天、地、道是虚的,落实在人世间只有王最大。继后,孔子又说,"礼乐征伐,自天子出"②,"天无二日,民无二王"③,思想界的两位巨擘都为王权至上定下基调。下边沿着老、孔的思路,从几个方面论述本文标题所提出的问题。

一、春秋战国诸子争鸣与君主专制主义理论范式的形成

在传统认识中,诸子百家是"王官之学"衍化和扩展,从历史联系上说,大体是可以成立的。从政治观念来说,诸子争鸣所争的是实行什么样的君主专制制度和君主应该实行什么样的政策,认识主流没有超越君主专制体制,因此,其总体结果更加强化了君主专制观念。

20世纪70年代后期我开始撰写《先秦政治思想史》④。我认定,从商代开始君主专制思想就居于主导地位,继起的周代君主专制思想更加完备。春秋虽然处于乱世,在乱中却有一条思想主线在强化和发展,这就是君主专制主义。春秋晚期到战国出现了诸子争鸣局面,在我看来,除农家一支外,占主流的诸子基本都是主张君主专制制度的。全书没有对任何思想家使用过"民本主义"或"民主主义"的字样,最多仅仅说有某种程度的"因素"而已。

1982年我在《战国时期的百家争鸣》⑤一文中有个总论:

> 从平面上看百家相争,很有点民主气氛。但如果分析一下每家的思想实质,就会发现,绝大多数人在政治上都鼓吹君主专制,思想上都要求罢黜他说,独尊己见,争着搞自己设计的君主专制主义。因此,百家争鸣的实际结果不可能促进政治走向民主、思想走向自由,只能是汇集成一股强大力量,促进了君主专制主义制度的完善和强化,把握了这一点,才能把握住百家的政治归宿。

①《老子·第二十五章》。
②《论语·季氏》。
③《孟子·万章上》。
④ 刘泽华:《先秦政治思想史》,南开大学出版社,1984年。
⑤ 刘泽华,原载《文史知识》,1982年第2期。

我在《先秦政治思想史》一书中,对诸子君主专制主义的多样性进行了梳理,主要归纳为以下几种:一是儒家的以伦理为基础的君主专制主义;二是法家以法、术、势为基础的君主专制主义;三是道家的无为无不为的君主专制主义;四是墨子的"兼爱"与"尚同"二元结构的君主专制主义;五是《管子》中"轻重篇"以商(垄断工商业)治国的君主专制主义;六是综合性的(兼收各家)的君主专制主义。

1986年《学术月刊》第12期发表了我的《战国百家争鸣与君主专制主义理论的发展》一文,综论了诸子争鸣与君主专制主义的关系,文章一开头是这样立论的:

> 一般地说,百家争鸣总是与思想自由和社会民主互相促进的。但是翻开战国一页,我们会发现一个令人瞠目的现象:争鸣的结果不是政治民主的发展与民主思想的活跃,相反,却极大地促进了君主专制主义理论的发展与完备。实际政治发展与思想的这种趋势相一致,各诸侯国君主专制制度不断强化,最终汇合为秦朝高度的君主专制主义。
>
> 这是怎么一回事呢?原来各家各派,除少数的人,如农家,曾悄悄地向君主制提出疑问和挑战外,几乎都把君主制度作为当然的理论前提来对待。几个主要派别热烈的争论不涉及要不要君主制以及用什么制度取代君主制,相反,他们争论的是如何巩固、强化、完善君主制。结果,越争就越促进君主专制主义理论的发展。

文章分四个问题进行了剖析:1. 宇宙的本根同君主相配合与合德论;2. 君主赞天地之化、成历史之变、握必然之理;3.君主一人独裁论;4.道高于君、内圣外王与强化君权。

下边说几个突出例子。

多位大家论述墨子是民主主义,我很不以为然,1961年我的处女作《论墨子政治思想的几个问题》[①]就提出墨子的政治思想归宿是君主专制主义,其"尚同"论,"上之所是,必亦是之;上之所非,必亦非之""一同于天子"就是证明。后来得知,胡适很早以前也有类似的论断。我属陋见,但不是抄袭。

---

① 《河北日报》,1961年8月11日。

1982 年《南开学报》第 1 期刊载了我与王连升合写的《先秦时代的谏议理论与君主专制主义》一文,我们不同意谏议是民主说,我们认为"谏议是君主专制的一种补充"。

> 以上种种谏议理论无疑都具有一定的民主气味。但是,所有这些理论又都没有从政治制度上提出解决矛盾的方案,相反,都是把希望寄托在君主的开明上。孟子的易位论,也只限于同姓家族有此权利,还是以家天下为基础。乍然看去,进谏是对君主个人专制的削弱或否定,然而进谏必须通过君主纳谏来实现,所以纳谏的品格高于进谏,进谏的命运完全取决于君主的态度。因此,从根本上看,这些理论是对君主专制主义的维护与肯定。许多颂扬进谏与纳谏的文章没有揭穿这一点,模糊了事情的本质,这是需要加以澄清的。

> 综上所述,我们的结论是:应把进谏、纳谏这类政治现象放到产生它的历史环境中去考察。进谏与纳谏本身尽管具有某种民主色彩,但从它在中国历史上出现的那一天起,就绝不是一种民主制度,不应盲目肯定。

1984 年我在《先秦人性理论与君主专制主义》①的结论部分论述了重民思想与君主专制主义的关系:

> 当然,先秦思想家在强调君主专制理论的同时,也强调为民,这就是通常人们所说的重民思想。但是,在他们那里,君与民并不是对立的两极,而是调和成一种统一体。这种统一体的理论逻辑就是,为民而归之于君,为君又须重民。这种以君为中轴的君民关系论,是贯穿各种具体文化思想内容的主要线索。例如,在哲学上,虽然存在着唯心与唯物的分界,但引申到政治上,无论哪一派,总是与君主相对应;在道德上,大肆渲染的是尊亲事君;在文学上,主张文以载道。屈原的《离骚》被公认为古代爱国爱民的杰作,但诗的主旨仍如司马迁所说:"系心怀王","冀幸君之一悟,俗之一改也。其存君兴国而欲反覆之,一篇之中三致志焉。"所以爱民最终是为了拥君。

---

① 丁守和、方行主编:《中国文化研究集刊(第一辑)》,复旦大学出版社,1984 年。

人性学说的产生,是历史进步的标志。在当时的历史条件下,它又发展成君主专制主义理论,成为社会发展的桎梏。喜剧是以悲剧为终结的。

孟子的"民为贵"以及法家的"以人为本"也不是民主主义。这里只是说"民""人"在政治兴衰中具有"载舟""覆舟"的作用。孟子讲"民为贵"固然很有冲击力,但他又主张君权神授,赞成孔子说的"天无二日,民无二王"。[1]法家主张君主专权是明摆的、毫无疑问的,但也能说出"以人为本""以民为本"这样熠熠发光的经典话语。如前所述,这类论述只能放在"为民而归之于君,为君又须重民"的"统一体"中才能各得其所。从"民为贵""以人为本"单一无限推理是不符合事实的。

战国诸子争鸣的总体结果奠定了中国其后的思想"范式",又随着秦汉大帝国的建立,君主专制制度也定型化,社会观念基本上被君主专制制度捆绑得死死的,更难突破君主专制主义观念。

二、帝王"五独"观念的至上性与社会控制性

对君主专制观念前人有许多论述,在我论述政治思想的经历中,我更全面和进一步论证了这一观念。

帝王贵"独",独一无二,独断专行,总之,"独"是其主要特点,我则简要概括为"五独"观念与相应的政治社会关系。在前边提到的《战国百家争鸣与王权主义的发展》一文对"五独"诸项做了概述,在其他文字中以"王权支配社会"为主题,对君主的独断性进行了全方位的论说。在《专制权力与中国社会》[2]一书中有一段话,概述了王权支配社会:

> 古代政治权力支配着社会的一切方面,支配着社会的资源、资料和财富,支配着农、工、商业和文化、教育、科学、技术,支配着一切社会成员的得失荣辱甚至死生。在这里,从物到人,从躯体到灵魂,都程度不同地听凭政治权力的驱使。各种从理论到实践的对人的关心和对民生的重视,都是实现政治目标的手段,而不是目的。而在庞大的权力结构中,又

---

① 参见《孟子·万章上》。
② 刘泽华、汪茂和、王兰仲著:《专制权力与中国社会》,吉林文史出版社,1988 年。

是要求地方服从于中央,下级服从于上级,最后一切听命于君主。

在哪篇文章中最早概括为"五独",我自己一时也找不到。2000年,在《王权至上观念与权力运动大势》一文①中的第一节:"权力一统于天子的'五独'观念"中,对"五独"有如下的论述:

> 权力观念与权力体制是两个不同的范畴,但又有密不可分的联系。权力体制无疑有其自身的运动规律,然而在总体上它受制于权力观念的规范,或者说,权力观念如果没有出现突破性变化,权力体制也不会有大的改变。因此,要研究政治制度及其功能和运动趋势,首先应研究政治制度原理,即有关政治制度思想和观念。政治制度思想和观念又有不同层次,我这里只论述最高权力思想和观念。因为最高权力思想与观念具有全局控制意义。
>
> 在中国古代有关权力的思想观念中似乎没有一个明确的、集中的、稳定的表达"最高权力"的概念。只能说最高权力观念隐含在"王""天子""皇帝""帝王""君主"等最高政治元首的观念之中。中国传统政治体系最重要的一个特点是"人治"。因此,"最高权力"还没有从政治元首的身份中分离出来,而是政治元首的从属物,体现在政治元首的地位、职能、命令中。帝王的权力特征可以用一个"独"字来概括,具体说来有"五独":天下独占,地位独尊,势位独一,权力独操,决事独断。所谓帝王"贵独",大致说来也就是这"五独"。

接着文章对"五独"逐一做了概述,这里分述如下。

天下独占 指的是君主是全社会最高和唯一的主人。世上的一切存在物、全部资源以及所有的人都归王所有,而且王权的实施范围在时间与空间上都是无限的。《诗经·小雅·谷风之什·北山》最早把上述观念做了最明确的表述:"溥天之下,莫非王土;率土之滨,莫非王臣。"秦始皇统一中国之后几乎以同样的语言宣布:"六合之内,皇帝之土""人迹所至,无不臣者"。②刘邦称帝

---

① 刘泽华主编:《中国传统政治哲学与社会整合》,中国社会科学出版社,2000年。
② 《史记·秦始皇本纪》。

后也同样把天下视为自己的"产业"。连君临一隅的陈后主在即亡时还声称"朕君临宇宙""朕临御区宇"。①皇帝虽然像走马灯一样轮换不已,但上述观念却一脉相承。这不仅是皇帝的一厢情愿,同时也为整个社会所认同,形成全社会的普遍意识。《春秋·公羊传》提出的"大一统""王者无外",以及宋儒程颐说的如下一段话可作为典型代表:"天子居天下之尊,率土之滨,莫非王臣……凡土地之富,人民之众,皆王者之有也。"②应该说"王有天下"是中国传统社会最高权力观念的核心内容。也许有人会对"王有天下"的"有"提出这样与那样的疑问,是"实有"还是"虚有"?是政治管辖权,还是经济所有权?在我看来,王有天下是一个无所不包的综合性的最高权力观念,而且这种权力有不受任何限制的绝对性。不管社会任何成员地位如何,也不管他们拥有什么,只要与"王有"发生矛盾,必须无条件地服从王有,所谓"君于臣有取无假"是也。"王有天下"好像一个其大无外的穹庐,死死地扣在社会之上。君主们"无法无天"的种种作为的理论依据就是"王有天下"。

地位独尊 这是说在一切社会关系中,在社会身份普遍化的等级关系中,唯有君主的地位至高无上,至尊至贵。关于这一点无须论证,有关资料比比皆是。这里仅引《礼记·坊记》称孔子之语为例以示其要:"天无二日,土无二王,家无二主,尊无二上。"传统社会是一个等级社会,中国的等级制度有其特点,概括而言有二:其一是等级的多元性,即有几种等级制度并存、并行;其二是成员的流动性,这不仅表现在朝代更替过程中等级中的成员会出现大起大落,在一个王朝内部等级中的成员也不停地轮换。这两个特点无关帝王,因为帝王处于社会等级金字塔之巅。那么,帝王是否属于等级中的一级呢?在儒家体系中历来有两说:一说认为属于爵位中最高一级(如孟子,汉代几部纬书,《白虎通》,郑玄、顾炎武等有此主张);另一说不把帝王列入爵位系列(如《礼记·王制》等)。就历史实际而言,帝王从来没有纳入实行的等级系列之中,不是等级序列中的一级。相反帝王是凌驾于多元等级之上的主宰。正如《白虎通·号》所言:"或称天子,或称帝王何?以为接上称天子者,明以爵事天也;接下称帝王者?得号天下至尊言称,以号令臣下也。"又说臣下称帝王为"一人"何?"所以尊王者也,以天下之大,四海之内,所以共尊者一人耳。"等级制度无

---

①《陈书·后主纪》。
②《周易程氏传·大有》。

疑有其社会和历史的依据及其跨朝代的连续性,但每朝每代几乎都要作程度不同的修订、厘正,皇帝就是修订者、厘正者。同时帝王又是等级中成员轮换的决定者。所以,帝王的至尊和至贵是不能与等级系列中的成员相提并论的,等级中成员的尊与贵有相应的规定,而帝王的至尊至贵是没有限制与边界的。顾炎武等之所以主张把帝王纳入等级系列,其初衷就是想通过等级的规定对帝王有所限制和限定,以改变绝对化的至尊与至贵。

势位独一 指的是在权力体系中帝王是独一无二的。在中国的历史上有否"二元"或"多元"权力结构,学界有不同的看法,比如,有人依据春秋以前有所谓"副贰"现象,便认为诸侯的权力是二元结构;有人依据国有大事要"询于国人",便认为有民主制度。关于这些问题另行讨论。这里我要说的是,至晚到春秋初已提出"国不堪贰"的问题。当时的政治家与思想家纷纷提出"国不可贰",晋大夫狐突说:"内宠并后,外宠二政,嬖子配嫡,大都耦国,乱之本也。"①齐悼公说:"君异于器,不可以二。器二不匮,君二多难。"②思想巨擘老子与孔子从宇宙体系上论证了君只能"一",老子把王与"天""地""道"并列称为"四大"。孔子说:"天无二日,民无二王。"③其后所有的思想家几乎都在这个思想圈子中颠三倒四,从不同角度论述只能有一个君主。慎到说:"多贤不可以多君,无贤不可以无君。"④《管子·霸言》说:"使天下两天子,天下不可理也。"《吕氏春秋·执一》说:"王者执一,而为万物正……国必有君,所以一之也;天下必有天子,所以一之也;天子必执一,所以搏之也。一则治,两则乱。"荀子说:"君者,国之隆也。……隆一而治,二而乱。自古及今,未有二隆争重而能长久者。"⑤董仲舒说:"天之常道,相反之物也,不得两起,故谓之一。一而不二者,天之行也。"⑥帝王就是人间的"一"。在传统思想界除了少数人主张无君论以外,都是"君一"论者。这个"一"不仅要凌驾于一国之上,而且要凌驾于天下之上。总之,权力结构的一元论是不移之论。历史上的先哲们关于政治结构的聪明才智在"一"面前可以说是走到了尽头。他们只知"一而治",除极少数

---

① 《左传》闵公二年。

② 《左传》哀公二年。

③ 《孟子·万章上》。

④ 《慎子·逸文》。

⑤ 《荀子·致士》。

⑥ 《春秋繁露·天道无二》。

人如黄宗羲略有质疑外，基本上没有人深思过"一而乱"的问题，自然也没有想过从"一"中走出来。

权力独操　显而易见，这是说一切权力属于帝王。孔老夫子率先教导："唯器与名，不可以假人，君之所司也。名以出信，信以守器，器以藏礼，礼以行义，义以生利，利以平民，政之大节也。若以假人，与人政也。政亡，则国家从之，弗可止也已。"①《周礼》中"五官序"把帝王的大权概括得更为清楚："惟王建国，辨方正位，体国经野，设官分职，以为民极。"《礼记·曲礼下》说："君天下曰天子。朝诸侯、分职、授权、任功，曰予一人。"《管子·七臣七主》说："权势者，人主之所独守也。"《商君书·修权》说："权者，君之所独制也。"董仲舒说："君也者，掌令者也，令行而禁止也。"②又说："国之所以为国者，德也；君之所以为君者，威也。故德不可共，威不可分。德共则失恩，威分则失权。失权则君贱，失恩则民散。"③宋儒陈亮说，人主之职是"辨正邪，专委任，明之大体，总权之大纲"④。这一类的论述比比皆是。总之，权力独占是政治的核心问题。

决事独断　指的是说在政治决策过程中，君主是最高、最后的决断者。中国传统政治决策过程特点可以用"兼听独断"四个字来概括，这一点早在先秦已形成公论和定势。韩非引申不害语："独视者谓明，独听者谓聪，能独断者故可以为天下主。"⑤李斯说君主"独制于天下而无所制也"⑥。大儒蔡邕作《独断》专门论述君主独断之义。宋儒司马光有一段话也很典型："古人有言曰：'谋之在多，断之在独。'谋之多，故可以观利害之极致；断之独，故可以定天下之是非，若知谋而不知断，则群下人人各欲逞其私志，斯衰乱之政也"，"终决之者，要在人君"。⑦司马光在此提出了"独断""多谋""定天下之是非""人人之私志""衰乱"几者的关系，不难看出，君主的"独断"是决定性的，所谓"终决"就是最高与最后决断权，只归君主独有。陈亮在《论执要之道》中对宋代帝王的独断做了如下的描述："发一政，用一人，无非出于独断；下至朝廷小臣，郡县之琐政，一切劳圣虑。"康熙说得十分绝对："天下之权，唯一人操之，不可旁

---

① 《左传》成公二年。
② 《春秋繁露·尧舜不擅移汤武不专杀》。
③ 《春秋繁露·保位权》。
④ 《龙川集·论执要之道》。
⑤ 《韩非子·外储说左上》。
⑥ 《史记·李斯列传》。
⑦ 《司马温公文集·上体要疏》。

110

落。"①乾隆也反复这样说,"本朝家法……一切用人言,大权从不旁落"②,"权衡悉由朕裁"③。

以上讲的君主"五独"是中国传统政治的基础和基本原则。帝王们自然不会放弃"五独",臣民中除极少数主张无君论者外,几乎所有的人都认同君主的"五独",连出家的和尚、道士也难逃其外。我们研究中国古代的权力运动和权力结构的变迁、调整等,绝对不可忽视君主"五独"观念的全局控制意义。在我看来,直到西方近代民主政治思想传入中国之前,君主"五独"观念从总的趋势上一直在强化,这应是一个无可否认的事实。在"五独"观念的控制下,权力结构的调整、政治制度的变迁大体与君主"五独"是相适应的。④

君主"五独"观念具有普遍性,并对整个社会具有控制性。对君主的批判从来没有停止过,甚至把帝王视为大盗、大私、桀纣,等等,但这些大都有一个局限,即没有从君主体制中走出来,即使无君论者也没有超越出对圣王、明君的幻想。张分田的《中国的帝王观念——社会普遍意识中的"尊君–罪君"文化范式》⑤一书对此进行了详尽的论证,很值得一读。

三、天、道、圣与王合而为一与王的绝对化

天、道、圣三个字是中国传统思想文化中的最高、最美和最神圣的概念,是全部思想文化的核心,犹如基督教中的"上帝",撇开这三个词,整个传统观念就会散架。很多学人认为这三者是高于"王"的,从一隅而言,是有相当的依据的。但从整体上说,这三者与王不仅是有相分的因素,但更有合一的内容。天、道、圣成为王的护身符和最高证明,从 20 世纪 80 年代以来我在文字中多有论述。其要点是:1.本体性相同;2.功能相同;3.天、道、圣、王互相转化;4.王就是现实的天、道、圣。

1986 年我的《战国百家争鸣与君主专制主义理论的发展》⑥一文,对此前

---

① 《清圣宗实录》卷二五九。

② 《清高宗实录》卷三二三。

③ 《嘉庆会典事例》卷一四。

④ 刘泽华:《中国政治思想史集(第三卷)》,人民出版社,2008 年。

⑤ 张分田:《中国的帝王观念——社会普遍意识中的"尊君–罪君"文化范式》,中国人民大学出版社,2004 年。

⑥ 《学术月刊》,1986 年第 12 期。

分散论述天、道、圣与王关系的问题进行了综合论述,初步奠定了以后提出天、道、圣、王"四合一"的理路。文章分四节:宇宙本根与君主相配合与合德论;君主参天地之化、成历史之变、握必然之理;君主一人独裁论;道高于君、内圣外王与强化君权。其中第四节集中阐述了天、道、圣如何导向强化君主专制。

1987年与葛荃合写的《道、王与孔子和儒生》①论述了"道与王的统一和矛盾",文中指出独尊儒术"无非是要统一人们的思想认识,实现道的标准化。在这个过程中,王权决定取舍予夺"。

1988年《社会科学战线》第1期刊载了我与葛荃合作的《儒家的人论与王权主义》,其中第三节"道德理想人格与王权主义"从道德至上论论述了圣人与专制主义问题。

1990年我在合著的《中国传统政治思维》②一书前言中有这样一段论述:

> 先秦时期政治思想发展的基本过程可以概括为:从神化到圣化。殷周是神化时期,从春秋开始,发生了从神化向圣化的转变,战国诸子的百家争鸣将圣化推向登峰造极,随着秦汉大一统达到实现,圣化也如瓜熟蒂落一般得以最后完成。所谓神化,是指政治思维过程中的最高范畴和最终的决定力量是神(上帝、天和祖宗等),人的一切行为都必须从神那里获得、并由神来确证其合理性,神成为人的意志的和理性的主宰。而圣化则显示了政治思维从神向人的转变,是春秋以来重人思想的集中、升华和极致的发展。圣人成为政治思维过程中的最高范畴和最终的决定力量,是理性、理想、智慧和真、善、美的人格化,它不仅是社会和历史的主宰者,而且在整个宇宙体系中也居于核心地位,成为经天纬地、扭转乾坤、"赞天地之化育"的超人。
>
> 由先秦诸子所发起、在百家争鸣中充分展开的"造圣"运动建构了一个以圣化为中心的政治思维的普遍范式。这一范式以"究天人之际"为起点,终于圣王合一。

《中国传统政治思维》一书是依照上述框架来展开的。其后为了集中表

---

① 《天津社会科学》,1987年第6期。
② 刘泽华主编:《中国传统政治思维》,吉林教育出版社,1991年。

达上述看法,我在 20 世纪 90 年代先后写了《天人合一与王权主义》①、《王、圣相对二分与合二为一——中国传统社会与思想特点的考察之一》②等文章,详细论证了天、道、圣与王的相对二分与合二为一。为了明快我常常称天、道、圣、王为"四合一","四合一"也就是"王道"。

"四合一""王道"是传统思想文化中理想与现实的巧妙结合,在整个观念中具有至上性和全局控制性。天、道、圣是观念,而王是现实,"四合一"中的"王"是"天、道、圣"的体现和活的因素,传统的君主专制体制的牢固性和合理性,就在于"四合一"。

诸子争鸣时期,天、道、圣大体由先王承担,当时的诸侯王没有一个被视为天、道、圣的,更多是被批评者,但诸子又期望有新的圣王出现,把希望寄予新的圣王。果真,新的圣王真的来了,这就是秦始皇!1996 年我写了《秦始皇神圣至上的皇帝观念:先秦诸子政治文化的集成》③一文,秦始皇与博士们,其中有很多儒士,他们共同做了一件事:把天、道、圣戴在秦始皇头上。秦朝虽然很快覆灭了,但天、道、圣、王的合一却留给后世,成为一种思维定式。

近期我写了一篇总论"四合一"的文章——《论天、道、圣、王四合一——中国政治思维的神话逻辑》④,开宗明义:

> 学界、主要是新儒家或推崇儒者,认定天、道、圣高于王,是制约和规范王的理念,不认为与王有合而为一的一面。我认为这是片面之论,我还认定合而为一是主导面。

"四合一"的含义很多,限于篇幅,本文只就功能问题进行讨论。中国传统观念对天、道、圣、王的崇敬都具有宗教性,但信仰意义较淡,而对其功能则更崇信。天、道、圣、王在功能上有很高的一致性,主要表现在下边几个方面:

具体包括:天、道、圣、王是万物生成的本源;养育万物与万民;共同创制了社会秩序;共同规范道德;称谓混通与"四合一";万能的君主与绝对化的专制主义。

---

① 《天津社会科学》,1996 年第 4 期。
② 《天津社会科学》,1998 年第 5 期。
③ 《天津社会科学》,1994 年第 6 期。
④ 《南开学报》,2013 年第 3 期。

文章结尾有两段话引述于下：

> "四合一"造就了政教合一的总态势。君主神化为超然的绝对，与神同列，同时又是世俗最高的统治者和规制者。教主与政主高度一体化。所以，中国的传统社会一贯的是政教合一。这不是说社会仅仅是单调的，在实际上社会仍有多元化的因子，但这些多元的因子必须认同或遵从王是最高的存在和唯一的至尊。如果不承认这一点，那就必然要被禁绝和面临被杀头的危险。所以社会多元的因素是王权之下的一种低级的存在物。

> "四合一"制造了圣王崇拜。其实"四合一"可以约化为圣王崇拜。中国传统观念里把一切美好的希望都凝结在圣王理想中，只要圣王出世，就能给天下带来太平盛世。在漫长历史长河里，我们最伟大的思想家基本上都是在圣王和暴君中打转转，批判暴君，寄希望于圣王。黄宗羲等试图跳出这个怪圈，但终于没有跳出来。这个怪圈虽有很大的空间，但终归是一具桎梏，窒息了民主与公民观念萌发，真是中国历史进程中的一大遗憾。

> 从"四合一"走出来是中国近代以来思想界的一大难题，"文革"时期"四合一"达到了顶峰，余波至今未消，可见影响至重！

四、君尊臣卑是传统思想文化的主脉

前边说的都是尊君，与尊君相对的是臣卑。余英时先生曾著文只强调君尊臣卑是法家的思想①，这有很大片面性。君尊臣卑是传统思想的主流，除少数无君论者外，儒、法、道、墨等都是主张君尊臣卑的。近30年来，凡是论及君臣关系的，我都从不同角度论述了君尊臣卑是主流的、控制性的观念。我还写了多篇文章论述这个问题。如《论帝王尊号的政治文化意义》②、《君主名号穹

---

① 参见余英时：《"君尊臣卑"下的君权与相权》，《中国思想传统的现代诠释》，江苏人民出版社，1989年。

② 与侯东阳合作，原载《学术月刊》，1993年第11期。

庐性的政治文化意义》①、《臣民卑贱论》②、《论臣民的罪感意识》③、《论中国古代的亦主亦奴社会人格》④等,从不同角度具体论证了君尊臣卑观念。

我以韩愈、柳宗元的上奏为典型,从政治文化角度对君尊臣卑进行了剖析。文章的题目是《从韩愈、柳宗元的表奏析君尊臣卑观念的普遍性》⑤。我所以选择韩、柳,一是两位都是历史上的思想大家,二是他们都有深切同情臣民的名作。而正是他们把君尊臣卑观念做了充分的表达。文章分三个问题进行了实证性的论述,标题如下:

一、君:神化、自然化、皇化的统一
二、臣:卑贱、无知、谬误、罪过的载体
三、君尊臣卑是传统思想文化的大框架

君尊臣卑不是小问题或局部问题,它是中国传统思想文化的主干和思维前提性的、社会整体控制性的普遍观念,深入民族心理和骨髓,是君主专制体制的基础和支柱,也是帝王本位的核心。

从君尊臣卑观念转化为公民观念,是脱胎换骨性的转化。转化的难度很大。眼下中国观念与精神世界最缺的应该是公民观念。而变态型君尊臣卑观念(寄希望于好领导、清官、人治,唯上,等级观念,等等)依然广泛和深层地流行于社会观念之中。

五、君主对士人与"学"的控制与支配

新儒家和一些学者认为,在传统思想观念中,"学""道"和所谓担道义的士人等是独立人格、独立思想,并高于王权的社会独立力量。我认为这是一个重大的误断,不符合历史事实。在我看来,政治思想和政治文化是中国传统思想文化的主流,其核心是王权主义(或称君主专制主义等)。由于王权主义居于主导地位,或者说占统治地位。因此在中国历史上,君主对士人与"学"起着

①② 与张分田合作,参见《中国政治思想史集》(第三卷)。
③《社会科学战线》,2004 年第 4 期。
④ 与张分田合作,原载《南开学报》,1999 年第 5 期。
⑤ 参见《中国政治思想史集》(第二卷)

控制与支配作用。

20世纪80年代由我主写的《士人与社会·先秦卷》①和由我主编的《士人与社会·秦汉魏晋南北朝卷》②均有专章论述了士人对王权的依附。尽管战国时期与秦汉以后士人对王权依附的程度有很大不同,但大的趋势是一致的,在我写的多篇文章中从不同角度均有所论述。1998年我写了《帝王对士人与"学"的控制与支配》一文,把观点集中了一下,我认为:"政治思想和政治文化是传统思想文化的'主流',这是王权支配社会的必然产物。"它包括两个方面:

(一)王权对"学"的支配与控制

春秋以前"学在官府",其后"官学"解体,分化出诸子之学,"学"在王权之外获得了自由。然而这仅仅是一时的现象,从中国古代的历史的大势看,"学"没有获得自由发展和存在的空间,应该说,"学"基本是由王权控制,或依附、投靠于王权。西周的"学在官府",春秋战国诸子的"干世主",秦始皇的"以吏为师"和汉武帝的"独尊儒术",可以说是王权与"学"结合过程中依次发展的四种方式,其精神是一脉相承的,汉武帝的独尊儒术则是集大成者,其后延续了两千多年。

西周的"学在官府",自然"学"由官府垄断。所以当时的"学"又称"王官之学"。依照班固的说法,春秋战国的诸子之学都是从"王官之学"中分化出来的。诸子之学在学术上无疑是多元的,然而在政治上却又有惊人的一致性,这主要表现在两点上:一是都热衷于政治,诸子之学的目的都是"干世主";二是在鼓吹君主专制这一点上是殊途同归。这两点十分重要,说明诸子之学压根是为政治、为王权服务的。秦始皇的"以吏为师"无疑是太粗糙了。但仔细分析一下,此举也不是脱离历史逻辑的任意之为。其一,诸子之说几乎都没有什么宽容的雅量,都要求尊自己,排他说。其二,战国诸侯们对诸子之说虽有相当的宽容,但也有选择和排斥的一面,对自己不利的书也屡屡禁绝和焚烧。其三,诸侯们已经开始摸索办法把"学"置于自己控制之下,如赵烈侯的尊儒、齐国设学宫等。其四,诸子之学几乎都在呼喊要吏师合一、圣王合一。这在理论上为"以吏为师"做了准备。其五,诸侯国的官办学校就是以吏为师。秦始皇实行以吏为师,就事实而言,就是实行学校官办,取缔私人办学,实行思想垄断

---

① 刘泽华:《士人与社会·先秦卷》,天津人民出版社,1988年。
② 刘泽华主编:《士人与社会·秦汉魏晋南北朝卷》,天津人民出版社,1992年。

和思想统一。"以吏为师"与战国诸子的学术精神并无大违,甚至可以说是诸子之学内在的专制主义精神的一次实现。

汉武帝的独尊儒术是秦始皇的以吏为师的继续和发展。李斯是以吏为师的倡议者,董仲舒是鼓吹独尊儒术的重要人物之一(在他之前鼓吹者多多)。乍然看去,韩非、李斯与董仲舒的政见差别很大,可以说是敌对的,韩非、李斯要打击儒家,董仲舒则要独尊儒术。可是换一个角度看,分析一下他们的出发点和要解决的问题,应该说又是基本相同的,甚至所用语言也雷同。他们的目的都是为了尊王,实现大一统;在政治思想上一个讲"定一尊",一个讲"持一统",实行思想统一和专制;所尊之外一律排他,取消私学。李斯提出,对非所尊之学实行"禁""烧""族",董仲舒提出"皆绝其道"。所以我认为,汉武帝的独尊儒术与秦始皇的以吏为师是一脉相承的,又都是"学在官府"的再建。当然,汉武帝比秦始皇高明,他有成套的措施,最主要的是他找到了一种思想文化的依托,这就是儒术。秦始皇所尊的是法令,是自己的直接意志,汉武帝则通过儒术做缘饰。

汉武帝独尊儒术、罢黜百家,同秦始皇的以吏为师一样,意在把社会的思想文化置于王权控制之下,使思想文化降格,成为王权的从属物。且不说被"罢黜"者,就被"独尊"的儒术而言,恰恰因被尊而失去了原有的独立性格。因为它的被尊是皇权决定的,它被皇权宣布独尊的同时,也就被置于皇权控制之下。儒术变成皇权政治的组成部分,成为皇帝需要的政治原则,儒家的"经典"是由皇帝钦定的,最高解释权也归皇帝。在这种局面下,儒家,特别是儒家的"经典"体系,不是御用之物又是什么?

我认为,儒学既是官学,也就是官方的意识形态,这种官方意识形态借助帝王的政治力量推向全社会,从而使整个社会观念儒家化。儒家的社会化无疑有自身的儒化因素,但更主要的是政治推动的结果。特别是以经取士,把士人的多数吸引到儒家的轨道,并成为维护帝王体系的学人或政治工具。

(二)王权对士人的支配与控制

在中国古代,士很难作为一个独立的社会阶层而存在。当时社会分化还不充分,或分化还没有充分地独立化。因而,士面临着无可回避的现实抉择:靠什么职业谋生?自春秋战国以降迄于近代,士的主要出路是当官,成为社会中的官僚阶层。以"选贤任能"为特征的中国传统官僚制度的产生在古代中国造成了一个特定的社会阶层,这个阶层充当着君主安邦治国的工具,是君主的爪牙。

士除了当官以外很难有其他出路。隐士,是指不肯当官或者辞官隐居的知识分子。真正的隐士,其生活处境相当困难,一般的士人难以接受。……李斯看到厕所与粮仓的老鼠大不一样,厕所的老鼠又脏又瘦又胆小,粮仓的老鼠硕大无朋而且胆大。由此联想,士人如同老鼠,不入仕则如厕所的老鼠,入仕为官则如粮仓之鼠。在李斯看来,"久处卑贱之位,困苦之地,非世而恶利,自托于无为,此非士之情也"①。可见,士人一般是不走隐士这条路的。士人也有经商的,称为商贾之士。中国古代重农抑商,由学致商的例子并不是很多,不具有普遍意义。

中国传统知识分子的特征可概括为三个字:士大夫。中国传统士大夫的品格可以概括为社会地位的臣仆化与思想文化的主体化这样一种混合型的结构。这种品格结构是由中国特定的社会历史背景造成的。

士大夫的臣仆化可以从两个方面做出说明:从帝王这一方面看,所有的人都必须是臣仆,只有当他们为王所用时才有存在的价值。从士人的角度看,他们大抵自觉地把自己视为臣仆。中国传统知识分子历来都认为必须有圣王才能治天下,没有圣王,社会将会一团黑暗,时刻都期待着明君圣王。在中国思想最为辉煌灿烂的战国诸子学说那里,思想上百家争鸣的结果非但没有否定专制王权,反而从理论上丰富和完善了王权主义理论。即使像儒家学者所谓的"君者,舟也;庶人者,水也。水则载舟,水则覆舟",以及"民为本"等,并非什么民主思想,而是在处心积虑地为专制君主着想,告诉君主应该明白自己生存的条件。当然,中国的士人也并非没有理性和批判精神,但在强大的专制权力下,政治理性不得不妥协和屈服。焚书坑儒、党锢之祸、文字狱造成了中国历史上一次又一次非理性的政治真空。在这种轮回不已、万劫不复的政治迭兴中,士人只能做忠臣、谏臣、股肱,更有甚者是做犬马,唯独不能做首脑。所谓"用之则为虎,不用则为鼠""效犬马之劳""臣罪该万死"云云,几乎成了人类政治史上的文化奇观。黄宗羲是明清之际的杰出思想家,他提出"为天下之大害者,君而已矣",认为"天子之所是未必是,天子之所非未必非"。然而,他终究还是未能跳出传统政治的魔圈,不得不寄希望于明王。晚年也认定康熙是明君,他虽不出仕,但让他的儿子跟进。

----

① 参见《史记·李斯列传》。

伴随着士人的臣仆化还出现了学术的御用化,儒术独尊之后成了御用学术。从表面上看,似乎专制帝王很重视学术知识,然而仔细考察不难发现,学术不过是任凭权力牵着鼻子走的羔羊。

但是,士大夫同时又是古代中国思想文化创造的主体,或者说古代中国占主流地位的思想文化主要是由这些人创造的。知识和理性蕴含在思想文化中。任何一个人,只要他认真思考问题,就有可能导致独立的自主意识的产生。独立的自主意识在很大程度上决定着自我人格独立可能达到的程度。

这样一来,在士大夫身上承担了两种角色:在社会生活中,他们是君主的臣仆;在思想文化领域,他们是理性和道德的主体;在理论上,他们陷入了是臣还是主人的悖论;在实践中,他们处于进退维谷的窘境之中。这种二律背反导致了中国传统知识分子的双重人格:行为与思想乖离,口头说的是一套,实际做的是另一套;在朝说的是一套,在野又说另一套;飞黄腾达时多阿谀,失意之时多牢骚。

因此,中国士大夫所创造的思想文化缺乏一以贯之的学理性和逻辑性。我把这种情况称之为中国士大夫思想文化"精神病"。从不同身份时期看,他们无一贯学理,前后矛盾,昨亦是,今亦是,堂而皇之曰:"彼一时也,此一时也""识时务者为俊杰";从当官时期的情形看,他们多言行不一,阳奉阴违,口是心非。这是中国思想文化的一个重要现象。患上了这种"精神病"而不自知,或知而不悟,或悟而不改,是中华民族的悲剧。①

帝王控制了士人的多数和"学"的主流,也控制了社会思想文化的主体。这是造成中国社会长期处于帝王控制社会的主要原因之一。

六、帝王垄断思想观念中枢纽概念与社会思想控制意义

我在前边提到的《从韩愈、柳宗元的表奏析君尊臣卑观念的普遍性》一文论述了帝王垄断思想枢纽概念与对社会思想的控制意义,现把其中的一段引述于下:

传统思想文化中的尊君之论多多,大致说来,诸种理论基本是围绕君主

---

① 刘泽华:《帝王对士人与"学"的控制与支配》,《炎黄文化研究》(增刊),1998年第6期。

神圣、万能、仁慈而展开的。神圣问题涉及君主与传统思想最深奥的本体、本性、本根等问题的关系;万能问题是说君主的功能与作用是无限的;仁慈讲君主普度众生,是道德的化身,洒向人间皆是爱。其实这三者之间并没有界限,在传统思想文化中,本体的东西一定是万能的,也一定是善的、美的;反过来也是一样。在理论上和人们的希望中,君主应是完美无缺的;说到具体君主,自有高下、善恶之分,韩、柳的表奏专门称颂君主的无限伟大、光荣、正确和完美。

任何一种成形态的思想文化都有一套纲纽性的概念来表达和支撑,中国的传统思想文化也不例外。那些正面的纲纽性概念集中表达了真、善、美。韩、柳的表奏几乎把这些纲纽性的概念统统用上,以神化和美化君王。诸如表达超人的或本体性概念有神、上帝、天、天地、乾坤、日月、阴阳、五行、四时,等等;表达理智的,如聪、明、睿、智、英、谟、理、文、武,等等;表达道德的,如仁、义、德、惠、慈、爱、宽、恭、让、谦、休,等等;还有一些包容上述诸种含义,如天、圣、道、理,等等。中国传统思想文化的精神,都是靠这些纲纽性概念来集中、来表达的。在韩、柳的表奏中这些同帝王统统结为一体。把纲纽性的概念帝王化,由来已久,不是韩、柳的发明,但是一窝蜂似的把这些纲纽性概念同帝王胶结在一起,在前人中还是不多见的。纲纽性概念帝王化现象是中国传统文化的一个重要特点。帝王拥有、占有了这些纲纽性的概念,也就控制了思想文化的命脉,反过来又成为控制社会和人们的灵魂的法宝。把这些真、善、美的纲纽性概念献给帝王,也就把自己的灵魂奉献给了帝王。

上述这类概念用处很广,有些由帝王垄断,臣民绝对不可沾边;有些虽不独用于帝王,但是只要在君臣对比中,这些概念必定一股脑戴在帝王头上。正是从这个意义上说,表现为帝王纲纽性概念的独占显示出高乎所有人之上和对整个思想文化的控制性。文中接着论述:

君主神圣是尊君论之纲。神是超人类、超自然的,固不待言;圣本来是在神之旁出来的一个突出人的意义、突出理性的概念,但没有走多久,就和神连结为一体。如果细分,神和圣虽然还是有某些细微的区别,但一进入形而上,两者就难分难解了,神和圣混同,也就是神性和理

120

性混同。从中国的历史进程看，殷、西周时期神与王是混合的。春秋、战国时期在神与现实的王之外创造出了一个观念性的、体现理性的圣王，可谓神、圣、王三者鼎立。实际上，在三者分析的同时，也就开始了混同。从秦、汉开始，现实的帝王与神、圣逐渐形成一种特别的混合体。所谓"特别"指三者是又即又离、不即不离式的怪物。这个怪物随着人们不断地打扮、涂抹，越来越五色缤纷，越来越模糊不清，真可谓一个巨大的混沌。它像《庄子》中的混沌一样，是不可分析的，一分必死，更准确地说，一旦君主与神、圣分开，它就失去了合理性和绝对性。中国历史上的叛逆者、革命者总是要以这种分析作为自己的起点。韩、柳不是叛逆者，他们是沿着神、圣、王混合一体的道路接着走的，在混沌上加混沌，君主被神圣到了无以复加的地步。他们两人真不愧为超级文字大师，文章写得那么洒脱，那些生硬的概念在他们手中，一下子变成粉彩，对君主浓妆素抹，斐然成章。同时又像痴呆的老妪，就是那么几层意思翻来覆去地唠里唠叨，没完没了！……

　　人与神的差别既表现为"存在"形式上，更表现在功能上，而后者更为重要。任何东西一旦被赋予超人的功能，它就是神；比神更神者，无疑是神中之神。在韩、柳的表奏中，神化、自然化、皇化是三位一体的，甚至是超神的。严格地说，在传统思想文化中占主流地位的并不把帝王视为神，或者说不以神的形式来定位帝王；神化帝王主要是无限夸大其功能来表现的，由于功能相同，于是帝王与神相同或相通。

　　以上的颂扬大抵还是泛论，放在历史上如何呢？在韩、柳的笔下，这几位帝王的功业是超历史、超列祖、冠将来的。……

　　这些阿谀奉承、歌功颂德、拍马屁的文字是王权至上的派生物和王权主义观念的组成部分，对帝王而言由此进一步获得了合理和权威的论证。在中国的历史上，建功立业、行德泽民一直是帝王合理性的重要依据之一。这种认识原本是极有意义的。但是在实现过程中却变了味，不管帝王们有没有功德，都必须编织一大套颂功的虚辞加在他们的头上，从而形成一种具有形式主义性质的颂扬文化。从历史的过程看，越是形式意义的东西越具有规范意义，只要没有对它提出异议，它就成为人们的当然前提。因此，这种颂扬文字不只是在重弹一种老调，而是在强化一种社会规范。面对伟大、英明、仁慈的君主，臣下除敬仰、服从之外还能做什么呢？……臣下对君主的敬仰和服从意识是君主专制权力强化的必要基础和条件。所以，这些颂扬文化绝对不是可有可无的事，而是专制王权的重要精神支柱，也是专制权力运转的必要条件之一。

颂扬者、拍马屁者或许从中得到某种利益，但在颂扬中同时也把自己丢失了、湮没了。作为一种文化，丢失的就不仅仅是个人，而是把所有与自己地位相同的人统统给丢失了。……君尊的理论与观念凌驾于所有社会理论与观念之上，并对其他的思想与观念形成居高临下的控制之势。因此，是思想文化史中一个具有全局性问题，不可不察。

以上几个方面不仅是思想文化的制高点，同时对整个思想文化具有控制性。由此，我说王权主义观念是传统思想文化主干，能说是违反历史事实的吗？

原载《政治思想史》，2013 年第 3 期

刘泽华:我是个一直有压力的人

"两次生命的侥幸"

我是经过几个时代的人,出生时是国民党时代,后来在八年抗日游击战的边沿区, 接下来就是国共打仗,1949 年以后参与了迄今为止所有的运动。我出生在文盲之家,读书带有非常大的偶然性。小时候,母亲带着我和哥哥在街里玩,突然有个相面的过来,说这两个孩子有福相,一定要让他们读书。我父母是老夫少妻,父亲那时都快 70 岁了,听说了这件事情,临终留下遗嘱,无论如何要让这两个儿子读书。

我们村很小,隔几年才办一次学。我 7 岁那年学校正好赶上复校,刚上完三年级,学校又解散了,只好去六里地外的邻村上学。那时家里没有钟表,听鸡叫起床。1947 年刚上五年级,因为打内战学校解散,只有回家务农。空闲时间迷上了武侠小说和武功。

这期间有两次生命的侥幸。1947 年刚入冬,解放军攻打石家庄,一颗炮弹砸透我家的房顶,正落在我睡觉的炕上,就那么巧,那天我是睡在了隔壁娘的房间,又是一颗臭弹,侥幸一命。1948 年土改后征兵,没有踊跃参军的场面,而是按兄弟多少征派。我弟兄五个,四个哥哥中一位当差抬担架去了,一位参加了革命,一位右眼失明,一位到华北大学当工,家里男丁只有 13 岁的我,自然由我应征。征四个人,五个人抓阄,我竟然抓空。去的四个人中,两位牺牲,有一位腿残疾只能做后勤。另一位是我的同学,在朝鲜战场上被俘去了台湾。如果我抓到阄,会是什么结果?天晓得!两次涉及生命的侥幸,人们都说我"命大"。那时候也不可能有任何理想,我最大的愿望是当个店员,免遭暴晒。

"糊里糊涂走进了历史学"

1948 年冬偶遇同学,得知学校开设了补习班,回校补习了两个月,1949 年春只上了四年半小学,历来是中等生的我竟糊里糊涂考上了中学。学校离家 15 里路,走读很难,住校交不起伙食费,痛苦至极。我找班主任要求退学。万万没有想到,老师竟然帮助我解决了伙食费,我感激涕零,当然也感激共产党。当时的政治活动极多,出于感激我都积极参加。1951 年年底,上级突然决定我们班提前半年毕业,几乎全部去当小学教师。学生意见极大,嚷嚷罢课抗议。我是党培养的积极分子,当然要响应党的决定,反复说服同学。对我来讲,当个小学教师已经不错了。分配时我意外被留校到总务处当庶务员。1952 年秋我竟被保送去天津河北师范学院突击学俄语。学院规定必须满 18 岁,那年我 17 周岁,但填的是虚岁,侥幸过关。

学习十分投入,一年下来,我能读斯大林的苏共十九大的讲演稿。结业时又是出乎意料——发给我们的是专科文凭。回校后我转为教师,1953 年秋教初中,1954 年春教高中,有不少学生是我初中时低两年级的同学。我全力投入俄文的提高,订阅了原版《布尔什维克》《青年一代》,并开始翻译其中的文章。

当年秋突然接到调令,让我到石家庄三中(初中)当团总支书记,心里一万个不愿意,但必须服从分配。1955 年春,让我去从事绝对保密的审查干部的外调工作。正准备暑期审干,突然接到通知,让我去保定省委党校旁听"苏共党史"。学习了三个月,回来后,我被提拔为副教导主任,那年才 20 岁。

1956 年年初,事前毫无闻知,我被调去石家庄市委宣传部当理论教员。那时干部都要学习苏共党史,赶鸭子上架,我到各单位去照本宣科。这一年又被两次抽调去河北省委党校学习哲学和政治经济学。1957 年,中国和苏联发生分歧,停止讲苏共党史,改学中共八大文件。到了 6 月份,几个青年突然一哄而起,要报考大学,我也在其中,报名的最后一天报了名,宣传部部长不支持,说你现在是行政 19 级,70 多元,上学一分钱都没有(那年取消调干助学金),毕业后不过 56 元(反右后降为 46 元),工作需要你,你个人也不划算,何必迷信大学?我说,既然报了名,让我试试吧。就个人兴趣来说,我喜欢哲学,其次是政治经济学,但要加试数学,不行。文学吗,缺乏天分,只有报历史学吧。同伙都是高中生,全名落孙山,我竟然被南开历史系录取。考上了,上不上呢?我工作后一直负责母亲和妹妹的生活费,如果没了工资,她们的生活费没有着落,我左右为难。8月底,宣传部揪右派拉开序幕,我的几位恩师都牵涉进去。出来与他们斗争,良心说不过去;不斗,就可能被牵涉进去。几天几夜难眠,最后下决心一走了之。走前一天夜晚与恩师长谈,互相泪流满面。我就这样糊里糊涂走进了历史学。

"红得发紫"的日子

1958年8月,突然接到南开人事处通知,把我提前抽调出来当助教,这真是天上掉馅饼!这是我大学毕业后的理想,没想到刚上学一年就实现了。这年春天历史系连续举行"红""专"大辩论,争论历史学有什么用?我是一年级唯一的发言者,上去讲了一通马列主义的东西,引起了一些师生的关注。过去工作六年中我很少看电影和玩,全是集中精力学习,读理论著作,像苏联康斯坦丁诺夫的《历史唯物主义》(开始时是一章一章出版)、华岗的《辩证唯物论大纲》、冯定的《平凡的真理》,我都频频地读,不懂的就死记。大概领导认为我还有一点理论水平,又能写点文章,所以把我抽出来也算有所据吧!

当时,毛泽东号召工农领导干部占领讲台。有一位大厂子的党委书记来南开历史系任总支书记,他要开"历史科学概论"课,我和刚留校的一位学长负责写讲稿,离讲课只有两个月,只能东拼西凑。没想到他挺能讲,上课效果还不错。上学前就买了郭沫若、侯外庐的著作,感到思想史很有意思。思想史在南开历史系属于空白,我提出应增加思想史课程,待我进修后承担,获得领导支持。随后去中山大学师从杨荣国先生进修。广州的口粮定量24斤,饿着肚子、咬着牙把先秦思想史读了一遍。不到一年,体重降了十几斤,又得了严重的肺结核,不得不提前回校。

1960年以后,学校进行调整,提前毕业的学生统统回班重新学习,侥幸又落在我身上——只留下了我。此时有决定权的是魏宏运先生,他最初对抽调我有所保留。我退休后谈及此事,他只说了一句话:留你没错。

1961年,我的业师王玉哲先生生病,主管教学的魏宏运先生突然通知我,让我讲课。我不知深浅,竟然敢于冒险。还好,没砸锅。此时我的同年级还未毕业。

我有个习惯,就是把读书的感想记下来写成长篇。20世纪60年代初,知识分子都不敢写文章,我写了《荀子的重农思想》和《孔子的富民思想》投给《光明日报》,没想到都登出来了,颇引人注目。

当时我真是红得发紫,被提升为总支委员。据"文革"中揭发,我还是内定的第三梯队的接班人,拟提升为副系主任。1963年,根据华北局要求,给教授们写学术小传,竟然也有我的小传。这些都是为资产阶级知识分子树碑立传的罪证。我自然属于修正主义苗子。40年后,史学家田余庆对我说,1963年他随华北局调查组到南开,曾向南开有关负责人建议,应把刘泽华作为重点培养对象,与前边说得正契合。

家庭生活方面我也非常幸福。老伴是南开历史系同年级同学,上学时追她的人很多,我长得五大三粗,自知配不上,只能单恋。1958年一位老大姐说给我介绍对象,一说是她,我求之不得。1960年患严重肺病时,我怕拖累她,提出分手,她断然否定,要陪我到底,这让我感激一辈子。

法家著作注释出版规划座谈会上"顶"迟群上了"黑名单"

"文革"乍起,魏宏运即以"走资派"之名被打倒,我无疑是"走资派"的红人。那时写思想史文章大都会背上反党罪名,我写的几篇也难免例外,随即就被革命群众揪出来,贬入"中间组"(准"牛鬼蛇神")。1967年造反派夺权,说资产阶级反动路线包庇了我,又升级为"牛鬼蛇神"。因实在没有证据,1967年夏天获得解放。南开的两派都是中央文革肯定的,我也要紧跟、促联合,上午跟着造反派活动,下午到少数派那转转。造反派当时气势正盛,说我是"内奸",要除奸,吓得我跑了。后来武斗升级,掌权派来抄家,幸亏"文革"一开始,我就把日记、文稿销毁了,只抄走一些书,有人顺手偷走存折。

1968年,工军队占领学校,人被分为五等:"忠字"学习班,"立新功"学习班,"斗资批修"学习班,"坦白从宽"学习班,"抗拒从严"学习班,我属于第三种。1969年党员登记,我第二批才过关。接着清查"5·16"分子,我又成了怀疑对象。后来负责"5·16"专案的人告诉我,是北京学部(社科院前身)大"5·16"分子洪涛(十几年前相识,后没有往来)咬了我一口。直到1973年以"事出有因,查无实据"结案。其实,"文革"中,我没参加任何活动,领导者都知道,虽然政治上不用我,但在业务上对我还是重用的。1971年,南开招工农兵学员,我被任命为教研室副组长,只管业务。魏宏运是犯了"走资派"错误的好人,后被结合。他抓业务,命我主持编写中国古代史教材,1973 年写出初稿,被人民出版社看上,几经修改,1979 年正式出版。出乎意料,1978 年年底,我由一名大学都没有毕业的助教破格升为副教授。

1974 年,由姚文元提议、毛主席批准的"法家著作注释出版规划座谈会"在北京前门饭店召开,我当时下放劳动却意外被指定与会。会议以"以儒法斗争重新改写历史""儒法斗争贯彻到党内"为主题。这时候我多少有一点自主意识,冒冒失失地在会上唱反调,认为盐铁会议以后就没有明显的儒法斗争了,怎么能用儒法斗争改写历史?儒法斗争是统治阶级内部的斗争,与共产党根本不搭界。知识分子的"克星"迟群一听我发言,即刻打断,命我少讲。我回应说应该让我讲完,硬是接着讲。下来有人说,你怎么敢顶迟群,我说我不认识迟群,我讲的是事实呀!因为"唱反调",成了顶"四人帮"反潮流的人。那次参加会的还有杨荣国、杨宽等一批学者,唐长孺在会上发言讲魏晋南北朝隋唐的儒法斗争,老先生一辈子后悔,冯友兰也在会上大讲特讲一番。1978 年,《历史研究》和《人民教育》杂志清理这次会议,发现整了我的"专项材料",上了"黑名单"。大约是暂缓批党内的"大儒"(周总理),侥幸没有被派上用场。

"马克思主义在我心中"

1978 年 6 月,中国历史学规划会议筹备会在天津召开,会议有两个特约代表,一个是李泽厚,一个是我。我作了一个题为《砸碎枷锁 解放史学》发言,这八个字是冲着最高指示"史学要革命"来的,不过不能直接说"最高",而是"打着红旗反红旗"。黎澍主持会议,让我放开讲,不受 30 分钟(发言时间)限制。这篇文章很快在《历史研究》上发表。

"马克思主义在我心中"的念头是在 20 世纪 70 年代后期萌生的,在我1976 年日记中有记录。把隐秘的思想落实在文字上,回想起来都有点后怕。我的日记确实是够"罪大恶极",其中既说到"神明",也说到"秦始皇",还说到了乌托邦,等等。我对"文革"的看法大体也形成于这一时期,认为是神明+秦始皇+乌托邦的混合物。追随这种混合怪物,怎么都不会得到正果。当时有"站不完的队,请不完的罪,做不完的检查,流不完的泪"的顺口溜,很说明问题。

日记是我观念转变的标志。长久习惯于"紧跟""听喝"之后,从被动性的思维转向自主性的思维也不那么容易。"四人帮"垮台,我非常激动,写了多篇批判文章,一日突然发现,自己的思维方式、路数、文风、语言仍然没有摆脱"文革"思维,只不过把矛头对准"四人帮"而已。我开始反思问题的症结,对阶级斗争为纲、阶级斗争是历史发展的唯一动力说萌生了疑问。此前,这一理论是极其神圣的,谁敢对这一神圣观念发疑谁就倒霉。当时还是"两个凡是"的时期,这一套理论依然是神圣的。但想来想去,必须向这一理论发疑。于是横下一条心,1978年下半年,我与王连升合写了《关于历史发展的动力问题》一文,依据马克思、恩格斯有关生产是历史发展的"根本动力"说来修正当时神圣的阶级斗争说。1979年3月底,全国史学规划会议在成都召开,我们向会议投稿,被接纳,要我在大会上发言。会议期间传来北京的强音,主持者犹豫了,秘书处的负责人通知我不发言了,收回铅印稿,过了几个小时又通知发言。这篇文章是我从教条主义束缚中向外蠕动出来的标志,与戴逸、王戎笙先生的文章成为史学界和理论界关于历史动力问题大讨论的由头文章。现在看,文章还有很重的八股气,但在那个时代是相当"冒犯"的,直到1983年"反精神污染"时,还遭到史学界一位大人物的斥责。

王权主义研究

我们这一代人经历的曲折很值得反思,其中,政治思想的反思尤为重要。"文革"的问题太多,其中一个重要的问题,姑且用"现代封建主义"(目前关于"封建"这个概念争论分歧很大)这几个字来概括。黎澍先生1977年写了一篇谈现代封建主义的文章对我启发很大,有很强的共鸣,坚定了我研究政治思想的想法。

在梳理、分析史实过程中,形成王权支配社会的观点,这是我讲王权主义的核心点。王权主义首先是一个事实判断,其历史作用与历史价值是另一层次的问题。我的论述涉及方方面面,但有三个主要的点:一是先秦诸子,除部分庄学、农家外,主要流派争论的焦点是实行什么样的君主专制,这奠定了其后政治思想的范式;二是社会结构中的支配成分——贵族、官僚、豪族地主,主要不是"地租地产化",而是权力地产化造就的;三是王权至上观念对整个思想文化具有控制性。王权支配社会既是我的结论又是我的解释体系。现在批评我的人一看到我说王权主义,就扣上"虚无主义"的帽子,他们把"王权主义"作为否定概念,我则是作为一个描述和分析概念。对于王权主义,我强调要在矛盾中陈述，不是简单的全盘肯定，也不是简单的全盘否定。

我过去是防御性思维，处处是"怕"，能有什么创见？研究应该是进取性的思维，要在别人停止思考的地方进行开拓。这个观念的转变不是一下子就清楚的，日记是我转变的一个坐标，希望有机会能刊出。

我是个一直有压力的人，前半生的压力说了，后来，我又被选为系主任，又是学术带头人，得拿出主意和东西来才行。别的不说，在国内我率先主持开设了"文革"史、人权史、国民党史，讲正面抗日，进行双语教学，还开设了计算机与史学研究等课，当时有些人忠告我不要找麻烦，我说当系主任连开课的权力都没有，那就不如下台求清静。以后又是多个学术项目的带头人。所以一辈子处在一个压力状态。当然我也很感谢年轻的伙伴们，他们对我很关心，按说70岁退休，他们知道要进行新的定级，让我定级之后再退。退休多年之后，2013年又被授予南开大学"荣誉教授"称号。

我这个人不聪明，底子又差，记忆力也不好，所以首先做的是文抄工（不是"公"），每读书必抄，算下来总共抄了几万张卡片。批评者没有人从资料上把我推翻。我的一些考证文章到现在仍经得起考验。最得意的是我发现了战国"授田"制，这是一个大制度啊！

我给自己的评价是：一只笨候鸟，肯于苦思，多年来专注于政治思想及其相关问题，飞来飞去加苦思总能发现新的问题，也陆陆续续写了些文章。前不久出版了由我任主编的九卷本《中国政治思想通史》，这是一群学术伙伴多年合作的成果，对我而言算是画了一个句号，刚好是八十小寿。只要我的身体允许，不拟收笔。

原载《中华读书报》，2015年3月4日第7版

提出战国"授田"制是我平生称意事

　　1971 年开始招收工农兵学员,要讲授中国古代史,用什么做教材呢? 难坏了任课教师。想用郭沫若主编的《中国史稿》,但无处购买。于是提出自己编写,在当时的历史环境下,我(助教)被指定为召集人,我的老师教授们都成为我"领导"下的成员,我负责撰写战国秦汉部分。

　　写作过程中,遇到土地制度这个大问题,我们面对的是"文革"前的学术积累,不管社会形态与分期如何不同,在土地制度上多数都认定战国是土地私有化时期,小农通过各种渠道成为小土地私有者,土地私有化是当时学术认识的主流。此外还有土地国有的观点,但国有土地是如何经营的,似还没有深入论说。土地国有论,在"文革"前和"文革"中曾被当作修正主义进行过批判。面对这种学术大局,我如何选择和站队,是一个难题。根据自己掌握的史料,就战国的实际而言,说土地主要是私有,感到很难说得通,我倾向土地主要还是控制在诸侯手里,但又不是都由诸侯们直接控制。于是提出了一个土地"多级所有"概念,意在整合土地私有与国有两种理论。诸侯掌控的土地如何运营的,这是个不大清楚的问题。经过反复分析所掌握的材料,我提出诸侯各国普遍实行着一种"授田"制。学术界过去论证井田或公社,曾承认有"授田",但只限于西周,从来没有人把"授田"用于战国,认为随着井田制的崩溃或公社的瓦解,到战国已经没有"授田"制了。在写教材时,就自己所掌握的材料,我认为战国时期的土地主要属于诸侯,各诸侯国普遍实行授田的方式,把土地授予农民。于是我大胆地提出了战国普遍实行"授田"制。最初我是在1972 年写教材中提出的,1973 年铅印的《中国古代史稿》,文中有一段话:

　　　"封建国家通过'授田'把一部分土地分给农民耕耘,农民要负担沉
　　重的赋税和徭役、兵役。这些农民都被详细地登记在户籍里,并派有专门
　　官吏管理,没有任何行动自由,如逃亡被捉住要施以严重的刑罚。这些编

户民实际上是封建国家的农奴。"

我的意思很清楚,"授田"是一种社会体系,关涉到赋税、徭役、兵役、户籍和行政管理、人身控制,我得出的结论是,授田制下的农民是农奴。

写完教材之后,我一直留意战国授田制问题,不断地积累相关资料。1975年,湖北云梦睡虎地出土秦简,《文物》1976 年第 7 期公布了《云梦秦简释文二》,其中《田律》有"人顷刍、藁,以其受(授)田之数"的记录。看到秦简中"受(授)田"我十分兴奋,给我此前提出的"受(授)田"提供了铁证。随后我就着手撰写《论战国时期"授田"制下的"公民"》一文。

为何把"授田"与"公民"连在一起呢?这要简单说一下我当时思考的问题。在批判"四人帮"的同时,我也开始反省往日的"阶级分析"被僵化的问题。于是,我在教研室提出重新研究古代的"阶级"问题。所谓"重新",指的是视角从硬邦邦的阶级划分转向研究社会固有的身份和等级问题。此提议获得同仁们的支持,我找到《南开学报》负责人刘健清,说明了我们的意向,立即得到他的支持,同意开辟了专栏。

我的文章在 1977 年完成,虽然秦简中有"受(授)田"的铁证,但公开著文提出战国普遍实行授田制,心中总有点不踏实。我意识到这是个大问题,如果考证有误,那就"栽了"。我怕出娄子,便去征询我的老师郑天挺先生的意见。郑先生是考证大家,看后即刻表示支持,认为我的文章有根有据,足可成立,是关涉历史进程中一项大制度的文章,鼓励我不必自我怀疑,要有勇气提出新的见解。我的文章原本是论"公民",对是否标出"授田"制多少有点犹豫,先生说,一定要标出"授田"制,这篇文章的意义应该在这里!老先生当时已近八旬,看到自己的学生有新的发现很是高兴。1977 年年底,我的文章已送学报,文章刊登在《南开学报》1978 年第 2 期,是专栏的开篇。

据郝建平《战国授田制研究综述》一文,截至 2003 年,有几十篇论述战国"授田"制的著作、文章,可见"授田"制的确是一个影响其后历史的大制度。所以,有那么多的学者论证"授田"制。在当时的情况下,连续发表这么多的文章,当然不是对我文章的回应,而是对竹简的反应。当时人们还缺乏知识产权意识,写文章时,虽然关注前人的研究成果,但在行文中多半阙如。所以,那么多写文章的人也没有提及我的文章。直到 20 世纪 90 年代提出尊重学术史,才被郝建平首先关注,郝文中心问题之一,是考察谁首先提出了战国的"授田制"，根据他的追寻，首先论述战国"授田"制的是我的《论战国时期"授田"制下的"公民"》一文。其实应该更早，这不能怪郝建平，他没有看过我们1973年的铅印教材。近年，学者们留意学术史，袁林教授在《两周土地制度新论》一书中指出："战国时期的基本土地制度是国家授田制，这一结论已被大多数史学工作者接受，成为研究战国历史的一个新的立足点。"注释说："最早提出战国授田制这一概念并加以系统论述的是刘泽华《论战国时期"授田"制下的"公民"》，见《南开学报》1978年第2期。"晁福林教授在《先秦社会形态研究》一书中说："关于先秦土地制度的研究，自20世纪70年代末和80初期以来，专家们对于战国授田制曾经给予许多注意，发表了不少精辟的见解。"文中注释说："有代表性的论著，如刘泽华《论战国"授田"制下的"公民"》……"把我的文章列于首篇。

我在1973年铅印的内部教材中已论及战国"授田"制，早在1975年湖北江陵出土的秦简之前。我发现的是一个影响中国历史进程的大制度，如果学术史的事实无误，这个发现无疑是我学术生涯中最称意的一件事。

原载《中华读书报》，2015年4月8日第15版

撰写《先秦政治思想史》冲破"定式"的尝试

　　1984 年出版了我的第一本著作——《先秦政治思想史》,沈长云先生评价本著作"在先秦思想史研究中独树一帜",是否树起来了,由读者评价。就我来说的确照着这个方向做了努力。

　　在我撰写本书的那个时期,有成型的社会形态和阶级的定位,有唯物、唯心两大阵营的区划,有政治是阶级的集中表现的铁则,有彻底的阶级分析方法的通则,等等。这些都是很强的"定势"。我虽然深感"定势"的僵化,但想走出来,既有胆怯问题,又有眼界和知识的局限。回首往事,我做了一点尝试。现把当时的思路做点介绍。

一、写作出发点和经过

　　关于中国政治思想史的意义,梁启超在《先秦政治思想史》中说:"所谓'百家言'者,盖罔不归宿于政治。"章太炎先生在《国学概论》也说:"周时诸学者已好谈政治,差不多在任何书上都见他们政治主张。……中国人多以全力着眼政治。"钱穆说士人以政治为宗教。而 20 世纪 30 年代在清华主讲西方政治思想的张奚若却说过另一种意见:"中国没有值得研究的政治思想。"①

　　面对截然相反的这两种看法,我同意梁启超、章太炎、钱穆的见解。我在1987 年出版的《中国传统政治思想反思》"前言"中说:"政治思想是传统思想的主干和归宿。不研究政治思想就很难说触及中国传统思想的灵魂,也很难说清楚社会种种问题。"遗憾的是 1949 年以后中国政治思想史的研究被彻底边缘化,几近取消,只在哲学史、思想史中多少有一点点关照。据我所知,1952年院系大调整后,只有中国人民大学和另外两三所大学保留了中国近现代政

---

① 参见萧公权:《中国政治思想史(全三册)》,辽宁教育出版社,1998 年。

治思想史,之外全国没有从事中国古代政治思想史的专业人员。

最初我是从学科意义上感到不研究政治思想史很难解析历史的真谛。因为中国历史进程中的政治作用太突出了,而政治思想则是其灵魂。"文革"的经历逐渐让我产生了一种"使命"的驱动,"文革"是中国历史的一次大浓缩性的再现,其中有太浓的封建主义因素,特别是在思想上尤为突出。为了清理"文革"中的封建主义,必须回头分析一下封建主义的文化精神是如何形成的。我研究中国政治思想史当然不是曲意为"文革"溯源,出发点仍然是尽量如实地描述历史事实。而历史上的专制(封建)主义与现代的专制主义确实有着内在联系。因此说古与道今也自然成"一体"。且不说"一切历史都是思想史"的提法是否准确,但研究思想史如果缺乏古今贯通的视觉,肯定要陷入"盲区"。由于研究思想史者本人是有思想的,因此不可避免地要把自己的思想带到认识过程,这是无法避免的事实。坦白地说,我的研究有我的价值取向在其中。但又自信,根据历史资料确保我的价值取向不是天马行空的乱说。批评我的人不少,但到目前为止,尚未发现有哪位批评者在基本的史料上能把我推翻的。

本书不是论述社会形态的,但它是个大背景,也不能不涉及。当时史学界的主流还在"五种形态"中打转转。

自从 1957 年雷海宗先生对"奴隶社会"提出质疑后,一直是我萦回不止的一个问题。本书便放弃了"奴隶社会"说。在书中我没有使用过"奴隶社会"这个大概念。本书论述从商代开始,只笼统说进入阶级社会。我对商代的阶级关系是这样说的:"在商代这个阶级社会里,存在着剥削者氏族贵族、平民和奴隶等阶级。""统治阶级的最高首领是国王,……王以下有诸子诸父及太师、少师、侯、伯、男等贵族,又总称'百姓'。""贵族下面是平民……可能与'小人'同一身份。""最底层的是奴隶阶级。"我承认有奴隶制,也用过"奴隶阶级"这个词,但没有对应的"奴隶主阶级",而是泛说"氏族贵族"和"统治阶级"。

关于周代社会只说:"生产关系既有奴隶制,也有封建制(按,指通常说的生产方式)。"也避开"奴隶社会"这个概念。

本书也没有关于"社会形态转变"的命题,放弃了"社会革命"之类的语言,只是具体地说社会经济和政治制度的逐步转变或改革。

此前常用的是演绎法,以社会形态为大前提,然后把具体的历史事实往里边装。本书主要是归纳法,采取的是具体叙事。商、周、春秋、战国都有一节讲"社会概况",都是采取具体叙事方式,均不涉及奴隶社会形态问题。

我不讲"奴隶社会"，但并不否认"社会形态"问题，只是我的学识不足以概括出新的概念，稍后我用过"早期阶级社会"，仔细推敲问题也很多，这些年没有再深究过这个问题。

二、关于政治思想既有阶级性、又有社会性(超阶级性)的问题

说到政治思想总与政治相关联，古今中外的学者给"政治"下过很多定义，各种说法差异很大，我写书时只知道有两大派：

一种是非马克思主义的，他们都不从阶级性入手，如有人认为政治即国家事务；有人认为是与公共权力有关的现象；有人认为是人与人之间的权力关系；还有一些人试图通过一系列关系的综合考察来多层次、多角度地界定这个概念。

另一派是马克思主义派，认定政治属于上层建筑范畴，政治是阶级关系的集中表现。

由是，对政治思想的认识也可分为两大派：

非马克思主义派有各种说法。最早梁启超提出，政治思想可分为纯理与应用两类："纯理者，从理论上悬一至善之鹄，研究国家当用何种组织，施政当采何种方针，等等。应用者，从实际上校其效率，研究某种组织某种方针等如何始能实现"。从主观上说，亦可分为个人的思想与时代的思想两类："个人的思想，为大学者或大政治家脑力的产物，其性质为有意识的创造；时代的思想，由遗传共业及社会现行习俗制度混织而成，其性质为无意识的演进。"①

萧公权是研究中国政治思想史的大家，在他的经典性著作《中国政治思想史》中对中国政治思想史似乎没有给出明确界定，从他提出的"政治思想与政治制度相推移"来看，他似乎侧重从政治制度来界定政治思想。他对政治思想的分期便依从于政治制度史，他说："吾人按此政治制度史之段落以划分政治思想史时期，诚自然之势。"具体则分为：(一)封建天下之思想；(二)专制天下之思想；(三)近代国家之思想。②

---

① 梁启超：《先秦政治思想史》，东方出版社，1996年，第8—9页。
② 萧公权：《中国政治思想史(全三册)》，第8页。

自从马克思主义理论传入中国之后,有些学者开始运用马克思的学说作为方法论,尤其是运用阶级斗争的理论来研究中国政治思想史。吕振羽说:"我们说到政治思想是什么东西呢?它并不是和经济思想相对立的东西,毋宁是人类各个阶级的阶级斗争思想的集中表现,而为其行动指导的原理。所以政治思想史系同于社会思想史,只有其范围大小的差异。"①翻译过来的苏联K.A.莫基切夫主编《政治学说史·导论》说:"政治思想最主要的就是各个阶级对待国家政权的态度和主张,即关于国家的产生、性质和作用,以及如何维持国家政权的理论观点和政治主张。"1981年,徐大同等在《中国古代政治思想史》的"前言"中说:"政治思想最主要的就是各个阶级对待国家政权的态度和主张,即关于国家的产生、性质和作用,以及如何维持国家政权的理论观点和政治主张。"②

从1949年至我写本书的80年代初,以上的表述占统治地位,我则突破了这个大框架,认定不能把政治思想都装入阶级的口袋,政治思想还有社会性,即超阶级的内容。下边把我"前言"中的一段文字解析为如下几点:

(1)在阶级社会,政治思想的核心部分具有最明显的阶级性质。但从政治思想的总体看,又不能全部归入阶级范畴,比如关于处理人与自然的关系的理论,除有阶级烙印外,还有人类与自然的共同关系问题。

(2)关于社会生活的认识,也有一些超出了一个阶级的范围,比如调和阶级关系的某些论述,便包含了不同阶级、不同阶层的要求。

(3)还有一些社会规范是人人需要遵守的,也不好简单地划入某一个阶级范畴之中。

(4)就每个思想家而论情况更为复杂,虽然每个人都无法游离于阶级生活之外,但在观念上,并不妨碍某些人会提出超阶级的理论和主张。对于思想家的这些主张,从本质上看,无疑是掩盖了事物的本质,歪曲了事物的真相,但不能排除有些人是出自真诚,并为之而献身。应该说,阶级的

---

① 吕振羽:《中国政治思想史》,人民出版社,1980年,第6页。(初版于上海黎明书店1937年。修订版于三联书店1949年、1955年出版)。

② 徐大同等编著:《中国古代政治思想史》,吉林人民出版社,1981年,第2—3页。

存在,恰恰又为某些人制造超阶级的幻想和理论提供了根据。

(5)在政治思想史的研究中,一定要坚持阶级分析,但阶级分析方法并不是要求人们简单地把每一个人和每一个思想命题都统统编排到阶级的行列中。比如说某个人代表某个阶级,于是便认为他讲的每一句话都代表某个阶级,每个命题都是阶级意志的体现。在过去一段时间内,有些人在这方面做得很彻底,结果如何呢?常常是捉襟见肘。……例如,庄子的主旨并不是站在这个或那个阶级立场来讨论政治问题,而是站在自然主义的立场看社会。

我的结论是:

"即使在政治思想史范围内,也不能把每一种思想命题统统还原为阶级的命题,因为政治思想对象本身并不都是阶级的。"正是由于上述看法,书中都没有给论述对象简单地戴某个"阶级"的帽子,是 1949 年以来所有的思想史著作前所未有的。早在 20 世纪 60 年代初刘节先生曾提出对孔子不能用阶级定性进行分析,遭到了猛烈的批判,给我留下深深的印象。1983 年的"反精神污染"仍然高扬阶级观点,对我也有很强的警示性,但我还是小心翼翼地从盖盆式的阶级论中向外蠕动。

1984 年版的《先秦政治思想史》"前言"我还不敢对政治思想研究对象问题做出明确的表述,这固然有学术上缺乏底气问题,也有怕给人以把柄的顾虑。直到 1985 年我在《天津社会科学》第 5 期《中国政治思想史研究的对象与方法问题初探》一文中才做了如下的概述:

研究历史上不同阶级、不同阶层、不同学派和不同人物关于国家和社会制度、社会改造,以及通过国家机关和强力处理人与自然的关系和人与人的关系的理想、理论、方针和政策;研究这些理想、理论、方针和政策提出的社会背景及其对实际政治的影响;研究它们之间的相互发展及其发展、演变的过程和规律。

另外,我提出以下内容也应列入研究范围:

①政治哲学：这是一些哲理性的政治认识，与政治思想有极为密切的关系，其中一些问题是政治思想的理论基础，许多思想家把这些问题与政治理论、政策等交融在一起；

②社会模式的理论（又可称之为理想国的理论）：它是关于社会总体结构与相互关系的理论或设计，它包括社会生活的各个方面，在政治思想史上具有独特的意义；

③治国的方略和政策：这类内容与实际政治最为接近，政治家常常从中选择行动方案。故而在政治思想研究中对这一方面应特别加强；

④伦理道德问题：伦理道德政治化是儒家思想的特点，由于儒家在中国古代占据正统地位。因此，对于伦理政治思想需要给予足够的重视；

⑤政治实施理论及政治权术理论：政治实施与权术理论是古代官场争斗的理论表现，具有特殊的价值和意义，是很值得研究的。①

上述表述，今天看还有不少值得再思索的问题，但从当时说，我突破了"阶级"性的限制，又明确提出了政治思想非阶级性的一面。

三、以人性论等作为分析的起点

我的论述多半从人性论以及历史观和社会矛盾观等政治哲学作为分析政治思想的逻辑起点，这同以往的著作有很大的差异。我在1982年《文史知识》第2期刊载的《战国时期的百家争鸣》一文中对人性论意义做过如下的概述：

战国诸子最有价值的认识是什么？在我看来，有关人性问题的讨论最有价值，至少是最有价值的认识之一。理由如次：

第一，殷周时期神权思想占统治地位。人，包括天子，是作为神的派生物或附属物存在的，世间一切祸福的终极原因都要到神那里去寻找。因此，人性问题，是针对神学而提出的。有关人性的讨论，把人从神的束缚中解放出来，还给了自身，还给了自然，还给了社会。这是人类精神的一次大解放。

---

① 刘泽华：《先秦政治思想史》，南开大学出版社，1984年，第2—7页。

第二,人性问题的讨论,使人们广泛地探讨了人与自然的关系,人在社会历史变动中的作用与地位,以及人如何进行自我改造和完善等问题。

第三,关于人性的诸种理论是当时思想家们改造社会方案的理论基础。正如《论衡·本性》所说:"情性者,人治之本,礼乐所由生也。"

第四,人性问题是贯通当时哲学、政治学、经济学、教育学等学科的一个重大的共同命题。

人性问题发端于春秋。当时论及者多把感官欲望称之为人性,认为追求"利""富""贵""乐"是发自人的本性,而不是邪恶。战国诸子在此基础上扩大了对人性问题的讨论。

为什么诸子热衷于讨论人性问题呢?主要有如下两个原因:其一,由于政治经济的变革,割据与竞争,商品经济的活跃,使人的能力得到空前的发挥,加之人从神的桎梏中解放出来,人类迫切需要对自己进行再认识;其二,人心的向背在当时社会历史的变动中起了决定性作用。怎样才能把握住人的动向,就需要深入分析人的共同本质。谁能抓住人的共同本质,谁就能抓住历史的链条。正是这两个原因推动了人们对人性问题的探讨。

我在《先秦人性理论与君主专制主义》①一文中又说:

先秦诸子思想文化最基本的特征是什么呢?依我们看,最基本的有两点,即人性学说与君主专制主义理论。这两者互相补充,互为表里,构成中国先秦思想文化的内核。其他方面的思想与理论是这个内核的皮肉。

人性学说的兴起,冲破了殷周神学的统治,"人"成了思想家们研究的中心课题,各派通过对人性的研究,深入地解剖了人的本质及这种本质的各种表现形式和互相关系,等等。从理论和逻辑上看,人性说发展的趋势应该是对君主专制主义的批判,走向个性解放,如西方启蒙时代的思想家大抵如是。但是,先秦人性问题的讨论是在完全不同于西方启蒙时代的历史条件下进行的。受这种历史条件的限制,先秦人性的

---

① 《中国文化集刊(第一辑)》,复旦大学出版社,1984年。

讨论非但没有导致专制主义的毁灭和人的个性解放，反而和专制主义同流合污，成为君主专制制度的理论根据。即便是最激进的老庄的人性自然说，在对君主专制主义进行了一阵责骂之后，也临阵脱逃了。我们清楚地看到，除庄子的这种出世思想外，其他各派研究人的目的都不是寻求人的个性解放的道路，而是向统治者进献，从实际出发对人民进行统治的办法，或者教育人去容忍这种专制统治。他们虽然有过温情脉脉的言辞，有过对人民的同情怜悯和对暴政的批判，但这不是他们的理论的归宿点，归宿点是维护君主专制主义的统治。

历史的事实就是这样：在阶级社会中，人们特别是下层人们的个性表现得越突出、越多样化和越纷乱，统治者的统治就越困难，也就迫使他们不得不急切地去探索人的共同的本性。因为只有把握了共性，才可能指导个性，让个性为我所用。春秋时期的政治家与思想家之所以去积极地探讨人性，其目的就在于此。春秋时期有关人性的论述，多把人性归之于感官欲与实际的物质利益欲，这虽然是朴素的，但却相当深刻，具有唯物主义因素。这种理论的基本点就是把人的生物本能要求和物质利益集中起来，并宣布这种要求是人所共有的。这就动摇了关于人的神秘主义的理论基础，使理论更接近于事实。这种理论归结为一个字就是"利"。由此出发，认为人们追求"利""富""乐""贵"，等等，是出自人的本性，而不是什么邪恶。持这种观点的政治家与政治思想家认为，统治者的实际政策应当照顾和满足人的这种要求。由此他们提出了"利民""惠民""抚民""安民"等主张，他们认为不这样做就是违反人性。如师旷批评晋君时就说："今宫室崇侈，民力凋尽，怨黩并作，莫保其性。"①

照顾民性的思想虽然在殷周时代有过萌芽，但当时是作为天意的指示器来论述的，而不是从人的自身引申出来的。春秋时期"利民"思想的主要依据则是从人的自身引申出来的人性。这两者在思想体系上是迥然不同的，后者在人类认识史上具有革命的意义。在人性提出之前，人的一切都要从天那里寻求原因和根据，而人性的提出则改变了这种认识路线，认为人事问题应从人自身中去寻找。所以，人性与神性是

---

① 《左传》昭公八年。

对立的,人性又是在批判神性中发展起来的。

在当时,人性问题是探讨人的本质的一个最高命题,是各种有关人的认识与理论的核心。人性理论给政治理论、经济理论、伦理道德、军事理论等提供了一个指导原则。故我们主张给先秦诸子的人性论以充分的估价,其根据就在于此。

基于上述认识,我认定民本与君本有机地结为一体,民本归于君本,而君本又以民本为基础。这是传统政治思想的一大特点,是其他各种论题的纲。

以人性论以及历史观和对社会矛盾的认识作为分析思想家的起点,既比较符合历史的实际,又突出了当时的政治哲学问题,还突破了阶级论为大前提的束缚。人性问题曾是一个认识的禁区,因为有最高理论说没有抽象的人性,只有阶级性。所以,在一个时期内人们都把人性视为一个先验性的问题。我不否认某些人性说有先验的成分,但也都有程度不同的实在性。由于人性的实在性,从中推论出的政治思想也都有程度不同的合理性。这是全书论述的基本逻辑。

四、关于君主专制是政治思想的主体问题

在以往有关诸子政治思想的价值认定方面,几乎从不同角度使用了专制主义、民主主义、民本主义、人本主义、人道主义、原始社会主义、原始公社思想以及人治、法治、德治、民主、平等、自由,等等。沈长云对本书的评价是:"虽亦以诸子为主要研究对象,但却致力于发掘诸子思想与君主专制制度的联系,表现出作者对于君主专制主义所持的批判立场。"沈长云先生的评价基本是准确的。关于"批判立场"下边再说。

萧公权先生有过这样一段论述:"中国之君主政体,秦汉发端,明清结束,故二千余年之政论,大体以君道为中心。专制政体理论之精确完备,世未有逾中国者。"[①]但他指的是秦汉以后,先秦时期他认为是"封建天下",只说法家主张专制。

我认为中国从有文字记载开始的政治思想就是君主专制思想占据着主

---

① 萧公权:《中国政治思想史(全三册)》,辽宁教育出版社,1998年,第947页。

导地位,商、周是专制体制,分封与专制是不同层次中的问题,分封的诸侯在其内部也是专制体制。所以,整体的政治观念都是专制主义。在我看来,周代的分封制向一统集权制转变,其内在的君主专制体制是一脉相承的,只是随着历史的进程而不断强化君主专制与相应的政治观念。萧公权说,秦汉后"以君道为中心",其实先秦诸子所论同样如此,除农家外,主流都主张是君主专制主义。我确实是"致力于发掘诸子思想与君主专制制度的联系",我认定诸子的基本归宿都是君主专制。关于诸子的政治归宿是君主专制(稍后我多用"王权主义"这个概念)是我的一个大的判断。在大的判断上我没有使用过民本主义、民主主义、朴素社会主义等概念;另外,我也不用"国家""政体""政府""阶级性""合法性"等作为框架去分解先秦诸子的政治观念。因为当时的思想家和著作没有这样去观察政治,其本身是"混沌"的,比如国家、君主、政府、权力、政策等都是搅和在一起的,很难分开、分解。因为这一切都是以君主为核心的。

对诸子的争鸣与君主专制的关系,在前边提到的《战国时期的百家争鸣》一文的结语有一段概括:

> 从平面上看百家相争,很有点民主气氛。但如果分析一下每家的思想实质,就会发现,绝大多数人在政治上都鼓吹君主专制,思想上都要求罢黜他说,独尊己见,争着搞自己设计的君主专制主义。因此,百家争鸣的实际结果不可能促进政治走向民主、思想走向自由,只能是汇集成一股强大力量,促进了君主专制主义制度的完善和强化,把握了这一点,才能把握住百家的政治归宿。

1986年我写的《战国百家争鸣与君主专制主义理论的发展》[①],对这个大的论点做了更集中的阐述。

法家不用说,这里只说一下儒、道、墨。关于孔子和儒家,张岂之在《五十年中国思想史研究》一文中说,刘泽华认为"儒学是一种等级制的统治学说,儒家的人格思想从本质上说,不是强调人的主体性,而是等级人格","他在《中国政治思想史》中对儒家思想的社会性做了详尽的剖析"。张先生的评语

---

① 《学术月刊》,1986年第12期。

我能接受,我说的等级人学与许多学者说的"人学""成人之学"的确有相当大的区别,等级人学的顶端必定是专制君主。

我认为墨子最后的归宿也是专制主义,因为他讲绝对的"尚同"。

道家的老庄派要把人类文明都抛掉,使人变成愚昧无知,把人动物化,在我看来这是君主专制最好的社会基础。而道家的黄老派则十分肯定君主专制的。

对诸子的结论,我不是从某些词句来说事,而是对"母本"的整体进行全面分析之后做出的。

我说君主专制是政治思想的最高层次问题,在其下还有种种议题,但都是在君主专制这个大前提下说事。

五、价值、是非的判定问题

我在"前言"中说:"在研究政治思想时,价值性认识和是非判断性认识,具有特别重要的意义。我们研究政治思想史不能只限于描述,还要考察它的价值。为了判定一种思想的价值,首先要明确价值标准。"说起标准,其中大大小小有很多,这里说几点。

1.我仍然认定历史进程中有保守和先进之分,其间存在着这样和那样的矛盾与斗争。

2.我提出"价值问题不只是个阶级定性问题,还有许多其他方面的内容。""在古代,除了某些短暂的'革命'时期以外,当权的都是剥削阶级。人民群众的许多美好政治理想不能实现,也实行不了,反之,代表剥削阶级的政治思想却付诸实践,而且证明有许多主张在当时是可行的,有效的,甚至起了促进历史的作用。"(见"前言")

3.我又提出"把哲学史中判断是非的方法简单地拿过来用于政治思想史是难以说清问题的。"(见"前言")当时分唯心、唯物两大阵营论还占据主流地位,我抛开了两大阵营说,没有给哪个思想家戴过唯心、唯物的大帽子,当然在个别论点上有时还用一下。

4.另外,对"实践是检验真理的标准"问题也提出了疑问:"把这条原则适用于政治思想史,就产生了许多节枝。"接着提出:"人民群众的许多美好政治理想不能实现,也实行不了,……在这种情况下,真理与谬误该如何分辨……人民美好的，但不能付诸实践的政治愿望与真理是什么关系？"（"前言"）对这些问题我虽没有明确的回答，但我的意思是想说：即使不能"实践"的，但只要对不合理的现象有某种批判意义的观念和理论都应给予必要的积极的评价。

5.马克思说的"在矛盾中陈述历史"，这是我从始至终遵循的。当时我虽然尚未概括出"阴阳组合结构"这一分析的工具（这点另文专述），但在实际上是这样做的，我尽量用贴近历史事实和当时人们的话语来叙述和概括出相关的论题。

6.传统思想中的核心概念具有混沌性和多层次性，我尽可能分析开来，进行分层次评价。

我与张国刚合写了《历史研究中的价值认识》刊在《世界历史》1986年第12期，这篇文章详细阐述了我对价值问题的见解，有兴趣者可以参考。

沈长云先生说本书"表现出作者对于君主专制主义所持的批判立场。"这个评价我能认同一半，我"所持的批判立场"是从今天的价值层面说事。从历史过程来说，我坚持了两个基本进路：其一是历史事实问题，我说的诸子政治思想基本归宿于君主专制，自信这个结论是有充分依据的。其二，我并没有完全否定君主专制在当时的作用，相反，在"矛盾的陈述"中我给予了程度不同的肯定。

其他诸多具体问题的思路这里不能一一陈述。

中国传统社会的特点是政治权力支配社会。因此，传统思想文化的核心也必然是政治。

原载《首都师范大学学报（社会科学版）》，2013年第5期

历史认识论

关于历史发展的动力问题*

一、问题的提出

在历史研究与教学中,如果谈到有文字以来文明社会历史发展的动力是什么,人们会毫不犹豫地回答:是阶级斗争。的确,把阶段斗争看作阶级社会发展的动力,比起把历史单单归结为生存斗争的差异极少的阶段,就更有内容和更深刻得多了。阶级斗争理论在马克思主义全部学说中占有极其重要的地位。经典作家极其重视阶级斗争在历史发展中的作用,称阶级斗争是"历史的直接动力","社会变革的巨大杠杆",是政治变革的基础,并且最终决定一切政治变革的命运,是历史发展的"原动力",等等。

但是,马克思主义经典作家还谈到生产力是历史发展的最终决定力量。生产力表示人同自然的关系。所以,我们又可以把这种人类征服自然的斗争称之为生产斗争或生产活动。

生产斗争是人类活动最基本的内容,是其他一切历史活动的基础。马克思和恩格斯在《德意志意识形态》中指出:"我们首先应当确定一切人类生存的第一个前提也就是一切历史的第一个前提,这个前提就是:人们为了能够'创造历史',必须能够生活。但是为了生活,首先就需要衣、食、住及其他东西。因此,第一个历史活动就是生产满足这些需要的资料,即生产物质生活本身。同时这也是人们仅仅为了能够生活就必须每日每时都要进行的(现在也和几千年前一样)一种历史活动,即一切历史的基本条件。" ①

生产斗争又是推动历史发展的根本动力。恩格斯指出:"迄今为止在历史著作中根本不起作用或者只起极小作用的经济事实,至少在现代世界中是一

* 本文与王连升合作。

① 参见《马克思恩格斯选集》。

个决定性的历史力量。"①恩格斯在概述关于历史的动力时曾这样写道:"用'历史唯物主义'这个名词来表达一种关于历史过程的观点,这种观点认为一切重要历史事件的终极原因和伟大动力是社会的经济发展、生产方式和交换方式的改变、由此产生的社会之划分为不同的阶级,以及这些阶级彼此之间的斗争。"②很显然,恩格斯是把"经济发展"列为"伟大动力"之首的。可见,马克思主义经典作家在肯定阶级斗争是历史发展动力的同时,还认为生产斗争是更为重要的最终的动力。

正因为如此,马克思主义经典作家一向极为重视对经济史的研究,把它放在历史研究的首要地位。马克思和恩格斯指出:"人们所达到的生产力的总和决定着社会状况,因而,始终必须把'人类的历史'同工业和交换的历史联系起来研究和探讨。"③他们严厉批评了为剥削阶级服务的从来不把物质力量作为历史动力的历史观,指出:"过去的一切历史观不是完全忽视了历史的这一现实基础,就是把它仅仅看成与历史过程没有任何联系的附带因素。根据这种观点,历史总是遵照在它之外的某种尺度来编写的;现实的生活生产被描述成某种史前的东西,而历史的东西则被说成是某种脱离日常生活的东西,某种处于世界之外和超乎世界之上的东西。"④马克思和恩格斯对当时德国史学界那种轻视生产史研究的现象感到愤慨,说他们从来没有对物质资料生产在历史中的重要性做过研究。所以,他们也就从来没有为历史提供世俗的基础,因而也从来没有一个历史学家。与此相反,对于那些在这方面做过任何尝试,哪怕是极幼稚的、非常片面的尝试的历史学家,马克思和恩格斯都给予了肯定的评价。例如他们说:"法国人和英国人尽管对这一事实同所谓的历史的联系了解得非常片面(特别因为他们受政治思想的束缚),但毕竟做了一些给历史编纂学提供唯物主义基础的初步尝试,首次写出了市民社会史、商业史和工业史。"⑤1890年恩格斯在给康·施米特的信中所说的"必须重新研究全部历史"⑥,首先是从这个意义上提出来的。

回顾我国史学界以往的研究与教学,我们认为存在着一个普遍倾向,即重视阶级斗争这一理论的研究和应用,而忽视关于生产斗争在历史发展中的最终决定作用的阐发,甚至有本末倒置的现象。如有的同志把阶级斗争看作是推动生产力发展的根本动力就是明证。因此我们认为,完整地、准确地领会

---

①②③④⑤⑥ 参见《马克思恩格斯选集》。

和运用马克思主义关于历史发展动力问题上的论述,纠正我国史学界多年来存在的这种偏向,是进一步提高历史研究和教学水平的关键之一。为此,我们愿意提出一些不成熟的意见,以期引起人们对这个问题的重视。

二、生产斗争是历史发展的最终动力

生产斗争是历史发展的最终决定力量。人们所熟知的生产力决定生产关系的性质及其变革的原理,就是生产斗争的决定性作用的鲜明体现。但是这个最基本的原理却被林彪、"四人帮"颠倒了。近来许多同志著文拨乱反正,从经济学和哲学上对这个问题有所澄清。这里我们仅就研究中的几个历史问题,略述浅见。

关于生产力与社会性质的关系问题。

在人类进入阶级社会之后,无论依次更替出现的哪一种社会形态,都不是仅有一种生产关系存在,而是同时存在着一种以上的不同性质的生产关系。究竟哪一种生产关系是主导的,决定着社会的性质,这是由生产力的性质与发展水平决定的。例如,在原始社会瓦解过程中,不仅出现了奴隶制,也还出现过带有封建因素的劳役制。为什么历史选择了奴隶制,而不是封建制呢?这是因为生产力还十分低下,奴隶制的生产关系最适合生产力发展的需要,而且也只有奴隶制才能保证剥削者获取剩余劳动。

一定水平的生产力决定着一定的社会生产关系,这正如马克思所说:"手推磨产生的是封建主为首的社会,蒸汽磨产生的是工业资本家为首的社会。"①马克思所揭示的这一客观规律,我们应当在历史研究中认真加以应用,以期做出符合历史实际的科学结论。迄今为止,关于中国古代社会性质分期问题的讨论,比较侧重于生产关系方面的研讨,这是很必要的。但是有关生产力及其如何决定生产关系方面的问题,讨论得还很不深入,这恐怕是各种主张莫衷一是的症结之一。

关于生产力与革命性质的关系问题。

人类历史上曾发生过无数次革命,其性质可分为两种:一种是引起社会形态发生根本变化的革命;一种是在同一社会形态内部引起社会关系量变或

---

① 参见《马克思恩格斯选集》。

部分质变的革命。①这两种不同性质的革命都是由生产力性质与发展水平决定的。

　　人类历史上依次发生的四次引起社会形态变化的革命，都是新的生产力和反映新的生产力发展要求的阶级要突破旧的生产关系的束缚，为自己发展开辟道路而进行的斗争。在历次这样的社会革命中，都不同程度地发生过复辟反复辟斗争。新的阶级之所以能取得最后胜利，新的社会制度之所以能够得以巩固，最根本的原因不是靠政治权力，而是由于它所代表的生产力得到了充分发展的结果。如欧洲资产阶级革命之后曾多次发生过复辟反复辟的斗争，只是到了产业革命之后，封建势力复辟的企图才最后化为乌有。列宁说，社会主义要最后战胜资本主义，就必须创造比资本主义高得多的劳动生产率。

　　与上述革命不同的还有另外一种革命，即在漫长的奴隶社会、封建社会和资本主义社会中，曾发生过无数次的奴隶起义、农民起义和工人阶级的斗争。这些起义和斗争，即使发生在一个社会的初期，如秦末农民大起义、资本主义上升阶段发生的工人反对资本家的斗争等，就其本质来说，也是生产力与生产关系的矛盾的表现。以剥削为基础的生产关系在其上升时期，尽管基本上适合生产力的发展，但同时又有束缚生产力的、与生产力相矛盾的一面。生产力要得到不断的发展，从一开始就必须同与生产关系相矛盾的这一面做斗争。但是单纯的奴隶斗争和农民斗争，最后的结局总是归于失败，最根本的原因就在于他们不是新生产力的代表者。

　　关于生产力的发展同一个社会形态发展的阶段性问题。

　　在人类历史上曾经存在过的或者今天继续存在着的每一种生产关系，都有一个从量变到质变的发展过程，这个过程表现出它本身所固有的阶段性。而造成这种阶段性的根本原因就是不断发展的生产力。手工工厂时期的资本主义生产关系同现代以自动控制为标志的技术革命后的资本主义生产关系，虽然根本性质都一样，但又有极大的差别。这就表现出资本主义发展的阶段性。最初的资本主义生产关系，尽管打着深刻的封建烙印，但在当时却是进步的、革命的。现代的资本主义生产关系，虽然脱净了封建的痕迹，但它的本质

---

　　① 蔡美彪同志在《对中国农民战争史讨论中几个问题的商榷》一文中，提出过"两种不同性质的革命"问题，我们基本上是同意的。蔡文载《历史研究》，1961 年第 4 期。

却是没落的。这是因为生产力的发展及由此形成的生产的社会化同生产资料私人占有之间的矛盾更加尖锐了。拿中国历史来讲,至今我们对我国奴隶社会和封建社会内部的阶段性不能做出科学的划分,也是由于我们对我国古代的生产力发展史仅有皮毛之见。

历史发展的事实告诉我们,在一个社会内部,一种生产关系量变的速度和质变的程度,同生产力发展的快慢成正比。奴隶社会和封建社会内部生产关系的变化比资本主义要缓慢得多,因为生产力的发展没有重大突破。

关于生产力与历史发展不平衡问题。

无论从世界范围看还是从一个国家范围看,同一个时期、同属一种社会形态的性质相同的政权,在不同的地区或不同的民族之间,往往存在着发展不平衡的问题。造成这种情况的原因固然是多方面的,但其中最根本的原因应该说是由于生产力发展水平不同决定的。

生产力对上层建筑也同样具有直接的最后的决定作用。

众所周知,经济基础决定上层建筑。可是经济基础究竟包括哪些内容,长期以来人们是有不同看法的。我们赞同经济基础中包括生产力这一观点。[①]我们认为在上层建筑中,有的是由生产关系决定的;有的是由生产力决定的,如尚未被运用于生产实践的自然科学思想;还有的则是由生产力和生产关系分别决定着它们的不同侧面,如教育、卫生、语言、文学艺术、管理企业的规章制度、某些思想,乃至国家机器的某些部门,等等。

拿作为上层建筑内容之一的教育来讲,一开始它就诞生在一定水平的生产力及与其相适应的生产关系的基础上。教育是由教育方针、教学内容以及相应的教学设施和教学方法等组成的。教育方针在阶级社会里是由生产关系决定的,是有阶级性的。而教学内容有的有阶级性,有的则无阶级性,如自然科学部分。至于具体学科则更为复杂,如心理学,既研究人的自然性,又研究人的社会性,可称之为边缘学科。就教学方法而言,有的有阶级性,有的是属于认识规律与思维规律在教与学上的应用,本身是没有阶级性的。自古至今,随着人类社会形态的更替,教育中那些带有阶级性的东西被不断淘汰、更新;而无阶级性的那些部分则不断得到补充、提高、完善,在历史的长河中具有连

---

① 参见王子野:《必须正确解释"基础"和"上层建筑"的概念》,《哲学研究》,1957 年第 1 期;孙叔平:《试论社会的经济基础和上层建筑》,《南京大学学报》,1957 年第 1 期。

续性、继承性。

企业管理中的规章制度无疑属于上层建筑。但它的内容具有二重性,有的由生产力决定,有的由生产关系决定。如劳动分工与协作的技术关系的规定便是由生产力直接决定的。

思想也是如此。拿哲学来说吧,哲学是对生产斗争知识和阶级斗争知识的概括。因此,推动哲学发展的力量不只是阶级斗争,还有生产斗争。哲学是如此,文化艺术思想也是如此。

因此我们认为,上层建筑同阶级性并不是必然地连在一起的,有的有阶级性,有的则无阶级性。在经济基础和上层建筑的关系问题上,那种认为生产力不能直接作用于上层建筑,只有通过生产关系的折射才能起作用的观点是值得商榷的。为什么生产斗争这种客观实践不能对观念的东西发生直接的影响呢?难道精神不是由物质而是由物质以外的什么东西决定的吗?

生产斗争的发展又是引起社会分工和经济体系变化的基本动因。在人类由野蛮走向文明大门的历史转变中曾发生过三次社会大分工。实现这些社会大分工的力量,我们只能从不断发展的生产力中去寻找。不论在任何社会中,社会劳动分工的变化,经济行业的改组,无不受生产力发展程度的制约。随着生产力的高度发展,社会用于生活资料生产所需要的劳动力在明显地减少。如世界经济发达的国家,农业生产人口只占全国人口的百分之几到十几。产业与服务业人数相比,前者下降,后者则显著上升。在产业中,技术研究人员与直接生产人员的比例也在发生着明显的变化。

不管在任何社会,生产斗争的范围与规模、生产社会化程度的高低,制约着人们之间联系的范围和交往的程度。在古代,人们对自然界的狭隘的关系制约着他们之间的狭隘的关系,而他们之间的狭隘的关系又制约着他们对自然界的狭隘的关系。当生产力发展到资本主义时代,人类便进入了世界性的交往的新纪元。

再有,城乡、工农、脑体劳动三大差别的出现及其最后消失,最终也是由生产力发展水平决定的。例如,在生产的力源主要靠人力时,脑力劳动与体力劳动的差别最为明显。而在现代高度发展的自动化的生产过程,生产者已变成以脑力劳动为主,体力劳动为辅了。总之,技术越发展,越要求生产者有较高的知识,劳动与科学也就更为密切地结合。

从更加具体的事实上讲,如家庭、生活方式和生活习惯等方面的变化也无不受着生产斗争直接或间接的影响。小生产决定了一种自由散漫的小家庭生活,大生产却使家庭生活越来越社会化和制度化。

生产力实在是一种最活跃的力量,它渗透到人类历史的各个领域,甚至人类思维能力的发展,在很大程度上也是由生产斗争直接推动的。恩格斯说过,人的思维的最本质和最切近的基础,正是人所引起的自然界的变化,而不单独是自然界本身;人的智力是按照人如何学会改变自然界而发展的。今天,现代技术特别是电子技术,不仅是人类高级思维的标志,而且又大大扩展了人们的思维能力。

总之,生产斗争是一种普照的光,是历史发展的根本动力,是一切历史变革的终极原因。

三、生产斗争与阶级斗争的关系

生产斗争和阶级斗争是各因不同的基础而产生的两种矛盾运动,各有自己的运动规律,都是推动历史发展的动力。但是两者的作用并不是平行的。从历史总过程看,生产斗争决定着阶级斗争。这主要表现在:

第一,生产力的一定发展水平是阶级产生的基础。

第二,生产力的一定发展水平,是决定阶级状况及其历史形态变化的基础。以资本主义时期阶级关系变化为例。手工作坊和手工工厂时期所造就的是以商业资本家为首的早期资产阶级和手工工人为主体的工人阶级。产业革命一方面使产业资本家取代商业资本家而成为资产阶级的首领,另一方面产业工人则成为工人阶级的核心。近几十年来以自控为标志的生产力的新发展,使资本主产社会阶级构成又发生了新变化。总之,在阶级社会,每个阶级的状况及其历史形态的变化只能从生产力的变化中寻求其最终的原因。

第三,生产力的状况及其发展,是不同阶级历史命运、兴亡成败的基础。一个阶级的历史命运不取决于它的人数多少,而是依其是否代表新的生产力和能否组织生产、发展生产而定。按人数,农民远远超过了地主,农民的革命斗争一次又一次推翻过封建统治,他们幻想过“平均”和无剥削的生活,张鲁、钟相、杨么、洪秀全并为之做过令人赞叹的试验,但最后都以失败而告终。农民的血汗肥沃了大地,他们撒下的种子却总是被他人收获。原因就在于他们使用的铁锄和牛犁是创造不出一个新天地的。

从历史发展的全过程考察,所有的社会革命,特别是无产阶级革命以前的社会革命,只是改变了不同阶级在社会中的地位,促使一定的阶级或兴或衰。而真正使一定阶级兴盛或最后从历史上消失的原因,还是生产力的发展。例如,封建主义革命,使地主阶级成为社会的统治者,但终封建之世,一直存在着奴隶制。其原因就在于封建社会生产力的发展没有为彻底消灭奴隶制提供基础。资产阶级革命后,封建地主虽然在很长时期还存在,但由于生产力的高度发展及在此基础上展开的工人农民的反抗斗争,在那些高度发展的资本主义国家,终于把封建地主送进了历史博物馆。

第四,生产力的高度发展是最后消灭阶级的基础。当然,要消灭阶级必须有无产阶级专政这个条件。但消灭阶级这件事本身并不是从无产阶级专政中产生出来的。只有在无产阶级专政条件下,使生产力得到高度发展,才能为消灭阶级准备好物质基础。

阶级斗争可以给生产斗争以巨大的反作用。这种反作用,是以生产关系的作用为基础的。阶级斗争的高级形式是武装斗争,是夺取政权、巩固政权。然而政权问题不是阶级斗争的最终目的, 阶级斗争最终归结为是解放生产力,还是阻碍生产力的发展。

如上所述,生产的一定发展水平是阶级产生、阶级关系变化和阶级消灭的基础和决定力量,而阶级斗争、革命阶级反抗和改革落后生产关系的斗争又推动了生产的发展。那么,生产斗争与阶级斗争是不是互为动力呢?我们认为,在一定历史条件下和一定历史时期内是这样的,但从历史总过程来考察,则不能说两者互为动力。因为:第一,生产斗争最终决定着阶级的构成,并且是阶级斗争的基础;第二,生产斗争与人类相始终,而阶级的存在仅仅同生产发展的一定历史阶段相联系;第三,阶级斗争不总是推动生产发展的动力。落后阶级向先进阶级的斗争就不是动力,而是阻力。先进阶级向落后阶级的斗争一般说来对生产的发展起着推动作用,但有时方针、政策错误也会妨碍生产力的发展。从社会主义向共产主义过渡看,无产阶级专政不过是达到消灭一切阶级和进入无阶级社会的过渡。很明显,社会主义发展到一定阶段,阶级存在的本身将成为生产力发展的障碍。在社会主义的高级阶段,生产的发展不再是以阶级斗争为动力,而是要求阶级走向消灭。当然,到了那时生产关系对生产力仍会有不适应的方面,但这属于另外的问题了。

生产斗争虽然从根本上制约着阶级斗争,但两者作用的范围和形式又不相同。

生产斗争是推动历史发展的最终动力,是人类赖以生存的基础。但在剥削阶级占统治地位的社会中,它只能推动人们的社会关系发生量变和部分质变,并为根本质变准备客观物质前提。生产斗争本身不可能直接改变社会的性质。只有基于生产力发展需要的阶级斗争才是推动整个社会关系得到改造,引起社会性质的变化,为生产力的发展开辟道路的直接动力。但是最彻底的革命既不能随意废弃已有的生产力,又不能离开原来生产力水平任意创造一种新的生产力。

在马克思主义产生以前,人类进行的生产斗争或阶级斗争,总的来说还带有自发的性质。马克思发现了人类历史发展规律,使无产阶级成为自觉的阶级。在无产阶级争取全人类解放的斗争中,对生产斗争与阶级斗争从来都是十分重视的,只是由于历史条件的不同而强调的方面不一样罢了。

在无产阶级夺取政权之前,生产资料虽然不掌握在无产阶级手中,但对生产上的每一次进步,马克思主义者都是给予肯定的。马克思主义是把技术进步作为无产阶级争取解放的必要物质前提来看待的。当然,在资本主义条件下,无产阶级不能从生产的进步中自发地获得解放,只有自觉地进行阶级斗争,才能给自己开辟解放的道路。所以,在资本主义条件下,无产阶级只能把阶级斗争提到首位,团结广大劳动人民为推翻资本主义制度而斗争。

无产阶级夺取政权之后情况发生了根本变化。一方面,社会主义还存在阶级和阶级斗争;另一方面,无产阶级不仅是生产者,同时又是生产资料的所有者和生产的领导者。在新的历史条件下,无产阶级就不能只抓阶级斗争,而必须根据客观形势的发展,逐渐把工作的着重点转移到生产斗争方面来。要用辩证统一的观点领导阶级斗争和生产斗争。无产阶级为夺取政权而进行的斗争,目的是为了解放生产力;无产阶级掌握了政权之后所进行的斗争则必须保证生产力的迅速发展。如果在某个时期所进行的阶级斗争,没有促进生产力的发展,没有能逐步提高人民的物质与文化生活水平,没有促进毛泽东同志所说的那种生动活泼的政治局面的实现,那么人们就有理由提出问题:这种斗争是无产阶级的斗争吗?或者方针政策是正确的吗?

共产主义运动的经验告诉我们,既要反对"庸俗的生产力论",又要反对"庸俗的阶级斗争论"。

第二国际叛徒考茨基之流"庸俗生产力论"认为,只要生产力充分发展了,不必革命,也不需要无产阶级专政,社会主义就会从生产的发展中自然而然地长出来。这无疑是背叛马克思主义的修正主义谬论。

与此相反,林彪、"四人帮"是在无产阶级专政条件下出现的"庸俗阶级斗争论"者。他们鼓吹"阶级斗争"达到疯狂的程度,事事、时时,无一不是"阶级斗争",唯独不准讲生产。他们胡说什么"革命搞好了,生产自然而然就上去了"。谁抓生产就给谁扣上"唯生产力论"的帽子,好像人们只要搞"革命"就可以不吃饭。林彪、"四人帮"经营了那么多年的"革命",结果使国家陷入了经济崩溃的边缘。这就充分证明了这种"庸俗阶级斗争论"的反动性,也彻底暴露了林彪、"四人帮"反对社会主义的反革命面目。

四、历史研究中存在的问题与建议

回顾以往的历史研究与教学,我们认为存在一个重要问题,即没有把生产斗争是历史发展的最终决定力量这一观点作为指导思想,或没有给予足够的重视,甚至把这种观点当作反马克思主义的东西进行了批判。

过去我们强调以阶级斗争的观点为指导研究历史,是完全必要的、正确的。有不少同志在探讨阶级状况与阶级斗争时,程度不同地研讨了生产力状况对阶级与阶级斗争的影响,取得了可喜的成绩。但总的来说,这方面的研究是很不够的,缺乏理论的自觉性。至今研究中国生产力发展史的著述甚少就是明证。一些通史或断代史著作虽都有专门章节叙述各时代的经济状况,也有一些关于科技的论述,但一般地说,还都限于"平面性"的介绍,或只对事情本身进行考察,远没有把它作为历史进程的最终决定力量,同生产关系、阶级状况以及社会各方面的生活有机地联系起来进行考察和分析。这些问题,我们认为是属于前进中的问题。

林彪、"四人帮"鼓吹的"庸俗阶级斗争论"对史学研究干扰破坏十分严重。在他们横行的那些年代,不准广大史学工作者去学习领会马克思主义有关生产力在历史发展中的作用那些极其重要的论述,不允许讲生产斗争对历史的推动作用,"文化大革命"前探讨这方面的文章,几乎统统被当作修正主义、经济史观而遭到批判。

在过去很长一段时间里,阶级斗争成了历史发展的唯一动因,一切都要从这里做出最后的说明。这十几年来编写的许多历史书籍,纲是阶级斗争,目还是阶级斗争。阶级斗争的地位真是扬扬赫赫,生产斗争则几乎完全成为附属物。

我们认为历史学领域出现的这种偏向,已严重地影响了史学研究的发展。为了改变这种情况,我们建议:

开展对历史唯物主义基本原理的讨论,历史发展动力问题就是应该进行讨论的题目之一。

开展对生产力发展史的研究,特别是对它的作用,力求有血有肉地揭示出来,消除当前存在着的概念化的毛病。

在研究的基础上,改进目前史学著作"分割式"的论述方法。这种"分割式"严格地说还是一种形式逻辑的分类法,割断了事物的内在联系。我们应力求做到叙述的逻辑要反映历史的过程,理论应从历史事实中引申出来。

原载《教学与研究》,1979 年第 2 期

论秦始皇的是非功过 *

古往今来,对秦始皇有两种不同性质的评论:一是借秦始皇来表达某种政治见解或主张,这可叫作史政论。史政论不属历史科学,但从性质上讲,却有革命与反革命之分。一是作为历史研究对象,进行历史评价。

"四人帮"评论秦始皇是典型的反革命的史政论,谬论百出,荒诞不经。然而他们却凭借手中掌握的舆论大权,使这股妖风一度弥漫整个思想界,冒充研究历史,控制了史坛,取消了人们把秦始皇作为一个历史人物进行评价的权利。我们这篇文章,旨在根据历史唯物主义的原则,对秦始皇做一番自由的、实事求是的讨论。

一、关于秦统一中国的主要原因问题

秦朝是我国历史上第一个从封建割据走向封建统一的王朝,秦始皇又是这个王朝的"始皇帝"。因此如何看待秦统一的主要原因,是把秦始皇置于什么基础之上的一个根本问题。

关于秦朝统一的原因,人们曾经从政治、经济、文化、民族、历史传统等各个方面进行过探讨。但对秦朝统一的主要原因,大家的看法却很不一致。在各种不同的观点中,最为流行的一种见解是,认为秦始皇统一中国顺应了人民的要求,符合人民的愿望,为了巩固封建生产关系,促进社会生产力的发展。这样一来,秦始皇的形象顿时就高大起来了。

果真人们有美好的愿望,就必定会得到甜蜜的果子吗? 人们要求什么,社会之神就一定恩赐什么吗? 事实证明,历史并不是这样。严格地说,历史不是按照人们的愿望前进的。在阶级社会里,像人们所占物质资料的差异悬殊一样,人们的愿望也极不一样,究竟按谁的愿望走? 即使说人们都希望统一,那

---

* 本文与王连升合作。

么到底由谁来统一呢？单单为争统一本身就会引起一场殊死的搏斗。退一步讲，在当时的情况下就是有统一的愿望、要求，也只能处于自发的和分散的状态。这种自发的、分散的愿望和要求，不通过一定的形式集中起来，在任何重大的历史变动中都不可能起什么重大作用。就事实而论，到目前为止，我们还没有发现处于无权地位的人民有过什么为争取统一而联合起来的实际行动。恰恰相反，在战国的史籍中，到处可以看到劳动人民厌战、避战、逃战等反对兼并战争的事实。因此，说秦始皇统一中国是顺应了人民的要求、愿望等，只不过是一种推想罢了。至于说秦始皇统一是为了巩固封建生产关系，促进社会生产力的发展，则更是令人难以信服。如果此说可以成立，岂不是说地主阶级已经进入了自觉地、有计划地、有目的地从事创造历史的自由王国！很显然，这种把秦始皇现代化的说法根本不符合历史事实。

究竟什么是秦统一中国的根本原因呢？我们认为，这只能从封建生产方式的经济运动中去寻找。

西周奴隶制时代，土地所有权与分封制相联系，表现为奴隶主阶级的多极占有，而周天子拥有实际上或名义上的最高所有权。所谓"溥天之下，莫非王土；率土之滨，莫非王臣"便是西周松散的统一的基础。进入春秋以后，周天子式微了，也失去了土地最高所有者的资格，诸侯及卿大夫们走到了历史的前台。与此同时，受到封建生产关系发展的刺激，诸侯与卿大夫之间为了争夺土地和人口打红了眼。正像楚子反所说："诸侯贪冒，侵欲不忌，争寻常以尽其民。"①争夺之激烈，竟至"疆场之邑，一彼一此，何常之有"②的地步。郑攻陈、陈告郑于晋（晋为霸主），晋责问郑："何故侵小？"郑反驳说："昔天子之地一圻（方千里），列国一同（方百里），自是以衰。今大国多几圻矣！若无侵小，何以至焉？"③把晋问得无言以对。大国吞并小国就是这一运动最明显的结果。据历史记载，齐灭掉三十五个小国及一些部落④，楚灭掉四十余国和一些部落⑤，晋灭掉二十余国，征服四十余国⑥，秦益国二十，开地千里⑦。诸侯对以周天子为

①《左传》成公十二年。

②《左传》昭公元年。

③《左传》襄公二十五年。

④参见《荀子·仲尼》。

⑤参见《吕氏春秋·直谏》。

⑥参见《吕氏春秋·贵直》。

⑦参见《史记·李斯列传》。

轴心的统一来说是分裂割据，而各诸侯国灭掉许多小国，扩大自己的势力范围，又是地区性的统一。春秋初期有一百多个诸侯国，到春秋战国之际，由于兼并和伴随着地主阶级夺权，形成了七个大国，大国中间还夹存着十几个小国。这些诸侯在他们所管辖的范围内，不仅占有众多的土地，而且对全部土地拥有最高支配权。诸侯们把多数的土地通过授田制分配给农民耕种，一部分分封给亲戚功臣，形成封建的多极所有，还有一部分赏赐给功臣、武卒，这部分逐渐变成个人的私产。所以在当时的土地运转中，诸侯（封建国家）处于枢纽的地位。土地和人民既是国君财政的渊薮，又是用来进行政治活动，调动臣民为自己所用的资本。正如韩非所说："夫上所以陈良田大宅，设爵禄，所以易民死命也。"①"夫陈善田利宅所以战士卒也。"②《管子》也有类似记载："良田不在战士，三年而兵弱。"③土地既是财源，又是换取臣民力量的交换物，所以诸侯视地为宝，"地者，人主所甚爱也"④。孟子也说："诸侯之宝三：土地、人民、政事。"⑤对君主来说，为臣的责任就是要"尽力竭智，欲以为王广土取尊名"⑥。所以，"尊主、广地、强兵"⑦，这三者就像连环套一样循环不已。战国时期犹如飞轮转动式的战争，都是围绕着争夺土地和人口展开的，强者如果不把弱者吞并掉是决不罢休的。当时的君主及一些思想家和游说之士曾不断谈到统一问题，用他们的语言来说，叫作"霸王""霸王之业""帝""一天下""定于一""天子""兼天下""尽亡天下""并诸侯""吞天下""称帝而治""跨海内制诸侯""地无四方，民无异国""天下为一"等。这些不同的称呼反映着一个问题：各诸侯争为天下之主。诸侯们争吞天下的目的是什么呢？除了"天之所覆，地之所载，莫不尽其美，致其用"⑧之外，不可能有别的目的。

秦始皇也不例外，唯一不同的是，他比他同时代的任何人在这同样的轨道上都跑得快。顿弱说："秦帝，即以天下恭养。"⑨战国末年其他说客们也都很

---

① 《韩非子·显学》。
② 《韩非子·诡使》。
③ 《管子·八观》。
④ 《战国策·秦策三》。
⑤ 《孟子·尽心下》。
⑥ 《战国策·魏策二》。
⑦ 参见《战国策·赵策二》。
⑧ 参见《荀子·王制》。
⑨ 《战国策·秦策四》。

明白，秦"非尽亡天下之兵而臣海内之民，必不休矣"①。尉缭甚至在秦国也直言不讳地说：如秦王"得志于天下，天下皆为虏矣"②。在统一以后，秦始皇自己也说得很明白："六合之内，皇帝之土"，"人迹所至，无不臣者"。③这些话同统一前别人对他的分析是完全一致的。

经济上的兼并运动决定着统一，这在战国各国君主那里是如此。那么为什么秦始皇能够完成统一，而东方六国国王们统一的美梦却破灭了呢？这仍然需要从秦内部的经济运动中去寻找原因。我们认为，秦能够统一的因素很多，但它能严格地按照军功爵和公爵进行赏罚，是诸种因素的基础。秦自商鞅以来一直贯彻执行的军功爵制度，使全国上下军民都纳入了战争的轨道，而且这种多等级制吸引着每一个人来发挥自己的最大能量。这种制度之所以有威力，关键在于它是由国家不断进行财产和权力再分配的基本形式，各级爵位的实际利益是落实在土地、赋税、徭役的分配及个人身份升降等之上的。这正如荀卿所说："秦人其生民也狭厄，其使民也酷烈，劫之以势，隐之以厄，忸（习惯）之以庆赏，酋（制裁）之以刑罚，使天下之民所以要利于上者，非斗无由也；厄而用之，得而后功之，功赏相长也；五甲首而隶五家，是最为众强长久，多地以正，故四世有胜，非幸也，数也。"④这段话清楚地告诉我们，秦的统治者是怎样利用土地、租税、爵位等调动臣民的战斗力，"使天下之民要利于上者，非斗无由"的。用经济手段调动了臣民的力量，打了胜仗又使秦国获取更大的利益，如此循环，这就是秦强和秦始皇完成统一的基本原因，并吞诸侯的秘密基础。

既然秦的封建统一和中央集权制国家的建立是封建经济运动的产物。因此，统一中央集权更有利于地主阶级，特别是便于君主对农民的掠夺与压迫。在农民未联合起来以前，封建统一的中央集权越强大，就愈有利于地主阶级宰割那些分散的个体的农民。这是封建统一中央集权的最本质的一般表现。

从我国历史上看，封建统一所直接继承的历史条件，大体有三种情况：一是经过长期的封建割据与兼并而形成的统一；二是在民族政权分立的基础上，互相兼并而形成的统一；三是农民大起义推翻了前王朝，沉重打击了地主阶级势

---

① 《战国策·魏策三》。

②③ 《史记·秦始皇本纪》。

④ 《荀子·议兵》。

力之后,由地主阶级再建的封建统一,这种历史背景的差异,对统一后统治者所实行的政策是有直接影响的。秦的统一属于第一种情况。这种统一所形成的过程,一般地说,没有削弱地主阶级的势力,相反,是在地主阶级势力竞争和发展的基础上实现的。所以在统一之后,地主阶级对农民的压迫与剥削往往表现得更为残暴和肆无忌惮。秦统一后,秦始皇的所作所为就是最好的说明。

秦始皇统一中国之功是卓著的,但认为秦始皇统一代表了人民的要求、为了促进社会生产力发展等观点,则是站不住脚的。我们认为,秦始皇统一后所实行的政策,从本质上与主流看,是他争统一过程中所实行政策的继续和发展。且看秦统一后的事实是怎样反驳上述观点的吧。

二、从社会实际效果来检验秦始皇政策、措施的意义

秦始皇统一中国后,又实行了一系列与这种统一相辅相成或为了巩固中央集权统治的政策、措施。例如,始皇二十六年,"分天下以为三十六郡,郡置守、尉、监","收天下兵","一法度衡石丈尺","车同轨","书同文字","徙天下豪富于咸阳十二万户"。二十七年,"治驰道"。三十一年,"使黔首自实田"。三十四年,"焚书"。三十五年,"坑儒"。与此同时,北征匈奴,筑长城,南成五岭,五次巡游等[1],显赫的事件排满了秦始皇的日程表。

有相当多的历史学家在自己的著作中和讲堂上,几乎众口一词,无不称赞秦始皇的这些政策、措施,认为它有利于经济、政治、文化的发展。

但是人们常常向历史学家们提出,赫赫的秦朝何以短祚?经济文化的发展又表现在哪里?秦始皇既然做了那么多顺应历史发展的事业,为什么在他活着的时候就发生了农民暴动,而死后不到一年就爆发了全国性的农民大起义?这风云突变,如何解释?我们究竟用什么样的标准去衡量去分析秦始皇的政策与活动呢?

我们认为,评论历史上一种政策、措施及其制定者的功过时,主要应根据当时历史实践进行综合考察。

应该说,秦始皇所采取的政策、措施,其中有一些是有利于经济文化发展的。然而是什么原因没有能够使这些政策、措施发挥作用,成为维系秦王朝长治久安的纽带,反而湮没在愤怒的声浪中呢?这就说明,一种好的政策的实

---

[1] 参见《史记·秦始皇本纪》。

施不是孤立的,必须有相应的措施、政策予以保证。如果有一些与之相反的政策或举动,双方不仅会有抵消作用,而且力量大的一方势必压倒另一方。任凭错误的政策和行为无限度泛滥,好的政策、措施就会黯淡无光,甚至根本失灵。

车同轨、修驰道、统一度量衡等措施,照理讲应有利于经济文化的交流,特别是对商业的发展具有重大意义。但秦始皇用强大的中央集权和严密的什伍组织控制人民的迁徙自由,奉行比重农抑商更为严峻的"除末"政策,谪发贾人戍边,压制商业,使驰道不是通往经济繁荣、文化交流的康庄大道,而主要成为秦始皇吸吮人民血汗的大动脉和调兵遣将,运输军需,押送囚徒的干道。

"书同文字",这无论如何评价,它本身是符合文化发展规律的。但文字毕竟只是交际的工具,文化的内容却要广泛得多。秦始皇奉行"以吏为师"的政策,要人们只学法律,这就不是发展文化,而是窒息文化了,书同文变成了秦始皇推行封建文化专制的工具。

"使黔首自实田""上农"政策和徙民垦荒等,对进一步巩固封建私有制和提高农民生产的积极性本应有积极意义,但秦始皇却滥用民力,头会箕敛,使农业生产力发展的可能性完全遭到破坏。

"焚书""坑儒",十几年来几乎都说是秦始皇反复古、反分裂、坚持改革、维护统一的一项重大措施,评价更高者则认为是一次具有反复辟性质的政治思想革命。事情果真是这样吗?还是对事情的过程与效果进行一番考察吧。

始皇三十四年,秦始皇置酒咸阳宫,博士七十人上前祝寿,仆射周青臣进颂说:"他时秦地不过千里,赖陛下神灵明圣,平定海内,放逐蛮夷,日月所照,莫不宾服,以诸侯为郡县,人人自安乐,无战争之患,传之万世,自上古不及陛下威德。"秦始皇听了喜形于色,没料到博士淳于越迎头泼了一瓢冷水,他建议应分封子弟功臣为枝辅以防大臣篡权, 惊告:"事不师古而能长久者,非所闻也。"又指出周青臣"面谀以重陛下之过,非忠臣"①。秦始皇让群臣讨论淳于越的意见。随之,李斯发表了著名的"焚书"议,当即得到秦始皇的准许,付诸实行。

就李斯提倡"师今",反对淳于越"师古"而论,无疑是对的。但考察一下事件的全部就会发现,出发点是对的,而落脚点却大谬。从焚书内容看,把非秦纪的史书和"诗书百家语"统统烧掉,显然过了头。那种认为焚书是为了统一,

---

① 《史记·秦始皇本纪》。

163

把百家争鸣同统一看成是格格不入的观点是不符合历史事实的。法家主张统一，儒家如孟轲、荀卿等又何尝不主张统一？淳于越的建议尽管迂腐，其心还是向着秦始皇的。"统一"不应是"统死"，特别在思想上更不能"统死"。禁绝百家，以吏为师，从根本上窒息了人们的思想，堵塞了对事物进行探讨之路，扼杀了文化的发展。"焚书"的直接结果，是把秦始皇的极权推向了更高峰。焚书之时已是秦始皇统治的晚年，当时社会危机已明显暴露出来。在这样的时刻，就是从秦朝统治阶级的利益出发，也应该让臣下七嘴八舌，寻求对策。可是焚书却完全堵塞了言路。对统治者来说，没有不同意见，就没有比较和选择，也就失去了应变的能力。秦朝只好沿着秦始皇那些极端政策更迅速地向灭亡滑去。所以"焚书"绝不是秦始皇政治棋盘中的一步好棋。

关于"坑儒"，我们许多同志把它看作是"焚书"的继续或镇压反革命之举。为了分析这一历史公案，不妨把"招祸"那段文字摘引出来，弄个水落石出。

> 侯生卢生相与谋曰："始皇为人，天性刚戾自用，起诸侯，并天下，意得欲从，以为自古莫及己。专任狱吏，狱吏得亲幸。博士虽七十人，特备员弗用。丞相诸大臣皆受成事，倚办于上。上乐以刑杀为威，天下畏罪持禄，莫敢尽忠。上不闻过而日骄，下慑伏谩欺以取容。秦法，不得兼方，不验辄死。然候星气者至三百人，皆良士，畏忌讳谀，不敢端言其过。天下之事无小大皆决于上，上至以衡石量书，日夜有呈，不中呈不得休息。贪于权势至如此，未可为求仙药。"①

首先分析一下"坑儒"是不是"焚书"的继续。从卢生、侯生的议论看，与"焚书"事件无关。相反，他们是在焚书之后更加受到重用。秦始皇曾说："吾前收天下书不中用者，尽去之。悉召文学方术之士甚众，欲以兴太平。"②接着便讲如何器重方术之士等。事情是这样的乖戾，受青睐的方士也起来批评秦始皇了！秦始皇火冒三丈，勒令追查，结果把那些心怀不满的儒生一并拿来问罪，很显然，儒生是被株连受冤的。③

其次，就事件的性质而论，卢生、侯生等方士求仙药是荒唐的，而他们不

---

①②《史记·秦始皇本纪》。

③ 参见《史记·秦始皇本纪》。

164

正是投秦始皇之所好吗？如果秦始皇能够幡然悔悟，不再迷信鬼神，杀了这些方士也算有些道理。然而他并没有迈出这一步。试问，有权的迷信家杀掉无权的迷信家能算是革命吗？再则，就其内容来讲，侯生、卢生对秦始皇的批评基本上是切中要害的，没有言过其实的诬罔谩骂之语。而秦始皇却以"诽谤我，以重吾不德"①为借口，搞了一场"坑儒"奇案。从社会效果看，如果坑儒之后带来了文化的新发展，我们完全可以从另外的角度来评价秦始皇的这一粗暴行为。事实上却不是这样。秦始皇以反复古为名走到了极端的文化专制，一怒之下又杀了那么多人，这难道能称得起是革命吗？

综上所述，秦始皇所采取的某些政策、措施，就单项推论，似乎无可非议；然而却被另外一些政策、措施所抵消，失去了它应有的作用，或起点不误，落脚点却走到了起点的反面。这是问题的一方面。另一方面，任何具有重大历史意义的政策、措施的贯彻执行，都必须有一个基础。这个基础，就是在一定的历史条件下，社会上的各个阶级、阶层，特别是占人口绝大多数的直接从事物质资料生产的劳动人民，能够进行起码的正常的生产活动。恩格斯在《马克思墓前的讲话》这篇著名悼文中说过："人们首先必须吃、喝、住、穿，然后才能从事政治、科学、艺术、宗教等。所以，直接的物质的生活资料的生产，因而一个民族或一个时代的一定的经济发展阶段，便构成基础。"②没有这样一个基础，想从事任何其他活动都是根本不可能的。秦始皇恰恰从总体上无情地破坏了这样的基础。他的破坏来自两个方面：

首先，秦始皇好大喜功，他超越战后秦朝物资匮乏、人丁稀疏的现实，不惜动用大量民力财力，进行一系列浩大的工程：古长城，如龙腾蛇伏，绵延万里，巍巍壮观。毫无疑问，它所表现出来的中国古代劳动人民的伟大力量和无穷智慧，仍为今天的人们所叹服。然而，这却又是秦始皇不顾"秦之初灭诸侯，天下之心未定，痍伤者未瘳"的现实，不顾百姓之急，不养老存孤，一意"筑长城亭障，堑山堙谷，通直道，固轻百姓力"的罪证。③"六王毕，四海一，蜀山兀，阿房出。……使负栋之柱，多于南亩之农夫；架梁之椽，多于机上之工女；钉头磷磷，多于在庾之粟粒；瓦缝参差，多于周身之帛缕；直栏横槛，多于九土之城郭；管弦呕哑，多于市人之言语。"唐人杜牧的这篇名作《阿房宫赋》，自然带有

---

① 参见顾颉刚：《秦汉的方士与儒生》，群联出版社，1955年。
② 《马克思恩格斯选集（第三卷）》，人民出版社，1972年，第574页。
③ 参见《史记·蒙恬列传》。

艺术的夸张。但为修阿房宫和骊山墓，动用"隐宫徒刑者七十余万人"，那是司马迁清清楚楚写在《史记》中的。新近发掘出来的秦始皇陵兵马俑，浩大的规模、威武的气派，也足证史记之不误，杜牧之合理。始皇二十八年，"为驰道于天下，东穷燕齐，南极吴楚，江湖之上，滨海之观毕至"①。这驰道，路宽五十步，每隔三丈树以青松，坦坦荡荡，这在交通很不发达的古代，也算得上是空前的交通设施了。然而这又耗费了多少民力！另外，"秦每破诸侯，写放其宫室，作之咸阳北坂上，南临渭，自雍门以东至泾、渭，殿屋复道，周阁相属"②。这又耗费多大的民力！还有戍五岭、击匈奴，又是百万之众。

不论上述这些工程、活动的性质如何，是它们的总和把人民湮没在大规模徭役、兵役的苦海里。试想，一个连简单的再生产都不能维持的朝代，无论怎样用第一个统一的王朝或某项事业有什么伟大意义来为它辩解，它也是没有继续存在的理由的。

其次，秦始皇是一个少见的暴君，他"刚毅戾深，事皆决于法，刻削毋仁恩和义"③，刑罚之严使人没有伸屈之地，真是跋前疐后，动辄得咎。我们一触及秦代的历史材料，成千上万的刑徒、罪人便迎面而来。刑徒、隐宫者、黥首者、被谪者，各种各样的"罪人"，无处不有，无时不见，平均一二十人中就有一名罪犯。④"赭衣塞路，囹圄成市"绝非虚言，整个秦王朝简直成了一个大囚场。范阳令"杀人之父，孤人之子，断人之足，黥人之首，不可胜数"⑤。就是一个典型的例子。而范阳令这种人物的出现，恰恰是秦始皇行苛法的必然结果。

就这样，秦始皇统治下的秦王朝成了一个刀光剑影、随时都可能身首异处的恐怖世界，这哪里还谈得上去贯彻推行那些有利于社会经济文化发展的政策、措施呢？

宫廷的狂欢作乐代替不了挣扎在死亡线上千百万人民的呻吟，周青臣之流的颂扬遮盖不住众生的愤怒！面对着"男子疾耕不足于粮饷，女子纺绩不足于帷幕，百姓靡敝，孤寡老弱不能相养，道死者相望"⑥。"丁男被甲，丁女转输，

---

① 《汉书·贾山传》。

②③ 参见《史记·秦始皇本纪》。

④ 秦朝罪犯仅见于史籍的不下一百多万。秦朝人口估算约二千万左右，所以不到二十人就有一名罪犯。

⑤ 参见《史记·张耳陈馀列传》。

⑥ 参见《汉书·主父偃传》。

苦不聊生,自经于道树,死者相望"①的惨景,纵然用玫瑰的颜色来描绘秦始皇的这些政策、措施,又能说明什么问题呢?

在分析秦始皇的政策、措施时,我们还应当充分估计到秦末农民提出的"天下苦秦久矣"这个口号的意义。

"苦秦久矣"这个"久"字的含义究竟是什么呢?"四人帮"及其御用史学家认为,秦始皇统治时期,"黔首安宁","黔首是富",老百姓像生活在天堂里,根本无苦,苦只是到了秦二世时才出现的。这显然是一种别有用心的胡说八道。

有一些好心的同志也觉得秦始皇统一中国功劳大,把这个"苦"字算到秦始皇的头上,似乎感到有点于心不忍;如果把它从秦始皇的账上一笔抹掉,又感到是严重地歪曲历史。于是乎就采取了一种轻重笔法,把秦始皇统治时期的农民之苦轻描淡写、一笔带过,到秦二世和赵高时期就尽量说重。这种好心,当然也不能准确地解释历史。

贾谊在《过秦论》中说过:"陈涉,瓮牖绳枢之子,氓隶之人,而迁徙之徒;才能不及中人,非有仲尼、墨翟之贤,陶朱、猗顿之富;蹑足行伍之间,而崛起什伯之中,率罢散之卒,将数百之众,转而攻秦。斩木为兵,揭竿为旗,天下云集响应,赢粮而影从,山东豪俊遂并起而亡秦族矣。"贾谊的偏见我们暂且不论,但陈涉振臂一呼,天下响应,只能是矛盾长期积累的结果,"苦久"的大爆发。

陈胜、刘邦关于"天下苦秦久矣"这个口号的提出,能使我们从阶级斗争的总和中去认识秦始皇的统治,去更深刻地分析秦始皇各项政策、措施的实际意义。

我们这样来分析秦始皇的政策、措施,是不是要全部否定呢?当然不是。我们评价历史,不仅要从当时历史的总和进行考察,而且还要从历史的总过程来考察。秦始皇的一些举动,尽管使一些好的政策、措施失去了影响当时社会的机会,但这些好的政策、措施在历史的长河中还有一定的历史地位。因为秦始皇的某些活动在一定程度上反映了历史客观过程的必然性,这种历史必然性之树所结的果实是不会因为秦朝的灭亡而消失的。只要这种历史必然性还在起作用,秦始皇的某些政策、措施就会作为历史遗产而影响后世,启发来者的头脑。秦始皇建立的中央集权的封建国家制度,由于最集中地反映了地主阶级的利益。所以,尽管被秦末农民起义及以后的农民起义多次打乱,但封

① 参见《汉书·严安传》。

167

建统治者一旦得势,总是千方百计把它恢复和健全起来。书同文、车同轨、统一度量衡是经济文化交往的工具和经济文化发展所要求的,所以,这些措施便作为历史遗产为后来的人们所继承和应用。长城在以后民族斗争中,作为防御工事还起过作用。戍五岭是推进统一多民族国家发展中的重要的历史一环。当然,这种影响和作用绝不是秦始皇的政策、措施原生形态的简单再现,而是在新的历史条件下、在新的基础上,作为历史的因素起作用。

总之,秦始皇统一中国后所采取的政策、措施及其活动,有的符合历史发展的规律,有的则违反历史发展的规律。但是后者力量大于前者,破坏了推行那些正确政策、措施的社会基础,造成那样一种令人毛骨悚然的严峻形势,对此秦始皇是要负责的。

在以往的著述中,几乎总是说秦的统一有利于经济文化发展,符合人民群众的要求,等等。这种把统一说成是绝对好的观点是不符历史事实的。在阶级社会里,统一总是同一定的政治内容联系在一起的。封建的统一比封建的战乱有可能为经济文化的发展提供一个相对稳定的政治环境。但封建的统一的中央集权也可能为统治者胡作非为、阻碍经济文化的发展提供了强有力的工具。因此,封建的统一同经济文化的发展之间并没有直接的必然的逻辑关系。秦始皇统一中国比扰扰嚷嚷的战国是个进步,但统一之后,由于秦始皇统得过死,凭借极权强行搞了那么多违背历史发展规律和超越当时人民负担能力的活动,反而窒息了社会经济、文化的发展,使广大农民丧失了起码的生活条件。因此,对秦统一要进行具体分析。

三、从英雄到孤家寡人

秦王朝从胜利到走向灭亡的历史,也就是秦始皇从英雄转变成孤家寡人的历史。对于秦始皇的这种转变,要从历史客观现实的变化和他本人品质的结合上来说明。

秦始皇是个幸运儿,他是在统一果实成熟了的时候来到果园中的。这里我们先引几段当时人对当时形势的看法。

长平之战后,国子劝齐合纵抗秦时说道:“秦伐魏取安邑,伐赵取晋阳,伐楚取鄢郢矣。逼三国之君,兼二周之地,举韩氏取其地,且天下之半。今又劫赵魏,疏中国,封卫之东野,兼魏之河南,绝赵之东阳,则赵魏亦危矣。"①

一说客对韩王说:"秦之欲并天下而王之也,不与古同,事之虽如子之事父,犹将亡之也;行虽如伯夷,犹将亡之也;行虽如桀纣,犹将亡之也。虽善事之,无益也。不可以为存,适足以自令亟亡也。"②

李斯入秦后,第一次与秦王政谈话也说道:"今诸侯服秦,譬若郡县。夫以秦之强,大王之贤,由灶上骚除,足以灭诸侯,成帝业,为天下一统,此万世之一时也。"③

从以上事实可以看到,统一航船的桅杆已经露出地平线,已为人们的目力所及了。但是,秦对东方六国战争的艰难性所造成的严酷的现实,使那些与上述论调持相反态度的游说之士,仍有活动的场所。例如,秦王政十年,齐王建入秦称臣,就遭到即墨大夫的反对,主张联合三晋及楚,"如此,则齐威可立,秦国可亡"④。即使在秦灭六国的前夕,顿弱在向秦王政献离间六国之计时也还说:"天下未尝无事也,非纵即横也。横成则秦帝,纵成即楚王。"⑤事实上,东方六国也常常在重大战役上战胜秦军,使秦始终不敢等闲视之。例如,魏安厘王三十年,即秦王政即位的前一年,无忌回到魏国,率领五国兵攻秦,大败秦军于河外,秦大将蒙骜退走。秦王政即位的第六年,韩、赵、魏、卫、楚共击秦,取寿陵。赵王迁三年,即秦王政十四年,赵国大将李牧在肥垒(今河北藁城一带)大败秦军;第二年,李牧又打败秦军于番吾(今河北灵寿县南)。至于秦始皇对楚国的战争,就更加艰苦。

你看,果子已经成熟了,然而想摘取它又是这样的艰难。这就说明,秦始皇必须兢兢业业,小心谨慎,方能争取战争上的胜利。否则,稍有大意,就会招致失败,甚至前功尽弃。现实就是这样的矛盾。而恰恰是这种不时有漩涡出现的历史潮流,成为造就秦始皇这个英雄人物的基础。

人们常常说,"时势造英雄"。那么是什么样的时势才能造英雄呢?一般地说,要具备这样两个特点:即宜人之势和逼人之势。秦始皇善于在这样的风浪中游泳,他在宜人的形势中善采其"宜",在逼人的形势下善克其"逼",表现了

---

① 《战国策·齐策三》。

② 《战国策·韩策三》。

③ 《史记·李斯列传》。

④ 参见《战国策·齐策六》。

⑤ 《战国策·秦策四》。

一个英雄人物的品格。

第一，他敢于做出灭亡六国的战略决策。当时，秦始皇面临着两种抉择：有人建议他勿灭六国，免盛极而败；有的则建议他一鼓作气，统一天下。他自己也提出过"山东之建国，可兼与"①的疑问。历史上常常有成熟的时机而被决策人物放走的事例，造成历史性的错误，人们为此而长叹。例如长平之战后，秦本可以一举而灭赵，白起就曾这样主张过。但是由于秦昭王的犹豫，这个时机悄悄从秦国那些达官贵人的身旁溜走了。秦始皇也面临着这个问题，即像李斯所说的那样："今怠而不急就，诸侯复强，相聚约纵，虽有黄帝之贤，不能并也。"②我们绝不能把李斯的话视为危言耸听之论，因为当时的确是胜负未卜的。在这样的历史转折关头，处于决策地位的人物当决而不决或决而不当，常会使历史走一段或长或短的曲折之路，这在历史上是屡见不鲜的，秦始皇在进行统一这个问题上英明果断，当决而决，正表现了他的雄才大略。

第二，军事进攻与政治上的分化瓦解配合得巧妙得当。我们纵观秦灭六国的过程，秦始皇采取了远交近攻、集中兵力、先易后难、中间突破、后扫两翼、最后灭齐的方针，在执行中又及时抓住可乘之机，灵活机动地变通主攻方向，在军事进攻的同时，配合以政治上的分化瓦解，两者结合，得心应手，加速了统一的进程。

第三，善于和敢于竭尽全力进行决战。秦灭韩、赵、魏、燕，有过艰苦的战斗，也遇到了一些挫折，但总的说来，秦军是一种势如破竹的格局。可是在秦楚战场上，情况就迥然不同了。秦始皇在灭掉韩、赵、魏、燕之后，想一口吞下楚国这块肥肉，召集满朝文武，计议灭楚大计。他认为王翦所说灭楚需要六十万人的主张，是人老怯敌之论，而轻信了那位年轻后生李信自吹自擂的话，让李信只带着二十万人去打楚国，结果几乎全军覆没。之后，秦始皇亲躬王翦乡里，请老将出征，并答应王翦提出的全部条件。在这两强决战的关键时刻，秦始皇信任部将压倒了猜忌，全力以赴的决心取代了侥幸取胜的心理，毅然倾全秦之兵交由王翦指挥，进行了这一场非胜即亡的战争。老实说，没有气吞海内的气概，是不敢做出这种决断的。

①《战国策·秦策四》。
②《史记·李斯列传》。

170

第四，善于用人，博采众议，从谏如流，落落大方。在统一期间，秦始皇身上这种杰出人物的品质表现得相当突出，他之对李斯、尉缭、姚贾等人的态度就是明证。

李斯到秦国，为秦始皇所赏识，拜为客卿的时候，正遇上韩国派郑国到秦国搞间谍活动案被发觉，秦始皇听从了宗室大臣的建议，下了一道逐客令，驱逐包括李斯在内的全部"诸侯人来事秦者"①，对此，李斯上谏逐客疏，以秦国历史发展的事实，批评了秦始皇准备实行的锁国政策。这时，秦始皇能以理智代替感情，毅然决然除去逐客令，派人追回李斯，官复原职。

尉缭在与秦始皇交谈之后，辱骂过秦始皇，说："秦王为人，蜂准、长目、挚鸟膺，豺声，少恩而虎狼心，居约易出人下，得志亦轻食人。我布衣，然见我常身自下我。诚使秦王得志于天下，天下皆为虏矣。不可与久游。"乃亡去②。可是，秦始皇依然觉得尉缭是一个人才，在当时的形势下，尉缭的计策，对于秦国之必要，如同一个人对于衣服和食物那样不可缺少。所以，秦始皇不但没有因此而恼怒，反而拜他为国尉，委以重任。

总之，在秦统一中国之前，秦始皇能认清形势，保持清醒的头脑，在朝廷上，亦能允许大臣们对问题进行反复议论，达到了这个英雄人物的最高峰。

但是，秦始皇在统一中国后，情况开始发生变化，战争的胜利、统一的成功、至高无上的皇权使他陶醉了，迅速从英雄的宝座上跌落下来，向孤家寡人的境地滑去。

在新的形势下，秦始皇对防止六国贵族死灰复燃，倒是颇有警觉性。但是形势中一个最根本的问题，即刚刚脱离战国之苦的人民，嗷嗷待哺，极需休养生息这一点，秦始皇非但没有觉察到，而是做了完全相反的估计。他到处吹嘘"皇帝之明，临察四方"，"功盖五帝，泽及牛马"；"黎庶无徭，天下咸抚。男乐其畴，女修其业，事各有序"。如此等等，不一而足。用这种虚伪的文字来掩盖男离田亩，红女赴戍的惨景。在秦始皇看来，他已泽及牛马，何况人乎？人民的一切都是他给予的，所以他也就有权向人民索取一切，不给就是负恩，负恩是应该受到惩罚的，横征暴敛与严刑苛法相佐，形成了恶性循环。人民对他所抱的一切希望都统统破灭了，秦始皇的存在完全成了那个时代和人民的对立物。

---

① 参见《史记·李斯列传》。
② 参见《史记·秦始皇本纪》。

在皇权神圣的封建时代,王本来就是超群而独立、称孤道寡的。秦始皇做了历史上第一个皇帝,当然就更加神气和威风。有一帮大臣不断制造神化秦始皇的舆论,这点只要看看议帝号那场戏和刻石上的肉麻的颂词,就一目了然了。而秦始皇本人也欣然接受了这样的恭维。当然,造成这样一个绝对权威对统治人民是有用的,但对统治集团来讲并不总是一件好事情。战国时期那种君臣相对性消失了,秦始皇在一片神化声浪中,越来越觉得自己神圣不可侵犯,当年允许臣下亢礼的风度、深听异见的作风完全消失了,再也听不进不同意见,更容不得批评。李斯曾建议他勿攻匈奴,他拒不采纳。"坑儒"之后,秦始皇的长子扶苏对他的做法提出异议,认为"天下初定,远方黔首未集,诸生皆颂法孔子,今上皆重法绳之,臣恐天下不安。唯上察之"。扶苏的劝告,根本无顶撞无冒犯之词,而秦始皇却勃然大怒,"使扶苏北监蒙恬于上郡",实际上就是施以流放罪。《吕氏春秋·骄恣篇》在总结亡国经验时指出:"亡国之主必自骄,必自智,必轻物。自骄则简士,自智则专独,轻物则无备。无备召祸,专独位危,简士雍塞。"秦始皇晚年不正是这样一位把秦国推到了亡国边缘的君主吗?

问题还不止如此。他为了能永居帝位,幻想成神成仙,最初他想皇帝的宝座由他一家独坐,要"传之万世"。但传之万世还不如他自己坐万世惬意。于是他便迷信成仙,妄想长生不死。始皇二十八年,他东巡琅邪,齐人徐市说海中有三座神山,名曰蓬莱、方丈、瀛洲,上面住着仙人。秦始皇居然信以为真,派徐市率领童男童女数千人,入海求仙人。始皇三十二年,秦始皇到碣石,又派燕人卢生寻找仙子羡门、高誓。茫茫天穹,仙人何在?在这一年,秦始皇觉得即使求得仙人,自己毕竟还不是仙人。于是"因使韩终、侯公、石生求仙人不死之药",他要亲自尝一尝不食人间烟火、做一个仙人的滋味了。不久,燕人卢生入海回来,献上上面写着"亡秦者胡也"五个大字的图书,胡诌了一通鬼神的事。"仙"迷心窍的秦始皇误认为"亡秦"的"胡"是胡人匈奴,因而便大肆进攻匈奴。更为可怜的是,从此以后,秦始皇对迷信占卜更加深信不疑。始皇三十六年,发生了一件所谓鬼神的事:秦始皇求人占卜,"卦得游徙吉"①,于是他便迁北河榆中三万家,翌年十月遵卦出游。这一年,秦始皇再至琅邪,方士徐市根本没有找到神仙的影子,十年

①《史记·秦始皇本纪》。

光阴不算短,仙人未得,耗资巨万,秦始皇应该清醒了。可是,他却继续执迷不悟,被徐市编造的另一套神话欺骗。

秦始皇晚年,疑神疑鬼,怀疑一切,只相信自己,结果自我禁锢,与世隔绝,变成了真正的孤家寡人。韩非说过:"人主之患在于信人,信人则制于人。"①秦始皇就是这一思想的实践者。始皇三十五年,卢生求仙人不得,对秦始皇胡编了一套谎言,说什么"愿上所居宫毋令人知,然后不死之药殆可得"②。大约是方士们摸透了秦始皇贵独的心理,所以就步步紧逼,结果在秦始皇身上,神仙学和法家"贵独"达到了高度结合,他自称"真人",连"朕"也不称了,命令"咸阳之旁二百里内宫观二百七十复道甬道相连,帷帐钟鼓美人充之,各案署不移徙。行所幸,有言其处者,罪死"③。秦始皇到梁山宫,从山上看到丞相李斯车骑甚众,大有自惭形秽之感。有人将此告诉了李斯,李斯便减少了随从人马。秦始皇大怒,认为是犯了他的禁忌,把在场的人全部杀死。从此以后,再也没有人知道他的行迹了。韩非主张"贞信之士不盈于十"④。秦始皇到了晚年所相信的人已经寥寥无几。始皇三十七年十月最后一次出游,重要的随从人员也只有"胡亥、丞相李斯、赵高及幸宦者五六人"⑤。出游不似深居皇宫,该是君臣朝夕相处。然而秦始皇病死沙丘,除了上面那几个人以外,其余群臣竟然一无所知。可见即便在出巡的情况下,能接近秦始皇的人也是很少很少的了。

历史事实表明,君主越是神秘,权力越是集中,这个君主就越是容易被人愚弄和操纵,他的权力也就越是容易被奸臣篡夺。《吕氏春秋·君守篇》在评述奸臣的产生时指出:"凡奸邪险陂之人必有因也。何因哉?因主之为。人主好以己为,则守职者舍职而阿主之为矣。阿主之为有过,则主无以责之,则人主日侵,而人臣日得,是宜动者静,宜静者动也。尊之为卑,卑之为尊,从此生矣。此国之所以衰,而敌之所以攻之者也。"奸臣一类人物任何时候都有,这样的毒蘑菇能否冒出来,关键是"人主所为"。赵高这个毒蘑菇应该说是由秦始皇培育出来的。

---

① 《韩非子·备内》。

②③ 《史记·秦始皇本纪》。

④ 《韩非子·五蠹》。

⑤ 《史记·李斯列传》。

四、法家与秦胜秦亡的关系

秦始皇是终生信奉法家的，统一后尽管他还崇尚五德终始说与神学迷信，可是这两种理论在秦始皇那里都巧妙地成了尊法的一种补充。五德终始证明他代周的必然性和行苛法的合理性，秦为水德，水德主阴，阴在政治上就表现为残酷的刑罚。神仙迷信同法家的"贵独"相衔接，更加神化了皇权。秦始皇对儒家总起来说不感兴趣，但对其中的封禅说，把皇帝和上帝联系在一起，他还是感到津津有味的。他是第一个搞封禅的帝王。

法家思想在秦始皇统一过程中曾起过重要作用，这是大家都公认的。但秦亡同法家是什么关系呢？历史上曾有人说秦亡于尊法黜儒。可是，在"四人帮"横行时，此说被定为大禁，他们规定秦只能亡于儒。可是谁都知道，儒家在秦朝连个合法的地位都没保住，又何谈秦亡于儒呢？此说纯粹是"四人帮"为篡党夺权、搞影射的产物。

关于秦亡于尊法黜儒，最早是由陆贾的《新语》，特别是贾谊的鸿篇《过秦论》中提出来的。两千年来，人们陈陈相因，在封建社会几乎成为定论，对今天的史学界也有相当深的影响。这种说法对吗？

马克思主义告诉我们，像秦朝灭亡这样重大历史事变的终极原因，不应当从思想中去寻找，而应当从经济条件中去寻找。从这个意义上讲，秦亡于法的提法也是不对的。至于说秦亡于尊法黜儒，则包含着很大的扬儒抑法的成分在内，当然错误更多。但是，一种思想，特别是把它作为一个王朝的统治思想的时候，对加快或者迟缓社会发展的速度和王朝存在的长短是有重大作用的。秦朝的灭亡，最根本的原因是农民和地主之间矛盾的激化，是农民起义推翻的。但秦朝何以速亡？这同秦始皇所奉行的法家思想有重大关系。

为什么帮助秦始皇取得胜利的法家思想又迅速地把他引向失败？我们可以从统一前后历史条件变化的对比中寻找答案。

法家是主张实行中央集权和耕战的。在统一之后，秦始皇所采取的各项政策与措施，十分明显，是他争取实现统一政策的继续和发展，例如在行分封还是行郡县这个问题上，他讲得很清楚："天下共苦战斗不休，以有侯王。赖宗庙天下初定，又复立国，是树兵也，而求其宁息，岂不难哉！"[①]征匈奴、戍五岭，

①《史记·秦始皇本纪》。

174

从本质与主流上看,应该说是他兼并六国政策的继续。不过由于历史条件的变化,这个行动所带来的后果与除灭六国有明显的不同。六国均属富饶之地。对六国用兵虽然花去许多军资,但可以做到以战养战,获得不可胜数的战利品。但征匈奴与戍五岭,非但不能以战养战,反而蚀了不少老本。这一点,李斯当时就指出过。汉初晁错批评秦始皇"贪戾而欲广大""功未立而天下乱"①,是有一定根据的。其后主父偃、严安等又详论了得不偿失,引起天下大叛的经验教训。

在处理君臣关系上,法家的主张本来就很成问题。他只讲君,不讲臣,主张主尊臣卑,把君臣关系完全对立起来。韩非就赤裸裸地宣称:"明主之道,一法而不求智,固术而不慕信。"②又说:"道无双,故曰一。是故明君贵独道之容。"③还说:"有道之主,不求清洁之吏,而务必知之术也。"④一句话,"上法而不上贤"⑤。在统一之前,由于形势所迫,秦始皇采取了招揽人才、虚心纳谏的态度。可是,在统一之后,秦始皇就死死按照韩非这些主张行事了。侯生、卢生说的"丞相诸大臣皆受成事,倚办于上",是基本上符合事实的。特别是在他的晚年,不察民情,不知实底,不听异见,闭目塞听,完全陷入了昏昏然、懵懵然的状态,然而他又要说一不二,这种有令无议的紧张局面大大削弱了秦朝进行统治的能力。

在处理君民关系上,法家,特别是韩非,完全不理睬当时有关"贵民""爱民""为民"、民水君舟等思想,在他们看来,民存在的唯一价值就是供君主役使。韩非公开讲:"君上之于民也,有难则用其死,安平则用其力。"⑥在统一之前,由于秦与六国相争的矛盾十分突出,而且又可以在同六国的交锋中做到以战养战,用"良田大宅""爵禄"等实际利益来"易民死命"。但统一之后,这种条件基本上消失了。正如晁错所指出的,"秦之发卒也,有万死之害,而亡铢两之报,死事之后,不得一算之复,天下明知祸烈及己也"⑦。而秦始皇要用民戍边,用民大兴土木,用民做奴隶,总之,要无偿地"用其力"。怎么办?秦始皇还

---

① ⑦《汉书·晁错传》。

②《韩非子·五蠹》。

③《韩非子·扬权》。

④《韩非子·八说》。

⑤《韩非子·忠孝》。

⑥《韩非子·六反》。

是那一套,苛法在其前,刀剑随其后,法家的残酷性得到了空前的发挥。

本来,如贾谊《过秦论》所说,春秋以后,"周室卑微,五霸既殁,令不行于天下,是以诸侯力政,强侵弱,众暴寡,兵革不休,士民疲敝。今秦南面而王天下,是上有天子也。既元元之民冀得安其性命,莫不虚心而仰上,当此之时,守威定功,安危之本在于此矣"。然而,秦始皇却"怀贪鄙之心,行自奋之智,不信功臣,不亲士民,废王道,立私权,禁文书而酷刑法,先诈力而后仁义,以暴虐为天下始。""秦离战国而王天下,其道不易,其政不改","故其亡可立而待"。我们仔细推敲贾谊的议论,某些具体情节或许不当,但从总体上讲,实在是一番入木三分的总结。秦始皇死后,秦二世不但不改弦更张,而是变本加厉。所以陈胜、吴广振臂一呼,应者云集,显赫一时的秦王朝随之崩溃了。

"四人帮"及其御用史学家说什么秦亡于儒,企图为秦始皇的罪恶辩护,那是徒劳的。秦始皇依靠法家所取得的胜利,绝不能代替他依靠法家所犯下的罪恶!

秦始皇在中国历史上是一个功大过亦大的人物,集中在他身上的矛盾重重交错。怎样在复杂的矛盾变化中陈述他的功过是非,是我们远未解决的一个问题。另一方面,正因为复杂,对他的评价历来差距悬殊,甚至大相径庭,其中蕴含的理论分歧也较多。再加上"四人帮"借吹捧秦始皇宣扬封建专制主义,使问题更加复杂化。因此对秦始皇进行再评价,对促进历史研究、批判封建专制主义,都是有意义的。

我在 1973 年年底写过一篇《论秦始皇》,当时未能发表,后来刊登在《南开学报》1977 年第 5 期上。这次我同王连升同志合写的本文,许多观点有变化,这可作为自我批判吧。

刘泽华附笔 1979 年 1 月

原载《历史研究》,1979 年第 2 期

论刘邦
——兼论历史的必然性与偶然性 *

刘邦怎样从农民起义领袖转变成一个封建统治者的？在楚汉之争中他是怎样战胜项羽的？称帝之后他的一些政策措施应如何评价？在这些事变中历史的必然性表现在哪里，偶然性又起什么作用？史学界对这些问题存在重大分歧。本文仅就其中的几个问题略述浅见。

一

刘邦从一个农民起义的领袖转化成封建帝王，是在推翻秦王朝之后一个早晨实现的呢，还是有一个相当复杂的过程呢？我们认为，在刘邦的身上原来就存在着这种转变的基础，他参加农民起义后，随着地位每上升一次，封建化的程度也就加深一步。

刘邦是带着浓厚的向地主阶级和统治者行列爬的思想投入到农民起义中来的。他出生于一个比较富裕的农民家庭，他本人不事生产，被人称之为"无赖"。刘邦读书不多，却很善于钻营，经考试成为秦吏，当上泗水亭长。他同沛县的"豪杰""大夫""掾吏"颇有交往。刘邦"常繇咸阳"，饱览帝都的豪华，对秦始皇的威福，刘邦非但没有憎恶之意，反而"喟然太息曰:'嗟乎,大丈夫当如此也!'"①他把陈胜等人的反秦起义看作是"诸侯并起"。所以,他起兵沛县是为了"以应诸侯"。刘邦被沛县子弟推为沛公后,立即"祠黄帝,祭蚩尤"。应劭引《左传》说:"黄帝战于阪泉,以定天下。蚩尤好五兵,故祠祭之求福祥也。"②可见,从起义那天起,刘邦便为争侯王而奋斗。

陈胜死后,项梁、刘邦等在薛会议,立楚怀王孙心为楚王。这次会议虽然

---

* 本文与王连升合作。

① 《史记·高祖本纪》。

② 同①,并《史记集解》。

没有改变农民起义的方向,但却使农民起义首领们沿着封建化的道路前进了一大步。项梁自号武信君,统领全军,刘邦成为项梁属下的一员主将。项梁牺牲后,楚王任命刘邦为砀郡长,封武安侯。随后不久,楚王与诸侯约:"先入定关中者王之"①。这一盟约对各诸侯都适用,这说明在起义过程中,这些起义首领不仅以"诸侯"自比,而且以此作为实际的奋斗目标。

刘邦由沛公进而为郡长、封侯和争为关中王,这些绝不仅仅是农民起义领袖借用了封建统治机构的名义而与封建化无关。如果把刘邦原有的封建意识和他后来成为一个封建军阀的事实联系起来考察,我们就应该说,前者是向后者转变的基础,后者是前者发展的必然结果。

农民革命斗争的洪流能不能冲刷掉刘邦一类人物原有的封建思想呢?我们认为不能。纵观封建社会农民革命中所表现出来的要求,大致可归为两种思想:一是平均主义,二是翻身要求。平均主义是农民最革命的思想,反映了农民反封建的最高要求。但它是不科学的,只要一接触实践,必然碰壁失败,最后只能转向封建主义。平均主义不可能代替封建制度,也不能改造封建思想。翻身思想也具有革命性,但更多地反映了自发的封建主义思想倾向。这在秦末农民起义各个领导人物身上曾表现得非常突出。陈胜的"苟富贵,无相忘""王侯将相宁有种乎?"②的思想,刘邦的大丈夫当如秦始皇的思想,黥布听到"当刑而王"则喜③,陈婴母亲希望儿子"事成犹得封侯"④,武臣到赵后号召"于此时而不成封侯之业者,非人豪也"⑤,这些都属于翻身思想,但却是要爬上王侯的地位。刘邦为争夺关中王,竟至向同一阵线的人开火。公元前209年,楚王约定先入关中者王之以后,刘邦率军而西。可是,赵离关中更近,便抢先派别将司马卬渡河入关。刘邦为了阻止赵军入关,竟放开秦军,立刻派曹参、周勃等攻平阴、绝河津,阻止司马卬渡河,随即又攻"赵贲军尸北"⑥。刘邦这种行动同六国贵族的行为已没有什么原则的区别。

刘邦本身封建化与部将封建化的过程是一致的。他沿用秦爵与楚爵,把不

①《史记·高祖本纪》。

②《史记·陈涉世家》。

③《史记·黥布列传》。

④《史记·项羽本纪》。

⑤《史记·张耳陈馀列传》。

⑥ 参见《史记·高祖本纪》《史记·曹相国世家》《史记·绛侯周勃世家》。

同的名号授予立功的部将。在战乱期间,虽然难以名实相符,但一旦条件成熟便成为财产和权力再分配的依据。例如,刘邦在攻武关前,南阳守齮据宛扼要,威胁刘邦的后路。齮舍人陈恢看到秦大势已去,便沟通齮与刘邦,劝刘邦接纳齮投降。事成后,刘邦封宛守为殷侯,封陈恢千户。殷为地名,当是齮的封地,封陈恢千户,即食千户的租税。①此例证明了刘邦封爵行赏的性质完全是封建性的。

在反秦斗争中,刘邦转战各地时究竟实行了些什么政策不大清楚。不过,我们可以从楚王派刘邦入关时诸老将对刘、项所作的对比中看到一些问题。他们认为项羽剽悍猾贼,所过无不残灭,襄城攻破竟无遗类。为了招抚秦民,他们提议应派一位"毋侵暴"的扶义长者前往,而"独沛公素宽大长者,可遣"②。由此可知,刘邦的军纪较好,可能对人民的赋敛较轻。

刘邦入关后曾约法三章,不接受关中父老所贡犒军之物。对于约法三章的性质,有的同志说它反映了广大农民群众和奴隶反对残暴的封建统治和奴隶制残余的强烈要求,有的则认为是刘邦背叛农民的标志。两种观点水火不容。我们认为,这两种看法都有片面性。约法三章,应该说是他反秦军事过程中政策的继续和集中表现。法律是上层建筑,它的性质是由经济基础决定的,是一定阶级意志的表现。秦末农民起义有没有触动封建的经济基础呢?无论从反秦斗争所提出的口号看,还是从实践上看,都没有触及封建的经济关系。对刘邦来讲,他不但没有把地主阶级作为攻击的对象,反而所到之处,总是访求"贤士豪俊""父老豪杰",向地主阶级寻求支援。"三章法"就是刘邦召关中"诸县父老豪杰"商定而成的,而且在宣布"三章法"之后,又命令"诸吏人皆案堵如故"③。应劭注:案,次第;堵,墙也。即维持原来的封建秩序和财产关系。另外,"三章法"也绝不是就此一句话。据《汉书·刑法志》载,每章还有若干具体条文,如死刑中就保存了各种肉刑的规定,大辟还有灭九族的酷刑,况且"三章法"一直实行到萧何制汉律九章,而在此以前刘邦早已称帝了。可见"三章法"不具有反封建的性质,恰恰相反,它是封建性的法律。

这样说来,"三章法"是不是与秦法无区别了呢?也不是。分析历史现象时,重视事物的质变但也不能忽视量方面的差异,忽视事物量的差别及其量变在历史上的作用,是形而上学的表现。就实际情况来说,在秦末农民起义

---

① 参见《史记·高祖本纪》。
②③《史记·高祖本纪》。

时,除了反对秦的暴政外,谁都没有提出过更高的要求。因此,除秦苛法就足以使人有释重之感了。"三章法"的封建本质保证了封建地主的利益,除秦苛法的"量"变在一定程度上又符合了农民的要求。这正是刘邦的高明之处。

"三章法"既是封建性的,能否说这是对农民的背叛呢?如果从非此即彼的简单逻辑来看,当然无所不可。但是,社会现象要比这种简单逻辑复杂得多。整个秦末农民起义最鲜明的口号也只不过是"伐无道、诛暴秦",有破无立。无论是陈胜吴广,还是项羽刘邦,都没有勾画出一幅与现实相反或高出于现实的社会蓝图,他们的要求充其量不过是对封建制度的改良,所憧憬的最多也只是一个施"仁政"的封建王国。当最革命的农民的要求还没有超出对封建制度进行改良这一范围时,说刘邦背叛农民又有什么意义呢?近二十年来,人们总是把"背叛""叛徒"这类帽子加在刘邦一类人物的头上,似乎只这样才算划清了阶级界限,捍卫了农民革命的纯洁性,其结果恰恰远离了历史唯物主义。

我们认为,必须把农民领袖向封建地主的转化同"背叛"加以区分。"背叛"是指可以避免的道德行为,个人应该负责。而前者则是不可避免的历史规律,因为历史没有为他们提供第二条可资选择的道路。对不可避免的转化,及其转化过程中和转化后所采取的政策、措施,则应根据具体历史条件加以分析,不能简单地否定。

从秦末农民起义及以后的历次农民起义中可以看到一个明显的事实:农民领袖如果不是在对阵中投降或战死,或迟或速都必然要向封建阶级转化。就秦末农民起义的领袖看,这种转化是相当快的。刘邦争当关中王之时,已基本上封建化了。当时郦食其对他讲六国纵横的故事,刘邦不禁喜形于色——他已经以诸侯自居了。

农民具有二重性,在封建社会,它是劳动者、被剥削者,具有反封建的革命性,同时又具有自发的封建主义倾向。《商君书》所说"意民之情,其所欲者田宅也"①,"民之欲富贵也,共阖(盖)棺而后止"②。《荀子》所说"食欲有刍豢,衣欲有文绣,行欲有舆马,又欲夫余财蓄积之富也,然而穷年累世而不知足,是人之情也。""夫贵为天子,富有天下,是人情之所同欲也。"③这些论述从一

---

① 《商君书·徕民》。

② 《商君书·赏刑》。

③ 《荀子·荣辱》。

个侧面说明了这种倾向。《韩非子》还记载了这样一个故事：夫妻耕织，妻子祈祷能得百金之财。丈夫问她，为什么欲望这么少，妻子回答说，钱多了你就要买妾。这里，我们不是说每个贫苦的农民都希望登上天子宝座，而是要说明，在当时只要有条件，人们就只能自发地走上封建主义的道路。在封建秩序正常的情况下，封建的经济与政治制度，决定了贫苦农民几乎完全无机会，也无条件转化成剥削者、统治者。而农民战争不仅充分显示了农民反封建的革命性，同时也为一部分人，主要是农民军的各级首领迅速地向封建方向转化提供了条件。你看，陈胜起义不到三个月就称王了，生活条件立即王侯化，无怪乎穷伙伴看了惊呼："伙颐！涉之为王沈沈者！"①昔日穷朋友说了几句旧话，便认为是对己不恭，抽刀杀之。这不是封建化了又是什么？刘邦也是如此，在反秦过程中即已"贪于财货，好美姬"。

农民的二重性决定了农民战争是打击封建黑暗统治的革命力量，同时又是培育农民领袖向封建新贵族转化的温床，这是历史的必然。至于这种转化落到谁的头上，那就是属于历史的偶然性了。

二

反秦胜利后，随之而来的便是楚汉之争。开始，"项羽兵四十万，号百万。沛公兵十万，号二十万，力不敌"②。但是，斗争的结局却以刘邦的全胜和项羽的惨败而告终。原因何在呢？刘邦和他的谋臣们当时曾做过总结。刘邦称帝后，在洛阳南宫宴会上问群臣："吾所以有天下者何？项氏之所以失天下者何？"高起、王陵回答说："陛下慢而侮人，项羽仁而爱人。然陛下使人攻城略地，所降下者因以予之，与天下同利也。项羽妒贤嫉能，有功者害之，贤者疑之，战胜而不予人功，得地而不予人利，此所以失天下也。"刘邦说："公知其一，未知其二。夫运筹策帷帐之中，决胜于千里之外，吾不如子房；镇国家，抚百姓，给馈饷，不绝粮道，吾不如萧何；连百万之军，战必胜，攻必取，吾不如韩信。此三者皆人杰也，吾能用之，此吾所以取天下也。项羽有一范增而不能用，此其所以为我擒也。"③

综合高起、王陵、刘邦等人的意见，刘邦之所以能战胜项羽，主要有三方

---

① 《史记·陈涉世家》。

②③ 《史记·高祖本纪》。

面的原因：一是能与天下人同利，二是善于用人，三是能广采众议，择善而从，即所谓能纳谏。我们认为这确实是刘邦取胜的主要原因。

"与天下同利"首先是注意维护地主阶级和旧行政官吏的基本利益。从约法三章开始，刘邦基本上原封不动地承认和继承了秦的基层政权，保护了封建秩序。他在约法三章之后，令秦"诸吏人皆案堵如故"，"使人与秦吏行县乡邑，告谕之"。①从地方政权来说，是秦汉合二为一了。另外，刘邦又针对秦的弊政，及时采取一些改良措施，减轻农民负担。破三秦后，他到陕"镇抚关外父老"，令民耕秦苑囿，赐民爵，复租税，移民就食，凡此种种，与秦的苛政相比，刘邦也就是一个蛮不错的仁人长者了。最后，刘邦善于对有功将士进行分封行赏，即韩信所建议的"以天下城邑封功臣"，满足了部将们的封建化要求。刘邦对于投降者也给予封邑。他曾明令"以万人若一郡降者，封万户"②。为了争取某些制时人物的支持，刘邦甚至不惜裂土封王。刘邦在这里是一位实用主义者，为了打败项羽，他不理会战国以来的所谓义利之辩，只要有效，他就毫不犹豫地去干。

刘邦善于用人，也是古今的公论。他不论门户帮派，唯才是用。如韩信原是项羽的部下，陈平曾是魏王咎的太仆，又投奔过项羽。但是一旦投奔了刘邦，刘邦都加以重用。

刘邦善于用人还表现在他善用人之长，不苛求人之短。例如对儒生的使用就是这样。历来人们都说刘邦不喜儒，其实，刘邦对儒生中那些有谋有识之士是很器重的。陆贾就是刘邦的重要谋臣，后来所著《新语》，总结秦朝兴亡的经验，刘邦无不称善。叔孙通曾经迟迟不归汉，然而一经归权，刘邦立刻拜他为博士，号稷嗣君。后来刘邦命叔孙通制礼仪，成为一代儒宗。刘邦没有因为随陆无武而不屑一顾，也没有因为绛灌无文而弃之不用。刘邦是个功利主义者，只要有一技之长，不管是"群盗"还是"大猾"，他统统收用。

刘邦对那些叛己而又归顺者或者是对自己杀过回马枪的人，他都能容纳使用，有时甚至给予优遇。突出的例子就是对韩王信和雍齿。刘邦攻占韩地，封信为韩王。刘邦派韩王信守荥阳，荥阳失手，韩王信降了项羽。后来韩王信又逃归刘邦，刘邦却"与信剖符，王颍川"③。雍齿是刘邦起沛时的一名属

① 《史记·高祖本纪》。

② 《汉书·高帝纪》。

③ 《汉书·韩（王）信传》。

将,为刘邦守丰,不料他背叛刘邦,几乎使刘邦无立足之地。后来雍齿以赵将的身份从汉伐楚,刘邦虽然对雍齿叛己耿耿于怀,但没有妨碍他对雍齿的使用。刘邦这样做并不是没有人反对,如魏豹守荥阳,周苛、枞公就认为是"反国之王,难与守城"①,擅自把魏豹杀死了。显然,周苛、枞公在政治上是太短视了。

世界上从来没有天生的英雄。一个人之所以能成为英雄,就在于他能把真正的英雄——群众的意见集中起来,择其善者而从之。我们考察楚汉战争的全过程,就会发现一个极为有趣的现象:几乎在所有关系到命运成败的紧要关头,刘邦不是处于昏头昏脑的地步,就是陷于束手无策的窘境,只是由于他接受了臣下的强谏或献策才别开生面,化险为夷,转败为胜。显而易见,刘邦是在不断克服错误中成为一个胜利的英雄的。

刘邦起自草莽,没有一点资本,即便在称帝后,他手下那些武人功臣在宴会上"饮酒争功,醉或妄呼,拔剑击柱"②,根本没有人顾忌这位新皇帝的尊严。然而就是这个刘邦,居然带起一支队伍,越打越大,最后竟得了天下,而多少个对手都成了粪土。这就足以说明,刘邦毕竟是一个才华出众的人物。在两军相对的严峻形势下,刘邦能博采众议,正是他的大智所在,也是成功的重要条件。

"纳谏"在个人专断的时代不是必然的,它是属于个人品质和个人见识范围之中的事。楚汉战争中的刘邦表现出了封建时代思想家和政治家所希望的那种品质。《史记》对刘邦的写法饶有兴味:司马迁一方面用君权神授的观点,一开始就把刘邦说成是龙种,是"受命而帝"的"大圣"③,把刘邦说成了神。但在具体的叙述过程中,刘邦是以"人"的面目展现在我们面前的。他屡犯错误,但知错而改;他不是事事高明,但能采纳别人的高见;他不仅听他的智囊们的建议,也能采纳小人物的好主意;他不是料事如神百战百胜的超人,而是一个屡经败北、最后才打败项羽的人。

楚汉战争中,项羽与刘邦形成鲜明的对照,他自持膂力过人,武艺出众,屠襄城,烧咸阳,新安城南坑降卒二十万,全凭愚勇行事。名士范增对他忠心耿耿,他却弃之不用。这就当然不是刘邦的对手了。我们认为,个人的才干、品质、性格和所实行的政策,是决定刘胜项败的主要原因。而这是偶然性因素。

在讨论刘项胜败的时候,有些历史学家提出过这样一种说法:刘邦代表

①《史记·高祖本纪》。

②《史记·刘敬叔孙通列传》。

③ 参见《史记·秦楚之际月表》。

183

中小地主或新兴地主阶级的要求,代表了封建统一势力,而项羽搞分封,代表的是六国贵族割据复辟势力,一个顺潮流而行,一个逆潮流而动。因此刘邦必胜,项羽必败。

乍然看去,这种解释似乎给人一种历史必然性的满足,因为历史的必然性是人们的主观意志所不能抗拒的。可是,这种解释究竟符合不符合历史实际呢? 值得研究。

项羽是搞了分封的。但难道分封是六国贵族特有的本性吗?根本不是。在整个封建时代,分封不过是统治者进行财产和权力分配的形式之一,搞分封的,历史不乏其人,它不仅存在于战国时的六国,以后秦、汉、魏晋直至明清,每朝都有,只是形式有所不同罢了。秦末农民起义的许多首领都希望裂土称王、称侯;刘邦在楚汉战争之中和称帝之后不也是大搞分封吗?刘邦当时的要求也只是做个关中王。项羽搞分封是刘邦所说的诸侯"定约束"的产物。项羽和范增都曾考虑过,不如约分封刘邦,不仅要背上"负约"的恶名,而且还"恐诸侯叛之"。于是就玩了一个小小的计谋:"巴蜀亦关中地也"①,给刘邦封了个汉中王。在当时的形势下,应该说项羽的分封是不可避免的。人们常说,项羽代表了六国贵族的利益,但从分封上看并不是这样。在被项羽分封的十七个王中,与六国宗室有关的仅有五个。其中魏王豹徒具虚名,并未就国,赵王歇被剥夺了原来的地盘而改迁代。封田市、田都、田安是为了对抗有实力的田荣,而这三田尚未立足,就被田荣赶走或杀死了。陈馀当时就曾指出,项羽"尽王故王于丑地,而王其群臣诸将善地,逐其故主赵王,乃北居代,余以为不可"。②因此,说项羽分封代表了六国贵族的利益,是缺乏根据的。

我们认为,项羽的失败不在分封,而在于他没有抓住义帝这面中央集权的旗帜以令诸侯。因为无论什么时代,政治统治形式是与那个时代的经济基础相适应的。就秦以后的中国封建社会而论,最适宜的政治统治形式,是以封建中央集权为主、以分封为辅的政治制度。处于主宰地位的人物必须善于处理中央集权与地方势力的矛盾,从而使这种矛盾达到平衡。项羽能征善战,是个出色的军事家,但不是一个政治家,他恰恰在这里犯了个大错误,他搞了分封,忽视了集权,本来有一个象征中央集权的义帝握在手中,可以充分利用以

---

① 《史记·项羽本纪》。
② 参见《史记·项羽本纪》。

令诸侯,但项羽急于以霸主身份号令天下,过早地杀掉了他。杀了一个义帝,就是砍倒了一面中央集权的旗子,使项羽失去了号令天下的资本,剩下的只是武力了。

和项羽相反,刘邦听说项羽杀了义帝,"袒而大哭。遂为义帝发丧,临三日"。并发使者告诸侯:"天下共立义帝,北面事之。今项羽放杀义帝于江南,大逆不道。寡人亲为发丧,诸侯皆缟素。悉发关内兵,收三河士,南浮江汉以下,愿从诸侯王击楚之杀义帝者。"①这说明,刘邦接过了这面旗帜并使它转而为反项羽的斗争服务。

在和项羽的对阵中,刘邦也搞过分封,但他是把分封作为对付项羽的策略手段,始终把自己凌驾于"君""侯""王"之上。而在他能够控制的范围内则实行集权,并求得两者的平衡。刘邦自觉或不自觉地逐渐顺应了中国封建政治制度的这一特点,这对最后战胜项羽,是起了重要作用的。

我们把刘胜项败的主要原因归之为他们的主观因素,即偶然性,是否会使这段历史变得不可捉摸呢?不会的,因为刘项之争的性质不同于那些由必然性支配的历史事变,如地主阶级的剥削与压迫必定要引起农民的反抗,农民战争不可能保持起义胜利的成果,农民起义领袖迟早要向封建主义方面转化,等等。刘项之争是地主阶级内部的矛盾,是两个集团争权夺利之争,两个人背靠的历史条件基本相同,历史并没有注定项羽必败。鸿门宴上如果依了范增之计,刘邦就会身首异处。在战争的头三年里,项羽基本上处于攻势,是胜利的一方。只是由于项羽的猜忌、优柔寡断、眼光短浅、鲁莽行事,胜利的果实从手边溜跑了。

在分析历史事件的原因时,必须从实际出发,阐明具有时代特点和具体内容的历史必然性和偶然性,以及它们之间的关系。秦朝灭亡以后,要有一场封建军阀之间争夺皇权的斗争,这是必然的。至于胜利属于谁,主要是由偶然因素决定的。忽视偶然性的作用,就会使历史僵化;把偶然性附会为必然性,历史人物就会被神化。

三

刘邦称帝后采取的政策、措施等,是大家所熟知的。这里我们只就史学界

---

① 《史记·高祖本纪》。

有争议的两个问题略加讨论：一是关于对农民的政策问题；二是关于杀功臣除异姓诸侯王的问题。

关于刘邦对农民的政策，有三种不同的评价：一就是让步政策说，一就是反攻倒算说。还有一说，是两者的综合，既有让步又有反攻倒算。说让步者，大凡予以不同程度的肯定；说反攻倒算者则多持否定与批判的态度。

讲让步政策或反攻倒算有没有道理呢？如果针对特定的问题有限制地使用这两个概念是有一定道理的。但是用这两个词来概括刘邦对农民的政策则是不科学的。让步政策论与反攻倒算论看起来水火不相容，但其方法论都是运用的历史比较法。

让步政策论说，旧统治者剥削压迫极端残酷，经过农民起义的打击，新的统治者不得不减轻剥削与压迫，这种减轻便是"让步"或"让步政策"。

反攻倒算论说，农民打破了封建秩序，新的统治者重新把封建枷锁加在农民身上，这种"恢复"或"重建"封建秩序便是反攻倒算。

对历史现象进行比较，是研究历史的主要方法之一。但是我们认为让步政策与反攻倒算论的比较法只限于现象上的比较，因而由这种比较法得出的结论没有揭示出事物的本质，因而也就不能准确地阐明其作用。比较统治阶级的政策及其相应的措施，至少应该注意下列几点：第一，从根本上讲，政策没有独立的发展史，它虽然有相对的独立性，有历史的联系，但它主要是立足于现实的经济基础之上的；第二，一种政策的本质主要不能从与另一种政策的比较中来说明，而要由决定它的经济基础来说明；第三，对政策的评价，应看它对社会生产起了什么作用。让步政策论和反攻倒算论采用的比较法程度不同地忽视了这几点。让步政策论是一种离开具体历史条件的形式主义比较；反攻倒算论是离开了历史规律的主观主义的比较。

经过农民起义的打击和战乱，新的统治者同旧的王朝所处的环境有很大的差别。让步政策论所说的让步，通常都是比较税收徭役的数量。离开生产条件、劳动生产率等具体条件是很难判断这种数量的涵义的。如果以绝对量为标准，那么能否在整个封建社会找出一个最高量，其他所有低于最高量的都叫让步呢？让步政策论也承认新统治者当务之急是"恢复封建秩序"，正像反攻倒算论所指出的，怎么能把"恢复"叫作"让步"呢？另外，新统治者采取什么政策还有许多偶然的因素，翦伯赞同志在《对处理若干历史问题的初步意见》一文中就指出，不是每一次农民战争之后都有让步的。

用反攻倒算来概括刘邦这类新统治者对农民的政策同样也是不科学的。这里的问题在于推翻秦王朝以后，原农民起义领袖如刘邦等能否避免转化为封建统治者呢？起义者以及广大农民能否另辟一条非封建化的道路呢？把刘邦这类新统治者的政策概括为反攻倒算，实际上是以农民领袖可以不转化，农民可以另走一条非封建主义的道路为前提的。很显然，这是一种主观主义方法。

那么怎样概括刘邦为首的新统治者对农民的政策呢？我们认为"恢复和健全封建秩序"这一提法较为切实和准确。

继农民起义之后，"恢复封建秩序"是不可避免的唯一的前途。在农民起义爆发和高潮之时，革命的暴力可以打破原来的封建秩序，农民革命军在一个时期内可以借助没收敌人物资和劫富来维持生活和战争之需。但是整个的社会赖以存在的经济条件是不能由暴力创造的，只能由生产来提供。而封建的生产关系是当时唯一能使生产得以进行的形式。农民用暴力可以一时打乱旧的封建秩序，但一进入生产的过程，那就不得不亲手再把封建秩序恢复起来。这是农民革命的悲剧之一。农民战争革命形势过去之后，封建地主又成为社会的主人，恢复封建秩序更是不可避免的了。哲学家常说，必然的也就是合理的。但我们也并非无条件地歌颂这种"恢复"，因为历史的必然性是纵横交错的，恢复封建剥削与压迫，必然要引起农民的重新反抗。既然历史的过程存在着无数的不同方向而又互相交错的必然性。因此，每一种必然性不能不受到与它交织的另一些必然性的制约；同样，它的合理性也不能不同另一些必然的合理性发生冲突。历史唯物主义就是要求我们在矛盾中陈述历史的这种必然性与合理性的交错关系。秦末农民起义和楚汉战争结束以后，社会的主要矛盾是恢复封建秩序，以保证生产的恢复，使社会的存在得以延续，但又不能因此否定农民继续反抗的合理性，既要看到农民起义之后恢复封建秩序的必然性及其合理性，但也应看到由于这种必然性中的阶级对抗内容，它的合理性是有限的。因为即使基本上适合生产力发展的以剥削为基础的生产关系也总有阻碍生产力发展的一面。因此，我们认为应对必然的就是合理的这个著名论断加以修正和补充：必然的不全然都是合理的；合理的也不尽必然能实现。

农民大规模起义失败后，恢复封建秩序首先代表了地主阶级的利益，而在一定条件下也不同程度地符合农民的利益，这个条件取决于统治者所采取的政策是否适合于生产力的恢复和发展。刘邦称帝的第二年封其子刘肥为齐王,曹参为相国。曹参"尽召长老诸生问所以安集百姓,如齐故诸儒以百数,言人人殊,参未知所定"。可见实行什么政策统治阶级内部的主张就很不相同。后来听了善治黄老之学的盖公"治道贵清静而民自定"①的建议,相齐九年,齐国安集。显然曹参的政策有利于生产的恢复与发展。陆贾给刘邦的上疏也建议行"无为"之道。②这同盖公的主张是一致的。早在推翻秦王朝之初,张良就建议刘邦"宜缟素为资"③,刘邦接受了这一方针。相形之下,项羽就没有这种思想与相应的政策措施,他仍粗暴地乱杀乱砍。表面上看这同反秦时行为类似,但在秦朝被推翻的新情况下,它的性质与作用就完全不同了。刘邦称帝之后,面对着"兵不得休八年,万民与苦甚"④的现实,在健全政治统治机器的同时,采取了"与民休息"的政策,要之有:1.轻田租,行什伍税一,算赋口赋献费有定制;2.节制徭役;3.招抚流亡;4.民因饥饿自卖为人奴婢者,皆免为庶人;5.财政开支尚节用,"自天子以至于封君汤沐邑,皆各为私奉养焉,不领于天下之经费"⑤;6.约法省禁。有许多材料证明这些政策未能完全兑现,但也不全是骗人的口惠。刘邦在位时从关东转到京都的粮食"岁不过数十万石"⑥,这个数字在司马迁看来是节俭的标志。从后果上看,刘邦即位之初"自天子不能具钧驷,而将相或乘牛车,齐民无藏盖"⑦。到惠帝时则已是"衣食滋殖"了⑧。

农民起义失败后,恢复封建秩序这一必然性是当时历史发展的主要趋向。新统治者概无例外地都要实行恢复封建秩序的政策。刘邦"恢复"政策的高明处就在于他从当时社会实际出发,选择了一条既代表地主阶级利益,利于加强刘氏政权,又能为多数农民接受或不超过农民负担能力的政策。掌握这种度量线可以说是一种艺术,属于偶然性因素。

在刘邦同异姓诸侯王斗争的问题上,史学界最为流行的观点,是把正义投在刘邦一边,斥贵异姓诸侯王是分裂割据势力、野心家,等等。由此决定了刘必胜诸侯王必败的命运。这种看法也值得商榷。

如果一定说异姓诸侯王是割据势力、野心家,那么刘邦则应是始作俑者

---

①《史记·曹相国世家》。

②参见陆贾:《新语》。

③《史记·留侯世家》。

④《汉书·高帝纪》。

⑤⑥⑦⑧《史记·平准书》。

188

或扶植者,因为这些诸侯王都是刘邦分封或认可的。然而,正是由于他们的佐助和支持,刘邦才打败了项羽。如果刘邦称帝是统一的重要标志的话,则又是这几位诸侯王带头共推刘邦为帝的。

刘邦分封异姓诸侯王,是由当时客观政治形势决定的。这些诸侯王中的多数与刘邦有类似的经历,在反秦斗争中已是赫赫有名之将。英布、张耳、臧荼、吴芮与刘邦同时被项羽封王。彭越虽未受封,势力比一些王还大。两个韩信在反秦时地位虽不显赫,但在楚汉之争中大显身手,是独当一面的猛将。刘邦称帝之前已封这三位为王。在反项斗争中,他们受刘邦统领,又有独行其事的权力,多次不服从刘邦的指挥,使刘邦处于尴尬的地位。但面对项羽这个大敌,共同利益是主要的。消灭项羽之后,这些诸侯王立刻站在了刘邦的对面,成为刘邦争夺最高权力的抗衡力量。所以垓下之胜后,刘邦出韩信不意,驰入韩信营中,收了韩信的军印。但是韩信的势力是不能靠收军印来解决的,其他诸王的势力也还自成体系。在这种情况下怎么办?一是再揭战帷争高下,一是互相妥协,各得其所。他们选择了后者。诸侯王尊刘邦为皇帝,刘邦承认他们裂土为王。这个结果暂时避免了继楚汉战争后再出现一个混战局面。但是它并没有使矛盾获得解决,也不会相安无事。事不过半年,臧荼便起兵反汉。刘邦灭臧荼后,按说不应再封他人了吧,可刘邦偏偏又封卢绾为燕王。封卢绾同样也是迫于形势,"为群臣觖望"①。由此也可以证明刘邦分封是当时统治集团进行权力分配时不能不采取的方式之一。

臧荼谋反给刘邦敲响了警钟,所以灭臧荼不久(公元前201年春),便对韩王信采取了预防措施。韩王信据颍川,"北近巩、洛,南迫宛、叶,东有淮阳,皆天下劲兵处"②,一旦有变,对刘邦威胁太大了。于是把韩王信改迁太原以北。其实,韩王信此时并无谋反之意。这年冬,有人告楚王韩信谋反。事出有因,因韩信"行县邑,陈兵出入"③;但查无实据。相反地有不反之证。楚汉战争期间蒯通曾策动韩信独树一帜,但他拒绝了蒯通的建议。韩信就楚王后,项羽主将之一钟离昧投奔了他。钟离昧是韩信的旧友,刘邦的死敌,刘邦要韩信逮捕钟离昧。韩信不顾道义上所要付出的代价,逼着钟离昧自杀。刘邦在陈朝会,韩信不是没有预料到刘邦设置了圈套,但他自恃无罪,轻快地去了,

---

①②《史记·韩信卢绾列传》。

③《史记·淮阴侯列传》。

结果反成"罪人"。如果韩信真想谋反,则事情绝不会这样简单。请看刘邦和陈平的一段对话:"陈平曰:'陛下精兵孰与楚?'上曰:'不能过。'平曰:'陛下将用兵有能过韩信者乎?'上曰:'莫及也。'平曰:'今兵不如楚精,而将不能及,而举兵攻之,是趣之战也,窃为陛下危之。'"①于是,才演出了那场假游云梦的戏。

刘邦除张敖(张耳之子)、彭越过程较为曲折。但有一点是共同的,张敖、彭越本人均无反心。其实问题不在于他们有没有反心,而在于刘邦必除之而后安。张敖是刘邦的女婿,除掉张敖不是因他割据,而是怕他夺了自己的天下。②

公元前196年(高祖十一年),黥布真的谋反了。试想,刘邦把彭越的肉酱作为赏赐品派专使送给黥布,这无异于告诉黥布:彭越的下场在等待着你!黥布能不反吗?正如一位故楚令尹所说:"往年杀彭越,前年杀韩信,此三人者,同功一体之人也。自疑祸及身,故反耳。"③

这帮异姓诸侯王或武力不及,或谋划不当,分别被刘邦击灭,我们颇不以成败论英雄为然。韩信在被擒后说:"果若人言:'狡兔死,良狗烹;高鸟尽,良弓藏;敌国破,谋臣亡。'天下已定,吾固当烹!"有人说这是野心家的怨词。怨则怨矣,野心家则未必。韩信的话不是激愤之论,应当说是统治阶级内部的权力之争不可调和的一种确论。人们常把刘邦与萧何的关系当作帝相协调的楷模。其实萧何虽忠心耿耿,仍避免不了刘邦产生惕怵之心。早在楚汉相争之时刘邦就生怕萧何在后院起火,萧何听了鲍生的建议,把子孙昆弟能打仗的都送上前线,刘邦才放了心。刘邦带兵同黥布争锋,却不断地派使臣问萧何在干什么。忠诚的萧何"为上在军,乃拊循勉力百姓,悉以所有佐军,如陈豨时"④。萧何的矢志忠诚换来的却是刘邦的更大疑心,有一个说客当即向萧何指出:"君灭族不久矣。"历来大臣积德于民是人主之大忌。萧何为了免灾,只得自毁其德,抢占民田,以招民怨。刘邦接到大批控告萧何的信,不但不怒反而大喜。当萧何建议把上林苑的闲地令民耕种时,刘邦却顿时大怒,立刻下令廷尉,捕萧何入狱。王卫尉问刘邦为什么逮捕萧何,刘邦说:"吾闻

---

① 《史记·陈丞相世家》。

② 参见《史记·张耳陈馀列传》。

③ 《史记·黥布列传》。

④ 《史记·萧相国世家》。

李斯相秦皇帝,有善归主,有恶自与。今相国多受贾竖金而为民请吾苑,以自媚于民,故系治之。"①王卫尉向刘邦讲述了秦始皇、李斯不足法,秦王文过饰非而亡国的教训后,刘邦这才释放了萧何。刘邦对萧何尚且疑心忡忡,对那帮武夫岂能不视为心病?! 从刘邦对萧何的态度,也说明了刘邦同诸侯王的厮杀是因为权力之争,并无正义非正义之分。刘邦胜了,客观上于统一有利,但他不是统一的化身,不是神圣不可侵犯的;诸侯王败了,亦无须惋惜,因他们并非天生的割据势力与野心家。刘邦的胜利除了力量占优势外,更长于策划和阴谋,诸侯王的失败,除了因力量较弱外,多失于缺乏谋略或果断。他们失败了,但历史并没有规定他们必然要失败。在这方面的成败俱属偶然。

　　这篇拙文主要是针对史学界存在着的一种脱离历史实际的主现主义研究方法而写的,看法未必尽当,希望得到指教。

原载《南开学报》,1979 年第 4 期

---

① 《史记·萧相国世家》。

历史认识论纲 *

爱因斯坦有一句名言："认识论如果不同科学接触，就会成为空洞的图式，科学如果脱离认识论……，就会成为粗俗的、混乱的东西。"历史学是以人类社会既往运动发展过程为认识对象的科学，它也应该与一般认识论相结合。这就是历史认识论。

历史认识论研究历史认识活动的形式、特点、规律等问题。学术界虽然已有一些有识之士予以重视，但是，关于它的具体内容却还是一片待开垦的处女地。本文试图从以下五个方面略加探讨。由于篇幅所限，每个问题皆未能展开论述，故题曰"论纲"。

一、关于历史认识的特点

认识是主体对客体的反映，主体直接作用于客体，这是直接认识；主体间接作用于客体，这是间接认识。历史认识都是间接认识。因为在历史认识活动中，史家这一认识主体与客观历史这一认识客体之间并没有直接的联系。活生生的客观历史一去不复返，不可能直接介入后世史家的认识过程。换言之，史家要认识的是昨天和前天，而史家本人却生活在今天。这种时间上的限制把认识主体(史家)与认识客体(客观历史)截隔开来，这是历史认识不同于现实认识的重要特征。

那么，史家依据什么去认识历史呢？这就是各种历史材料，包括以物质形态存在的文物、遗迹，和以精神形态存在的文献、口碑，我们统称为史料。史料虽然并不是历史，却是史家认识历史的中介体，是唯一能展示客观历史面貌的中介体。史家的认识活动是直接作用于也只能作用于史料的。因此，从这个

---

* 本文与张国刚合作。

意义上说,史料乃是史家历史认识活动的客体。我们称之为中介客体。而活生生的客观历史则成为历史认识所反映所描述的原本客体,这就构成了历史认识客体的二重性,这是历史认识的又一特点。

或曰,文物、遗址等物质形态的史料,固然可以作为认识客体,难道精神形态的文献、口碑也能够称之为客体吗?我们的回答是肯定的。马克思在《关于费尔巴哈的提纲》中所说的"思想客体"①就具有类似性质。当前兴起的科学学不也是以精神产品作为自己的认识客体吗?某种用语言文字符号等为载体的知识体系虽然不是物质,但却反映物质,它从来就是人们的认识对象之一。

从历史认识过程中二重客体的相互关系看,一方面中介客体并不能完全覆盖原本客体,因为不管史料如何丰富,也只是保存了客观历史的部分片断和痕迹。因此,中介客体总是"小"于它反映的原本客体的。但在另一方面,中介客体主要指文献、口碑,又"大"于原本客体,因为不管史料记载如何凿凿有据,但它毕竟是当事人或传述者主观反映的记录,除了一些简单的记述如人物的姓氏乡里、生卒年月、事件的时间、地点、典制的名称沿革等(尽管这方面也有不少讹误)比较容易确定之外,很难说它就完全正确地记录了客观历史的真实过程。由于当事人和传述者的阶级立场、个人感受、认识水平和条件等的影响,总要在所做的历史记述中不可避免地掺进一些外在的成分和主观的因素。对此梁启超有一段坦率的自白:"吾二十年前所著《戊戌政变记》,后之作清史者记戊戌事,谁不认为可贵之史料?然谓所记悉为信史,吾已不敢自承。何则?感情作用所支配,不免将真迹放大也。"②这里说的是当事人的记述,尚不免如此,至于一再转手的史料,更如"古史辨"派所指出的"层累地构造的历史"那样,加进了更多的东西。所以说,中介客体往往又"大"于原本客体。

历史认识二重客体之间的上述非偶合关系对历史认识活动产生了极为重要的影响。它限制了历史认识的内容,即当中介客体过于小于它反映的原本客体时,就无法开展这部分历史的认识活动。它规定了历史认识的特殊方法,即通过考证,以减少二重客体之间的误差。它还决定了历史认识检验中的实践标准具有多种多样的途径和形式。因此,它也就决定了历史认识活动既要遵从认识论的一般规律,又具有自己特殊的运动形式。

---

① 参见《马克思恩格斯选集》。

② 参见梁启超:《中国历史研究法》,第五章《史料之搜集与鉴别》。

二、关于历史认识的一般形式与过程

历史认识活动作为一种科学研究工作，是一种有目的有计划的认识活动，它以探索未知的新领域、新知识为自己的直接目的，而不是漫无目标地去反映和认识客观对象，但认识的目的又是在"问题"这一情境中加以确定的。也就是说，"问题"是历史认识过程的起点，而不是一般认识论中的感觉经验。历史认识活动是一个知与不知的矛盾运动过程，"问题"正是知与不知的中介点，是这一矛盾的产物。而正确的历史认识成果，就是这一矛盾的解决。

不同的历史"问题"规定了历史认识活动过程中所要把握的具体对象，规定了历史认识方式和解答程式。由于客观历史的极其复杂性，历史认识也远比其他认识活动更为复杂。要弄清历史的真实发展过程，要找出历史发展链条中的环节和纽带，要掌握历史现象在历史上和现实中的价值，等等，都是历史科学所面临的"问题"。要解决这些不同性质的"问题"，便需要采取不同的认识形式。概括地说，主要有考实、抽象、评价三种。

关于考实性认识。这种认识形式在于确定历史人物、现象的存在形态，判断史料与客观历史之间的契合与差别，从而达到二重客体的相对一致性，还历史以"本来面目"。

恩格斯说："不论在自然科学或历史科学的领域中，都必须从既有的事实出发"①。但不同学科获取"既有事实"的方式各有不同。在现实认识活动中，人们主要是采取调查取证的方式，在自然科学中，则一般通过实验或解剖的手段以确定研究对象的客观实在性。然而在历史认识活动中，其"既有事实"是否确实不诬？是否清楚无误？一般来说是无法进行调查（考古、访古除外）或实验的。因而"考实"便成为不可或缺的认识手段，只有通过考实性认识，才能确定历史现象的真实存在形态，保证史家获得正确的历史认识。

自从有了史学，就有了对史学的考订，就有了考实性认识。这是我国史学史上尤其具有的优良传统。其方法一般是通过确定某一历史现象与其他历史现象之间的联系，来确定该历史现象的存在形态。一种联系即一个证据，列举证据又分事证、物证、理证，每一证大多又从本证、旁证、反证方面去求索。考实性认识一般包括以下四个方面的内容，即训释、辨伪、考证、考古。训释是解

---

① 参见《马克思恩格斯选集》。

决史料与史家这一认识主体之间，因时代久远或空间隔膜而产生的认识障碍，如训释文字，疏释典章，考释名物等。辨伪是排除史料与客观历史之间的讹误，确定史料反映客观历史的真实程度，如史书的辨伪，史书的辨析等。考证是对史料中那些隐晦不明、含糊不清或语焉不详的历史现象进行爬理梳抉，钩沉索隐，以反映出它们的存在形式及变迁痕迹。考古或访古则是通过对文物、古迹的鉴定，以确认和寻找历史的遗存。总之，考实性认识是历史认识的初始阶段，也是全部历史认识的基础和前提。

关于抽象性认识。一般来说，考实性认识所达到的高度，只是确定历史现象个别的外部形态特征。但是，在历史的表象背后，还蕴藏着它的本质；在纷繁复杂的历史过程中，还有规律性在起作用；在偶然的个别的历史事实中，还包含着必然的共性的内容。要探讨历史的统一性、规律性和本质，就需要做抽象性认识。

马克思说："分析经济形式，既不能用显微镜，也不能用化学试剂，二者都必须用抽象力来代替。"①中国古代有着重视抽象性认识的悠久传统，即所谓"究天人之际，通古今之变"。近代以来随着科学的昌明，特别是由于马克思主义的诞生，为抽象性认识提供了有力的武器。抽象认识的形式是多种多样的，诸如历史比较的形式，分析概括的形式，归纳演绎的形式，典型解剖的形式，等等，不管哪一种形式，都表现为一个"概念、规律等的构成，形成过程"②。

抽象性认识注重研究历史的必然性、统一性和规律性，这就要求它不能纠缠在由无数人物、无数事件组成的异常复杂的巨大历史画卷的每一个局部和细节，而要进行全局的和整体的考察。而全局、整体又是一个相对的概念，它可以是人类社会发展的历史，也可以是某一国家的历史，某一断代的历史，还可以是某一时期社会的侧面如政治史、经济史、军事史，或者是某一重大历史事件。总之，尽管考察对象的时空跨度大小有别，但只要是发掘历史的内在联系，都属于抽象性认识。

根据抽象性认识所反映的历史规律的程度，可以分为初始抽象和规律抽象两个层次。所谓初始抽象，是以考实性认识所确定的"既有事实"为直接起点的一种低层抽象。考实认识反映的是个别的特殊的，如某个地主或某家手

---

① 参见《资本论》，第一版《序言》。

② 参见列宁《哲学笔记》。

工作坊。初始现象所反映的则是事物的共性,如某个历史时期的地主阶级或某个地区某一历史时期的手工业的一般情况。但初始抽象又是与考实认识比较接近的一种低层抽象,仍具有一定程度的"可感性"。规律抽象是在初始抽象基础上形成的一种深层抽象,它所把握的是事物的因果关系和规律性联系。这种抽象的结果往往表现出较浓厚的理论色彩。例如古史分期问题的观点,对中国封建社会长期延续原因的探讨,关于资本主义萌芽问题的理论成果,等等。与初始抽象相比,规律抽象比考实认识所确定的"既有事实"相距更远,很难说有什么"可感性"。但是,它却更深刻、更正确、更完全地反映着客观历史,是人们历史认识过程中的飞跃阶段。

然而纯粹的理论抽象并没有完成抽象性认识的全部任务,更不是历史科学的认识目的。它只是史家认识历史现象的一个阶段,还必须把抽象的概念、范畴、规律上升到思维中的具体,亦即不仅要从具体到抽象,而且还要进一步从抽象到具体,才是我们所说的抽象性历史认识的全过程。从具体历史事实达到理论抽象,我们获得了关于历史现象的一些抽象规定,而从抽象上升到具体,则是要在思维行程中把历史现象的具体性充分地展示出来。它从最基本的抽象范畴出发,在概念与概念之间的辩证否定过程中,通过一个一个的中介环节,一层一层地向具象升华,从而最终形成一个丰富的、由许多具体规定关系所组成的整体——思维中的具体。正如马克思所说的:"具体之所以具体,因为它是许多规定的综合,因而是多样性的统一。"①正是这种"多样性的统一",才最具有历史认识的特点,它既不同于历史唯物论和社会发展史般的抽象概括,也不同于缺乏内在联系的零散的具体历史事实的堆积,而是抽象与具象、一般与个别的高度辩证统一,是抽象性历史认识中的最高阶段。

关于评价性认识。这种认识方式主要研究历史现象在历史上和现实中的价值。也就是说,它在回答了历史人物、事件,思想"是什么""为什么"等问题之后,还要进一步对它的存在意义和价值做出认识判断。

评价性认识主要包括以下三方面的内容:一是评价某一历史人物的功过,某一事件的意义,这些历史人物或事件在历史上有什么作用?是应该肯定,还是否定?二是判定历史上的认识活动的真谬,如某种政治观点、经济思

---

① 参见《马克思恩格斯选集》。

想、军事见解、文艺理论等,究竟有没有真理性或科学性。三是分析各种历史现象(人物、事件、思想等)在现实生活中的意义、影响和价值。显然,评价性认识是在确定了历史现象的存在形式、抓住了历史现象的内部联系之后,通过史家的知识、感受和现实环境的影响等得出的一种价值理解,它更深刻也更鲜明地打上了时代和阶级的烙印。

对于历史的价值应如何判断,学术界有不同的认识。我们认为任何历史现象都是当时价值与衍生价值的统一。当时价值是指它在产生它的那个时代的影响,是在与同时代其他历史现象的关系中确定的,应该贯彻历史主义的原则,评价时不能离开一定的时间、地点和历史条件。衍生价值是指它在人类社会发展的长河中所产生的作用和影响,体现的是现实主义的原则,这不仅是因为评价时不能摆脱认识者的阶级立场和思想感情的影响,还因为只有在总的历史运动过程中才能确定其价值意义。一个史家的价值认识,可以是一种独立的表现形式,如"太史公曰",王夫之《读通鉴论》,但更多的则是渗透在史学著作的字里行间。

综上所述,历史认识从问题开始,经过考实、抽象、评价,反映了历史认识的一般形成过程:考证事实—抽象规律—做出评价。但对于每一个具体认识活动来说,它们又各自构成一个单元性认识,分别解决着不同的"问题"。历史认识是一个社会现象,每一个史家都可以在不同认识层次中找到自己的位置。

三、关于历史认识的认知结构

认识是主体对客体的反映,客体的内容及存在方式决定了主体的认识内容。但是,主体并不是像照相机那样机械地把客观事物照搬过来,而是能动地去反映,总带有一定的认识"图式"或"框架"。这种"图式"或"框架"不决定认识内容,而决定主体认识的兴趣、角度、侧面、水平和程度。史家总是要用一定的"图式"或"框架"去划定自己的认识对象,我们把它称之为历史认识的认知结构。客观历史是凝固的、永远不会改变的,但是由于人们的认知结构不同,人们对于历史的认识并不凝固,并产生出千差万别的历史认识来。

史家的认知结构大致包括四个方面的内容:第一,历史观。第二,认知环境。第三,史家的知识构成与思维能力。第四,史家的情感与性格等个性因素。历史观是史家从事认识的指导思想。历史观简单地说有唯心史观和唯物史观,具体来讲,还包括二者的各种不同表现形式和中间状态。古往今来的任何一个史家,不管他承认不承认,他都是在一定的历史观指导下从事历史研究的。历史观虽然主要表现为对人类社会历史的总体的概括的认识,但是却渗透到具体的历史理论、方法和研究工作中。因此,即使是不从事宏观历史认识的史家,也不可能完全超脱历史观的潜在支配作用。

认知环境形成历史认识的情境条件,它是时代需要、社会知识背景、现实环境等各种因素的总和。在现实认识活动中,对象的存在环境与认知环境广义地说是一致的,但在历史认识过程中,对象的存在环境与认知环境是不一致的。因此,认知环境对历史认识有不可忽视的影响。首先,它影响到史家的认知兴趣和认知角度,不同时代、不同社会、不同国度的史家会从不同角度、范围去选择自己的认识课题。其次,影响到史家的认识水平与高度,如古代史家与当代史家对历史上商品货币关系的理解就有深浅的不同;处在变革时代的史家与处在和平环境的史家对历史上的变革很可能有不同程度的理解。同时,由于认识的情境条件的触发,还能使今天的史家对过去史家百思不得其解的问题豁然开朗,深化人们的历史认识。再次,认知环境还影响到历史认识的方法和手段,现代的史家已能运用电子计算机和系统论等现代科学成果来进行历史研究,而在一个世纪以前甚至几十年以前则是不可能的。

史家个人的知识构成与思维能力对历史认识的影响也是十分明显的。历史认识活动是已知与未知的统一。历史认识的过程,就是通过已知求答未知的过程。个人知识构成是史家解答历史难题的已知条件之一,而思维能力则是史家解答历史难题的"演算程序"。有什么样的"已知条件",就规定了叩击什么样的未知领域;"演算程序"如何,也直接影响到解答的正确。因此,一个哲学修养较好、理论思维能力较强的人,在哲学史、思想史和宏观历史研究中可能别出机杼;一个经济理论深厚,数学素质好的人,在经济史、财政史研究中将会得天独厚;一个不懂外语的人研究外国史将如同一个古文蹩脚的人研究古代史一样感到勉为其难;而一个缺少文艺细胞的人就不大可能产生研究艺术史的奇想。可见,史家的知识构成与思维能力不仅影响到历史认识水平,而且也影响到史家的认知兴趣。

情感、性格等个性因素在历史认识活动中的作用更为微妙,许多人不承认这一点,但它却实实在在是史家认知结构中的重要因素。恩格斯说:"在社会历史领域内进行活动的,全是具有意识的、经过思虑或凭激情行动的、追求某种目的的人。"①历史认识活动像所有其他认识活动一样,是一个十分复杂而又生动的运动过程,其中既有概念、判断、推理等逻辑思维成分,也有情感、性格、灵感等非逻辑因素。这乃是人这个活生生认识主体不同于机器人这些机械"认识主体"的区别所在,否认人的情感等因素在历史认识中的作用,就不能说明"在齐太史简,在晋董狐笔"的史坛佳话;也不能理解司马迁的"愤"而著《史记》,刘知几的"退"而著《史通》。列宁说得好:"没有'人的感情'就从来没有也不可能有对于真理的追求。"②总之,把个人情感、性格等非理性因素排除于史家认知结构之外,将如同否认其他认知条件一样,永远无法理解和说明史家历史认识的个性、丰富性和复杂性。

当然,史家的情感、性格、灵感等,并非不可捉摸的脱离实际的主体的自我感受,它归根到底还是一种主体对客体的体验关系,是以沉淀着的理性认识为基础的感性形式。这方面的具体内容是哲学、心理学的研究课题,我们只想强调一个不容回避的事实:史家无论在选择研究课题时,还是进入研究过程以后,以至在表述研究结果时,都要受到个人情感、性格等非理性因素的影响。这是造成史家认识千差万别的极为微妙的原因之一。

应该指出,史家的认知结构并不是一成不变的,它除了随着本身每一个构成条件的变化而变化外,史家本人历史认识的深化和发展也会产生反馈作用。史家认知结构的改善与调整是一个相互作用的循环往复的发展过程。

四、关于历史认识的基本方法

方法是一个含义十分广泛的多层次的概念。在科学认识活动中,方法主要指研究中的理论、原则、方式和手段。由于认识对象不同,具体的研究课题不同,也就有不同的认识方法。但是,任何一个确定的认识对象、任何一个客观事物,它都蕴藏着普遍的东西、特殊的东西与个别的东西,是普遍性、特殊性与个别性的辩证统一。因此,这也就决定了人们认识它的理论和方法也必须是一般的、特殊的和专门的理论和方法的统一,由此构成了它的方法论层次结构。例如,我们研究某一个朝代或某一个国家的历史,它作为人类社会的

① 参见《马克思恩格斯选集》。
② 参见《列宁全集》。

一个阶段,应该服从于哲学和历史唯物主义的规律;作为一个史学课题,它应该有历史的、专门的理论;作为一个复杂的系统,应该符合系统论、控制论、信息论等横断学科的特征和规律;作为具体的科学研究的客体,它应该有一套关于研究手段、步骤等技术方法。根据这种理解,我们可以把历史认识的方法分成以下四个层次:一是哲学指导;二是专门规范;三是思维方式;四是技术手段。

哲学是关于世界观的学问,是自然科学和社会科学的概括和总结。马克思主义的辩证唯物主义和历史唯物主义总结了自然和人类社会最一般的发展规律,用它指导历史认识,具有极为重要的方法论意义。这应该是毋庸赘言的。

专门规范是指适用于历史认识这一特定认识领域的一些概念、范畴或理论。任何学科都有自己的专门规范,如数学、物理、化学等中的公式、定理、原理;政治学、经济学、法学等中的专门概念、通则、范畴,它们都与特定认识范围密切联系在一起,是各专门学科理论成果的表现形式和进步坐标。历史学的专门规范,当然首先应该从历史认识成果中概括提炼出来。新中国成立以来,我们关于古史分期的讨论,关于封建土地所有制的讨论,关于农民皇权主义的争论,关于评价历史上民族关系准则的争论,关于中国资本主义萌芽理论的讨论,等等,都是属于这类专门规范的探讨。在探讨中形成了各种概念、范畴和理论,它既是前一阶段历史认识的总结,又是进一步发展历史认识、掌握各种复杂历史现象之网的网结。正如列宁在谈到自然科学的概念形成时所指出的那样:它是"人类认识世界的过程中的小阶段,是帮助我们认识和掌握自然现象之网的网上纽结"①。历史学的专门规范除了依据于它本身的认识实践以外还有一个广阔的来源——就是充分吸收其他学科的理论成果。这是因为历史学是一门包罗万象的学科。它与政治学、经济学、军事学、文艺学等以某一特定的社会现象为认识对象不同,它以政治、经济、军事、文艺等的既往发展形态,即政治史、经济史、军事史、文艺史和它们的综合社会形态史为认识对象。因此,在我们研究这些专门历史现象时,就必须运用政治学、经济学、军事学和文艺学等学科的概念工具和范畴系统。它们既是这些专门学科领域当代研究成果的结晶,也是当代人们在这些专门领域认识能力、知识广度和

①参见《列宁全集》。

深度的集中表现。引进这些学科的概念工具和范畴体系必将在丰富史学研究理论、改善史学研究手段、开拓史学研究领域等三个方面使历史学向前发展。因此,这就要求史学工作者比任何人更积极、更自觉、更广泛地密切注视和吸收当代各门学科的研究成果,并将它们运用到历史研究领域,以发展我们的历史认识。当然,这种运用不是机械的生搬硬套,也不是削足适履的牵强附会,而必须遵行历史主义的原则。研究各学科概念工具与范畴系统在它相应的历史领域中的应用方式,它的范围、程度和条件,把它"还原"成真正的历史专门理论。

思维方式对于任何一门认识活动都具有极为重要的方法意义。历史学领域传统的思维形式是历史的方式、逻辑的方式和二者结合的历史与逻辑统一的方式。历史的方式把事物看成一个发展过程,从时间的不同区间研究其空间存在形态的变化。这是历史学固有和惯用的思维方式。

传统的逻辑方式包括多种形式:有归纳的形式,即从许多个别的事物中概括出关于它的结构和本质的判断。有演绎的形式,即根据已有的理论推导出相应的结论。有抽象的形式,即舍弃研究对象的细节和非本质因素,抓住它的本质和实体。有比较和类比的形式,即将相类或不相类的事物进行对比或联想,包括现象上、本质上、结构上、功能上的比较,找出其间的区别和联系。有分析和综合的形式, 即多侧面多层次地解剖历史现象并分别加以考察,在此基础上再把各个方面联系在一起作整体性认识,等等。

除了这些传统思维方式外,历史认识中还应该引进现代系统思维方式和数量思维方式。系统思维方式是一种从系统观点出发,从整体到局部、从系统到元素、从上到下、从总到分的研究事物的途径和思考形式。(我们认为,当代自然科学的成果"三论"对历史学的意义,关键在于系统思维方式的引进,而不是机械地套用它的模式和术语。这一问题有待另文专门论列。)它正好与经典的分析综合方法从局部到整体、先分后总的研究途径和思考方式互相补充。运用系统思维方式来研究历史现象之间的联系和因果关系,有比传统的单线因果分析和矛盾因果分析具有更优越的特点。例如,它认为某种历史结果,不能取决于某一个或几个具体的因素、个别的事件或人物,而是决定于整个系统的状态和结构。某一历史事件的发展趋势也不取决于局部的偏差或暂时的挫折,而取决于系统全局性的动态关系。所以,历史才能在千百次曲折发展中表现出内在必然性。又如,它认为尽管系统的具体因素不同,但由于各要素间的结构及运动状态的作用,那些有明显差异的系统也可能演变出相同的结果,据此可以重新解释历史的多样性统一,说明世界许多国家近代化的不同的结果,据此可以重新解释历史的多样性统一,说明世界许多国家近代化的不同道路。此外,系统思想还强调历史事件之间的互为因果关系(反馈),历史变化中的宏观概然性和微观或然性的统一。这些对于分析理解极为复杂的历史现象具有十分重要的启迪作用。

当代系统思维方式区别于历史上朴素的系统观念的地方,在于它同数字的密切结合,创造了定量化的系统方法,这种定量关系分析包括系统内部信息和状态变换上的变量关系,和系统外部信息输入与输出在影响系统的行为与功能上的变量关系。而系统的变量关系有的是线性的,有的是非线性的,有的是模糊的。国外一些学者曾认为:"在各种系统中,再没有比人文系统更难于深入理解的复杂系统,因为这些系统的性能是由人的判断来决定的。按照通常的惯例,这种问题只能通过各抒己见的方式来阐述,而不是用数学严格的方式来陈述。但是可以预料,人物系统研究的未来进展肯定决定于适当的公式化"①。这种预言应该说是有根据的。

数学是研究世界的空间形式和数量关系的科学,具有极为严密的逻辑性、高度的抽象性、精确性和广泛的应用性。历史学在很早就跟数学打交道,但所谓历史认识中的数量化方法,主要指用数学语言描述研究对象,在理论上的概念与数学中的变量之间,在理论上的推测与数学上的方程之间建立起对应关系,把大量不能直接相比的数字换算成可比数字,以便在一定程度上克服历史研究中缺少直接可比数字的困难。此外,还要运用社会统计学方法来研究历史事件的发展趋势,如概率论实质上是必然性和偶然性辩证关系在数量方面的反映,它以最一般的形式研究随机现象的数量关系和变化规律,揭示蕴藏于偶然性现象内部的规律性的形式表现。显然,这种理论和方式是十分适合于认识社会历史领域的复杂现象的,例如,概率论的大数定理证明,如果研究对象在总体上由大量相互独立的随机因素构成,那么,个别因素的偶然误差将会抵销,而表现出共同的作用倾向。根据这一定理,当我们对大量历史事件做综合统计时,就可以比较确切地反映出历史现象的规律性和特

---

①[罗]C.V.尼古塔、D.A.拉莱斯库著,汪浩、沙钰译:《模糊集在系统分析中的应用》,湖南科技出版社,1980年,第117页。

点。当然,任何数量方法(更进一步说传统的和现代的一切思维方法)都只是发现必然性、规律性的一种思维方式,它只能总结规律的表现形式,至于事件的本质、规律的性质,则必须借助于马克思主义哲学和历史学的各专门理论规范提供的基础。在历史认识活动中,对历史现象的属性和类别做出正确的判断,是运用数量化思维方式必不可少的前提条件。

历史认识方法论的最后一个方面是关于它的一些具体技术手段,例如史料的搜集与鉴别,历史认识成果的编纂和表述等,在此就不一一叙述了。

五、关于历史认识的检验与发展

实践是检验一切认识的标准,这是马克思主义的基本观点,历史认识当然也要接受实践的检验。但是,由于历史认识活动中主客体关系的特点,决定了它在接受实践检验时具有不同的形式。

认识与实践有如下两种关系形式:一是通过实践获得认识,即实践—认识。这种认识作为实践的结果,可以通过重复这一实践行程去加以验证。例如,某一史家对一个人物生平事迹、一本史书的真伪、一个制度的内容所做的研究。总之,对某一历史现象存在形态的研究,另一史家可以通过相同或不同的认识方式加以验证。二是在某一认识指导下去进行实践,即认识—实践。这种认识作为实践的指导,可以在指导实践过程中得到检验。例如,当我们抽象出对某一历史现象的规律性认识后, 如果不仅能够为众多的史家实践证明,而且第一,能够解释和说明众多的历史现象——这就是用它来指导下一个史学实践的过程,或者第二,能够运用这种规律性认识来指导说明当今的社会实践,那么这种认识就有可能包含较多的真理性颗粒。

由此可见,除了那些贯古通今的历史认识必须接受现实社会生活实践的直接检验外(如,人们对历史上"治黄"经验的总结而得来的认识可以在今天的"治黄"实践中得到检验;人们对历史上原始社会的认识,可以在今天的原始民族和部落的社会生活中得到检验), 历史认识更多的是要受到史学实践的检验。而史学实践实际上只不过是史家再现历史上人们的社会实践活动的一种形式罢了。因此,可以称之为间接社会实践。史家虽然无法亲身去参加历史上的实践活动,却可以通过自身的实践去重现古人的实践。这种重现是否合乎历史实际,主要是通过实证和逻辑论证的方式来完成的。实证是确定历史事实的手段,事实则是实践的结果,通过确认历史事实,就可以重现历史实践的真实环节,以检验人们的认识活动。逻辑是人类真理性认识的抽象形式,是表现静态的个别的历史事实和各个历史实践环节的内在联系的纽带,只有通过逻辑论证,才能把历史实践环节连接为历史实践轨迹。在历史认识领域里,尽管单纯的逻辑论证未必能证明必"是",但违背逻辑的却能证明必"非"。因此,在实际的史学评论过程中,总是用实证与逻辑论证相结合的方式去检验史学著作。

强调历史认识可以通过直接社会实践和间接社会实践(史学实践)得到检验,但是并不否定历史上有许多永远也解不开的谜,无法检验。例如在史料不足以反映客观历史时,人们对这部分的认识只能是具有猜想的性质,尽管符合逻辑验证,却难以断定是非。另外,有些历史问题不能马上判明是非,并非史料不充分,而是囿于认识能力。人们的认识大多数情况下只是包含部分真理性颗粒,必须通过百花齐放、百家争鸣来相互补充、相互完善。这是科学认识中的正常现象,并不影响历史的科学性。再说,检验历史认识的目的并不是要使人们的认识定于一尊,而是要进一步深化对历史的认识。通过众多史家的史学实践,通过百家争鸣,人们对历史问题的认识,表现为一个从不太正确到比较正确,从比较片面到比较全面的发展过程,从而逐渐达到真理性认识的彼岸。这方面的例子很多,例如,关于历史发展的动力问题,过去片面地强调阶级斗争动力说,通过开展百家争鸣,现在又有生产力动力说、生产方式动力说、历史发展合力说等不同看法。这是不同史家从不同侧面认识历史的结果。虽然至今仍然是诸家观点并存,但是,从总体上说,人们对这一问题的认识不是前进了一大步吗?而真理不也因而愈辩愈加明晰吗?又如,关于中国古史分期问题,至少有七种不同的认识,较大的也有西周封建说、战国封建说、魏晋封建说三家,对于具体的各个史家来说,虽然没有统一认识,但是相对于人类这个总的认识主体来说,人们对这段古史的认识却大大深化了。所谓认识的深化,实质上就是认识活动中否定与肯定、片面与全面、错误与正确的矛盾运动过程,人们难以确定的认识,仍在接受一种不确定的"模糊检验",从而得到进一步发展。

如果说历史认识在接受实践检验时,还有一些中间环节的话,那么历史认识的发展则是直接依赖于史学实践和社会实践。所谓历史认识的发展包括两方面的意义:一是指历史的再认识,过去的认识片面了、肤浅了,甚至错误了,后来重新认识,变得比较全面了、深刻了、正确了。一是指历史认识的规模的发展和视野的开拓。这两方面的发展都离不开史学实践和社会实践,它们分别从内部和外部推动历史认识的发展。

社会实践是史家开展历史认识的环境条件,它不断地给历史认识提出新课题、新要求、新角度、新方法,时代的需要推动了史家历史认识的不断丰富和发展,时代的条件规定了认识所能达到的水平。

史家实践不是一个笼统的概念,是由每一个史家运用一定的理论和思维方式,采取一定的方法和工具从事历史研究的具体的过程。每一个史家是不是能够积极地响应时代的要求,自觉地改造自己的思维方式和研究方法,这是决定后辈史家能否站在前辈史家认识峰巅上更上一层楼的重要因素。

史学实践是每一个史家的具体活动,但更重要的还是一代史家的共同创造。一个时代历史认识的发展,是由众多史家的实践来共同完成的。因此,提倡"百家争鸣"便成为历史认识发展的重要条件。毛泽东同志指出:"百花齐放是一种发展艺术的方法,百家争鸣是一种发展科学的方法。"[1]史学认识发展的历史证明,什么时候有一种"百家争鸣"的局面,什么时候历史学便能繁荣和发展,什么时候扼杀了"百家争鸣",什么时候历史学便会出现沉寂和畸形。可以预言,只要当前提出的"学术自由"的方针得到认真贯彻,我国的马克思主义历史科学必将得到进一步繁荣和发展。

原载《文史哲》,1986 年第 5 期

---

① 参见《毛泽东选集》。

历史研究中的价值认识 *

黑格尔说过："假如主角方面没有利害关系,什么事情都不能成功。"①这句话后面还可以补上一句,即历史上人们的任何成败得失,都会产生新的利害关系。利益或利害关系都属于价值关系范畴。历史上人们不仅总是在一定的利害关系舞台上展开其活动,而且其活动后果势必要产生一种新的利害关系即价值关系。历史研究的任务,不仅要弄清历史现象发生的活动舞台,而且还要认识历史现象发生后所产生的价值后果。如果说,前者主要是对历史现象本身的考察,可以称之为事实认识,那么,后者便是对它的意义、影响和作用的判断,可以称之为价值认识。在一个相对完整的认识过程中,人们总是要在考察了历史现象的真实存在形态、内部联系以后,还要对它的价值意义作出判断和分析。事实认识在于把握、描述和解释历史现象,价值认识则是在此基础之上所形成的关于历史意义的评判。事实认识向人们陈述知识,价值认识给人们提供借鉴。总之,历史价值认识是一个基于事实认识又较之事实认识更为深入、更为重要的一个认识层次。迄今为止,我们还没有看到史学界对历史价值论作专文论述,因此撰文略申管见,希望得到批评指正,以有助于对这一问题研究的深入开展。

一

在中外史学史上,价值认识有悠久的传统。我国古代的所谓"春秋"笔法,实际就是一种价值认识形式。春秋笔法不主张在史书中直露地阐述修史者的好恶,但并不是不要褒贬是非。恰恰相反,他们主张一字成褒贬、分善恶。春秋笔法把"善善恶恶"的价值判断寓之于字斟句酌的事实陈述之中。《左传》《史

---

* 本文与张国刚合作。

① [德]黑格尔著,王造时译:《历史哲学》,商务印书馆,1963 年,第 62 页。

记》进一步把历史价值认识发展成修史者"旁白"的独立形式。史家在"君子曰""太史公曰"中评头品足,直抒胸臆,尽情地发表他们所记述的历史人物与事件的价值认识。上述两种价值认识形式,在后来的史学发展中便形成了"史法"(史家笔法)和"史评"两大类型,长期影响着中国史坛。

古代关于历史价值的认识与现实政治有着极为密切的关系。"以史为鉴,可以知兴替"。统治者总是要从历史上寻找解决现实问题的钥匙。臣下用以警譬专制帝王的法宝,除了天地神明,也只有昏君明主的前言往行。与封建政治的需要密切结合,使历史价值认识获得了长足的发展,但也难免出现畸形怪胎。因此,价值认识长期以来成为一个招惹是非的问题,以致被人视为禁脔。

在西方,标榜客观主义的历史家极力贬低价值认识,甚至主张把它驱逐出历史研究领域。西方实证主义历史家就认为"历史家的领域是事实的实在性而不是它的价值"[①]。言下之意,历史研究应该只要事实认识而不要价值认识。19世纪德国客观主义史学家兰克就鼓吹历史家只要追求事实真相,不必褒贬是非,对于"人们一向认为历史学的职能在于借鉴往史,用以教育当代,嘉惠未来"的看法,他丝毫不掩饰自己的嘲讽态度。[②]有类似这些观点的,在我国史学界也不乏其人。

与客观主义排斥历史价值认识相反,唯心主义、相对主义者是通过否认历史价值的客观性,夸大价值认识的主观性来糟踏历史价值认识的。他们有一句古怪的名言,说历史是"一条被恶魔铺满了毁坏的价值的道路"[③]。克罗齐的"一切历史都是当代史"、卡尔的"人人都是他自己的历史学家"更是众所周知的观点。根据这种观点,历史价值没有任何客观性可言,其结果势必导致人们可以按照各自的主观好恶去记述、说明、评价历史,历史成了一个可以任人打扮、任人涂抹的女孩子。我国"文革"期间猖獗一时的"影射史学"正是这种唯心主义历史观的具体实践和表演。

历史研究中的价值认识,不仅是东西方史学界长期聚讼纷争的理论问题,而且是我们每一个史学工作者经常面临的现实问题。人们目睹某一历史人物的评价、某一历史事件的解释,或者是颠来倒去、循环往复,或者是各执一端、莫衷一是,总是感到十分困惑、无所适从。于是否认历史价值客观性和抛弃历

---

① [意]贝奈戴托·克罗齐著,傅任敢译:《历史学的理论和实际》,商务印书馆,1982年,第231页。

② 郭圣铭:《西方史学史概要》,上海人民出版社,1983年,第156页。

③ 参见《现代西方史学流派文选》,上海人民出版社,1982年,第37页。

史价值认识两种势力就会闯进来干扰我们的历史研究实践。因此,积极开展对历史价值问题的研究,便成为当前史学理论研究中不容回避的重要课题。

二

历史价值是一个关系范畴,是客体与主体之间一种特定的关系。历史领域中的主客体关系与现实生活中的主客体关系有很大的不同。在现实生活中,实践主体与认识主体往往是一致的,但在历史领域里,历史活动的主体与历史认识的主体是完全不同的:在现实认识中,对象(客体)的存在环境与认识主体的存在环境是一致的,但在历史认识中,对象的存在环境与主体所处的认识环境是截然有别的。历史认识中主客体关系上的这些特点给历史价值问题带来了十分复杂的影响。

历史价值作为一个关系范畴,其构成要素有三:一是历史现象本身的客观属性,它是历史价值的物质承担者;二是这种客观属性所以作用的社会主体,它是历史价值的获得者或实现者;主体与客体总是在一定的时空条件下存在的。因此,历史现象的客观属性及其作用对象之间的有机联系与环境条件便成为构成历史价值的第三要素。历史价值是这三种要素的综合统一体。无论是客体属性、主体条件,还是主客体关系环境发生变化,历史价值就会随之而发生变化。因此,历史价值的定义可以这样来表述:某一历史现象的客观属性,作用于一定的对象,在一定的历史环境下所产生的意义关系。显然,一个单纯的、孤立的历史现象是无所谓价值不价值的。

从静态上分析,历史现象有三种意义关系:一是历史现象在其发生的历史环境中的意义关系;二是历史现象在后世历史发展长河中改变了存在环境与条件下的意义关系;三是历史现象经过认识主体的升华在前者的基础上形成的抽象意义关系。这样就构成历史价值的三种形态,即原生价值形态、延伸价值形态和抽象价值形态。这三种价值形态既有联系又有区别,都是历史价值认识的对象。

关于原生价值形态。某一历史现象一旦发生,势必要与当时的环境发生相互作用,进行物质、能量、信息的交换,从而对当时的历史发展产生意义。于是就有了历史的原生价值。历史现象在当时的社会意义可能是积极的,也可能是消极的,也可能近乎于零,还可能是既有积极的一面也有消极的一面。因而历史原生价值形态是多种多样的。例如,隋炀帝开运河,劳民伤财,对当时的社会政治、经济、国计民生都产生了极为恶劣的影响,加速了隋王朝的灭亡,它的社会意义是消极的,原生价值是负值。王充的《论衡》充满了真知灼见,跳动着思想的火花,但在当时并未流传于世,谈不上什么意义、影响,其原生价值近乎零。"明治维新"对于资本主义生产关系的确立和发展有极为重要的促进作用,在当时具有积极意义,因而其原生价值是正值。总之,历史现象的原生价值依赖于它所存在的现实环境,依赖于它在当时历史发展中的地位。

关于延伸价值形态。历史运动具有连续性,许多历史现象并不会因时过境迁而终止其影响,而是在改变了的环境下继续发生作用。例如隋炀帝开运河并不会因为炀帝的死亡而失去其影响,在后世一直有其作用,而且时代不同影响也不同。它在唐宋时代的价值、在明清时代的价值和在今天的价值都会有显著的差别。孔夫子学说在汉代、魏晋、宋、明、近代和今天的价值也各不相同,如此等等。历史延伸到什么时代,它的价值也就延伸到什么时代。历史延伸有两种形态:一种是物质延伸,如古运河、古长城等;一种是文化延伸,即用具体物质载体表现出来的或者说物化的思想学说、理论著作、文学作品等。后者实际上就是我们平常所说的文化遗产。文化遗产的继承问题,归根到底是一个价值问题。总之,历史的延伸价值是在历史现象与后世的环境关系中确定的,时代条件在变化,历史的延伸价值也在变化。

关于抽象价值形态。某一历史现象不是以实体形态作用于后世,而是被认识主体抽象为某种道德规范或伦理形象,从而产生了长久的影响,这可以称之为抽象价值。法国女英雄贞德和我国宋代岳飞抗金的事迹,被抽象成爱国主义或民族英雄的范式即是其例。抽象价值是以该历史现象的客观属性为前提,以历史原生价值为基础,同时又受到主体因素及其所处现实环境的作用而生发出来的一种价值形态。例如,我们把"丝绸之路"抽象为中外友好关系的见证,一方面是以"丝绸之路"本身在中外经济文化交流中的历史作用为基础的,另一方面又有现实环境条件和社会需要的投影。总之,抽象价值要受到主体因素及现实需要的影响,但是,它并不是史家纯主观的产物,主体因素也是长期历史运动过程中形成的一种民族的心理积淀,现实需要本身也是一种客观存在。因此,抽象价值是一种既依存于具体历史现象,又超越了具体历史现象的价值形态。

历史价值的上述三种形态各具特点。历史现象的原生价值由于是在当时较为确定的历史环境条件下发生的,因而具有较为稳定的性质。当然,由于认识主体及其他方面的原因,史家的认识并不一致,这是另外一个问题,历史原生价值本身并不因为人们的认识不同而发生改变。与原生价值的比较稳定不同,历史延伸价值则是富于变化的一种价值形态。由于时间的推移,历史场景的变换,社会具体需要的不同,认识主体的参考架构也在发生变化,从而使同一历史现象在历史长河中显示出极为不同的价值意义。仍以隋炀帝开运河为例。它的原生价值是消极的,但是,它在唐宋时代的延伸价值则是积极的,唐宋帝国的繁盛与炀帝开运河的业绩是分不开的。可是,在明清时期,它的延伸价值已经不像唐宋时代那么突出,近代以来则变成微不足道的了,在将来的历史时期内,它的价值还要随着社会条件的变化而发生变化。

历史的延伸价值具有多变性,但并不是不可捉摸的。多变性倒是充分说明了历史价值的条件性与具体性特征。即随着环境条件的改变,历史现象联系和作用对象的改变,社会需要的改变,使历史现象的价值意义也会发生改变。但是,历史现象在某一具体历史阶段的延伸价值取决于当时的社会环境条件和社会需要程度,它是客观的,不以人的意志为转移的。历史延伸价值的多变性与历史价值的客观性不仅是不矛盾的,而且是统一的。

历史延伸价值随着时代的变化而变化,除了决定于历史条件、社会环境与需要的变化之外,还为其本身的客观属性所规定。某一历史现象只有它本身具有某种客观属性,在一定的环境条件下,满足一定的社会需要,它才能产生某种价值意义。而历史现象往往是有多种属性的,不同的属性与不同的社会条件结合,便会产生不同的价值意义。这就使得原生价值与延伸价值以及抽象价值在各个不同的历史阶段有时可能表现为一致,有时则表现出不一致,对此要具体问题具体分析。隋炀帝开运河是劳民伤财的,并不反映当时社会历史的要求,在当时只有消极意义。但是,由于运河本身具有通航运输的内在属性,具有水利工程的性质。因此,在唐宋时代商品经济有了相当发展的情况下,它的这些内在属性便会与当时的社会需要相结合,发挥南北运输大动脉的功能,表现出积极的延伸价值。总之,一个历史现象所包含的客观属性越丰富,越具有必然性(我们在反映社会需要这个意义上理解必然性),那么它的延伸价值就越持久,越具广泛性。例如,孔孟创立的儒家学说,其内容博大宏富,涵盖面比较广泛,能够适应多种社会政治形势和文化心理的需要,因而其影响力是持久而强有力的。反之,墨家学说虽然在当时与儒学并称"显学",

其原生价值十分突出,但是,在后来的历史条件下,却愈益沉寂,影响力也愈益衰弱了。这与它所包含的思想内容的偏激和不切于实际,难以符合后世的社会需要是有密切关系的。

历史现象的内在属性并不是一成不变,而是有隐显、增衰和转化的。历史现象的客观属性的由隐到显和由显到隐的变化过程,也就是它的价值意义的增生与衰变过程。具体地说,历史现象的有些客观属性,在当时或者在后世的某一历史时期不能凸现出来,当它延伸到一个新的历史时期却得到了充分的显现,这样,某些客观属性在新条件下隐去了,相应的价值也就消失了,而另一些客观属性却与新的历史条件和社会需要相结合,从而产生新的价值。例如万里长城,它的原生价值以及延伸价值在相当长时期内,都是作为防御工事抵抗少数民族入侵中原的,具有一定的积极意义。近代以来,它的这一价值属性丧失了。然而它作为历史文物古迹的价值却充分地显露出来,同时,它又被抽象成中国人民伟大创造精神的体现,而显示出历史抽象价值。

历史现象的抽象价值较上述两种价值形态更为复杂。前两种历史价值都是实体形态。抽象价值则必须根基于其上,不能离开历史原生价值而独立存在。然而,它又是对原生价值的一种抽象、升华,是原生价值的"类比"或"联想"。例如,岳飞抗金的抽象价值不能离开岳飞抗金的历史本身。但是,爱国主义或民族英雄的价值抽象的内涵又大大超越了岳飞抗金这一事件本身的意义,并且反映了主体的感情与现实的需要。总之,一方面,抽象价值是对原生价值进行确认、肯定之后抽象出来的价值形态,这一点保证了抽象价值的客观实在性。另一方面,抽象价值与认识主体所处的现实环境和社会需要有密切的联系,因而具有强烈的主体色彩。抽象价值使那些在现实生活中没有具体作用的历史现象超越了历史时空的囿限,给现实生活以强烈的影响和干预。这样,就使抽象价值也超出了原生价值的范畴。由此可见,历史现象的抽象价值是客观性与主体性的辩证统一,是基于对象又超出对象的辩证统一。

三

历史价值三种不同形态的划分,对于我们解决历史价值判断上的分歧是有所帮助的。

过去有一种观点认为,评价某一历史人物或事件只能根据它在当时的意义和影响。另一些人则认为，应该根据它在后世的意义与影响。前者的理由是历史现象在后世的影响变化不定，而当时的影响则是确定的。后者的根据是，历史活动只有放在较长的历史时段中才能显示清楚其真正的意义，并非当时所能盖棺论定的。这两种看法都有一定道理，但是并不完全。因为它们讨论的，实际上一个是历史的原生价值，一个是历史的延伸价值。而历史的原生价值与延伸价值可以是一致的，也可以是不一致的。笼统地、不加区分地用原生价值或延伸价值去评定某一历史现象都是不正确的。例如英国历史上的"圈地运动"、世界近代史上的资本原始积累，都有一段血泪斑斑的罪恶历史。但是，它们对后来资本主义生产关系的诞生和发展却产生了极为重要的作用。我们不能因为"圈地运动"迫使大批农民离开家园，资本原始积累充满了血与火的经历而否定它们在后世的积极意义。同样，我们也不应由于它翻开了资本主义生产关系的序章而为那血与火的历史大唱赞歌。

还有一种意见主张从现实需要的角度来判断历史的价值。他们认为，石敬瑭出卖燕云十六州，从今天的角度看，不能算作卖国，凡是今天在中国境内的少数民族政权在历史上也不能算是中原王朝的敌国，如此等等。这实际上是用现实来改铸历史，用现实的需要来偷换历史的需要，是对历史原生价值的一种错误抽象，违背了历史抽象价值必须忠实于原生价值的原则。相反，如果我们把石敬瑭的行为抽象为卖国的典型，尽管历史上的"卖国"与今天的"卖国"意义截然不同，但"卖国"这一价值抽象却是忠于历史，根基于原生价值的，因而是正确的抽象价值。弄清这个问题，还有助于我们正确划清"影射史学"与"古为今用"的界限。"影射"无疑也是一种历史抽象，但是"影射史学"进行历史抽象的基础和前提是影射者本人的不正当目的和动机，丝毫不顾及客观历史的原生价值。因而这种价值抽象是错误的。"古为今用"则要求严格地在历史原生价值的基础上进行抽象，并使之影响于现实社会生活。进一步说，所谓抽象价值的主体性是说它的价值内涵具有民族的、社会的心理文化特征，它的价值意义超越历史时空而作用于主体所处的现实环境，并不是说它可以随心所欲地把主体的现实需要强加给历史的需要——"影射史学"的根本错误，"古为今用"与它的根本区别就在于此。

正确认识不同价值形态之间的关系，还有助于我们正确理解文化遗产继承问题。古代的文化遗产，包括思想、理论、学说、艺术，等等，在它们所由产生的那个时代的价值是一回事，在后世历史中和在现实生活中的价值又是一回事。以孔子学说为例，孔子学说中所包含的科学教育理论与封建需要相结合，可以培养出封建统治者，但是和我们今天的社会需要相结合，则可以培养出现代建设人才。孔子学说中的一些伦理观念，在封建时代起了强化封建等级秩序的作用，但是在当代西方精神生活中，在我国精神文明建设中，某些方面也许还有它的积极意义。文化遗产所涉及的问题较为复杂，需要专门论述。在这里我们只想强调一点，以上这种价值变换，就是由于历史现象（文化遗产）所联系的社会条件、社会需要发生变化的结果。我们不必为社会条件和社会需要的改变而导致的历史延伸价值的改变而惊恐不安，也不要用延伸价值来取代原生价值。孔子学说在过去有什么价值就有什么价值，在今天有什么价值就有什么价值。这样来看待价值变换问题就可以得到比较正确的认识了，即有些历史现象在后世的价值变化，是由于它内在的客观属性与不同的社会需要相结合而发生价值变换的结果，是正常的，也是必然的。

四

历史的价值是通过评价来揭示的。评价就是主体关于历史认识对象有无价值、有什么价值，以及有多大价值的判断。历史的价值是客观存在的，拿破仑的功绩不会因为有人否定而被勾销，希特勒的罪孽也不会由于有人辩白而被洗刷。但是，作为主体对客体的一种反映，人们对于历史价值的认识完全有可能偏离历史本来的价值。历史学家由于认识的角度不同，各自的需要不同，利害关系不同，很可能对于同一对象得出不同的价值认识。这种认识有时可能是真的，即符合价值；有时可能是假的，即不符合价值。

价值认识是在一定的价值观念体系指导下，以一定的价值标准为尺度来完成的。那么什么是价值标准呢？马克思说："'价值'这个普遍的概念，是从人们对待满足他们需要的外界物的关系中产生的。"[1]也就是说，主体需要是判断价值的标准。当然，"主体需要"中的"主体"应该是社会主体，"需要"应该是社会需要。马克思又说："我们的需要，……是由社会产生的。因此，我们对于需要，……是以社会的尺度……去衡量的"。[2]总之，所谓主体需要并不是随心所欲的要求，而是以社会为尺度反映社会发展的要求。人民群众是社会的主

---

①② 参见《马克思恩格斯全集》。

体。因此,凡是符合人民的最大利益,促进社会生产的发展,有利于科学文化事业的繁荣,这样的历史人物或历史事件就有价值,应予以肯定;反之,就没有价值,应予以否定。这就是价值标准的客观性与社会性。

价值标准不仅具有社会性,而且还具有历史性。一个时代有一个时代特殊的历史条件,多维的社会背景,也就有特殊的具体的社会需要,因而也就有自己的不同的价值标准。例如对封建社会的农民平均主义与现代社会生活中的平均主义,就会有不同的评价标准。对上升时期的地主阶级与封建社会末世的地主阶级,就会有不同的评价标准,总之,价值标准是历史的、具体的。

强调价值标准的历史性和具体性,并不等于说可以用历史上人们的价值标准为标准,以古人的是非为是非。历史上那个时代认为有价值的,并不一定真有价值,认为没有价值的,也不一定真的没有价值。以妇女缠足为例,尽管历史上曾认为是美好的,但是拿历史发展的尺度来衡量,它是应该予以否定的东西。又如割股疗亲、三年守孝,用当时人的价值标准衡量是应该表彰的,但是以社会进步的尺度来衡量,则是一种愚昧落后的行为,不值得加以肯定。

强调价值标准的客观性,并不等于否定价值认识中的主体性和个体性。不同的民族,不同的阶级,不同的认识者,都会在自己的价值认识中带有本民族、本阶级和本人的个性特征,从而使价值认识带有个体性特征。价值与评价标准是客观的,但是人们选择什么样的价值标准,提出什么样的价值认识,是具有倾向性和目的性的,这就使价值认识带有主体特征。一个现实的价值认识,并不是一下子就能完成的, 总有一个从不太符合客观价值到比较符合客观价值的过程。为了减少历史价值认识中的偏差和失误,关键应该注意以下几点。

首先,要掌握正确的价值标准,并确立与之相应的正确的价值观念体系。价值观念与价值标准有所不同。价值标准是评价的尺度,价值观念则是主客体长期相互作用过程中形成的一种价值取向。它影响到人们价值标准的选择,同时某种价值标准确立以后,又反过来影响到人们价值观念体系的变化。人们的价值观念除与价值标准发生相互作用以外, 还要受到主体的社会知识、社会环境、社会地位和所接受的社会传统的影响,是由知(知识、认识)、情(情感、兴趣)、意(目的、要求)等凝结而成的观念结构。只有在正确的价值观念指导下,才能做出正确的价值判断。

其次,价值认识要建立在事实认识的坚实基础之上。事实认识是价值认识的前提条件,在错误的事实认识基础上,不可能得出切实的价值认识。同时,价值认识的确认,又进一步影响到对事实认识的内容、角度、方向的选择。例如,我们对明末农民战争的价值认识,总是建立在对明末社会历史的事实认识基础之上的,对梭伦改革的价值认识,总是建立在对雅典城邦国家发展历史的事实认识的基础之上的。没有这些事实认识做基础,就谈不上有准确的价值认识。同时,当我们对明末农民战争和梭伦改革有准确的价值把握之后,那么我们在进一步研究明末社会历史和雅典城邦历史的其他问题时,就会在研究内容和研究角度上有所侧重和选择。

其三,应该对历史发展规律和趋向有一个比较正确的了解。历史发展规律和趋势是有层次的,有总体历史发展的规律,也有某一时代、某一阶段历史发展的趋势。只有对不同层次的历史发展总趋向有一个较为深切的认识,在把握不同时期内历史评价的具体标准、开展历史价值认识时,才会克服盲目性和主观随意性,做出较为切实的价值判断。例如,我们对岳飞抗金的评价,不仅要对中国历史上民族关系、政治斗争有一个总体的认识,还必须对宋辽金时期历史发展的具体趋势有一个清楚的了解,才有可能对岳飞抗金得出正确的价值认识。我们对罗斯福"新政"的评价也必须既对世界近现代历史和美国历史发展的总趋势有一个总体的认识,还必须对"二战"前后几十年间美国社会矛盾的发展和其时国际关系的基本趋向有一个深切的了解,才有可能对罗斯福推行的"新政"做出恰如其分的价值判断。

最后,要充分发挥主体的积极作用。我们反对把价值看成纯主观的东西,但是绝不否认主体在价值认识中极为重要的作用。我们要把主体与主体意识区别开来。从认识论上看,客体先于意识而存在,但从价值论上看,却不能说客体先于主体而存在。主体具有意识和思维的属性,但是并不等于意识和思维。实际上,主体、主体需要、主体的认识能力本身就具有客观实在性。如果说历史价值是客观存在的、不以人的意志为转移的话,那么,究竟能不能准确地认识和把握它,恰恰是主体的功劳。并不是每一个人都能在历史认识中发掘出正确的价值认识,离开艰苦的探索,单凭几条原则和标准是无济于事的。

价值问题是历史认识中比较复杂的问题,我们不能把历史学看成是可以任凭主观"评价的科学"。但是,历史认识又总是与价值判断紧密联系在一起。如果说历史研究可以不要价值认识而只要事实陈述,可以不要提供借鉴而只要提供掌故,那恐怕才是真正的"史学危机"。

原载《世界历史》,1986 年第 12 期

论历史研究中的抽象性认识 *

历史研究从本质上说，就是人们对既往人类社会的一种深入的认识活动。从它的认识方式和认识目标上可分为多种不同形态,其中抽象性认识在历史认识的进程中占有十分重要的地位。马克思说:"分析经济形式,既不能用显微镜,也不能用化学试剂,二者都必须用抽象力来代替。"①这在原则上适用于社会科学的各个分支,历史学也不例外。历史的抽象性认识,主要以理论思维的方式进行,是反映历史事物的概念在思维中形成与运用,并发展为一个概念的体系,从而导致具体历史在思维中再现的过程。它在深度和广度上主要可分为归类式抽象、本质的抽象、必然性抽象、统一多样化抽象等几个层次。

一、归类式抽象

归类式抽象是以既定的史实为直接出发点,将同一类历史事物归结于一起,通过对比而认识其共同属性。其认识上的特征是:(一)认识行为的类别观念,这对于选取认识客体的范围和方向起指导作用。选择认识客体不是任意的、盲目的,而是基于对历史现象条分缕析的结果。《史记·货殖列传》将工商业者作为认识对象,一方面是对这类人物活动的概括,另一方面也有着对社会上职业类别的分析。(二)对一类历史事物的某种共同属性形成抽象概念,或对一类历史现象有个统括的说明。例如"工匠""农夫""商人"等概念,都是对某种职业共同属性的反映。

归类式抽象对认识客体的注意点不是完整的具体史事,而是历史的一个个局部问题。但由于具备着分门别类观念,归类式抽象也避免了孤立地观察

---

* 本文与乔治忠合作。
① 参见《马克思恩格斯选集》。

216

个别事件,开始探索历史现象之间一定限度的内在联系。有选择的、分类别的归类式抽象,打破了历史联系的自然状态,对历史事物进行了分类抽引,发挥了认识的能动作用。

在我国古代,历史的归类式抽象相当发达,而且很早就被应用于历史著述的编纂中。古代最初的编年体史学,尚按自然的状态复述历史,司马迁撰写《史记》这部纪传体史书,则将历史的内容予以归类。在《史记》中,"本纪""书""列传"等体裁,皆选择了外观上有共同属性的一类内容。特别是"列传"中使用了"循吏""酷吏""游侠""货殖"等类传的形式,对这一类历史人物共同属性的抽象与概括已相当明确。这是打破跟踪历史自然状态的编年纪事,直接应用归类式抽象的认识成果。

归类式抽象虽然是历史认识中的一个重要阶段,但仍具有很大的局限性。它所概括的历史联系,仅在于历史事物的外在状态和历史活动的外在结果,缺乏对历史问题内在矛盾的分析。同时,这种抽象在认识上很难跨越"类别"的界限,至多在相仿类别、相反类别之间做小范围的外观上的对比而已,这就不可避免地带有认识的肤浅性与狭隘性。例如对封建时代的官僚,可以归结为"清官"与"赃官","循吏"与"酷吏","忠良"与"奸佞","清流"与"浊流"等不同的类别。这些抽象固然也提供了对古代官吏的历史认识,但却不能据此直接提高到对封建官僚制度本质的认识。在某种程度上,还可能干扰对本质问题的探讨,多年以来对"清官"的讴歌就酿成了认识混乱的后果。

我们了解了归类式抽象的特征及局限性,就可以既不被历史研究中各种归类分析方法所迷惑,又能汲取其合理的因素。例如:在西方风靡一时的阿诺德·汤因比的历史体系,其中不乏历史认识上的真知灼见,但他对整个世界史的认识,则是按其外在形态分成 20 余种互不相干的"文明"。这种体系,就是以一种归类式抽象的方法构造而成,只处于抽象性认识的初级阶段。然而,国内有的文章将汤因比的历史体系推崇为"高层史学",显然是不正确的。

复杂的历史事物,常常在不同侧面表现为不同的属性,人们在认识中便可能得出多种多样的归类分析。这里,归类方式和归类标准是至关重要的。我们在对历史进行归类式抽象时,应当将它作为加深认识的阶梯,使归类分析的结果预示出探索历史本质和历史规律的广阔前景,这就需要认真采取科学的归类方式与归类标准。例如:在对中国古代地主的认识中,是根据其处世行为的外在状况分别归类为"善人""刻薄鬼""恶霸"等,还是根据其如何取得土地与财富的经济、政治等特点予以归类分析,对于进一步认识中国封建社会政治与经济关系的本质来说,二者的效果是大相径庭的。很明显,在前一种归类式抽象的基础上,无论怎样对有关资料统计、分析与对比,都难以使历史认识再有实质性的提高。

二、本质的抽象

任何历史事物都是历史现象和历史本质的对立统一。历史现象是丰富多变的,历史本质是内在的、相对稳定的,本质固然是通过现象来表现的。但并不是直接的表现,正如马克思所说:"如果事物的表现形式和事物的本质会直接合二为一,一切科学就都成为多余的了"①。归类式抽象可以给认识历史本质提供一定的基础,而真正认识其本质,还须在适当的归类式抽象的基础上作进一步的抽象思维,这个认识过程可称之为本质的抽象。

本质的抽象旨在得出高度概括历史客体根本性质的判断,这就需要通过历史现象中共同的东西分析其内在联系,考察历史事物在历史的、社会的联系中所处的特殊地位。例如对中国古代宦官这一阶层所表现出的大量历史现象,经过归类式抽象,可以得出这样一些认识:宦官是一类经过阉割、在宫廷供职的人;宦官可分为干政的与不干政的,有很大权势的与一般供职的,个别因皇帝的宠信而得势的人与结成团伙一时左右政局的等类别。在这种认识的基础上再深入思考,就可以发现,名分卑贱而活动于最高统治者周围,是关于宦官的历史现象中共同的东西,并且是宦官社会地位中的一对矛盾。宦官在古代的作用及结局是受这种矛盾制约的。于是,再联系宦官在整个古代政治生活中所起的作用进行深入探讨,就可以认识到:宦官一方面是封建皇权专制和封建礼教残忍性、腐朽性的产物,一方面又常常作为权力斗争的补充体。宦官阶层受害于专制主义和封建礼教,而其社会活动却大多体现着封建政治与伦理的残忍和腐朽,这就是对宦官本质抽象性的认识。从以上的分析可以看出:本质的抽象打破了归类式抽象的"类别"界限,是在考察事物的普遍联系中完成的。具体历史事物的本质,不可能被独立地认识,而总是与其密切联系的历史事物一同认识。由此可见,本质的抽象具有超越归类式抽象的深度

---

① 《马克思恩格斯全集》。

218

与广度。

复杂的历史事物,其本质具有多样性的特点,这表现在两个方面:第一,本质具有各个不同侧面的多样性;第二,本质具有深浅程度不同的多样性。以某一历史人物来说,就不但有政治方面、经济方面的活动,还可能有科学、文化、艺术上的活动,而每一方面的活动都表明他的一种特质。这多方面的特质有时不能概括为一种统一的本质,而是从各个侧面共同地反映该人物的本质。这就构成了一个历史人物的几方面的本质。例如宋徽宗是个腐朽的皇帝,但在书画艺术上很有造诣;东晋的顾恺之是中国古代书画史上的巨星,但却迷信、傲慢、放荡,充满士族地主的庸鄙作风;清代章学诚的史学理论富于创见性,但他狂热维护封建纲常伦理,鼓吹吃人的礼教,这一点落后于当时许多学者。可见,应该承认这类人物本质的多样性。当然,多方面的本质中有一个占主导地位的本质,这是由他的主要历史活动和对历史的主要影响决定的。阶级分析方法是认识历史人物主导本质的最重要、最普遍的方法,但又不是唯一的方法,因为历史人物的主要活动和主要历史作用并不全表现于阶级关系之中,如顾恺之的主导本质是在艺术方面,章学诚则在史学方面,从理论上明确和把握本质的多样性及主导本质的标准问题,对于历史研究具有十分重要的意义。

历史事物除了具有各个侧面本质的多样性之外,还存在深度不同、层次有别的本质。对一个具体的封建官吏来说:"忠正"或"奸佞"的判断已经触及了该人的本质问题,但这是层次较浅的本质。将之置于封建社会政治关系、阶级关系中,考察哪些人代表地主阶级中什么阶层的利益,哪些人代表了地主阶级长远利益,在历史发展中各起多大的促进或阻碍作用,等等,就会抽象出更深刻的本质。列宁指出:"人对事物、现象、过程等的认识从现象到本质、从不甚深刻的本质到更深刻的本质的深化的无限过程,是一个辩证法的要素"①。将本质区分为深度不同的各个层次,既可以辩证地对待以往的历史认识水平,又可以防止认识的僵化,推动本质的抽象认识向更深刻的方向迈进。

_____

① 《列宁选集》第二卷,第 608 页。

三、必然性抽象

历史的发展过程中,包含着历史的必然性与偶然性两个方面。所谓历史必然性,就是指在一定的历史进程中必然要经过的基本趋势,偶然性则是对这种趋势的摇摆和偏离。历史的必然性通过丰富、多变的偶然性开辟道路。凡属历史的必然趋势,都可称之为规律。但习惯上我们常常把较大范围、较大时间跨度的历史必然性称为历史规律。历史必然性抽象认识的主要目的,在于认识历史规律。承认历史发展具有客观规律,便会顺理成章地承认历史学是一门成体系的科学;透过大量的历史偶然性得出对历史规律的抽象性认识,是历史科学的关键性任务。

马克思主义的历史唯物论揭示了历史发展的内在原因,即生产力与生产关系、经济基础与上层建筑的矛盾运动,从而发现了历史发展的必然规律,使历史学真正成为科学。但是,马克思主义对历史总体发展做出的阐述,并没有穷尽对历史必然性的认识。一方面,对历史总规律的认识还应丰富和发展;另一方面,各类历史事物在历史必然性联系中占有怎样的地位,是一个开发不尽的研究课题。

对于历史必然性的理解,要防止绝对化。第一,不应将必然性与偶然性的界限绝对化,因为二者在一定条件下可以相互转化。(许多论著对此均有阐明,这里从略。)第二,不应将所有历史事物的必然趋势和发展程序绝对化,因为历史上存在着某些必然的发展趋势被打断、发展程序被改变的现象。例如:公元前 2000 年左右,在印度河流域有十分繁荣的哈拉帕文化,后来却灭绝了,其原因尚未完全弄清。一个重要的论点就是外族强力的入侵与野蛮的屠杀、破坏。公元前约 1500 年,爱琴海上以克里特岛为中心的米诺斯文化相当繁荣,大概已进入了阶级社会,但后来却灭绝了。其原因很可能是附近散托临岛一次火山爆发,引起强烈海啸和随即而来的火山灰覆盖。美洲大陆的印第安人生活区、非洲的多数地区,都由于殖民主义者的侵入而改变了社会发展的必然程序;中国也由于资本主义列强的侵入,没有经过完整的资本主义社会阶段。既然某种范围内的历史必然性有可能被打断、被改变,那么怎样才能对历史必然性做出恰当的抽象性认识?我们认为:对历史必然性的抽象,必须结合于社会系统及其层次的分析。

任何一个由社会关系组成的集团、民族、国家等,都可以看作一个社会系统, 随着社会联系的日益广泛, 直至全世界人类组成一个大的社会系统;同时,自然界与人类社会又时时组成自然–社会的生态系统。一个社会系统有没有自身独立发展的必然趋势和必然程序,以及抗拒外来干扰、贯彻这种必然性能力的强弱,可称为系统的有序性。系统的有序性至少由以下几个因素决定:1.系统内部结构的完整性和严密性,如一个民族或国家,比一个派别或集团的有序性强;2.系统所占据的时空地位,如一个大的、历史悠久的国家比小国有序性强;3.系统内在矛盾运动的展开程度和系统的发展水平,如资本主义社会比奴隶制、封建社会有序性强。三个因素是互为补充的。哈拉帕文化、米诺斯文化的灭绝,是其本身的有序性尚不足以抵御强大的外来因素。这种外来因素,大多来自另一社会系统或更大的自然–社会生态系统发展的必然性。印第安人、中国及其他一些民族在社会发展上的变异,都可以这样分析。以上这些情况,均不足以否定人类社会的发展存在着普遍规律,问题在于对普遍规律的表述适用于哪一种社会系统。社会系统的层次分析及其有序性的概念,有助于对历史必然性的认识。

　　对历史必然性的抽象有着两种深刻程度不同的认识方式:一种是经验性的概括总结,一种是理论性的内在矛盾分析。当我们比较了历史上多次农民起义的结局,发现其最终总是陷于失败,不能使农民摆脱封建压迫与剥削。于是得出在封建社会内,农民起义不可能摧毁封建制度的认识。这是由所接触的历史资料中直接概括出来的,尚没有经过对认识对象内在矛盾的分析。因此,是一种经验性的认识方式。尽管它得出的规律性认识还比较肤浅和表面化,但却是人们认识历史规律的第一步,起到理清纷乱的历史现象、展示历史发展线索的作用,为理论性的分析提供了前提。如果我们进一步从农民是小生产者,不与先进的生产方式相联系等阶级特点上分析,指出农民提不出摧毁封建主义的斗争纲领,因而起义的结果总是失败,这就成为对历史规律理论性分析的认识方式。

　　在历史研究中,要切忌夸大必然性,把本非必然的事物说成是历史规律。有的文章根据唐太宗这个封建皇帝的典型人物断言:"在我国历史上,大规模的农民战争之后必然产生好皇帝,是一条不可抗拒的规律。"这个论点既不符合对地主阶级与农民阶级矛盾的理论分析,也经不住在更大范围客观历史中检验。黄巾起义、黄巢起义之后就没有唐太宗这类皇帝产生,而且,"好皇帝"

的标准也无从确定。这说明只依据历史中的局部事实就轻下历史必然性的论断，是很不可靠的。

抽象出历史事物的本质和历史发展的必然规律，丰富复杂的历史事物就统一于本质和规律的规定，历史现象和历史偶然性暂时地被撇开了。这样，历史认识的行程由收集资料、考核史实造成的丰厚状态，转入集中的、条理化的、稀薄的认识阶段，它可以更深刻、更完全地反映客观的历史，从而形成系统的历史理论。

四、统一的多样化抽象

从绚烂缤纷的历史现象中抽象出系统的历史理论，只是完成抽象性认识全部历程的一半。马克思在谈到经济学认识方法时指出：完整的认识过程必须经过两条连续着的道路，"在第一条道路上，完整的表象蒸发为抽象的规定；在第二条道路上，抽象的规定在思维行程中导致具体的再现"，这种再现出来的具体"已不是一个混沌的关于整体的表象，而是一个具有许多规定和关系的丰富的总体了"。[①]这里指出的认识上的"两条道路"，对历史研究尤其具有重要的指导意义。因为历史学的一个重要特征就是立足于丰富多样的具体内容。

"从抽象上升到具体"而"导致具体的再现"，在认识上属于什么性质？还是一个值得探讨的理论问题。我们认为，马克思所说的"思维用来掌握具体并把它当作一个精神上的具体再现出来的方式"[②]，就其主要方面而言，仍是抽象性认识，不过已经高一层次，有了新的特点，可称之为"统一的多样化抽象"。这里的"统一"，是指统一理论的指导，这里的"多样化"，是指对研究对象要抽象出它的多方面联系和多种规定。为什么说从"抽象上升到具体"的过程仍是抽象性认识呢？

第一，已经得出的关于历史规律和本质的认识，只能作为一种理论的指南，为思维中具体地再现指出大致的方向。在理论的指导下，全部历史都应当重新研究，才能得出具体的认识。而重新研究的过程，当然伴随一系列的抽象性认识。

[①][②] 参见《马克思恩格斯选集》。

第二，在本质的抽象和历史必然性抽象中虽然已经用科学的方式把握和认识了历史的本质和发展规律，但显然还有许多问题没有触及。各层次的社会系统、各层次的专史和具体历史事物的特殊规律、特殊本质，例如文化发展规律、科技发展规律或某一历史事件的本质，等等，是认识的"第二条道路"所须解决的问题。由此可见，在"抽象上升到具体"的阶段，仍然需要对历史事物特殊的规律和特殊本质进行抽象。

第三，在思维中再现具体的历史，不仅需要认识历史事物的特殊本质和规律，还必须认识其非本质方面的规定。"具体之所以具体，因为它是许多规定的综合，因而是多样性的统一"①。这里所说的"许多规定"，不仅包括本质的规定，也包括非本质的规定。例如一个历史人物，从他的各种社会联系中，不仅抽象出阶级本质，而且应当有政治才干、道德品格、作风、习惯、文化程度、艺术修养、思想倾向等规定，方可构成对历史人物完整的具体认识。在本质的和必然性的抽象中，这许多方面是摒弃了的，而在思维中再现具体的过程中，就需要对这些多样性规定予以抽象，才能综合为具体的认识。

第四，在思维中将历史具体地再现出来，需要将许多抽象规定加以综合，这是新的特点。但综合不是简单的拼合，还需要概括出针对具体对象的全面性认识。这样，综合中仍然要抽象，综合是抽象化了的综合。

总而言之，在思维中再现具体的历史，不是抽象性认识已经完结，恰恰相反，而是抽象性认识更丰富的表现，包含着从初始到深入的各类型的抽象性认识。当然，在这个高级阶段上的抽象性认识是有指南、有次序、有系统的，不是一切从头摸索。正像人类是动物发展的最高阶段，但人的胎儿仍然要从单细胞开始走完动物界几十亿年的进化路程一样。

统一的多样化抽象的起点，是历史理论与特定研究对象的结合，光有历史理论，是不能从抽象上升到具体的。在认识与思维领域，从客观的多样性可以找出统一性，但统一性不能自行分化为具体的多样性，必须结合特定的研究对象，才能作为具体在思维中再现的起点。当特定研究对象的种种表象作为历史资料被掌握，历史理论的概念、判断、规定就作为思维的工具，能动地、有针对性地调集出来，用以分析与综合客观对象各方面的特性时，这种分析是抽象上升到具体的中介环节。多层次的中介环节是凭借抽象力度越的。因

① 参见《马克思恩格斯选集》。

为只有抽象出认识对象的各方面特性,形成多层次的规定,才能进行下一步认识的综合过程。为了说明统一多样化认识的一般过程,我们以研究汉武帝这个特定历史人物为例予以分析。研究汉武帝要有两个必要条件:一是掌握评价历史人物的正确理论及对中国封建社会一般发展规律的认识,二是掌握有关汉武帝历史活动的具体资料。这两点的结合即历史理论与具体认识对象的结合,是对汉武帝统一多样化认识的起点。从这个起点开始,逐层次地分析他所处的社会关系和历史联系的特殊性是完成这项认识的中介环节。例如:根据汉武帝的政体改革、财政改革等活动,可以得出他全面加强中央集权的抽象认识;从他对匈奴的战争和对西域的外交活动,可以得出他在民族关系方面的抽象认识;从其猜忌臣下甚至亲生儿子的现象,可以得出他残忍专横、个人权力欲十分强烈的认识;从其大兴土木、封禅、求仙等活动,又可看出他所具有的奢侈、好大喜功、迷信等腐化性和落后性;从其苛剥农民与镇压流民起义,可以得出其阶级本性的抽象;"轮台罪己诏"的发布和随即改变治国方针,又表明他比较清醒和有远见,能按本阶级的根本利益调整政策。所有这些认识的得出,都应用着历史理论的一般概念和范畴,如"政治""经济""阶级""民族""中央集权"等,都离不开关于封建社会政治制度、阶级斗争以及民族关系方面的理论的指导。

在关于汉武帝的多种规定被抽象出来之后,还需进行综合,以得出对他的总体性认识。这个总体性认识既不是笼统的阶级标签,也不是上述多种规定的拼合,而是要明了汉武帝充当了怎样的时代角色,起到什么社会作用和有什么历史影响。这种认识,必须结合西汉统一全国、经济发展、中央集权加强和对匈奴关系发展的过程等进行高度概括与抽象才能达到。对一个历史人物的研究尚且如此,对更大历史课题的研究更应这样。

统一的多样化抽象,不是退回到个别事件和琐碎细节的搜罗记述,不是重新堆积历史现象和它的偶然性。如果其中再现了某些历史现象,那只是被组织起来以说明和丰富本质;如果再现了某些历史偶然性,那是一些对必然起了重大影响的偶然。总之,对历史现象和偶然性的再现是与本质和必然性的认识有机地结合于一起的。这样,就使历史客体有血有肉、生动丰富而又有条有理地再现于思维之中,达到更深刻的认识阶段。

五、抽象性认识的地位

客观的历史事物是丰富、复杂的,对历史的认识活动也是丰富、复杂的。归类式抽象、本质的抽象、必然性抽象、统一的多样化抽象构成历史抽象性认识中深度和广度不同的层次。这些认识层次在总趋势上是由浅向深发展,但在具体的历史研究中,并不是绝对依次逐级地以线性方式推进,而是充满了交错与反复,形成网络式的上升状态。在每一抽象性认识的层次中,历史认识都不是在纯概念运动中进行,正如恩格斯所说:"逻辑的发展完全不必限于纯抽象的领域。相反,它需要历史的例证,需要不断接触现实"①。因此,历史的抽象性认识是基于客观历史资料之上的,绝不是主观的玄想。

抽象性认识在历史研究中的重要地位,可以从三方面予以分析:

(一)历史认识的关键性环节。在历史研究中,抽象性认识是一项能动性极为突出的思维方式,它使极端复杂的客观历史蒸发为概念的体系和一般的规定,又以成体系的概念驾驭史实,从而在思维中再现具体的历史。历史认识从感性到理性的飞跃,对历史局部的、片断的认识到全局的、系统的认识,都是在抽象性认识的各层次中完成的。对历史的深刻的抽象,具有把握全局、建立历史认识的思想体系的作用。因此,一定时代的历史认识水平,主要是由当时抽象性认识的水平所决定的。

(二)指导其他类型的历史认识。历史认识具有不同的思维方式和研究目的,抽象性认识只是其中的一种。此外还有查证历史资料的考实性认识,评析历史事物的作用、影响及意义的价值性认识,判断历史上人类认识活动正误的是非性认识,考察从古至今社会因素沿革问题的贯通性认识,等等。各类型的历史认识给抽象性认识奠定了基础或起到充实和丰富的作用,而抽象性认识则以其全局性、系统性的特点对其他类型的认识起一定的指导作用。价值性、是非性、古今贯通性认识,等等,都要首先了解认识对象的本质、相关历史时代的特点和社会联系,了解历史发展的一般规律。因此,都离不开抽象性认识。即使是考实性认识,只要不是那种简单的史籍文字的校勘,同样必须借助抽象性认识的成果和某些方法。杰出的历史考据家还往往具备指导整个考据活动的基本思想,如近代"古史辨派"提出"层累地造成中国古史"等论点,其

---

① 参见《马克思恩格斯选集》。

实就是对历代史籍记述上古历史情况的一种抽象性认识,直接指导着他们对具体历史问题的考证。总之,与抽象性认识所能达到的认识广度相比,其他各类型的历史认识都属于局部性的研究,抽象性认识所取得的全局性、系统性历史研究成果,总是要对局部问题的研究起到一定的指导作用。

(三)体现历史研究的现实目的。历史研究并不是少数人为学术而学术的活动,它有着十分现实的目的。简言之,历史研究的目的在于对社会输送知识、提供借鉴、辅助教育、参与预见、增进思维能力,等等。向社会输送历史知识,要求知识的深刻性、系统性和简明生动,那就必须依靠历史认识的本质的抽象、规律的抽象和统一多样化抽象才能达到。提供历史的经验和教训,要求对历史事件有深入正确的理解、对历史上的得失成败原因有深入的分析,这显然离不开对历史本质和历史规律的认识。历史的教育作用,也只有在本质、规律的抽象的前提下,才具有科学的意义和长远的效用。

现实社会不过是历史长链上的一个环节,只有结合历史的分析,才能预见现实社会的发展趋势。历史规律的抽象更给预见未来提供了有力的根据。因此,历史的抽象性认识对预见未来发挥着巨大作用。

人类的思维方法可分为历史的方法和逻辑的方法。前者是按事物发展顺序的先后联系进行考察和研究,后者表现为一系列归纳、概括、判断、推理等过程。历史的抽象性认识,尤其是历史规律的抽象,是历史的方法与逻辑的方法有机的结合,给人们提供了增进思维能力既生动、又有效的典范。总之,历史的抽象性认识,以其认识的深刻性、系统性体现于历史研究的现实目的之中,发挥着很大的社会效能。

原载《红旗》,1988 年第 11 期

历史研究中的考实性认识 *

历史研究是个较为复杂的认识过程。在这一认识过程中，由于认识对象、目的、手段等方面的差别，我们将其划分为几个不同的认识层次和阶段。考实性认识便是其中之一。

考实性认识的对象是一些具体的、表层的历史现象（如人物、事件、制度、习俗等），目的则是考察史料对这些现象的反映是否正确无误；而其手段在传统史学中则被概括为训诂、校勘、辨伪、辑佚、考证等诸种形式。①

考实性认识的历史可谓源远流长，它几乎是与人类开始对自身的过去进行反思的现象同步产生的。古往今来，众多的学者不仅对大量的历史问题进行了具体的考实，而且将考实的一些经验方法，也做了他们力所能及的概括和总结。这无疑为我们今天进一步研究这种认识，提供了极其有益的启示与借鉴。

本文将探讨三个问题：一、考实性认识的必要性；二、考实性认识中的几种方法；三、考实性认识在历史研究整个过程中的地位及其评估。不当之处，敬祈指正。

一

实事求是是马克思主义的认识论所坚持的一条最基本的原则，历史认识也应当遵循这一原则。只有以大量的历史事实为基础，历史认识活动才有它得以展开的客观依据。不过，认识历史与认识现实有着非常明显的不同，历史

---

* 本文与叶振华合作。

① 广义地说，考古中文物鉴定、年代测定等工作亦当属于考实性认识。但其中有些应用到自然科学的技术手段（如应用碳 14 测定绝对年代，应用 X–射线分析鉴别古物真伪等），限于笔者的知识水平，则不拟论列。

事实的获得并不是一件轻而易举的事。

作为现实认识客体的事实，是直接地呈现在认识主体(人)的眼前、能为主体直接接受和反映。而作为历史认识客体的事实，却是飘然已逝不再复返的"过去"，它们无法再直接呈现给主体。实际上，人们对于"历史"的认识，仅仅是通过它自身的某些残骸(如遗迹、化石等实物)和人们对于它的某些记录(文献、口碑)即所谓的史料来进行的。这样看来，历史认识乃是一种间接认识，其认识的主体不是直接地接受和反映客体，而是需要借助一定的中介才完成其反映过程的。

很显然，由于中介的进入，所以在一个间接认识的过程中，要想得到正确的反映结果，就应当具备一个前提——客体同中介的符契。那么，在历史认识的过程中，作为客体的史实同作为中介的史料之间是否有这样的符契关系呢？应当说，它们之间是一种不完全符契的关系，是一种既有"离"又有"合"、离合交错的关系。

我们先来考察二者之"离"。

史实的客观性与史料的主观性是二者相"离"的一个突出表现。史实虽然已经成为过眼烟云，但它们毕竟曾是一些客观存在物。史料却不然，它们是具有主观意识的人对那些客观存在物的反映与记录(这里主要是指文献和口碑史料。关于实物史料的主观性，下文也有分析)，因而，在史料画面上就很可能比原史实多出一层或浓或淡的主观色彩。如果稍加分析，这些主观色彩，又有"有意"和"无意"之别。

有意主观是指有些记录由于记录者或蔽于己私，或迫于权势而不惜故意歪曲、颠倒、隐讳、伪造、篡改史实的情况。"王隐、虞予毁辱相陵"[1]，"房玄龄董史册，故房彦谦擅美名；虞世南预修书，故虞寄、虞荔有嘉传"[2]，这类现象在旧史籍中司空见惯。而十年"文革"期间竟然出现了林彪在井冈山与毛泽东会师的说法。这就更是人所共知的荒唐。上面所举之例，是有意主观在文献、口碑中的体现，这种情况在实物史料中也存在，现今流传于世的赝书、赝画、赝器、赝物真是不知有几多。

无意主观是指有些记录并非由于记录者的有意"加工"，相反甚至是有些

---

① 《史通·曲笔》。
② 《通志·总序》。

人力求忠实地描摹史实,但却在不知不觉中出现了偏差的情况,它比有意主观更为复杂。

"历史和阶级的局限"作用于记录者并渗入记录,就是一种无意主观。董狐是古代秉笔直书的典型,但他那"赵盾弑其君"的记录,今天有谁会说是绝对客观的东西呢?

"感情"又是一种无意主观。对某些身临其事的记录者来说,几乎不可避免地会为感情左右。梁启超就曾说过,他所写的《戊戌政变记》一书,后人不必视之悉为信史,因为书中有"感情作用所支配,不免将真迹放大也"①。这确乎是深有自知之明的高见。

"心理状态"也是一种无意主观。刘勰在《文心雕龙·史传》中就曾指出过"俗皆爱奇"这种心理使得一些记录"传闻而欲伟其事,录远而欲详其迹",因而导致偏差的情形。

当然,无意主观的情况远不止上述所举,诸如史料在辗转传抄过程中所产生的错简、衍夺、谬差,记录外国或少数民族史事时由于习俗不明、语言不通所造成的失误和彼此闻见不同而出现的记载歧异,等等,也都可归于此类。

史实的完整性与史料的零散性是二者相"离"的又一表现。这种相离,在一些时间跨度较长的大事件中更为突出。一般说来,一个大事件是由很多小因素构成,这些小因素之间的各自关联形成一个完整的大事件。而一些史料却很难将这些小因素反映完全,所以它相对零散。造成史料零散的原因是多方面的。

首先,随着岁月的流逝,由于自然侵蚀、人为灾祸等缘故使不少史料变成残圭破璧、断篇碎简,不能完好地保存下来。距离现实的时间愈久远,发生这种情况的可能性就愈严重。

其次,由于人的记忆能力的限制,没有将全部史实都清晰地记住并记录下来。对此,梁启超也举过例子:"例如二十年前,'制钱'为国家唯一法币,'山西票号'掌握全国之金融,今则两名词早已逸出吾侪记忆线之外,举国人能道其陈迹者,殆不多觏也。"②

再次,由于人的视野范围的限制,难于将史实的各个角度和侧面反映完全。实际上,个人对于事物的观察就像是灯光照室,无论灯光悬于何处,室内

---

① 梁启超:《中国历史研究法·史料的搜集与鉴别》。

② 梁启超:《中国历史研究法·说史料》。

总要留有阴影。相对于某一较大的史实来讲,记录中也总免不了遗漏。

另外,就是有些史料相对说来比较完整,但由于记录者反映问题的角度不同,所以史料并不集中,而是纷淆散乱的。这在关于古代历史的史料中表现得尤其明显。

史料和史实相离的情况大体即如上述,下面我们再来考察一下二者之"合"是怎样形成的。

首先,由于相当多的一部分史料是对史实的直接反映和记录,更有一些史料还是史实本身的遗存,因而它们尽管与史实存在着一定的差异,但其中的基本内容尚不至完全失真。即或有些史料并非直接记录,但经过一些严肃的史家对其进行过认真的审核,因而也基本可靠。

其次,由于"直书""实录""尽其天不益以人"等理想一直为一些史家所追求,因而他们的记录便力求忠实客观,可以保持大部分的史实真相。即或有些史家有意歪曲某些史实,但这些人无论如何也不能完全摆脱事实的根据,因而这些人的记录中也可能保持一些史实真相。

上面我们对史实和史料二者的离合关系是分别加以考察的,但在实际中,这种"离"与"合"往往是错综交糅地缠在一起,即很多史料相对史实来讲是既离且合。此外还有一种情形,有些史料与其所反映的史实是有距离的,但如果将"某史料失真"记录下来,则这个记录本身又是确凿的。

通过以上的分析,我们可以得出以下的结论:如果史料与史实二者之间是一种只离无合的完全不符契关系,那根本就没有可能进行考"实",人们也就不能认识真的历史;相反,如果二者之间是一种只合不离的完全符契关系,那便没有考实的必要,历史认识同现实认识也就几无区别;只有二者是既离且合的不完全符契关系(事实正是如此),考实性认识才成为历史认识过程中必不可少的重要一环。而从这错综纷纭的关系中具体辨析哪些史料与史实相合,哪些史料与史实相离,这正是考实性认识的重要任务。

二

作为一种认识,考实有着它一定的方法,这些方法多种多样。前人依据考实对象的差别,将其方法分为训诂、校勘、辨伪、辑佚、考证等诸形式。我们则试图从思维方式的角度,对这些方法重新进行一些分析。

一是比较法。它是搜罗反映同一史实的史料,通过对这些史料的比较,进而区分异同,判断是非的一种方法。考实性认识中经常使用这种方法,校勘、辨伪、考证等都离不开它。比如,陈垣先生曾将校勘总结为"本校""他校""对校""理校"四种方式,这其中的前三种就属此法。再如考证有关少数民族或外国史中的一些人名、地名等,考实家多采取"对音"之法,亦属于此。

比较法的特点在于:"易别同异,难定是非",我们通过下面的假设来说明这个特点。

假设只有三条不同源的史料记载了同一史实,比较这三条史料,就会出现三种情况:一是三者相合;二是三者歧异,相互皆不合;三是其中二者相合,一者相异。在这三种情况中,只有在第一种情况下,才能确定是非,而第二和第三种情况都存在着或然性。第二种情况下有两种可能:要么其中一者为是,则其他二者非;要么三者皆非。第三种情况就更为复杂。其中可能是相合二者为是,则相异者非;也可能是相异者为是,则相合二者为非;还有可能是无论相合二者还是相异者皆非。

对于第三种情况,郭沫若先生曾提出过一种"三占从二"的办法,即相信相合者的记载。①从我们对比较法特点的分析看,"三占从二"显然是不严密的,如不辅以其他方面的论证,单纯依此作出判断,是非常武断的。

尽管比较法有不易断定是非的局限,但由于它只需直观就能区别同异。因此它很容易发现矛盾,找到问题研究的起始点,再辅以其他方法,还可能有意外的发现。乾嘉学者崔东壁的《考信录》就是在"取经传之文类而辑之,比而察之"的基础上"晓然知传记注疏之失"②,进而蔚为巨著的。王国维的一些考史名著,如《殷卜辞中所见先公先王考》等,也是以地下古物同文献记载相比较的"二重证据法"写成的。陈直先生的《史记新证》《汉书新证》则是新中国成立以来应用比较法的两部代表作。

老一辈史学家之所以重视这一方法,就在于它是史学研究中的基础方法。郑天挺先生不止一次对自己的学生强调读史一定要"比读",研究问题也应注意"根据具体事实加以比证"③。岑仲勉先生也说过"读史之法,比较之功,

---

① 参见《十批判书·孔墨的批判》。

② 参见《考信录·提要》。

③ 《探微集·清入关前满族的社会性质续探》。

万不可少"①。这些都确系深知比较法重要作用的经验之谈。

二是归纳法。它是从大量的史料中抽寻出某些共性,从个别而推求一般的一种方法。乾嘉学者中赵瓯北最擅此法,他的考实名著《廿二史札记》中的许多篇章,如《汉初将相布衣之局》《武后纳谏知人》等,都是运用这种方法的典型作品。

归纳法的特点在于所依据的史料愈充分、愈完备,归纳出的结论就愈可靠。根据这一特点,在应用此法时须注意两点:其一,考实的范围宜窄不宜宽,在较窄的范围内,证据容易搜求完备和充分;其二,归纳出的结论宜有一定的弹性,不轻易作硬性结论。因为史料搜求完备并非易事,如一旦发现一些反面证据,硬性结论就难免偏颇。赵瓯北大概亦明此理,故《廿二史札记》中的一些篇章对上述两点均有注意。

对于归纳法,梁启超至为推崇,认为应用它"可以发现出极新奇的现象,而且发明出极有价值的原则"②。这话的确有一定的道理。通过归纳得出的结论是不同于任何具体史料的新结论,而这些新结论由于其具有一定的普遍性。所以,往往对我们认识一些个别事物又起一定的指导作用。例如王引之就通过归纳法发现了春秋时期人物的名与字的关系有"同训""对文""连类""指实""辨物"五种情况。③陈寅恪先生在名著《隋唐制度渊源略论稿》中所提出隋唐制度出乎北魏(北齐)、梁(陈)、西魏(北周)三源的说法,也是经过对大量史料的归纳而得出的新结论,这个结论对于今天的隋唐史研究仍有一定的意义。再如,前人将造字原则归纳为"六书",无疑对今日的文字训诂之学是有指导性意义的。陈垣先生所归纳的校勘四法,亦是迄今仍为古籍整理工作所遵循的原则。

三是类推法。它是根据两类(或两条)史料中已知的部分属性来推知其中一类(或一条)的不知属性的一种方法。如果用公式表达,即是

已知史料 A 有属性 a、b、c,史料 B 有属性 a、b,A、B 二者大体相似,那么,B 也有属性 c。

唐长孺先生在《〈晋书赵至传〉中所见的曹魏士家制度》一文中曾运用过

①《隋书求是·自序》。

②《历史统计性》。

③参见《经义述闻·春秋名字解诂》。

这种方法考证赵至之父的身份。其论证过程如次：(1)《晋书赵至传》中记载赵至出身士伍，但未记赵至父为兵，仅记其耕田，这难以说明赵父是屯田兵。(2)赵父系曹魏时人，曹魏时虽有军屯，但见于记载的只有淮北地区，而赵氏却居于河南缑氏。(3)《晋书·食货志》中载有河南新城有屯田兵。(4)已知晋沿魏制，新城与缑氏同属河南郡，据此推知赵父的身份是曹魏的屯田军户。①

杨志玖先生在《关于马可波罗离华的一段汉文记载》一文中，考订马可波罗曾经到过中国，也运用了这一方法。其论证过程如次：(1)《马可波罗游记》有波斯三位使臣来华的记载。(2)《游记》又载马可波罗随上述三使一道从华至波斯，而后马可波罗再由波斯返回意大利。(3)《永乐大典》引《元经世大典》中引录的一篇公文中也载有三使拟由华返波斯事。(4)因(1)(2)(3)三者相合处推知三使来华为实；(2)(3)相合证马可波罗的《游记》记载是实；再推证马可波罗确曾来华。②

从已知推不知这点来看，类推法与归纳法相似，但其思维方式却是由个别到个别，这与归纳法又有所不同，这种方法的特点是依据的已知条件与结论之间缺乏必然的联系，因而它的结论便有一种不确定性。尽管如此，它毕竟为史料中某些不知的属性提供了一点可知的可能性。所以这种方法也不应忽视。

四是演绎法。它是以某些具有共性的通则推知一些具体属性的一种方法，即从一般引申至个别的方法。

郑天挺先生在《关于徐一夔〈织工对〉》一文中，为了解决《织工对》的著作年代问题，曾两次运用这一方法。一是发现徐氏文集《始丰稿》系依年序编录，其中第一至第三卷之文皆撰写于元朝至正年间，这是一个通例。《织工对》恰恰收入《始丰稿》第一卷中，据此推知《织》文系元至正时的作品。二是发现元代的货币单位为"缗"，明代用"贯"，这又是一通则。而《织》文记述织工的工值时恰恰以缗为单位，故再推得《织》文撰于元代。

演绎法的思维过程是所谓的"三段式"序列，即先选定具共性的"通则"为大前提，再以通过核证史料与通则之间的同异关系为小前提，最后得出该史料是否可靠的结论：史料同于大前提者是，异于大前提者非。从这个序列中，我们可以看出，演绎法的前提和结论之间必须具有一致性，违背这种一致性，

---

① 参见《魏晋南北朝史论丛》。

② 参见《元史三论》。

就会导致前提与结论之间发生矛盾的谬误。在实际考实的过程中，不少史家犯过此弊。比如刘知几将中古时期篡乱成风作为大前提，肯定《汲冢书》中"舜放尧于平阳"为是，而《尚书》所记"禅让"之事为非。①刘氏的这一演绎过程，大前提是中古，而结论却是上古，实际上就违背了前提与结论一致的原则，犯了以今度古的毛病。另外，由前提与结论的一致性所决定，如果在演绎过程中前提出错，则结论亦会随之而误。不过由于小前提的确定只是直观地比较异同，因而它发生错误的可能性一般要小些，容易失误的是大前提。比如《考信录》一书虽多精当，但书中以"经"为绝对正确的大前提，并由此轻率否定与经不符者的部分论断，终为该书的白圭之玷。因此可以说，大前提的确否是演绎法应用的关键，在确定大前提时，应当有充足的证明。

与比较、归纳、类推相比，演绎法之长在于其能够做出确证。只要大前提正确，它甚至可以判定"孤证"是否可靠。一些考实大师之所以能"不凭本而凭理"加以"理断"，就是以人所共知的常理作为大前提，依据"孤证"史料与常理的矛盾，从而否定该证的。例如，战国中期的长平之战，从《史记》到《通鉴》均载有赵兵败降而被坑杀四十万一事。但朱熹和胡三省却都敏锐地发现此事有悖于常理之处，提出"四十万人安肯束手而死邪"②之疑，做出此事"决不可信"③的判断。

五是钩沉法。它是将一些长期以来沉没未彰、零散失绪的史料从纷杂的载籍中钩稽出来，并依照一定的原则排次清楚的一种方法。古书之辑佚、年谱之编制等，基本上是这种方法的实际运用。

钩沉法的主要作用不在于辨析史料的是非，而在于重新发现某些史料以补充不足，它往往对人们加深认识某段历史有很大帮助。比如"江南奏销案"为清初重大事件之一。此案一发，"苏、松、常、镇四属官绅士子，革黜至万数千人，并多刑责逮捕之事"，但由于清政府的有意隐讳，官修史籍中几无反映，以至于"二百余年，人人能言有此案，而无人能详举其事者"。孟森则翻检了大量的清人笔记，比较详细地将此事的脉络勾勒出来，并推断了此案的因由。④这对于清初统治者残酷迫害江南士子的行径无疑补充了重要的事证。

---

① 参见《史通·惑经》。

②《通鉴》卷五，周赧王五十五年系事，胡注。

③《朱子语类》卷一三四。

④ 参见《明清史论著集刊》下册《奏销案》。

当然,钩沉法并非只是简单地拾遗补阙,在钩沉过程中也须注意对史料的可靠程度进行审核,否则也会引起一些不应有的失误。

六是溯源法。概括地说,这是通过追索史料的初始形态(源头)进而鉴别记载的真伪、判断其价值的一种方法。训诂中根据较早的字形以推证某字之本义、校勘之重视较早的版本,等等,都是这一方法。

所谓史料的初始形态,从不同角度看是略有区别的。如果从史料与其所记事的关系看,史料有记录者所历、所见、所闻和所传闻之分。这里,所历之记录为初始。如从记录时间早晚看,则又可分为同时史料与异时史料。这里,同时史料为初始形态。当然还可以从其他角度做更多的划分。但总的说来,与史实的距离是近是远、相隔的中间层次和环节是少是多是划分史料的初始形态和后起形态的基本原则。

在一般情况下,初始形态的史料较后起形态的可信度要高。我国史学家很早便注意及此。司马迁曾以张骞未见为由(亲历),指出《禹本纪》关于昆仑山的记载不可信。[①]刘知几也认为"传闻多失"[②]。但这些还都是一些简单的认识,更多的考实则是通过理清史料的演化过程,找出某些史料的致误之由。以顾颉刚先生为代表的"古史辨派"发现了"累层地造成的古史"这一情形。于是利用溯源法做了大量的考实工作,对中国上古史做了比较系统的清理,可以称为善于溯源的集大成者。其他学者也常用此法进行考实,兹举两例:其一是陈寅恪先生考证曹冲称象之事。此事自《三国志》成书而迄于清初,千余年无人怀疑,乾嘉学者何焯、邵晋涵虽有异议,但未能确考。陈先生则以其渊博的学识证佛经中已有称象故事,由于佛经故事传入中国后几经辗转而多所附会,最终被陈寿写进正文。[③]其二为明末李岩其人事,顾诚同志考订李氏系"乌有先生",考订过程如次:(1)与明末农民战争同时的一些著作,如顾炎武的《明季实录》、彭时亨的《中兴制寇策》、刘尚友的《定思小记》之中,记有与李岩名字相近的若干人(李炎、李充、李严、李延),不过这些人均指李自成。(2)顺治初,一些小说中李岩"独立"出现。(3)康熙时,计六奇据小说传闻将李岩写进《明季北略》。(4)至官修《明史》,李岩就血肉丰满地活跃于史家心目之中了。[④]

---

① 参见《史记·大宛列传》。

②《史通·采撰》。

③ 参见《寒柳堂集·三国志曹冲华佗与佛经故事》。

④ 参见《李岩质疑》,载《历史研究》,1987年第5期。

可见,应用溯源法的确会取得较为可观的成绩。前辈的史学家们对这一方法的重要性也是有所认识的:乾嘉学者阎百诗就说:"读书不寻源头,虽得之殊可危。"①陈垣先生也说:"考寻史源,有二句金言:毋信人之言,人实诳汝"②。为此,他为学生特地开设史源学一门课程。不仅如此,有的学者还对于如何溯源进行过一些方法性的总结,如明代胡应麟在《四部正讹》中所提出的"八核",梁启超在《历史研究法》中提出的辨伪书方法中,都含有溯源法的内容。

当然,溯源法亦非完美,其不足主要在于史源所载也不见得完全可信,对史源本身也还需要从其他方面做一定的分析。

上述六种方法,只能说是考实性认识过程中的一些基本的和常用的方法,而且我们又采取的是简单分析的方法加以评价的,实际上,每一个具体的考实过程,并非都是如此单纯。考实家们面对的历史问题,往往是纷杂万状的。因而,更多的考实过程是根据所考问题的范围宽窄、程度难易的不同情况采取相应的方法加以综合运用的。考实家们反对那种"偏举一隅"③的做法,而主张在对材料"遍为搜讨"④的基础上融会贯通,参伍比证,力求考实的成果确凿精当。从我们对以上六种方法的分析来看,每种方法都有其不同的局限,相互之间也的确需要取长补短。不过从总体上讲,考实性认识的一般形式只不过是通过"存疑"-"搜证"-"考求"的三段式,发现史料中的矛盾点与契合点,从而证其是非的过程而已。

三

考实性认识作为一个层次和阶段,它在历史认识的整个过程中处于怎样的地位?我们应当如何对它进行评估呢?这两个问题,需要与历史认识的其他层次和阶段中的一些因素加以比较分析,才能得出明确的答案。

除了考实性认识之外,历史认识的过程中还包含有抽象性和价值性等几种认识形式。这几种认识形式之间的关系是相互区别、又相互联系的。当然,

---

① 参见阎咏《左汾近稿·先府君行述》。

② 参见陈垣《史源学杂文》。

③ 戴震《毛郑诗考证》卷二。

④ 王引之《经传释词·自序》。

236

它们之间的这种关系可以从各个不同的方面表现出来。若从"任务"的角度来分析,考实性认识可以说是其他认识形式的基础。

考实性认识的任务是确定史料所反映的历史现象是否真实;抽象性认识的任务是探索历史的各种本质及各种规律;价值性认识的任务则是评估历史从各个层面所体现出来的价值意义。明确了这些,我们就可从这一角度探讨考实性认识与其他认识形式的联系了。

从与抽象性认识的关系看,没有史实的确定,不可能准确地认识历史的本质及其规律。历史的本质与规律是通过一系列的抽象才被发现的。但无论哪一种抽象,都必须以准确的事实为始点,离开基本史实的抽象必定会流于穿凿。马克思正是通过对资本主义社会里天天发生的经济现象进行研究,才揭示资本主义的本质及价值规律的。反过来看,假若搞不清农民起义的事实和过程,哪里还能再认识农民起义的本质与规律呢?

从与价值性认识的关系看,没有史实的确定,同样不可能对历史的某些价值做出正确的评估。我们以历史人物的评价为例来说明。明代抵御后金的将领袁崇焕,以通敌嫌被崇祯帝处死,在明末,他一直背着"叛逆"的罪名,直到编纂《清太宗实录》时才披露出"通敌"之说乃是皇太极所施的反间计。有了这一史实,袁崇焕才得到了正确的评价。这里所举的只是一个极简单的对历史人物定性的价值评估之例,但无论评估有多么繁复,都必须以确定的史实为其基本条件。

总之,考实性认识为其他诸种认识提供可靠的史实根据,其他诸种认识依赖考实性认识的存在而存在,离开考实性认识的其他认识只能是海市蜃楼般的幻想,考实性认识在整个历史认识过程中处于一种基础的地位。

认识到考实性认识的这种地位,未必就能对它做出恰当的评价。在如何评价它的问题上,历史存在着分歧。长期以来,在关于"史"与"论"关系的研究中,有"以论带史"还是"论从史出"这样两种不同的观点。这两种观点从某种意义上讲包含着"史"与"论"二者孰轻孰重之争。从历史认识的角度看,这个争论也可以说是对考实性认识与其他认识形式的轻重程度如何评估的问题。我们认为,这二者实在没有什么轻重之分。

从历史认识的总过程看,考实性认识同其他认识形式一样,都不会完结和终止。历史是一个不断向前延伸的过程,只要有人类存在,历史就会发展,人的历史认识活动也不会停滞不前。新的一段历史一旦产生,史料与史实间的新矛盾亦随之出现,考实性认识也就有其必然存在的条件。依此而推,它与其他认识形式相较孰轻孰重之争便永无休止。试问,这种永无定案的官司打起来有何意义呢? 另外,没有考实性认识,历史认识就失去了可靠的基础;而没有其他形式的认识,历史又仅仅成了杂乱无章的史实堆积,不能给人以任何启迪。这样看来,考实性认识与其他认识形式之间又是一种相互依存、相互补充的关系,离开哪一种认识形式,历史认识都会失去它完整的意义。

从作为个人的认识主体的认知能力分析,擅长考实与擅长抽象各有其长,又都各有其短。马克思主义关于"人有无限的认识能力"这一概括,是将"人"作为一个总和来看待的,具体到每一个人,则其认知能力肯定是有限的。实际上,每个具体的历史研究工作者,其认知能力各有各的局限,善于细而微的思索者未必能善于广而阔的包容,相反也是如此。《史通》与《文史通义》之中都存在着一些史实的错误;王西庄与钱竹汀又都免不了琐细零碎;章实斋曾经讥笑擅长考实者是"但知聚铜,不解铸釜"①。但在实际中,如无人聚铜,又安能铸釜! 所以,擅长考实与擅长抽象的二者之间的正确态度,应当是互相尊重,取长补短,不可厚此而薄彼。只有这样,才能共同促进历史研究水平的不断提高。在这方面,梁启超、王国维、陈寅恪三位大师的交谊,堪为后世之表。

当然,由于考实性认识的对象是具体的、可感的和表象的东西,与其他认识形式相比,它们有认识层次上的差别,这是无可否认的。但是,评价历史研究成果的标准,不在于认识层次上是否有差别,而在于认识结果是否正确。因为只有正确的历史认识才能充分发挥其社会功能。

原载《文史哲》,1989 年第 1 期

---

① 《文史通义》外篇三《分邠二云书》。

小议思想史研究中的古今贯通性认识

古今贯通性认识是思想史研究中一个普遍性的认识方法。这些年,有关国学、儒学复兴论大规模铺张,古今直接贯通、甚至古今一体论甚为时兴。下边先罗列一些大论,以彰其要:

1.或曰:"中华民族的复兴要靠中华民族文化的复兴来支撑。孔子的儒学在中国历史上一直处于主流地位,影响着中国社会的方方面面,需要我们世世代代传承。""它(儒家)曾是中华民族发育、成长的根,我们没有可能把这个根子斩断。如果我们人为地把中华民族曾经赖以生存和发展的根子斩断,那么中华民族的复兴就没有希望了"。

2.或曰:"以孔子思想和儒家文化为纽带,增强了中华民族的认同感和凝聚力。"

3.或曰:"物欲横流,举世乱象。生态破毁,人类何仗?斯时斯世,欲有以匡。不因圣教,曷得安康?"

4.或曰:儒学是"中华民族的共有精神家园"。

5.或曰:儒家文化应是中国文化的"主体"。

6.或曰:"国学热不能停留在读经阶段,而是要真正体现在日常生活当中,要通过国学的深入和普及,使中华民族的传统优秀文化成为一种自觉。"

7.或曰:儒学应该并且能够成为世界的"领导力"。

8.或曰:建立"儒教"。

9.或曰:实行儒教政治。

这些都是直接打通古今,把古代的思想浩浩荡荡一路引向现代社会。从思想的多元化和个人选择来说,诸说固无不可。但是上述诸种说法都涉及学术的公共性问题,不可不辨。

谈论一种意识形态首先要关注历史定位问题。历史进程中有否阶段或形态上的区分,这是个大前提。我认为,历史进程中有阶段或形态上的区分,至于如何区分,这是一个需另行讨论的问题。不管如何,古典儒学(近代以前的儒学)是前现代社会中的一种意识形态。中国的前现代社会最主要的一个特点是帝王体系支配着社会。而古典儒学的主体不仅与前现代社会大致是相适应的,而且是帝王选中的意识形态。古典儒学有如下三个基本特点:一,等级人学。很多学人说儒学是"人学"或"成人之学",我认为这种概括不确,而应该是"等级人学"。这是个大判断,由此会带来一系列的分歧。二,由此引出,古典儒学的主旨是君尊臣卑,相应的是倡导"天王圣明"与臣民文化。三,基于上述两点,古典儒学的主要功用是帝王之具,这点帝王们反复说过,无须举证。一位居高位的人把儒学说成是"爱人",是"善",是"和",是"刚健自强",是"民本",作为因素无疑是有的,但这些概括有很大的片面性,比如"爱人",它还以"尊尊""亲亲"为先。"民本"从来就不是一个元命题,它与"君本"是交织在一起的,是从属于"君本"的。"和"与"分""别"相辅相成,而分等级贵贱是主要的。因此从学理上说,不能只说一面,更不能把古典儒学体系全盘移至现代社会。道理很简单,作为一种意识形态它是前现代社会的,把片面当成整体,并"整体"移过来是反历史的。

其次,对思想话语要从思想整体上进行判断。儒家或其他诸种学说,都有极其高明的话语,比如法家说过"以人为本""均贫富",但不能以此断定法家的主体思想。儒家中无疑也有很多高明的话语,如"三军可夺帅也,匹夫不可夺志也",等等。一些人据此说儒家主张人格独立、平等,但从孔子思想整体上看,绝对不能做出这样的结论,因为他还说过"唯女子与小人为难养也""唯上知与下愚不移",非礼"四勿","君子而不仁者有矣夫,未有小人而仁者也"等话语,怎么能说人格独立和平等呢?

再次,一个概念的含义具有"混沌"性,常常有多层次性,很难从一种含义进行论说。比如孔子的"仁"含义多多,仅说其是"爱人"显然是片面的,它还有"克己复礼"等。又如"孝",在亲情上说至少有三层含义:养、敬、无违,如果笼统把孔子的孝拿来,肯定也不当,现在能以"无违"为最高境界吗?

就儒家思想来说,其主体是君尊臣卑,是臣民文化,而现在兴起的是公民文化,前后两者有着形态上的不同。一个时代(社会形态)大致说来也制约着一个时代的观念。社会形态与观念形态，古今有很大差别，时过境迁，古典儒家，之外还有法家、道家、墨家等，其整体远远不能适应当代社会的需要，对此无须惋惜，世上哪有不散的宴席？把孔子视为千年不变的宴主可能吗？

在我看来，前现代的种种思想只能作为一种资源，而不可能成为现代社会的"根"呀、"主体"呀、"纽带"呀、"精神家园"呀，更不可能成为"领导力"。当然，现在新儒家有诸多"返本开新""创造性转化""综合创新"等提法，对这些提法我大体上都赞同，因为他们转化出来的"新"多半是普世价值，而这些都不是古典儒家所固有的，是他们"创造"和"开新"的成果。我与某些新儒家的分歧在于，有些人把自己开创的"新"说成是古典儒家固有的，这不符合历史事实；另外，在他们所说的"新"中，一些人把"大"（不限于某个类型）社会主义排斥在普世价值之外，这点我又不赞成，因为大社会主义中有相当丰富的普世价值。总之，我们不可低估一些思想家有超越现实的超前性，但思想主体不会超越他那个时代。

古典儒学等作为资源，其意义无疑也是很大的。没有资源的世界必然是荒漠；有资源，但如何开发和利用则全靠自己。孔子能说那么多哲言，难道我们就不能自己说吗？无须言必称孔子，也不必把自己的话语往孔子身上贴，更不能不加分析地把孔子的话语转变成自己的行为。就实而论，真的想固守孔子的教导，在现实生活中也必定会变味，无可奈何。因为"你"就是你自己，是现代的"你"！要把儒家之说、古典的"国学"变成当今社会的"精神家园"，这与痴人说梦相差无几。

把传统思想作为资源，而贯通性认识就是开发和利用这些资源。如何开发和利用大致是"六经注我"的方式，而"我"是主体，"我"要创新。如何开发和利用资源，具体说以下几点：

一是提取有普世价值意义的因素和内容。

对普世价值争议颇多，有些人根本不承认普世价值，对此我想说几点：第一，普世价值不分"东""西""古""今"，是人类积累的普遍性的理性；第二，普世价值不是哪个人和哪个集团特有的，而是在社会各阶级、各阶层长期博弈中取得的共识和共同的价值；第三，普世价值的多少与高低，大致与社会发展程度成正比，社会发展水平相对低、利益对抗明显，普世价值相对就少、水平也相对较低；第四，普世价值是历史性的，受历史条件的限制，普世价值实现的程度在各个国家和民族是不可能整齐划一的；第五，用普世价值说事，是另一个问题,但不能因此而否认普世价值,或把普世价值说成某一方的特有,或因此而否认普世价值的存在。

在我们传统观念中有许多普世价值的因素或雏形,许多思想家也有过精辟的阐述。比如"公正""衣食,人之生利也""天地之间人为贵""等贵贱""兼爱""己所不欲,勿施于人"等,其中都有普世价值的因素和内容,有待我们开发和发扬。

二是"借题"发挥。古人提出过许多命题,我们可以借来发挥。比如"以人为本""民本""法制""法治""调和""口之宣言也……夫民虑之于心而宣之于口""均贫富""性恶""性善"等,举不胜举。这些命题会伴随人类延传到永久。命题是人类高级抽象认识的一种,可以从思想整体中提取出来"借题"进行自己的开拓和发挥。"借题"是人们认识攀登的阶梯,是智慧的一个起点,是贯通古今的一种重要方式和形式。但不能把"借题"与"发挥"混为一谈。

三是借用前人的概念。概念是认识的"结",有"结"才能连成网。人类认识史表明,概念在不断地创造,但也有相当大的部分是承继前人而来的,我们现在的许多概念就是来自古人。从字面上看,字词可以相同,但其含义却可以修正、补充,甚至可以改造。

四是从分析古人提出的实质性问题与解决问题的方式中,寻求智慧和借鉴。这些问题比比皆是,比如统治者与被统治者之间的关系问题,古人就提出了数不清的思路和解决方式,稍稍留意,对今天也会有相当的启发和借鉴意义。问题是:我们的一些为政者可能从来就没有进行过必要的回顾和思索。

五是古人在自我与超越之间的种种思索同样为我们在现实中遇到的问题提供了镜鉴。其中有理性,有信仰,有伦理,有宗教,有术数,有巫术和幻化以及这些的综合与交叉等。低级的继承是简单拿来,高级的则要增加诸多新的因素和新的内容。

六是摄取某些具有科学意义的方法论。比如对辩证法,古人论述得很多,有些高层的概括超越了社会形态和意识形态,可以直接用到我们的思维中来。

以上说的仅仅是举例性的,如何开发和利用,还会有很多内容和方式。比如冯友兰先生提出过抽象继承法。抽象继承应该说是一种"开新",具有创造性,但用之过分会把历史抽空,会脱离历史实际。因此用起来需要谨慎。

我再强调说一点,在现实中,面对丰盛的资源且不可像守护文物那样仅保持其原汁原味,更不能以旧修旧,重要的是开发和创新。对现在时髦的"弘扬"与"复兴"论则要冷静分析,要看看"弘扬"和"复兴"的是些什么。有些学人常常把中华复兴、中华文化复兴、传统文化、儒学复兴等概念搅和在一起,互相推导、互相包含、互相置换。于是把古典的儒学抬高到吓人的高度,是很不适宜的,也不符合逻辑。试想,中华文化复兴怎么能与儒学复兴互相置换呢?古典儒学已经成为历史,特别是在社会形态已发生大变化的情况下是不可能被全盘"复兴"的。道理很简单,因为我们是现代环境中的人!即使在孔子的时代,儒家也在程度不同地发生变形,其实稍加留意,孔子在世时,其忠贞的弟子就已经分化了。孔子死,儒分为八。由此也证明,让孔子直通古今是不现实的。

话说回来,思想史研究中的贯通性认识,其基点就是把前哲作为资源,而当务之急是为普及和提升公民文化与推进普世价值提供某些参数。

原载《史学月刊》,2012 年第 12 期

史学重在探寻规律探讨命运

自古以来,我国史学就强调"经世致用"。周初提出"夏鉴""殷鉴",其后又有"欲知大道,必先为史""以古为鉴,可知兴替""史之为用,其利甚博,乃生人之急务,为国家之要道"等。概而言之,就是"以史明道"。道的含义很广,要义有"道理""道路""知然否"等。这些精辟之论都隐含着我们所说的规律问题,规律问题也就是命运问题。史学的内容那么多,如何探求命运问题呢?

探讨规律、命运问题,首先要敢于面对历史的真实。历史一去不复返,考古可以显示部分本相,但多数靠历史著作的记述来传递。由于人们立场、观念的差别,历史记述本身就有"真""虚""假"的问题,即"直书""曲笔""虚言"等差别。后人对历史的认识,同样因立场、观念的差别,又加了一层"真""虚""假"。因此,历史研究者的首要之责是求历史之"真"。诚如钱大昕所说:"史非一家之书,实千载之书,祛其疑,乃能坚其信,指其瑕,益以见其美。"求"真"不是一件容易的事,不仅要有充分的才、学、识、德,还要敢于面对由于利益纠葛而出现的掩饰、扭曲历史之"真"现象,因而还要有"胆"。只有揭示历史之"真",才有可能求规律、说命运。

弄清历史现象之"真"是探讨规律、命运问题的第一步,进一步则是探求历史内在的本质之真。本质不是罗列材料的直观认识所能达到的,要靠抽象。比如历史上的租佃关系,把现象揭示出来固然要下很大工夫,但其本质是什么?在马克思主义传入中国之前,占主导地位的认识是地主对租佃者施"仁义",养活了租佃者。苏轼说:"民庶之家,置庄田,招佃客,本望租课,非行仁义。"从苏轼的言辞看,当时颇为流行的看法是地主家对佃户行"仁义",而苏轼的看法具有反潮流性,非常了不起。同时代的李元弼说的就与苏轼相反:"佃户勤强,便足衣食,全藉主家照顾。"吕陶说得更直接:"天下之自耕而食为天子之农者,十无二三;而食于富人而为之农者,盖七八矣。"佃户是"食于富人"的。尽管有思想家对恶劣的地主进行过挞伐,但主、佃是谁养活谁?多数人认为佃户是被地主养活、靠地主而得生的。马克思主义传入中国后，认识发生了根本性转变，认定是地主剥削佃户，而得出这一结论的理论依据是剩余价值学说。马克思主义剩余价值学说把古今剥削规律的谜底基本说透了，这才真正揭示出历史内在的本质之真。

司马迁说的"通古今之变"，就是要探寻规律、探讨命运。本质性连续就是规律，而不论现象有怎样的变化和变形。如何做到"通古今之变"？比如，当前我们常听到关于社会不公的声音。如何认识和对待社会不公问题，需要历史的考察。30多年的改革开放带来了我国经济社会快速发展，快速发展不可避免地使许多历史中的问题更加凸显，这些问题也关涉规律和命运。其实，像社会不公这类问题有更深层的历史原因，需要史学参与解析。勇于面对现实的史学应该能够提出可资参考的解决之路，但实际上我们的史学还没有顶上来，功能还亟待全面发挥。

托克维尔说过："当过去不再照亮未来，人心将在黑暗中徘徊。"当今时代，我们面临很多有关民族和人类命运的问题，史学应该走到前台来。

原载《人民日报》，2015 年 8 月 27 日第 7 版

关于历史是非认识的几个问题

历史学素来有"知古通今""述往事,思来者""明是非"之效,史家刘知几说:"史之为用,其利甚博,乃生人之急务,为国家之要道。"①历史上这类论述比比皆是。如果人们真的把历史作为一面镜子,历史还是能提供一个坐标,给人以多方面的启迪和参考。这里关键是要敢于面对真实的历史,而问题就发生在不敢或不准面对;如果不敢或不准,还谈什么历史的经验和教训!

当然,说起历史之真,也是很难的事。其一是历史一去不复返;其二是历史学是一种认识学,一方面求"映像",另一方面认识者的主观因素不可避免地掺入。上述因素交织常常会出现截然相反的认识,各是其"是",各非其"非",呈现出"是非"难断的尴尬局面。

历史作为一种认识,无法离开"定位"问题。所谓"定位"主要指在历史复杂的纵(历史进程)横(与同时代复杂的关系)关系中,无论人物、事件、制度、文化等,它的"位置"是怎样的,由于认识者的立场、价值取向差别,即使面对同一个历史现象,也会有不同的"定位"。于是对同一个历史事实常常会有不同的叙事方式,进而对历史事实本身的呈现也会有很大的差别。

历史本身不会变化,但它又是活的,它的影响像血液流动一样,或多或少流传于后世,并与新的因素形成再组合;对历史进行认识的人也在流动和变化。因此,历史认识中的"是非"也在不断更化。所以"是非"观基本上是个体性的。由于个性包含着某些共性,或多或少被另外一些人采纳,由此也会形成学派之类的共同认识。

这些年价值中立说十分流行,其中心是不分是非。对此我不认同,道理很简单,社会关系的基本项是利益问题。有利益,就有谁占便宜和吃亏问题,而"是非"必存其中。其实,倡导"价值中立"者其价值并不中立。下边谈谈我对

---

① (唐)刘知几撰,(清)浦起龙释:《史通通释(下)》,上海古籍出版社,1978年,第303—304页。

"是非"的认识。

一、真实是历史认识中判断"是非"的基础

除了物化的历史遗物是无可怀疑的事实外,历史的情景更多是由文字记载来表现。而记述历史的人有其主观性,很难不加到历史的记载中,孰是孰非,后来的研究者很难判定。关于历史考证求实之法,我曾有专文论述①。为求历史之"真",重要的是排除历史记载中的"假"。

真假问题是认识的前提,如果是假的或是极其片面,不管怎么去进行说辩,都很难说成"是"。比如,明末李自成起义,有学者考证压根儿就没有谋士李岩这个人,人们评说了一大堆,李岩如何如何,只能是无中生有。究竟有否李岩这个人,到目前为止结论还过早,有待进一步考证。真假、半真半假问题,只能靠实证来说话。在这个范围内,傅斯年说的史学就是史料学,基本是对的。真假或半真半假引起的"是非"之争多得不可胜数。孔子是否杀了少正卯,在朱熹发疑之前,论者多多,而且认为该杀。朱熹之后,跟进者渐多,主要证据是"理证",圣人怎么能杀人?赵纪彬先生的《关于孔子诛少正卯问题》②一书,几乎汇集了所有材料,很值得一读。究竟有否其事,至今仍是悬案。此事关乎孔子的评价,是件值得关注的事。

每个历史学家总是说自己说的是"真",但他所说的"真"是"真"的吗?未必,即使是"真"的,也难免掺入历史学家的主观判断,另一些人未必认同。于是又必然发生认识上的"虚实"之争。

说起历史之"真",可分为不同层次,概而言之:一是现象之真,二是本质之真,三是规律之真。

一种说法,现象即本质。我不以为然。固然离开现象无所谓本质,但现象内部又蕴含着本质,认识是由现象到本质的深化过程。罗列出事物的现象,并不等于认识了本质。现象和本质的矛盾,决定了认识过程的曲折性和复杂性。细分下去,现象又分部分之真与整体之真,还有假象等。

文字资料本身多半是片面和不完整的,考古资料也仅是历史事实的一角,又多半缺乏人的思想内容。文字记载必然加进了作者、记述者的主观成

---

① 刘泽华、叶振华:《历史研究中的考实性认识》,《文史哲》,1989年第1期,第67—75页。
② 赵纪彬:《关于孔子诛少正卯问题》,人民出版社,1973年。

分,即使是秉笔直书,笔者也有自己的主观意向。历来称颂董狐直笔,严格地说,他的直笔与其说是事实记录,不如说是道德判定。《左传·宣公二年》载:"乙丑,赵穿攻灵公于桃园。宣子未出山而复。大史书曰:'赵盾弑其君。'以示于朝。宣子曰:'不然。'对曰:'子为正卿,亡不越境,反不讨贼,非子而谁?'""孔子曰:'董狐,古之良史也,书法不隐。赵宣子,古之良大夫也,为法受恶。惜也,越境乃免。'"①就实而论,董狐的断语与事情有出入。晋灵公十分残暴,相国赵盾劝谏不听,反而要杀他,只好出逃。此间赵穿刺杀了晋灵公。如果赵盾与赵穿事前同谋,董狐的判定当然是对的,但记载没有显示两人是同谋。赵盾作为正卿负有有限的领导责任,但董狐把弑君之事硬加在赵盾头上显然不符合事实,孔子的评价也显然有点圆滑。两千多年来人们一直把董狐视为直书的标准,应该说是受孔子的影响,董狐的"直书"并不"直"。这件典型的事例说明记述历史的人不可避免地会加入自己的主观成分。诚如孟子说的,"尽信《书》则不如无《书》"②。后人对历史的记载要谨慎进行甄别,但真正做到完全再现历史的真实是很难的。因为记载本身就很难是真正的全面的映像。求历史的"真"也只能是相对的,史料相对齐全、充分、典型就算属于"真"了。中国的传统对当权者历来有尊尊的恶习,又经儒家大力提倡,形成传统历史认识的"正统"。因此历史记载的扭曲是常见的现象。

历史现象之真已经很难厘清,现象之中的本质无疑更难揭露。探求本质之真应是历史认识的重头。比如地租是常见的一种分配形式,人人能言之,但如何看待主佃关系呢?中国传统的认识呈现多元性:一种认识是由"为富不仁"立论,把主家的富列入不仁之列;另一种认识是各得其所;更多人认定是地主对租佃者的恩赐,养活了租佃者,是主家对佃户行仁义。对"仁义"说苏轼就不以为然,他在《浙西灾伤第一状》中说:"民庶之家置庄田,招佃客,本望租课,非行仁义。"从苏轼言辞看,当时颇为流行的看法是主家对佃户行"仁义"。苏轼的看法具有反潮流性。李元弼说的就与苏轼相反:"佃户勤强,便足衣食,全藉主家照顾,不得偷瞒地利,做事诚信,需晓尊卑,莫与主家争气,邀勒主人。"佃户是"全藉主家照顾"的。王岩叟说:"富民招客为佃户,每岁未收获间,借贷酬给,无所不至,一失抚存,明年必去而之他。"主家对佃户是"借贷酬给,

---

① 李梦生:《左传译注(上)》,上海古籍出版社,2004年,第431—432页。
② 金良年:《孟子译注》,上海古籍出版社,2004年,第296页。

无所不至"，当然是一种恩赐。吕陶说得更直接："天下之自耕而食为天子之农者，十无二三；而食于富人而为之农者，盖七八矣。"①佃户是"食于富人"的。主佃是"谁养活谁"一直争论不休。多数认为佃户是靠主家而得生。马克思主义传入中国后，认识发生了根本性转变，认定是主家剥削佃户，而剥削更深的依据是剩余劳动、剩余价值说。

时下有些学人只从生产要素进行分配说事，或从主佃之间"博弈"关系说事，有意或无意淡化"剥削"关系，抛弃剩余价值说，我认为这不符合事实。迄今为止，种种剥削形式在历史上各有什么样的作用，这是另外一个问题；在能预测的未来，人们能否消灭剥削，更是对人类的一种挑战性的课题。这不在我的讨论之内。我只是要说明，占有剩余价值是地租现象中更本质的存在物。

这里再说一点关于"清官"的问题。历史上有否"清官"，就实而论，不能说没有，但的确少得可怜。俗话说的"无官不贪"更接近事实。但清官观念十分流行，深入民心，为民所望。现在要说的是清官真的是为民做主吗？是以大众为最高目的吗？至今很多人持这种看法。我认为这种看法仅是表层现象，甚至是一种假象。清官的确有其可贵之处，但其本质是统治者中的成员，清官观念是"青天大老爷"、救世主的一种表现形式，而在体制上是忠实维护帝王制度的。现象是事物的外部联系和表面特征，是事物本质的外在表现，本质有时以假象的形式表现出来，众多贪官每每自称清官，可谓一种典型的假象。

本质自身具有层次性，由不甚深刻的本质到较深刻的本质。对客观事物普遍本质的把握，又会促进对事物特殊本质的再认识。只有对历史现象和本质都有深切的把握，才能谈论历史之真，也才能进行较为准确的"是非"判断。

一位著名作家说过，历史记载除人名、地名、年代之外，多半是假的。此论无疑有点过分，置史学于可笑之地，但求历史之"真"确实不易。

现在屡屡批历史虚无主义，其实应该明白一点，凡是掩盖历史之真的都与历史虚无主义脱不了干系，敢于对历史较真的，不管说的是哪些方面的事，只要摆出足够的证据，又不以偏概全，都不能说是历史虚无主义。说起历史虚无主义，我想可分几种：

一种是行政化的虚无主义。中国历来有行政权力篡改、遮盖、消除某些历史真实的传统，官修的历史记述中这类现象最多、最明显和最恶劣。孟子就说

---

① 转引自张邦炜：《北宋租佃关系的发展及其影响》，《西北师大学报》，1980 年第 3 期，第 17 页。

过，当时诸侯们把不符合自己利益的历史记载焚毁，可见焚书并不是秦始皇的发明，由来已久。历来的当权者都会设置许多历史禁区，禁区越多，造成的空白和虚无越多。但人是很怪的动物，越设禁区越引起一些人的关注和兴趣，明面上不准就会转入"地下"，"地下"的历史认识有时会产生很强的冲击力。

另一种是利益虚无主义。历史与当下人们的利益血肉相连，受立场和利益驱动，一些人为了维护某种利益，故意把不利于自己利益的历史抹掉，或歪曲、压缩、淡化等，从而表现为历史虚无主义。

再一种是认识偏执性的虚无主义。认识偏执可以说是人们多少都有的现象和事实，当人的认识一旦形成某种"范式"，就会成为认识的框架，对框架之外的历史事实就有可能出现某种程度的"虚无主义"。认识偏执背后或许有某种原因的驱动，但有时也很难说清楚。

二、历史规律性的"定位"与是非问题

历史的进程到底有否规律性？如果认定没有，一切都是偶然的堆积，那么自然更谈不上历史认识的"是非"之辩。否定历史有规律之风似乎刮得越来越弥漫，但我的认识与此相左。一个简单的事实，人类何以都从石器开始，没有从电子为其开端的？类似的事多得不胜枚举，难道没有规律性在其中？历史进程有其阶段性就是一种规律性的事实，很多人用社会形态来表示。社会形态用什么概念来表述，另论。对社会进程进行分期是古代哲人反复论述的一个基本观念，先秦诸子有过种种论说。认定历史有规律性，就人的作用而言，总会有守旧与促进的不同。在判断事物、人物"是非"时，就引出了"进步""保守""落后"，乃至"革命""反革命"等一系列的概念，凡此种种就是以规律性为依据的"定位"性认识。历史规律有大有小，大规律关涉整个社会，小规律则是一个侧面或低一层次的，这要具体分析。

历史规律的实现不是一帆风顺的，有时历史的大局常常被扭曲，出现离开历史自然过程的情况，例如有很多落后民族或势力打败先进文明的民族，中断或极大地阻碍了社会文明正常发展的进程。但只要先进文明还有广泛的社会性，有族群做底，先进的社会生产力、生产关系与社会文明或早或迟依然会为自己的存在和发展开辟道路，并以其优越性反过来逐渐改造获得军事胜利的落后者，这点马克思、恩格斯早有精辟的论述。马克思在《不列颠在印度

统治的未来结果》一文中说:"相继侵入印度的阿拉伯人、土耳其人、鞑靼人和莫卧儿人,不久就被印度化了——野蛮的征服者,按照一条永恒的历史规律,本身被他们所征服的臣民的较高文明所征服。"①恩格斯也有类似的论述:"在长时期的征服中,比较野蛮的征服者,在绝大多数情况下,都不得不适应由于征服而面临的比较高的'经济状况';他们为被征服者所同化,而且多半甚至不得不采用被征服者的语言。"②历史上一切同化现象的发生,其深刻的原因在于社会发展水平,主要是经济力量起决定作用。落后者的胜利并不体现历史规律。相反,如果是先进方征服后进方,先进同化后进一般会加速,就是常说的传播先进的生产方式和文明。较高文明方与落后方在争斗中谁胜谁负都不在规律范围之内,是由另外一些因素造成的。

规律的存在是客观的历史事实,但它又要由人揭示出来,人们是否能一下子把规律揭示出来,须经过长期的反复认识和反复比较,摆出足够的事实,才能让人认同。由于历史规律是客观存在。所以才能成为判断历史认识"是非"的标志。

人们、特别是占据统治地位的人总是认定自己的思想、行为合乎历史规律(古人常说的是"天道"等),甚至是唯一的正确的体现,而且要传之万世,永垂不朽。这类的宣教历朝历代比比皆是,无须证举。但真正的历史会如何,很难由自己说了就算数。就我们的经历而言,比如斯大林式的社会主义曾在一些方面有过辉煌,不仅当政者反复宣教,一度也使亿万人仰首,一时间曾被视为铁定的规律,但终究难以成立。

人们生活在"规律"错综复杂交织的图景之中,只有对规律梳理出头绪,才能进行恰如其分的"是非"判断。有一点要特别引起关注,即切忌把规律泛化,泛化就可能出现"伪规律"。大问题暂且不说,比如把取消家庭饭食,一律办公共食堂也说成是规律,谁反对就打倒谁,为此付出何等惨重的代价,令人痛惜,不堪回首!仅此一例就可看到,把自我意志规律化,是何等危险。因此对规律的说辞一定要慎重,不要轻易把进行式的东西宣布为规律。当然这不排除对规律的探索,也不排除行政认定所为符合规律,但应允许人们进行讨论。当下面临的诸多问题的背后究竟都是些什么规律在起作用?还是"摸着石头

①《马克思恩格斯选集(第一卷)》,人民出版社,1995年,第768页。

②《马克思恩格斯选集(第三卷)》,人民出版社,1995年,第526—527页。

过河"仍是基本认识方式？精英们的顶层设计也需以"摸石头"为基点。只有实践并敞开思维,才有可能把握到规律。真理常常是被少数人发现的。

三、在"阶级—共同体综合分析"中判断"是非"

阶级和共同体是迄今以来社会结构的基本框架。所谓共同体,是指社会中存在的、基于主观上和客观上有共同命运的群体,在现代社会中如商会、工会、农会、联合会、党派等,不可胜数。共同体既包括小规模的家庭、家族、社区组织,也包括不同阶级的相关组织,还可指更高层次上的政治组织,以及国家和民族,乃至世界性的最高层次的总体。共同体包含阶级又超越阶级,阶级利益有其相对的单方面意义,但又不能离开共同体,而且共同体的利益又常常超越阶级单方面利益,阶级与共同体交织在一起。

过去我们叙述历史到处是硬邦邦的唯一性的阶级划分和绝对的阶级斗争,从而导致历史的严重失真。以此为依据的"是非"判定多半不准确或不能成立。近些年看到有些著作,"阶级"两个字逐渐被淡化,甚至近于消失,走到另一极端,应该说这也离开了历史实际,由此而来的"是非"判定也难成立或陷入片面。

有一种倾向常常用"以暴易暴"来概括阶级之间的斗争,用"暴民"来概括起而反抗者,各打五十大板,甚至把"暴"的祸害主要扣在抗暴者头上。的确,以暴抗暴会导致社会失序,会引起原有的诸多社会共同体乱套。但面对残酷的暴力统治,被统治者又没有维护自己利益的共同体进行合法的斗争,在社会极端矛盾的情况下,一点点星火,就可能引起燎原大火,出现以暴抗暴局面,也是无可奈何的必然现象。于是诗人发出了"兴,百姓苦;亡,百姓苦"的哀叹。但作为后来人,首先应把罪孽归于引起抗暴的暴力统治,不能用"以暴易暴"把两种"暴"等量齐观,难道受害者就应以生命为代价来无限地顺受？对待这类被逼出来的以暴抗暴,应给抗暴者更多的同情和肯定。

另一种倾向是把历史描绘成一团和谐,可谓和谐史观。我不否认历史上有过相对的"和谐"局面,但相对"和谐"也不是自由人之间的交往。中国古代的人是等级性的人,尊卑贵贱十分明确。就一般的农民而言,他们首先是被国家控制起来的农奴;就主佃关系来说,主与佃的身份是不一样的,特别在宋以前,佃者多半具有农奴性,宋之后虽有所减弱,但主佃之间仍有主奴性质,主佃间仍存在着不同程度的超经济强制关系,特别是明代风行的投献,使自耕农降为庄佃、佃户、佃仆或奴仆。所以不能用"和谐"解析全部历史。由"和谐"史观论历史的"是非"多半不当,甚至是错误的。特别是对一些被尊崇的历史人物、观念和事情,比如对孔子和儒家的论说、科举制等,有些学者认定压根儿与社会阶级、等级无关,是飘在历史天空的彩云。这一类的历史认识应该说背离了基本的历史事实。

至今我依然认定阶级是社会中一种重要的事实,又是迄今为止无法避免的。论说阶级不是马克思的发明,早在他之前已被人们揭示出来。马克思还说过古代的等级就是阶级的一种表现。在中国历史上,以不同方式论述等级的,与有文字记载的历史相伴。历史上最早用"阶级"一词的是贾谊,写过专文《阶级》,他说的"阶级"就是等级。直到现代也没有人否定贫富的差距和矛盾,贫富之分就是阶级。总之,阶级定位性的认识是一种普遍性的认识形式。在历史认识的判断中,我们应该把同情投向那些被伤害者,一切有良知的历史认识,都应该以此来"定位"。

阶级的剥削和压迫造成数不清的不公和罪恶,消灭阶级差别是人类美好的梦想,但这仅仅是乌托邦,迄今为止任何希冀消灭阶级的行动都是无法实现的。相反,凡是硬性要消灭阶级的行为都遭到破产,甚至会带来更大的灾难。所谓消灭阶级的举措,都是前边赶走了虎,接着又来了特权的狼。长期以来,以为消灭了所谓的私有制就能消灭阶级和剥削,这只是一种美好的幻想而已。有阶级必然有剥削、有压迫,也必然有不公平、不正义,有利益的冲突等,于是形成悖论现象。面对历史的悖论,又如何对历史认识"定位"?这才是最难的问题之一。有人说,有"契约"和"法定"的界限就不属于剥削和压迫,这种说法不无道理,但又不能忽视"契约"和"法定"本身就有很大的倾向性,一般总是向优势者、在上者倾斜,受害者是弱势和在下者。在这种情势下,历史认识者应该把同情投向哪一边?

迄今为止,以及在能想象的未来,阶级都无法消灭,阶级压迫与剥削也无法避免,在认识上如何进行"定位"?一方面应该把更多的"是"投向被损害的一方,另一方面又要有历史主义的观点,不能单向思维,这就需要进行阶级-共同体综合分析。正如俗语说的"不是冤家不聚头,又是冤家又聚头"。无论哪一方,其行动极端化,破坏了当时历史条件下共同体合理的利益,都会遭到历史的惩罚。统治者的暴虐无度不用说;太平天国有过让人着迷的乌托邦,但事实上根本无法实现，很多方面破坏了无法超越的共同体，而且又缺乏谋略，不失败才怪呢！

共同体是一种结构性历史的存在，大大小小共同体互相连接，形成相对稳定体，牵一发而动全身。它是自然生长起来的，变动也多半是渐进的，在还没有走完它的历程时，强行改变或消灭是超越历史的，很难行得通。只说家庭这个社会细胞，它的形态的变化是由多种因素促成的，有经济、政治、文化、心理等因素。有些理论家急于想对家庭进行大改造、甚至消灭，但最终都归于失败。外国的不说，太平天国之后，康有为提出"去家废婚"，谭嗣同在《仁学》一书中抨击三纲名教桎梏人心，主张废弃君臣、父子、夫妇与兄弟四伦，建立自由平等的朋友关系及"一家一人"的大同社会。其后出现一段废除家庭的小思潮，代表人物有刘师复、江亢虎等。1920年春夏之交，《民国日报》副刊《觉悟》开辟了"废除婚姻制度"的讨论专栏，一派主张废除家庭。这些显然都是幻想。在我们的经历中，也曾有过试图对家庭大改造的实验，把小家庭的锅碗瓢盆砸烂或充公，一律强迫吃公共食堂，结果如何？只能是破坏和灾难！这只是绝对化阶级斗争的一个小的案例，更大的破坏和灾难眼下还不方便说！

历史转型中的阶级斗争势必引起共同体或大或小的变化，有的被冲击而退出历史舞台，有的是旧瓶装新酒发生了不同程度的改造，有的是创新转型等。这些共同体变化有利于社会的发展才能立得住，否则会走到自己的反面。这要具体分析，例如有些阶级反抗的起因有其合理性，但其后果则可能相反，太平天国、义和团就是如此。其恶果不仅是因被镇压带来的，而是自身含有许多反逆正常的社会共同体的因素，这些因素终究会走向历史前台呈现其破坏性，如义和团能练就刀枪不入，又横行施暴以及反社会文明，这些不会带来社会的进步，只能走向愚蠢和野蛮。

阶级利益与共同体利益交织在一起，只能进行综合观察和分析，例如工会、农会作为共同体有其重要的作用，但如果变成权力机关，一切权力归农会等做法，肯定不宜。权力这种东西是很复杂的，它无疑有很强的阶级性、利益集团性等，但它也有程度不同的社会性(共同体性)。如果仅仅归于前者，肯定是片面的。我认为进行"阶级–共同体综合分析"，才可能比较准确地做出"是非"判断。

四、在矛盾的陈述中判断是非

历史是极其复杂的矛盾体,任何一种现象都不是孤立的存在。因此,对历史现象进行"是非"判断时,要细致考察其矛盾的环境与矛盾的构成。

矛盾无所不在,相互交错,人们归纳矛盾所使用的概念可能很不一样,历史事实就被装入不同的概念之中,由此展现出来的历史景象就可能很不一样。

马克思主义用于表达矛盾的概念与其他学说在观念体系上有很大的不同,对矛盾的把握与分析也有很大的差别。迄今为止,从总体上说,我认为马克思用以表述历史诸种矛盾的概念更为准确和科学,诸如生产力与生产关系,经济基础与上层建筑,阶级等,尽管在具体问题上可以进行修正、补充,但大的框架是很难超越的。这个问题另论。

马克思主义特别注重区分主要矛盾和次要矛盾及其两者的相互转化和矛盾的交织等。中国古代哲人反复论说的"圣人执要",就是说能分辨出什么是主要矛盾、主要问题。其他学说可能完全不讲这一套,这不仅在叙事方式上会有很大的不同,而且对历史事实的认定也会发生很大的分歧,甚至全盘皆异或颠倒。比如关于传统社会的主要矛盾问题,有人承认这个命题,有人可能就不承认这个命题或另用其他概念表述,这会产生历史认识的极大分歧。

这里只说用主要矛盾分析历史一派。在承认有主要矛盾的前提下,又有不同的认识。主要矛盾是什么?相当长的时期,就封建社会(姑且用之)而言,都认定地主阶级与农民阶级是主要矛盾,近来一些学者提出主要矛盾是官(帝王与掌权的官僚集团)民(除农民之外还包括部分无权的地主和不同的权力集团等)之间的矛盾。后者则更看重权力的作用,认为君主专制权力掌控、支配社会,而控制社会的主要阶层——官僚地主也是由君主权力派生出来的,是权力再分配的产物。从皇权为中心点出发,有人提出了"皇权社会""帝制时代""帝国农民社会""郡县制时代""选举社会"等,用以取代"封建社会"之命名。对君主权力的作用也有不同认识,一种看法,强调国家是阶级压迫的工具;另一种看法更强调它是中间性的调和与平衡力量。上述诸种看法都承认有社会主要矛盾,但强调的侧重点有所不同,由此而来的历史认识就会有很明显的差别。这对如何确定"是非"的判定都有直接的影响。

国家代表谁?长时间以来都说国家是地主阶级的集中代表,应该说这个认识大体是能成立的,但从"王权支配社会""皇权社会"等观点看,仍需细致分解。当时的"国家"不是独立的概念和相应的实体,国家是帝王的附属物,"提三尺剑,化家为国",天下为帝王的"产业",有了最高权力就能"化国为家"。所以"国家"和"帝王"是同一体和同指,"国家"常常是"帝王"的别称。因此,爱国与尊君是二一、一二关系。王权(或皇权)是一种相对独立的社会存在,与其泛泛说它代表地主阶级,不如说代表的是特定的利益集团,即王-贵族-官僚集团。对这个利益集团之外的地主、帝王体系具有两面性:一方面是代表他们、维护适于他们的社会体系;另一方面他们则又常常是帝王集团打击的对象,有时甚至是主要打击目标。历史上的所谓"公家"与"私家"之争,打击豪强、豪族,大抵就是指帝王集团与豪族势力的争斗。其间权力和利益之争常常达到你死我活的程度,会引发社会关系某些部分的再组合。

涉及近代以来的社会,有关阶级之间"对子"的看法差异更大,传统的马克思主义认定社会的主要矛盾是资产阶级与无产阶级,而没有"中产阶级"这个概念,现在"中产阶级"被多数人认定。插入一个中产阶级,一系列社会关系都发生了程度不同的变动和重组。

又如,关于富农问题,把它视为地主的一伙呢,还是农民中的一员呢?是生产力中的积极成分还是阻碍成分?长期以来的主流观点把"地富"连为一体,划入消灭的对象。最近有学者提出,富农的多数是近代以来先进生产力的代表,是农民的一部分。[①]由此不难推论出,消灭富农显然是对先进生产力的打击与破坏。

由此可见,准确地认识"对子",对"是非"认识有着极其重要的意义。判定"对子"是否准确,要从历史的长河中来把握,要有足够的材料做支撑。

这里说几句思想观念中的命题问题。我认为中国政治思想中存在一个普遍的现象是"阴阳组合结构",所有思想是一种结构性的存在,没有逻辑的原点。有些人把儒学说成是"爱人",是"善",是"和",是"刚健自强",是"民本",这些作为因素无疑是有的,但视为整体观念就曲解了儒家。比如"民本",从来就不是一个元命题,它与"君本"是交织在一起的,是从属于"君本"的。"和"与"分""别"是相辅相成的,"分""别"是讲等级贵贱,是"和"的主导。从学理上

---

① 王先明:《试析富农阶层的社会流动——以20世纪三四十年代的华北农村为中心》,《近代史研究》,2012年第4期,第58—76页。

说,不能只引几句至理名言就说成是他们的思想体系。

解析矛盾也是一种认识,但它首先是事实判断。如果不分析矛盾而说是非,就会出现无逻辑的混乱。当然对矛盾问题也可以进行争论,那就看谁的资料更充分、全面,资料充分、全面者更接近历史的本体。

五、从实践检验说"是非"认识

常说实践是检验真理的标准,这对判断历史认识中的"是非"有否意义?

人类的历史就是人类的实践史,但历史的实践是不能重复的,除我们生活其中的现实的实践有个人体验外,此前的实践与在世的人均有时间差。有人说,先人的实践,也可以看成我们自己的实践。这显然把问题简单化了。历史上人们的实践不能简单地说就是我们的实践,随着历史条件的变化,会有相当的差别。如果把先人的实践看成我们的实践,不是把先人现代化,就是要我们回到先人那里去。即使自称是先人实践的继承者,但实践主体与环境改变了,也难把前后实践视为一体。

历史上的实践如何检验"是非"呢?这就要看实践的社会效果,对此人们的看法又会发生异议,但有一点不应有歧义,即社会在各方面是否有所进步、发展,社会文明是否有所提高。

人类的实践经历了极其复杂曲折的过程,今后依然如是。人们的实践多种多样,大体说:

一类实践是日用性实践,其主要作用是繁衍生息,延续种族生命,传承和积累经验,渐进性地发明创造,为发展提供基础和台阶,这些都是很有意义的,但它多少具有简单的重复性。即使是这类具有原地踏步性的实践,蕴含的生机也是不能忽视的,它是检验诸多"是非"的基础性的标准。

诸多发明、创造、改革等对社会进步和文明程度的提高带来明显效益的实践,无疑更值得称赞。

还有一类是丛林法则支配的种种活动,在没有制定出现代规范之前,例如民族间的争斗,统治集团内部的军阀争夺,甚至国家之间的争斗等,要对争斗的双方或多方判定是非是很难的,正像孟子说的"春秋无义战",只能按丛林法则去看待。"丛林"之争的事不可小觑,充斥了历史的空间,这些争斗很难说清"是非",但在这些角斗中有数不清的聪慧、才智、计谋,可引以为鉴。但总体上只能从丛林法则上进行评说。

再一类是纯属造孽行为,如许多帝王、官宦、豪家的挥霍浪费、暴虐等,对社会的破坏几乎到毁灭的程度,是历史进化的最大障碍之一。

再一类是破坏性与创造性混合,例如秦始皇修长城、隋炀帝修运河,就事情本身而论,是很有意义的大杰作,很值得称道,然而由于超越了当时的民力,造成社会的极大灾难,事情就走到了反面,"是非"交错,当时"非"大于"是",其后的作用另说。对类似的诸多历史活动需要用解剖刀细心分解其"是非"。

黑格尔说的"凡是现实的都是合理的,凡是合理的都是现实的",一种解释是"凡是现实的都是合理的",意味着现实存在的一切事物和现象都具有合理性、都是无可非议的,在我看来,未必如此。历史上偶然性的东西和现象很多,其中有许多没有什么合理性,更不是都无可非议。比如以女人裹小脚为例,流布整个社会,有上千年的历史,直到辛亥革命后强令禁止,才逐渐退出历史舞台。在一次学术会议上,论及裹脚的事,一位男士说,裹脚是当时的流俗,含有审美意义,如果我生在当时,我也会让我的女儿裹脚,不然她就很难嫁出去。此论一出,当即遭到在座女士的反击。裹脚不是小问题,而关系着一半人口的命运和灾难,怎么能给予历史的肯定?两种看法各不相让。从实践标准看,我是支持女士们的看法的。历史上还有许多恶俗,都是集体无意识的产物,不能以实践过、被普遍认定就肯定其属于"是"和当然。

胜利者也未必属于实践证明的"是",历史上落后打败先进者的实例很多就是明证。常常说历史是由胜利者写就的,这不符合历史发展的准则。

乌托邦的理想有时也能在相当长的时期付诸实践,但从更长的历史时段看,它终究难持续,一时的实践不能作为其"是"的理由。遏制个人创造性的、高度的、全面的公有制和集中的计划经济,能有一时之效,从历史进程看,不利于社会持续的发展和生产力的提高。因此难以持久,需要改革。

靠权力强制推行某种理想和乌托邦,有违历史发展的自然进程,多半要归于失败。但理想、乌托邦的批判意义还是有某种合理性和积极意义的,不能全否定。因它揭露了社会的弊病,给理性思维提供了资鉴。

实践检验既有当下性,又有长时段性。客观事物的发生、发展和灭亡有一个过程,它的本质的暴露也有一个过程。因此,人们对事物本质的认识必然要经历由片面到全面逐步深入的过程,要进行总体考察以断定"是非"。

六、环节性的"是非"认识

历史的连续性是由很多环节组成的,每个环节在特定的条件下,都有相对的独立意义。有些环节具有特殊的意义,就应给予相对独立的历史地位,进行相对独立的评说,需要一事一议。过了这个环节,某些人的作用都可能有程度不同的变化,甚至大相径庭,应该另议。比如在清与民国转变之际,有三位代表人物就应分别给予相应的评价;孙中山是一方,隆裕太后是一方,袁世凯是一方。如果没有三方的博弈和妥协,清帝能否和平退位?革命方能否取胜?都难说是必定的,但有了袁世凯扮演了"平衡"角色,清帝和平退位了,革命方名义上胜利了,袁世凯获得了首任正式大总统的职位,从而结束了两千多年的帝制。在以往的评价中,总是说革命派软弱,袁世凯是篡权的阴谋家,隆裕太后被置于无足轻重的地位,甚至历史书常常简略不顾。平心而论,这是历史的一个巨大的转折,首功无疑是革命方,但没有袁世凯的周旋和隆裕太后的妥协,历史会如何?后人的种种假定是不宜的。各方的动机处于次要地位,历史效果是第一位的。

环节问题,就是主要矛盾在特定历史环境中的问题。只要有利于矛盾向好的方向转化,就应予以适当的肯定。比如杨度是袁世凯称帝的重要的吹鼓手,但后来却加入了共产党。即使对林彪这样一个特殊的人物,也应在不同环节进行不同评价。过去常用"晚节不终"否定既往全部历史,这是历史认识的简单化。所以一事一议,一事一"是非",既可避免以偏概全,又可避免认识的僵化。无论就人和事,很少有"一以贯之"的,特别是一以贯之的"正确",压根儿就不存在,非要说一贯正确,只有自吹和造假,而一旦被揭穿,只能贻笑于后人。

七、历史认识的"是非"随历史的变更而不断调整

随着历史的变化、进步,人们对历史上的"是"与"非"的认识也不可避免地要不断地进行调整,甚至进行局部或全部的翻案。过去常说把颠倒的历史再颠倒过来,是一种"是非"观大变的典型表述;一些人颠倒过来了,但另一些人又颠倒过去;或另辟蹊径,进行另一种"是非"判断。有人提出"我们的历史观"如何如何,摆出独尊架势,这恐怕很难。既然有"我们的",自然也就有"你们的"和"他们的"。其实细化,还可把"们"去掉,"我""你""他"各有自己的历

史观。这里举个简单的例子,就孔子而言,历史上就有不同的认识,但在长达两千多年的帝制社会被尊为"至圣先师""文宣王"(有时"王"被拿掉),如神一样供于文庙,定于一尊,由此贯彻、普及于整个社会。不可忽视的是,历来也有不同的反叛和反对者。"五四"前后的新文化运动,"打破孔家店"风靡一时,把孔圣人移到人间,过激者把他踏在脚下。"文革"期间,不知何因孔子进一步倒霉,被视为千古罪人。20世纪80年代以后又不知何因,又热得红而发紫,有人倡言要使儒学上升为世界的 "领导力",孔子被尊为 "中华民族的精神导师",更甚者言"没有孔子就没有中华民族"。于是在孔子神位前纷纷下跪致拜,成为时尚。在这种颠来倒去的变动中,当然都有另一种声音。由此可知,历史观是动荡不定的。由是我提出了"史家面前无定论"的看法。

历史事实是确定的,认识历史的人的历史观是多元并存的。历史观的多元是无可奈何的必然现象。其实多元历史观的并存及其综合,才能更全面地揭示历史的全貌。"我们""你们""他们"以及"我""你""他"可能只注意自己的有关方面,只有各方面的综合才能更全面。

还有,历史的许多问题只有在长时段中才能显示其意义。诸多历史现象的意义似乎在当时的部分人中被定格了,但历史是不客气的,在其后恰恰对某些东西的认识进行了相反或重大更正。历史的血脉总是或多或少连接着当下,对新问题的认识不能不引起人们对历史的再认识。甚至一个视角的改变就会引起对历史的再认识,比如从一国看世界和从世界看一国,就会有很大的认识差别。

认识的多元化是必然的,多元化中肯定不可能都是正确的,但有个大益处,即提供了认识的参照系,开阔了视野,便于比较和选择。因此对多元性是不能拒绝的,如果强行一元化,势必引起封闭、虚伪、假话、僵化。强行认识一统,另外的认识必定潜行,引发众人的逆反心理,这是很可悲的!因此,为了"我们的历史观"能健康地传布,就应允许"我们"之外的历史观有存在的空间,不要回避,要敢于面对,敢于摆事实,千万不能搞"我们的历史观"的专政。因为历史观和"是非"观属于认识自主问题,不应在"专政"范围;要靠证据说话,不能靠权力制裁。权力有可能把历史"是非"认识定于一统、一尊,但最终的效果多半不佳,不可不慎!

原载《史学月刊》,2016年第1期

中国古代封建专制主义问题讨论综述 *

三十多年来关于封建专制主义问题讨论经久不息,立论颇多。这里简要地介绍一些主要观点,以资研究者借鉴。

一、关于封建专制主义存在的基础问题

讨论这一问题的文章最多,观点不一,甚而同一观点,使用的概念也有区别。人们认为封建专制主义存在有三个基础:经济基础、思想基础和社会根源。

甲,关于经济基础,约有八种不同观点。

(一)以范文澜、邓拓为代表的一派认为中国封建专制主义的基础是建立在"小农业与家庭手工业相结合的生产结构"[①]之上的。这个基础就是"以农奴为主体的小规模农业生产和家庭手工业的紧密结合,构成了内部坚固的'小规模经济体'"[②]。持这种观点的还有陈志贵,他认为:"中国社会的基本经济成分的结构是小农业与家庭手工业相结合的生产结构,中国的政治制度是世界上第一等的几乎牢不可破的封建专制制度。这种经济结构和政治制度,只有在国内外市场无限扩充、工业顺利发展的情况下,才有冲破的可能。"[③]

(二)翦伯赞、胡如雷、傅筑夫等认为地主经济是封建专制主义的经济基础。"自周秦之际土地转化为地主个人所有后,中国就产生了一个新兴的地主阶级,并且建立了以地主阶级为基础的中央集权的封建专制主义的政治体制"[④]。胡如雷指出:"中国封建社会自始至终采用中央集权制的根本原因是地主土地所有制和租佃制的特点。地主本身无法掌握行政、司法、军事大权,于

---

* 本文与陈学凯合作。

① 范文澜:《范文澜历史论文选集》,中国社会科学出版社,1979 年 4 月。

② 邓拓:《论中国历史的几个问题》,生活·读书·新知三联书店,1959 年 11 月。

③ 陈志贵:《谈中国封建社会的延续》,《齐齐哈尔师院学报》,1982 年第 2 期。

④ 翦伯赞:《翦伯赞历史论文选集》,人民出版社,1980 年 2 月,第 150 页。

261

是,在地主经济之外,驾于整个社会之上,就形成了一套完整的复杂的官僚机构。这种机构在地方政权上就是历代流传的郡县制,也就是贯彻中央集权精神的关键所在。""各级封建政权实际上是建立在地主土地所有制这一经济基础之上的上层建筑。"①王曾瑜也认为地主经济是专制主义产生的最广阔最深厚的基础,指出:"地主经济的存在,除了拥有土地等基本生产资料外,还必须对农民实行不完全的人身占有,即超经济强制。……田主和佃客之间的尊卑关系,正是君臣、官民关系等级森严的尊卑关系的基础。"②

(三)陈平、程洪等人认为小农经济是封建专制主义的经济基础。陈平说:"在中国,封建思想是这样的浓厚,从经济根源上看,都来自同一病根,因为单一小农经济结构是产生地主官僚专制制度和封建宗法思想的深厚土壤。""单一小农经济是超稳定的经济结构。这是中国尽管动乱频繁,却始终维持一个军事专制的封建帝国的重要原因。"③程洪稍有不同,指出:"中国经济结构的显著特征是国家、地主、小农三种土地所有制并存,土地关系相当不稳定,自发地调整时有发生。""铁器和牛耕出现使人们增加了独立生产的可能性,集体劳动不再成为一种必要,领主经济因此被淘汰,一家一户为生产单位的小农经济广泛地出现了。……而且铁器在军事上的运用,正好提供了武力统一中国的可能性。于是变革发生,建立在小农经济基础上的封建地主阶级中央集权的统一国家形成了。"④持小农经济是专制主义经济基础的还有白钢等。

(四)沈善洪、洪焕椿等认为自然经济是中国封建专制主义的经济基础。洪焕椿认为中国的"自给自足的自然经济占统治地位"。"封建主义的经济状况,特别是土地的高度集中,形成了封建专制主义的国家政权"⑤,沈善洪认为:"我国的封建制度是建立在农业自然经济的基础上的。我国的封建统治者及其政治家、思想家也是一开始就把农业自然经济作为统治的基础,要广大农民'定居恒业''安乡重家''敬上畏罪',这种以宗族血缘为纽带的一家一户

① 胡如雷:《中国封建社会形态研究》,生活·读书·新知三联书店,1979 年。

② 王曾瑜:《中国封建文化专制主义批判》,《中国史研究》,1979 年第 2 期。

③ 陈平:《单一小农经济结构是我国两千年来动乱贫穷、闭关自守的病根》,《学习与探索》,1979 年第 4 期。

④ 程洪:《关于中国封建社会长期延续的原因》,《复旦大学学报》,1981 年第 4 期。

⑤ 洪焕椿:《晚清封建专制政权对资本主义萌芽的阻碍》,《历史研究》,1981 年第 5 期。

的农业自然经济,是家长制和皇权制的基础。"①

(五)王达天等认为古代东方各国多为专制政体(当然包括中国在内),其原因是:"与土地国有制以及农村公社的长期存在是分不开的。""古代东方各国的奴隶制经济是建立在大规模的灌溉农业之上的。而水利灌溉又必须依靠公社的集体力量来进行。且由于公社的规模狭小,各自孤立,要进行大规模的水利工程,特别是防御水灾,远非各个地区的公社所能独自胜任的。因此便有高居于各小公社之上的'最高统一体',即国家全面负责的必要。于是,国家组织则往往表现为高度集中的一个人统治形式的专制主义。"②这就是说亚细亚生产方式是专制主义产生的基础。

(六)孙道天认为地理环境和商业不发达的农业国是产生专制主义的根源,作者指出:"在东方各大河流谷地,由于具有优越的地理条件,大大促进了私有制和国家的及早形成。就某种意义而言,东方早期文明的出现,是和当地的自然环境密不可分的。""在古代东方,社会生产力还是相当低的。不言而喻,当时的人类受地理环境的影响也就更大,甚至社会生活方面都摆脱不了地理因素的制约。比如在埃及、两河流域、印度和中国等地区,产生了集权的农业国家;在小亚细亚和外高加索的山地,出现了赫梯和乌拉尔图等军事国家;在沿海特别是在腓尼基,则形成了商业性质的寡头共和国"。③

(七)刘昶认为小农经济与防御外力侵略是中国封建专制主义的基础。作者指出:"自秦以来,中国封建社会基本的经济结构主要是小农业和家庭手工业的结合,大量的小农经济始终存在。在这种经济基础上必然建立起相应的政治上层建筑——统一的专制主义中央集权制度。""中国封建社会统一的专制集权制度长期延续的根源是游牧民族的骚扰。而小农经济对抗游牧民族暴掠只有依靠封建专制主义中央集权国家"。④

(八)伍新福、刘泽华、王连升等认为,超经济强制是专制主义的最直接的基础。伍新福说,封建的人身依附关系为特征的封建经济结构,成为专制主义统治赖以产生和存在的基础。因为这种社会经济结构有三种特点:其一是土地是社会最基本的生产资料和最主要的财富。其二是同封建土地所有制相伴

---

① 沈善洪、王凤贤:《简论我国封建专制主义思想的形成和演变》,《浙江学刊》,1981 第 3 期。

② 王达天:《关于古代东方各国的专制政体》,《历史教学问题》,1959 年第 5 期。

③ 孙道天:《地理环境在古代东方社会发展中起了什么作用》,《历史教学问题》,1959 第 5 期。

④ 刘昶:《试论中国封建社会长期延续的原因》《历史研究》,1981 年第 2 期。

随的是强烈的人身依附关系。其三是自给自足的自然经济占绝对优势。因此，这种自给自足的广大农村和小生产者，不被卷进市场的旋涡，他们就自然构成了专制主义的牢靠基础。①刘泽华、王连升认为："超经济强制是产生专制主义的最直接的基础"②。

乙，关于专制主义的思想基础。

（一）庞卓恒认为："在西方，西欧的专制君主一般都是继续运用基督教神学作为控制臣民思想的主要工具，君主一般都取得了本国教会的控制权。在一定程度上西欧君主都容忍了臣民的宗教信仰自由。西欧的君主从未使自己到过'神人同格'的绝对权威地位。""中国则不然，专制君主号称受命于天，以'天子'自居，拥有神人同格的权威，并形成了'三纲五常''天地君亲师''忠孝节义'之类的纲常伦理。这种专制主义的神权思想统治的严酷程度，实际上超过了西方基督教神学和教会的统治，也超过了任何一个西欧专制君主在思想文化领域所能达到的专制程度。"③陈志贵也认为，宣传君权神授，君权至上，君权无限，鼓吹贵贱尊卑，纲常名教的孔孟之道作为正统思想核心。这都是封建专制主义存在的思想基础，并且吸收了各家之长，建立了完整的封建意识形态体系。④

（二）方立天认为封建专制主义是以等级观念为基础的，把人们的各种社会伦理关系纳入封建等级结构，宣扬三纲之纪。作者指出，《白虎通义》就是宣扬这种封建专制主义的等级特权的典型。"为了论证封建等级制的绝对性和永恒性，《白虎通义》乞灵于神学目的论。它继承经学的天人感应说和谶纬迷信，把包括封建等级制在内的人间的一切都说成是天神有目的的安排"。"历史是帝王受命于天的传授史，是历代帝王秉承天神意志而创造的。因此，以帝王为最高等级的封建等级社会也是不可更变的。历史只能是封建等级统治的永恒重复"。⑤

（三）陈志贵认为：儒教是封建宗法专制主义的精神支柱，而封建宗法的

---

① 伍新福：《略论封建专制主义的基础》，《湘潭大学学报》，1981年第2期。

② 刘泽华、王连升：《关于专制主义经济基础与君主集权形成问题的商讨》，《南开史学》，1984年第1期。

③ 庞卓恒：《中西封建专制制度的比较研究》，《历史研究》，1981年第2期。

④ 陈志贵：《谈中国封建社会的延续》，《齐齐哈尔师院学报》，1980年第2期。

⑤ 方立天：《〈白虎通义〉与封建等级制》，《学术月刊》，1981年4月号。

君主专制又是中国封建主义的核心。①这种看法比较普遍,大都把儒家学说看成是封建专制主义的理论基础。

(四)李桂海认为封建专制主义"集权"思想,不单纯来源于儒家,是儒法思想的混合物,"认为偏颇于儒家或偏颇于法家都是不全面的",并指出:专制集权主要表现在三个方面:其一是"皇帝独裁",这是专制集权制度的核心,服从皇帝的专权。法家理论正好是为皇帝个人独裁服务的。其二是皇帝要求臣民绝对地忠于自己,臣下有成为一个执行君主意志的工具,没有任何独立的意见。其三是集权制要求有严格的等级制度。儒家的礼信制度及其思想着重强调了这一方面。②

(五)赵谷惠认为:地主阶级从维护其统治利益出发,杂用儒、法,兼取佛道,从而逐渐形成一整套君主专制的理论基础。"封建君主专制思想主要不来源于孔子和先秦儒家。孔子讲"礼""克己复礼",主张"礼之用,和为贵""君使臣以礼,臣事君以忠",而不是"君为臣纲",不主张绝对忠君。法家主张绝对忠君。中国封建社会地主阶级实行君主专制独裁的思想理论基础,是随着封建社会的形成、发展而逐渐形成和发展、演变,以臻完善的。③

(六)陈正夫、何植靖认为宋明理学的建立,是我国封建社会意识形态最后完成的标志,是我国封建主义经济制度成熟和封建专制主义进一步加强的思想反映。程朱理学系统地完整地表现了封建主义思想意识,特别是集中地表现了后期封建社会封建专制主义的思想特征,是融合了儒、佛、道思想,把自然、社会、人生方面的问题熔于一炉。"把神人格化为封建专制主义作论证","把最高统治者打扮成超人""天才","把国看成是皇帝的家天下"。作者还指出:政治上的封建专制主义必然伴随着文化上的封建专制主义。"存天理,灭人欲"为地主阶级建立大一统的思想,灭尽一切不符合"三纲五常"的思想和行为,抑制各家的思想,使社会思想僵化,阻碍了进步,思想和文化科学的发展。封建社会后期尤甚。作者进一步指出:"程朱理学的产生和发展,不仅使蒙昧主义信仰主义在思想界的影响加深,而且使地主阶级的政权和文化专制进一步加强,阻碍了文化科学和民主思想的发展,从而延长了封建经济

① 陈志贵:《谈中国封建社会的延续》,《齐齐哈尔师院学报》,1980 年第 2 期。
② 李桂海:《封建专制主义"集权"思想剖析》,《社会科学研究》,1981 年第 1 期。
③ 赵谷惠:《中国封建专制主义理论基础试探》,《甘肃师大学报》,1981 年第 1 期。

和封建思想的瓦解过程。"①

丙，关于封建专制主义的社会基础。

认为宗法制与等级制是封建专制主义社会基础的人颇多。沈善洪认为，在中国"这种以宗族血缘为纽带的一家一户的农业自然经济，是家长制和皇权制的基础。……从奴隶社会转变为封建社会的时候，一般也没有真正打乱这种宗族血缘关系。……""这种血缘宗法制度，是以家长制为特点的。一个家庭里面是家长最大，一个宗族里面是族长最大。皇帝是一国的家长，有至高无上的权力，这就是由家长制放大的'家天下'"。作者还认为：中国的家长制与专制制度是这样胶固而不可分。所以历代的封建帝王总是力图用封建伦理道德来巩固自己的政治统治。②陈正夫从不同方面指出：封建社会的等级制度是与宗法制度密切结合的，当然地成为封建专制主义存在的社会基础。③傅衣凌认为，历代中国地主，主要是通过暴力的专制政体、官僚机构以统治隶属于他的农民。另一方面，又采取一种更隐蔽的方式，即利用乡族势力、氏族制的残存物，以缓和社会阶级矛盾的对立和激化，而收到统治农民的实效。④李春辉、王俊义认为：从社会经济上看，"封建皇帝是最大的地主，把整个国家视作一家一姓的私产，不仅控制农业，而且控制商业手工业，一切实行官营官办，使得中国封建社会经济形成自然经济占支配地位。这种自然经济又和宗法制联系起来，皇帝是宗族大家长，每一宗族都是封建王朝一个社会细胞"⑤。

白钢认为："封建社会的阶级，同时也是一些特殊的等级，形成了一个宝塔式的等级制度。"⑥方立天认为："封建等级制是地主贵族层层盘剥人民的分赃制度。"它"把人们的各种社会伦理关系纳入封建等级结构，宣扬'三纲六纪'"，指出"等级制和世袭制是分不开的。"⑦

① 陈正夫、何植靖：《程朱理学与封建专制主义》，《学术月刊》，1981 年 5 月号。

② 沈善洪、王凤贤：《简论我国封建专制主义思想的形成和演变》，《浙江学刊》，1981 年第 3 期。

③ 陈正夫、何植靖：《程朱理学与封建专制主义》，《学术月刊》，1981 年 5 月号。

④ 傅衣凌：《论乡族势力对中国封建社会经济的干涉——中国封建社会长期迟滞的一个探索》，《厦门大学学报》，1961 年第 2 期。

⑤ 李春辉、王俊义：《从世界史的角度看中国封建社会的长期性》，《求索》，1981 年第 2 期。

⑥ 白钢：《论中国封建主义的主要特征及其顽固性》，《学术研究》，1980 年 5 月号。

⑦ 方立天：《〈白虎通义〉与封建等级制》，《学术月刊》，1981 年 4 月号。

二、关于封建专制主义的形成问题

甲,封建专制主义形成的原因。

(一)熊家利认为形成中国中央集权专制主义的原因,在于从"中国封建社会初期起,在自然经济占优势情况下,还存在广泛的商品交换关系,各地区间有一定经济联系,这是建立中央集权国家的重要经济条件。其二是中国新兴地主阶级来源于中小奴隶主贵族,有较高的文化素养,较丰富的统治经验,日耳曼军事贵族则没有此。其三,中国新兴地主阶级没有完全打碎奴隶制国家机器,而是改造和继承,顺利建立了地主阶级的统治。其四是新兴地主阶级通过'百家争鸣'为自己的统治打下了牢固的思想基础。这就使中国较早地建立起了中央集权专制制度"[1]。

(二)朱孝远认为:"由于封建地主的产生及对农奴的剥削都倚重于经济手段进行,又由于不断出现以平均地权为目标的大起义,决定了中国的地主阶级对农民阶级的阶级压迫,不能掌握在个别地主手里,而必须集中起来,导致中央集权。"[2]

(三)胡如雷认为专制主义中央集权制度形成有两个原因:其一是上面胡氏关于专制主义存在的经济基础的论述。其二他认为中国专制主义中央集权政体虽形成而不稳定,常出现割据分裂状态,根本原因是集中政治与分散的经济之间存在着矛盾。西方近代中央集权形成和国内统一市场、近代民族形成同时,政治集中与经济集中平行发展,因而中央集权一旦产生,就非常巩固。中国中央集权制形成于自然经济占绝对支配地位时期,缺乏巩固的经济基础,不稳定,割据,分裂状态在某种程度上是不可避免的。[3]

(四)翦伯赞认为中国的封建专制主义是随着地主阶级的产生而形成的。他指出:"自周秦之际土地转化为地主个人所有之后,中国就产生了一个新兴的地主阶级,并且建立了以地主阶级为基础的中央集权的封建专制主义的政治体制。"[4]

(五)刘泽华、王连升认为: "剥削阶级用武力争夺分配权和再分配权的

① 熊家利:《两种不同类型的封建专制主义——中国和西欧封建专制主义的特点》,《湖南师范学报(哲学社会科学版)》,1980 年 3 期。

② 朱孝远:《发展的充分化是社会形态长期延续的原因——兼谈中国封建社会为什么这么长》,《复旦学报(社会科学版)》,1981 年第 4 期。

③ 胡如雷:《中国封建社会形态研究》,生活·读书·新知三联书店,1978 年。

④ 翦伯赞:《论中国古代的封建社会》,《翦伯赞历史论文选集》,第 150 页。

斗争是促成君主集权的主要原因。另外,阶级之间的斗争,历史的传统和思想也起了重大作用。"①

乙,封建专制主义形成的历史渊源。

(一)洪家义认为:"中国的专制主义根植于家长奴隶制萌芽的夏朝,而形成于秦代。"原始社会末期,产生了家长奴隶制,作者列举了舜父对舜的生活权威性的干涉的事实,指出:夏代第一个君主禹,要民绝对敬重自己的道德,不得违抗他的政教所行:"令民皆则禹。不如言,刑从之。"封建专制主义从法律上得到了保证。②

(二)庞卓恒认为中国的中央集权专制制度是在"亚细亚生产方式"的基础上出现的,以后随着封建社会趋于定形和巩固而确立。作者说:"中国的封建中央集权专制制度是在夏、商、西周那种具有马克思、恩格斯所说的'亚细亚生产方式'特征的社会制度的基础上形成的。战国秦汉时期逐步确立起来的中央集权的封建专制制度,与夏商西周时期那种专制制度在经济政治和意识形态等方面都有着明显的继承性。"③

(三)程洪认为中国和西欧在封建化起步的时间上相差很大,但大致都经过了数百年时间实现了初步封建化(如西周),历程是相似的,随后才发生了巨大差异,中国出现了一个西欧所未有的高度封建化阶段,而起因则是春秋中期的中国生产力的突破性发展,其标志是铁器的使用,使人增添了独立生产的能力,随着生产技术的改进,使一些大工程的进行有了可能,相应地要求结束割据。于是发生了变革,中央集权的统一国家形成了。④

三、关于封建专制主义的特点问题

甲,从中国封建专制主义本身看其特点。

(一)李春棠认为:"政治体制和思想体系的发展非常充分、成熟是中国封建专制主义的基本特征。"⑤

---

① 刘泽华、王连升:《关于专制主义经济基础与君主集权形成问题的商讨》,《南开史学》,1984 年第一期。

② 洪家义:《专制主义的形成及其危害》,《南京大学学报》,1981 年第 1 期。

③ 庞卓恒:《中西封建专制制度的比较研究》,《历史研究》,1981 年第 2 期。

④ 程洪:《关于中国封建社会长期延续的原因》,《复旦学报(社会科学版)》,1981 年第 4 期。

⑤ 李春棠:《略论我国封建专制及其经济基础》,《湖南师院学报(哲学社会科学版)》,1980 年第 3 期。

（二）白钢认为中国专制主义的主要特征有：君主专制；官僚政治；等级制和封建特权家长制。[①]

（三）魏俊超认为封建专制主义一个很大的特点是皇权与相权的矛盾，它"始终是封建专制主义政体中牵动全局的核心问题"。它"进一步揭示封建专制制度固有矛盾的深刻性和发展变化的规律"。作者并用相职演变的历史论证了这一特征。[②]

（四）李少军认为："政治上的专制，伴随着文化上的专制"是中国封建专制主义的一大特色，而"文化专制必然地进行思想上的专制"。[③]王曾瑜认为政治专制和文化专制是很难区分的，两者是专制主义中央集权的支架。[④]

（五）洪焕椿认为明清时期封建专制主义有以下四个特征：其一是官僚政治已经发展到极端专制主义的特权统治。表现在宦官专制，吏员冗滥，养尊处优，结党营私，互相倾轧，奏章繁多，公文成灾。其二是统治者顽固地推行"闭关自守"，排斥外来文化。其三是维持"重农抑商"政策，阻挠工商业的发展。其四是统治者实行文字狱，搞文化专制主义，文忌多，文禁严，文网密，文祸惨。[⑤]

乙，从中西比较看中国专制主义的特点。

（一）在经济方面，王仲荦认为：由于中国的商人、地主、官僚三位一体，因而尽管商业如何繁荣，终不能像欧洲那样，很快造成城市（商人，手工业者）和农村（领主）的对立面。另一方面，地主阶级通过中央集权的封建国家对经济的垄断（如盐、茶、铁）。[⑥]伍新福认为：中央集权的封建专制主义在中国长期延续，特别根深蒂固，是由专制主义经济基础的三个特点造成的：其一是土地私有发展较早，地主土地所有制自始至终占主导地位。西欧的土地是归各级领主占有，土地所有权被凝固起来，又有"特恩权"，兼有行政、司法和军事大权，导致诸侯坐大，王权衰微，影响了中央集权专制统治的建立。中国则完全不同：首先是土地可以买卖，没有"特恩权"，没有司法，没有私人军队；第二，由于中国封建社会两大阶级的依附强烈，其对立也是强烈的，因而动乱造成阶

[①] 白钢：《论中国封建主义的主要特征及其顽固性》，《学术研究》，1980 年第 5 期。

[②] 魏俊超：《试论中国封建社会相职的演变》，《华南师院学报》，1982 年第 1 期。

[③] 参见李少军《漫谈中国古代的封建专制》。

[④] 王曾瑜：《中国封建文化专制主义批判》，《中国史研究》，1979 年第 2 期。

[⑤] 洪焕椿：《明清时期封建专制主义的基本特征》，《南京大学学报》，1981 年第 1 期。

[⑥] 参见王仲荦《王仲荦谈中国封建社会的特点》。

级结构并不像中世纪欧洲那样僵化和凝固,地位变化很大;第三是自然经济占主导地位,它瓦解的过程十分缓慢。①陈平认为:"欧洲和中国的封建社会,虽然阶级关系的本质相同,但是政治经济的具体形态大异。欧洲的贵族庄园经济骑士封建制度和商业,殖民政策是欧洲中世纪史的主要特征。中国很早就进入了封建社会,周朝的领主分封制度和井田制管理存在了几百年,但是战国以后,出现了地主小农经济,官僚专制制度和重农抑商政策。"②庞卓恒认为:"西欧的专制君主,靠着在市民——资产阶级和封建贵族的相互斗争中充当'表面上的调停人',为了取得市民——资产阶级的支持以加强自己的实力,一般都实行扶植工商业的重商主义政策和一些有利于资本主义生产关系发展的政策,促进了资产阶级势力的增长。""中国封建专制制度却起着完全不同的历史作用,由于它始终主要是建立在宗法性的自然经济基础和地主——农民这样的封建阶级结构上的。因此,从一开始,它就把维护这种自然经济基础视为保证它的专制统治长治久安的命根子,敏锐地认识到,不受专制政权控制的私营工商业乃是破坏自然经济,威胁封建专制国体的大敌,形成了一套同西欧封建专制制度重商主义截然相反的重农抑商的理论和政策。从根本上说,这是由于在中国特定的历史条件下形成了一种特有的小农自然经济基础同专制的上层建筑相结合的社会结构,这种结构是有极其顽强的生存力和再生力。"③

(二)在政治方面,熊家利认为中国和西欧封建专制主义相较之下有如下特点:其一是中国自封建社会初期即形成了中央集权的专制制度;西欧则有一个封建专制主义由低级向高级发展的过程,且它还未发展到中国封建专制制度那种程度就被资产阶级革命所推翻。其二是中国封建专制制度的高度发展,表现在君权的至高无上,达到了不受任何限制的地步;西欧则不然。其三是中国封建中央集权专制主义政体能维持的重要基础是可以自由买卖的封建土地制度;西欧此点亦与中国不同。其四是中国过分强大的封建君权,严重妨碍了商品经济的发展,延缓了我国封建母体内孕育资本主义的过程,致使中国不能先于西欧进入资本主义社会。④李春辉、王俊文认为:中国封建社会

---

① 伍新福:《略论封建专制主义的基础》,《湘潭大学学报》,1981 年第 2 期。

② 陈平:《社会传统和经济结构的关系》,《学习与探索》,1981 年第 1 期。

③ 庞卓恒:《中西封建专制制度的比较研究》,《历史研究》,1981 年第 2 期。

④ 熊家利:《两种不同类型的封建专制主义——中国和西欧封建专制主义的特点》,《湖南师院学报(哲学社会科学版)》,1980 年第 3 期。

比之欧洲更早地建立了中央集权的君主专制,又长期处于统一状态,使得封建社会的历史形态,发展得更加完备和典型,反过来又影响了封建社会有可能具有长期性。并指出:在政治上,实行了中央集权的君主制政体,中央与地方有着严密的政治联系,地方严格服从中央,地方官吏由中央任免、调迁,向中央负责,政治、军事上都服从中央政令,控制严密而有效。[①]刘修明认为:"中国封建专制主义的中央集权比西欧分散的、各自为政的小诸侯国较有利于政治的统一,更能发挥超经济强制的职能,全面掌握行政、司法和军事大权的中央政权能够代表整个地主阶级,对全国人民进行统治,把他们编制起来,征收赋税,调集他们服徭役和兵役,这是东方封建专制制度的特点。"[②]

四、关于封建专制主义的作用问题

甲,政治作用。

(一)汪征鲁认为封建国家机器或封建皇帝,人为地推行极端的暴政,使阶级矛盾空前激化,导致了频繁的农民起义,破坏了整个社会的稳定和生产的发展,形成了中国封建社会频繁地改朝换代。[③]

(二) 陈志贵认为中国两千年的封建专制就是由以皇帝为首的皇权和与之相互依存的官僚政治的统治。而官僚政治的腐败使封建生产关系不易发生变革,这乃是造成中国封建社会发展缓慢的重要原因之一。其次作者还认为:由于"至高无上的君权、专横的族权、高压的夫权、普遍存在的家长统治,毒雾一般地弥漫于每一个家庭,每一个社会角落,使人无法摆脱。这种种束缚,当然阻碍了生产力的发展和生产关系的改变,更是造成中国封建社会长期延续不可忽视的因素"[④]。

(三)卢明明认为:"冗官是封建君主专制的派生物。"而"冗官"又对社会产生了很大的副作用。作者从五个方面论述了这种情况:一是宫廷内部的斗争,制造了大量的"冗官";二是统治危机的出现,有军功者皆可授官;三是财政困难,则大量地"捐官",清代尤盛;四是少数民族入主中原,增官以监视汉

---

① 李春辉、王俊文:《从世界史的角度看中国封建社会的长期性》,《求索》,1981 年第 2 期。

① 李春辉、王俊文:《从世界史的角度看中国封建社会的长期性》,《求索》,1981 年第 2 期。
② 刘修明:《中国封建社会的典型性与长期延续的原因》,《历史研究》,1981 年第 1 期。
③ 汪征鲁:《小农经济封建化及其他》,《福建师大学报(哲学社会科学版)》,1981 年第 2 期。
④ 陈志贵:《谈中国封建社会的延续》,《齐齐哈尔师院学报》,1980 年第 2 期。

族;五是专制君主为维护自己的专制统治肆意增官。①

（四）王超认为君主专制制度在中国对于多民族国家的形成与统一、封建经济和文化的发展、反抗外来侵略等方面是起了进步作用。但是,从我国封建社会长期停滞的历史来考察,专制制度的发展,造成极端腐败的专制政治,对农民的残酷剥削,专制主义对人民的束缚,在中国历史上又起着极大的反动作用。②

（五）洪家义认为:"专制主义的危害是一害当时,二害后代。""造成了皇帝的为所欲为,生活荒淫,横征暴敛,滥施刑罚,文化专制,弄得财穷力尽,民不聊生。"③

乙,经济作用。

有关封建专制主义对经济的作用的论述极多,这里仅摘录几家主要的、具有代表性的观点。

（一）认为专制主义的残酷剥削破坏了生产和经济的发展,它是封建社会长期延续、民不聊生的主要原因。

翦伯赞指出:"土地之被封建统治阶级瓜分,以及由此而引起的强烈的剥削制度和保护这种制度的专制主义的中央集权国家, 是中国封建社会发展迟缓的最主要原因。"他认为:"这种专制制度的国家,不能把剥削所得用于扩大再生产,而是用于巩固他们的阶级支配和加强他们的阶级剥削,而在这种残酷的封建剥削之下, 农民被迫交出他们生产物的十分之七八以至全部,因而更无力来改进生产。这样,就决定了中国的封建社会生产力增进的速度迟缓, 决定了自给自足的自然经济在中国封建社会中占主要地位。"④

刘泽华、王连升认为由于封建君主专制制度对两个经济规律(简单再生产,价值规律)的抑制和破坏,造成了中国封建社会的长期延续。"封建君主专制中央集权对封建社会中两个经济规律的破坏是极其严重的, 沉重的赋税、徭役以及其他形式的剥削,常常使简单再生产不能进行,社会难以生存。抑末的结果破坏了价值规律的正常运转, 因而社会也就失去了发展变化的活力。

① 卢明明、郭建:《略论官冗与封建专制政体》,《江淮论坛》,1982 年第 2 期。
② 王超:《论皇帝制度与封建专制》,《学术月刊》,1980 年第 1 期。
③ 洪家义:《专制主义的形成及其危害》,《南京大学学报》,1981 年第 1 期。
④ 翦伯赞:《论中国古代的封建社会》,《翦伯赞历史论文选集》,第 150 页。

这样,我国封建社会便长期处于停滞不前的状态。"①

柳春藩也认为由秦汉时期发展起来的专制主义中央集权国家,有着庞大的统治机构,养活着大批贵族官僚和军队。各代的封建统治者用政治强制要农民负担大量的赋税徭役,使广大农民很难扩大再生产,有时连简单再生产也维持不下去。这样就束缚了农业生产力的发展,使中国封建社会的小农长期处于贫穷落后的状态。②

(二)认为专制主义极力维护自然经济和地主阶级的利益,对手工业进行了沉重的打击和破坏。

庞卓恒认为西欧的封建君主专制制度促进了封建社会的解体和资本主义社会的诞生。中国封建专制制度却起着完全不同的历史作用。由于它始终主要是建立在宗法性的自然经济基础和地主–农民这样的封建阶级结构之上的。因此,从一开始,它就把维护这种自然经济基础视为保证它的专制统治长治久安的命根子。③李光霁也认为:封建君主专制制度在中国历史上存在了两千年,说明它有一定的合理性,它与中央集权相结合,把全国分散的人力和物力集中起来,形成了强大的军事力量和经济力量;在发展地主经济和保护小农经济中也起过不小的作用。④

赵锡元认为封建专制主义国家推行"崇本抑末"政策,是封建社会发展缓慢的主要原因。在中国古代社会里,由于工商业不发达,不仅族居制没有破坏,公社组织没有解体,也没有达到土地的个人私有制;官府严格控制手工业生产,形成一套"工商食官"制度;政治力量或暴力始终起着对经济的巨大的干预作用。

与"抑末"思想互为因果,严重阻滞了生产的发展;始终没有形成一股强大的工商业者势力,它不能产生引起资本主义变革的政治力量。⑤

(三)认为封建专制主义的重农抑商影响了商品经济的发展,使资本主义处在一种不能发展的萌芽状态,甚或消除这种萌芽。

---

① 刘泽华、王连升:《中国封建君主专制制度的形成及其在经济发展中的作用》,《中国史研究》,1981 年第 4 期。

② 柳春藩:《残酷的赋役与封建社会的长期延续》,《史学集刊》,1981 年第 2 期。

③ 庞卓恒:《中西封建专制制度比较研究》,《历史研究》,1981 年第 3 期。

④ 李光霁:在天津"中国封建专制主义问题学术讨论会"上的发言。

⑤ 赵锡元:《"崇本抑末"是封建社会发展缓慢的主要原因》,《史学集刊》,1982 年第 2 期。

如傅筑夫认为：由于商品经济的发展直接动摇了封建专制制度赖以存在的基础，打乱了封建的等级秩序，抑商政策就是在认清祸源之后，适应着封建统治阶级的最高利益而提出来的。简单说，抑商就是企图从根本上消灭危害专制制度的总根源。①傅衣凌认为专制主义的中央集权对于经济的干涉，远远超过其他的社会力量。盐铁官营即是一个很突出的例子。中央政府为着保护土地所有制的稳定，常采取种种对策，限制商人的活动，在盐铁国营之外，诸如重农抑末、商贾律、告缗令等。中国的行令制度也是为专制制度服务的，是封建专制主义支配城市的一种工具。种种原因造成中国市民阶级的不易成长，因而长久维持自然经济的统治，形成了中国资本主义萌芽的长期性和缓慢性。②

孙健认为中央集权封建专制制度，起着打击和阻碍资本主义生产关系的产生和发展的作用。专制政权历来都采取"重农抑末"政策，他们把商业和手工业视为"末"，视为奇技淫巧，采取种种办法进行限制。特别是当资本主义生产关系已经出现并有所发展的时候，更是如此。如明代丝织业中已经出现了资本主义萌芽，到清代又有所发展，但清政府却处处限制。③

洪焕椿认为明清时期，"特别是土地高度集中，形成了封建专制主义的国家政权"。这种"国家权力通过各种法权形式，推行一整套方针政策，对经济基础产生了巨大的、在一定时期内甚至带有决定性的作用，从而使自给自足的封建经济很难发展成资本主义生产方式。这就是资本主义萌芽进展缓慢的主要原因"。④

丙，对思想文化和科学技术的作用。

（一）王曾瑜认为封建的文化专制主义带来了如下的恶果：其一是封建文化思想既是思想发展的桎梏，又是社会发展的桎梏。其二是文化专制使文艺领域存在着大量的禁区，阻碍了文艺的发展。其三是文化专制导致了哲学、政治、经济三位一体，使哲学的发展脱离了自然科学、生产技术，成为纯粹的政治哲学，产生了哲学自身的枯萎。其四是政治哲学窒息了自然科学，古代农业、手工业的创造发明都没有保存下来，轻视劳动人民的劳动创造，阻碍了中

---

① 傅筑夫：《中国经济史论丛》(下)，生活·读书·新知三联书店，1980 年，第 615 页。
② 傅衣凌：《关于中国资本主义萌芽的若干问题的商榷》，《厦门大学学报》，1961 年第 3 期。
③ 孙健：《中国封建经济制度的特征》，《人文杂志》，1982 年第 3 期。
④ 洪焕椿：《明清封建专制主义政权对资本主义萌芽的阻碍》，《历史研究》，1981 年第 5 期。

274

国科学技术、生产力的进步。这是中国封建文化专制主义的极大罪恶。①

(二)英国科学史家李约瑟认为：中国封建社会在明代以前，发展并不比西欧慢。在公元 3 世纪到 13 世纪之间，中国保持了一个西方所望尘莫及的科学知识水平，中国的发明和发现往往远远超过同时代的欧洲，特别在 15 世纪之前更是如此。②

丁，封建专制主义的作用。

(一)逄振镐认为，专制主义是中国封建社会发展迟缓的主要原因。专制主义对封建社会的发展具有巨大的反作用。作者从五个方面论述了这个问题：其一是它阻碍了经济的发展，并给经济发展造成巨大的损害，引起了大量的人力和物力的浪费。其二它禁锢思想，实行文化专制，阻碍了思想文化的发展。其三是封建专制国家的机构强大，革命斗争取胜困难。其四是因循守旧，阻碍社会改革。其五是肆行专制统治，窒息民主传统。③

(二)胡如雷认为中国封建专制主义的积极作用占支配地位，消极影响只居次要地位。他从五个方面论述了专制主义的积极作用：其一是中央集权的专制主义是统一的重要条件，它能消除纷争和割据，造成社会经济发展的前提。其二是专制主义中央集权能集中全国人力兴修大规模的水利工程，对推动农业的发展具有重要作用。其三是统一集权的政治环境还有利于全国范围内的经济交流和商品流通。其四是专制大一统的局面还有利于在非常广泛的范围内交流劳动人民的生产经验。其五是专制主义中央集权对我国多民族国家的形成有决定性作用。它的消极作用仅意味着国家要豢养大量的专职官吏和职业兵，这就加重了劳动人民的负担。④

(三)邓拓认为：对中国专制主义的历史作用不应过分夸大，它虽有反作用，但也只是反作用而已，不能夸大到居高临下、无所不为、包办并摧残手工业、束缚工商业发展的程度。⑤

(四)李桂海认为：封建专制主义的危害作用表现在四个方面：其一是国家和人民的命运在很大程度上取决于皇帝的好坏。其二是封建专制主义的

---

① 王曾瑜：《中国封建文化专制主义批判》，《中国史研究》，1979 年第 2 期。

② 参见李约瑟《中国科学技术史》。

③ 逄振镐：《中国封建社会长期发展迟缓的根本原因》，《齐鲁学刊》，1982 年第 2 期。

④ 胡如雷：《中国封建社会形态研究》，生活·读书·新知三联书店，1979 年。

⑤ 邓拓：《论中国历史的几个问题》，生活·读书·新知三联书店，1959 年。

集权制度,对各级官吏的选拔和任用主要依据"忠君"的程度和表现,而不问其才能的大小。其三是封建集权国家将重要的工商业都控制在自己手里,以加强自己的经济力量,垄断一些经济领域里的活动。其四是集权主义的政治,要求有一个统一的官定思想,以维护集权主义的统治。造成了两个结果:官定思想变成一种随机应变、左右逢源的体系,成为独裁者手上的玩物,丧失了权威性和严肃性。另一方面为了维护这种权威性和严肃性,将它变成僵化的东西,失去了生命力,成为人们的思想枷锁和桎梏。①

(五)李春辉、王俊文从政治方面、社会经济方面、思想文化与道德伦理方面进行了考察,指出中国封建专制主义中央集权制,既有其专制、残酷、愚昧,落后的主导一面,也曾有其光辉灿烂的一面。前者是形成中国封建社会长期延续的因素之一。②

原载朱绍侯主编:《中国古代史研究入门》,河南人民出版社,1989 年

---

① 李桂海:《封建专制主义"集权"思想剖析》,《社会科学研究》,1981 年第 1 期。

② 李春辉、王俊文:《从世界史的角度看中国封建社会的长期性》,《求索》,1981 年第 2 期。

思考进程中对若干问题的再认识

除对象,争鸣不应有前提

有许多报刊在自己办刊宗旨或约稿启事中,几乎都讲,在马克思主义指导下开展百家争鸣云云。我想,报刊做出这样的规定,明确宣布自己的办刊宗旨和指导原则,不仅是可以理解的,也是自己的正当权利。

但是,如果这样理解百家争鸣,或像有些同志所讲的那样,在社会主义国家条件下,百家争鸣必须要以马克思主义为指导,对此,我有些困惑不解。

这里涉及如下一个问题:通常说的百家争鸣,究竟要不要有前提?

为了弄清这一点,这里要用考证的方式,考证一下最初提出"百家争鸣"有没有前提规定。

毛泽东同志讲:"'百花齐放、百家争鸣'这两个口号,就字面看,是没有阶级性的,无产阶级可以利用它们,资产阶级也可以利用它们,其他的人们也可以利用它们。"问题当然并没有到此为止,毛泽东同志在文中反复论述了无产阶级和资产阶级世界观,马克思主义与非马克思主义、反马克思主义之间的斗争等。这里需要弄清的是,毛泽东同志是否把资产阶级、资产阶级世界观、非马克思主义、反马克思主义等列入了"百家"之中?请看如下一篇论述:

> 百花齐放,百家争鸣……是在承认社会主义社会仍然存在着各种矛盾的基础上提出来的。
>
> 马克思主义也是在斗争中发展起来的。……在社会主义国家里,马克思主义的地位不同了。但是就是在社会主义国家,还是有非马克思主义的思想存在,也有反马克思主义的思想存在。
>
> 有人问:在我们国家里,马克思主义已被大多数人承认为指导思想,那么,能不能对它加以批评呢?当然可以批评。……事实上,唯心主义者不是每天都在用各种不同形式批评马克思主义吗?抱着资产阶级思想、小资产阶级思想而不愿改变的人们,不是也在用各种形式批评

马克思主义吗？马克思主义者不应该害怕任何人批评。

对于非马克思主义思想，应该采取什么方针呢？对于明显的反革命分子，破坏社会主义事业的分子，事情好办，剥夺他们的言论自由就行了。对于人民内部的错误思想，情形就不相同。禁止这些思想，不允许这些思想有任何发表的机会，行不行呢？当然不行。

由此可见，在毛泽东同志那里，百家争鸣是没有前提限制的。在我看来，马克思主义与百家争鸣之间的关系，不应理解为在马克思主义指导下开展百家争鸣，而应是，百家在争鸣上都是平等的。马克思主义者的目的是在百家争鸣中发展马克思主义。

另外，从百家争鸣的目的看，也不应该规定前提。众所周知，百家争鸣是为了发展科学。科学这种东西是为了探索和说明对象，因此科学只对对象负责。毫无疑问，马克思主义是引导人们走向科学的康庄大道，但是我们不能认为马克思主义是引向科学的唯一之路，更不能认为除了马克思主义以外，一切都是混话；如果真的这样认为，请先证明除马克思主义以外的全部知识都是谬误，否则，那只能是武断。

我是信奉马克思主义的，那么为什么还要在百家争鸣应不应该有前提这个问题上做文章呢？这涉及如何对待非马克思主义学派以及怎样理解马克思主义是开放的问题。从认识论上讲，在认识对象面前，一切学派都应该是平等的，谁先认识了对象，谁就在科学领域处于领先地位。因此，在认识对象面前，各种理论与方法是一种认识竞争关系，不应该有谁领导谁的人为规定。我们马克思主义者坚信沿着马克思主义道路能最快地攀到科学的顶点，但我们也不排除非马克思主义者也会做出重大的贡献。如果有这样的胸怀，科学事业就会全方位前进。再者，我们说马克思主义是开放的，如果不承认在马克思主义之外还会有科学发现，那么开放什么呢？向谁开放呢？

还有，谈百家争鸣，不能只限于一国之内。思想文化和科学认识这种东西是没有国界的。众所周知，我们引以为经典的马克思主义并不是中国的土产，而是从西方传来的。在现代世界交往如此频繁的情况下，思想文化已远远走在政治、地理区划的前头，逐渐成为一盘棋。我们相信马克思主义最后一定会赢得这一盘棋，但它所依靠的不是认识以外的什么强力，而是靠它的正确。马克思主义是在争鸣中发展壮大起来的。这种争鸣有马克思主义内部不同流派之争,也有马克思主义与马克思主义以外各种理论和学派之争。

为了推进百家争鸣,有些同志著文一再呼吁要把政治与学术分开,并反复论证学术争鸣除少数情况外一般不具有阶级性。在粉碎"四人帮"不久那一段时期,每读到这些论述,常常产生一种轻松感。但时隔不久,又发生了在学术领域反对资产阶级自由化的斗争,调门还相当高,至今余波未消,于是不得不重新思考。有两个问题总是在我的脑海里盘桓不止:第一个问题,政治和学术的分界线究竟在哪里,由谁来划分?第二个问题,意识形态领域到底还有没有阶级斗争;在什么情况下具有阶级斗争的性质,这种性质又由谁确定?思考使我越来越倾向如下这种说法:政治和学术根本无法彻底分开,想分也分不开,也没有人能分开,有人要分那也只是属于他个人的事。把两者分开的道理难以把握,分不开的道理却很简单。从科学上讲,一切领域、对象都是学术所需要探索的,政治作为一种现象,也应包括在学术探索的对象之内。在这种情况下,如果一定要把政治和学术分开,政治就会变成一块神秘的土地,变成超对象的不可知的东西,变成中世纪的神堂。众所周知,客观事物本身是错综交织的,因此知识本身是连在一起的。硬要把政治从社会科学体系中挖走,那么整个社会科学就会变得残缺不全,不成体统,大部分社会科学会因此而失去它科学的意义。现在学术越来越不承认有任何不可认识的禁区;政治,一方面应充分保证认识的自由,另一方面又要对各种认识进行选择,这种选择应该像到商店里买东西那样,不买的并非无用的,更无权毁弃。所以学术与政治的关系,应该是自由认识与自由选择的关系。政治家们不要超出法律规定去干涉学者们的认识自由,学者们也要承认政治家在法律范围内有选择的权力。为了妥善地处理两者的关系,关键是要有相应的立法。利用职权粗暴干涉认识并造成极坏后果的事例,在古今中外历史上到处可以找到,这说明人类自身还很不完善,而建立和健全相应的立法会有助于妥善处理两者之间的矛盾。在没有这样的立法之前,应该造成这样一种气氛,行政负责人当然可以对学术中的是非发表意见,也有权与工作相结合进行选择,但这一切都不要对持不同见解者构成人身安全的威胁,也不要强迫别人接受自己的见解,搞什么认识统一之类的活动。学者不要因自己的见解被行政选中而趾高气扬,以为自己是真理的化身,借行政权力搞学霸那一套;没被行政选择者也不必因受冷遇而灰心,学术之道,不在眼前之功利,眼光要放远些。总之都要豁达宽容。在学术领域,有没有马克思主义与非马克思主义,反马克思主义以及不同阶级之间意识形态的矛盾与斗争呢？如果干脆说无，事情自然好办；可是大家又说大部分争论不具有这种性质，但少数还是有的。这样一来就麻烦了。这个界限如何划，由谁划？由于每个人的知识结构、思想方法、经历不同等原因，常常仁者见仁，智者见智。另外，大部分和少部分又如何分？每个人都可以说我属于大部分；但每个人又都是个体，又可能属于少部分。特别是学术这种东西个性很强，更容易与"少数"发生联系。所以，用"大部分"与"少数人"根本无法解决这个问题。如果在事实上存在着"主义"之争，存在着"阶级"之分，那么争鸣中不用阶级分析，不用"主义"就无法分清事实上的"有"；一用，一些人又认为是打棍子、扣帽子。这样一来左右为难，反而更麻烦。依我看，索性不如把问题明朗化。在目前的大千世界里，不可否认确实存在着不同的"主义"，"主义"的背后不能说没有阶级的影响和作用。事实上既然有，理论上也就不必回避，有理有据阐明"主义"上的分歧于学术进步不但无妨，反而是一种推动，学术常常是相激而进的。我认为讲主义，甚至讲阶级，对理论上诚实的追求者构不成妨碍。在理论与学术上不要搞你好、我好、大家都好，而要提倡执着的追求。为此，倡导不怕天、不怕地、不怕神、不怕鬼。在争鸣中，不要怕讲"主义"，也不要怕"上纲上线"。反之，把讲"主义"、分"阶级"看作正常现象，你往我来，一律平等。我们要提倡学术上是对头、生活上做朋友的精神，像惠施与庄周、列宁与普列汉诺夫那样。见解不同就成仇人是封建专制主义影响的表现，动用手中权力党同伐异则更为恶劣。

今后的百家争鸣，还会不会出现激烈的场面，会不会出现政治干预，我相信会发生的。发生了怎么办？如果是自己错了，而且真心承认错了，就改正；如果认为自己有理，就应该向张志新、孙冶方学习。历史的进步很大部分是由苦难作为代价的。马克思把科学追求同攀险峰与进地狱连在一起，真是至理！一切追求真理的人，要不畏艰难攀险峰，同时要准备随时进地狱。

原载《书林》，1986 年第 8 期

增强历史研究的主体意识——答李晓白问

问：刘先生，您近来发表的几篇关于历史认识的文章引起大家的关注，能否谈谈这方面的想法？

答：理论研究是史学向前发展的一个关键，历史认识论的探讨对当前尤为重要。十一届三中全会以来，我们的历史理论研究大致经历了三个阶段：开始是清理"四人帮"在史学领域的流毒；第二阶段是对一些传统的史学观念进行反思，如关于社会发展动力的讨论、五种社会发展形态的探讨、亚细亚生产方式的争论、人民群众是历史创造者的争鸣等；现在逐步进入第三个阶段，就是对史学理论本身的钻研、讨论，试图建立较为完善的新型理论体系，表现在对史学的理论指导、方法论、认识论的重新研究，以及对西方史学方法的引进和消化等。这是一个较为艰巨的工作，需要长期努力，但目前最紧迫的是增强历史研究中的主体意识。

一、没有史家的主体意识，再现历史是无从谈起的

问：主体是相对客体而言的，历史是客观的，历史科学只能是对历史的客观而准确地反映，怎么能在历史研究中加入主体意识呢？

答：为了说明这一问题，不能不从历史与认识历史的关系说起。什么是历史，虽然有各种说法，但有一点是可以肯定的，历史是人类以往的全部过程。历史一去不复返，要想再现历史，只能借助于史料、文物、遗址这些极不全面的残存下来的东西，再加上历史工作者和历史客体之间的时间和空间差，产生了相当大的差距，二者不可能直接统一起来。这是历史认识不同于现实认识的重要特征。这种情况使史学工作者的认识不是照相式的反映，也不能身临其境进行调查研究，更不能通过实验进行观察，它只能是一种通过媒介物的间接认识。而中间的媒介物如史料等，已经掺进了撰述者的主体意识，这使

283

作为认识主体的史家和历史这个客体之间的关系复杂化了。既然凭借认识的媒介既非全面，又欠客观，客观的历史当然不能靠直接反映的方法去展现，只有通过史学工作者的创造，才能较好地再现历史的过程和全貌，使历史跃然纸上，把凝结的历史活化，这就是主体意识的特殊功能。因此，没有史家的主体意识，再现历史是无从谈起的。就是史料，不经过史家的辨伪、考订、选择、编排，也是一堆无用的死物，择取史料的过程也是发挥史家主体意识的过程，也是活化历史的重要一步。

二、史家的主体意识表现为四个方面

问：看来主体意识对历史研究有着极重要的意义，不但削弱不得，而且非加强不可。您是否具体谈一下史家的主体意识在史学研究的哪几个方面最为重要？

答：我想有四个方面：首先，历史本身是一个整体，但文献资料只反映零散的个体和某个方面，只有经过史家主体意识的选择和架构，才能再现或接近历史的整体；其次，历史是一个有机的过程，但史料多半是已凝结的遗迹或只反映过程的一个片断或侧面，只有经过史家的加工、排列、组合、活化，才能使历史过程有声有色；第三，历史现象背后隐藏着本质和必然等内在关系，史料一般只反映现象，只有经过史家的主体意识才能发掘现象背后的本质、必然等关系；第四，历史科学具有人文性质，"察古而知今"，只有经过史家的主体意识才能启迪现实人的思想。

三、认识的多样化从总体上更接近事实

问：增强主体意识肯定会推动历史研究的发展，但会不会出现另一种情况，即历史的随意性，如有人讲的历史是任意打扮的一个十七八岁的小姑娘。

答：把历史当作任意打扮的小姑娘，这无疑有荒唐的地方，因为历史并非如此。但有人这样立论和这样做，也是无可奈何的事，你能取缔他吗？根据什么去取缔呢？你能保证自己在历史研究中不掺入主观因素、没有"打扮小姑娘"的行为吗？退一步讲，你又如何证明你自己的认识是唯一客观准确的、是历史真实的反映？你能请出历史老爷出庭给你作证吗？! 可能有人会说，你这是相对主义，是不可知论。我的回答，又是又不是。对每一个史家的认识来说，

可能是相对的,又很难说是确知的;但认识的趋向和总和是接近历史的真实,所以不是相对主义和不可知论。当然,增强历史的主体意识,势必导致对历史上各种问题认识的多样化。这种多样化表面看好像损伤了历史的威严,会给历史科学增加非科学的因素,有损历史科学的光彩,甚至会使一些人认为历史学不是科学等。其实,认识的多样化和复杂化不仅是一切科学发展的必由之路,而且多样化从总体上更接近事实的本身。在许多情况下,多样化比单一化更科学。

问:增强历史研究中的主体意识,与通常提倡的"尊重历史""恢复历史的本来面目"有没有矛盾呢?

答:我觉得没有。因为"尊重""恢复"本身首先是一种主体行为。而且为达到"尊重"和"恢复"的目的,必须充分发挥主体意识。历史是复杂的,如果没有价值的选择,"尊重"从何谈起呢?有人可能会说,尊重历史就是求得历史的真实,不应包括价值的判断。那么,请问历史的真实到底是什么呢?不经过史家的主体判断能找到历史的真实吗?对于史实,史家的判断经常出现分歧,很多问题争论不休,例如有无李岩这个人都无法定论。如果史家不发挥主体意识进行创造性的劳动和科学的判断,历史的真实肯定无法找到。可见,就是寻求历史真实这一点看,主体意识就无法去掉。如果要真正达到"尊重"和"恢复"历史的本来面目,史家的主体意识又该是多么重要啊!

四、让历史学使人变得聪明,而不是使人回到过去

问:就目前的史学状况,您认为哪些方面要增加历史研究的主体意识?

答:我想到三点。第一,下苦功夫对史学理论进行研究和探讨。我所指的史学理论是广义的,有历史哲学问题,如历史唯物主义以及其他主义;有具体历史过程的描绘和概括,如社会形态、文化分类等;有历史的辩证发展问题,如历史的矛盾运动、前进和后退等;有史学研究的方法论;有史学流派研究;有历史认识论的钻研,如历史认识的主客观关系等;有史学评论;还有史料编纂的理论和方法,等等。所有这些研究的目的是发挥史家的主体意识功能,既将人们"引进"历史,又使大家"走出"历史,"高出"历史,去能动而较科学地创造历史。对史家来说,特别要从历史的机械反映论中解脱出来,不是传声筒式地记录历史过程,而要高层次、多功能地说明历史、概括历史和创造性地活化

历史,让历史学使人变得聪明,而不是回到过去。要做到这些,必须在理论的研究中发挥史家的主体意识,进行归纳、演绎、抽象,而且还要假设,尤为重要的是,必须开展自由讨论,百家争鸣,发扬理论个性和学术个性。长期以来,我们在史学理论研究中习惯于讲发展规律,这并没有错。但单是讲一种规律,讲来讲去,僵化得令人生厌。"规律"不成规律,束缚和阻碍了历史研究。我觉得规律应该是多元的、多层次的、发展的,允许和鼓励不同角度、不同层次、不同命题的探讨。这样看来不统一了,实际上更接近真理和历史的运动规律。理论也必须在争鸣中求得发展。

第二,增加历史和现实的"对话"。历史学不是让人玩味过去,其目的在于认识现实、了解社会、预测未来。历史的流逝不是戛然而止的,它的许多因素顽强地生活在现实之中;史家认识历史也不是发思古之幽情,而是现实的需要推动他去研究历史,历史学发展的真正动力在现实。这样,史家的主体意识便在上下古今穿梭跳跃。多数史家都在自觉不自觉地做着一项工作,即贯通古今。有时看起来他们的眼睛是注视着过去,实际上他们却在与现实对话。在这一点上,我主张史家要由自发转化到自觉;自觉的人越多,给史学注入的活力就越多。就目前来讲,我们一是要从历史与现实的联系中,提出一系列干预社会生活的历史研究课题;二是根据历史的研究对当前的社会发展做出预测和战略性的设想;三是从历史发展进程中研讨现实生活中人们意识的转化和价值观念的变化,促进现代意识的发展;四是把传播历史知识和开发智能有机地结合起来。

第三,史学研究的课题要随时代而更新。课题不是细枝末节和单纯的技术问题,它关系着史学的社会价值和史学家的使命感问题。选择什么样的课题,史家的主题意识起着决定性的作用。在史家的广袤天地里,可选的课题是极多的。但从史学家应负的历史使命来看,选择通古今之变的课题有着十分重要的意义。

原载《史学情报》,1987 年第 1 期

史家面前无定论

在从事历史研究时,常常在研究之前会浮现出如下一些习惯之论,如"历史早已结论""盖棺论定""已有定论",以及某某机关和权威已做出"结论"或"决议"等。在这些结论面前,许多史学工作者常常把这些作为前提和遵循的准则,对这些历史问题只作顺论,与己见不合,或却步不前,或绕道而行。

针对这种现象,我提出这样一些疑问:在史学家研究之前,应不应该把某些"定论"作为前提呢?如果作为前提,它是建立在什么基础上呢?如果不能作为前提,又如何对待那些确实已存在的"定论""结论"呢?从历史认识上看,这些"结论""定论"处于什么地位呢?等等。

历史的"定论""结论"很多,约略而言,可分为如下几种情况:

一是由法律对某些事件、人物等做出的判决性结论或定论;

二是由会议对某些事件、人物等做出的决议性结论或定论;

三是由权威人物对某些事件、人物等做出的个人判断;

四是公众道德和传统习惯性的所谓"公论"或舆论。

有关这方面的事例举不胜举,作为史学家如何对待这些结论或定论,特别是如何对待社会主义运动中这类历史现象,是个十分复杂而麻烦的问题。在这方面,几乎整个史学界曾有过长期的、惨痛的经验与教训。在这些结论或定论面前,史学工作者不仅失去了主体意识,一切要以此为准,而且还要顺着这个方向广搜材料为这些结论与定论作证,甚至有意无意地阉割、歪曲历史事实顺从或迎合这些结论或定论,其结果导致历史失真,并由此带来一系列荒谬。据有关报道,苏联的历史教科书由于失真而不得不中止历史考试,这种情况在我国同样存在过,而且至今,从理论上还没有解决本文中所提出的问题。当前史学界虽然冲破了许多禁区,过去不能摸不能碰的问题,现在可以摸、可以碰了;过去不能进行异向思考的问题,现在可以进行异向思考了。这是很大的进步,然而时至今日,历史的大门并没有敞开,许多领域仍被封闭,一些史学工作者仍认为某些结论、定论是不可更改的,只能进行顺向注释、解说和论证,把某些结论视为前提、出发点和必须遵循的原则。

历史研究常常会涉及许多与现实生活纠葛在一起的复杂问题,从这个意义上说,对一些问题的研究要慎重,以至做出某种限制也是可以理解的。但是在理论上必须辨清,所谓的"结论""决议""定论"等,是不是史家所必须遵从的前提?我的看法是否定的,道理如次:

首先,历史上的一切,包括所谓的"结论""定论",等等,同史学家的关系只能是认识客体与认识主体的关系,而不是领导与服从的关系,更不是某种硬性规定关系,一句话,两者之间不存在行政化、组织化的关系。认识主体与认识客体之间只能是反映与被反映关系。反映与被反映之间除了应遵循反映规则外,它排斥任何其他原则。认识客体除了作为一种存在外,它对认识主体没有任何约束。认识主体在认识客体面前是能动的"上帝",他除对认识对象负责外,不应接受任何外来的干涉。

反映与被反映的结果最好是一种映象,但是在实际上这一点是很难做到的,且不说客体的复杂性,单是认识主体就是一个无穷的变项体,除了通常所说的立场、观点、方法之外,还有认识结构、情感、价值取向等因素。认识主体的变项性质势必造成认识结果的多样性。那么能不能对认识主体的认识轨迹做出硬性规定,以确保反映的结果是一种真切的映象呢?我个人非常盼望这一天的到来,但到目前为止,人类的智慧远没有达到这一步。在这一点上,我是个悲观主义者,我怀疑这一天能否到来。迄今为止,唯物主义的反映论是最科学的,它虽指明了前进的方向,但对认识主体的变项问题仍束手无策。在这种情况下,我认为认识主体对认识客体的自由认识是唯一有可能接近真切反映的保证。作为认识主体反映的结果,可能人人各异,但认识的总和则毫无疑问会接近认识客体。如果有人硬把作为认识对象的某种"结论""定论"等变为认识主体认识的前提,其结果势必破坏认识主体的自由认识。认识主体失去了自由认识,唯物主义的反映论首先就被破坏了,其结果只能南辕北辙。

过去有一种十分流行的说法:首先做革命者,然后做学者。在很长的时间内,我未加深思地接受了这种观念。现在静下来沉思一下,它的含义究竟是什么呢?对这个问题可以从不同角度去理解,如果与本文所谈问题联系在一起,这种提法就很值得再思了。我认为,学者,作为认识主体,没有什么比自由认识更神圣了,任何东西都不宜凌驾在它之上,否则认识就会受到扭曲。首先做革命者,而后做学者的提法对科学认识的发展不但无补,还常常使认识降为政治的婢女或低劣的工具,其结果,既有损于认识,又对科学的政治有害。

这样讲,是不是学者、史学家不能与某种"结论""定论"相一致呢?当然不是。不过这种一致只能是研究的结果,而不是出发点。

其次,历史在其发展过程中,常常是诸种因素的重新组合,这种组合会赋予某些"定论""结论"和"决议"以新的意义,从而导致对它们的重新认识。

历史不可逆转决定了历史事件、人物行为、定论的确定性。然而许多事件、人物行为、言论等又不是随历史翻开新的一页而消失,它们常常作为某种遗存而加入到新的历史行列中去,表现出新的意义,或者说,在历史发展的全过程中才能充分展现它的意义。比如秦始皇修万里长城,作为秦始皇的活动与决定,随秦始皇去世而结束。但是修长城是中原农耕为主的汉族(当时称华夏)与草原游牧族之间矛盾的一种产物。这一矛盾存在,长城问题就总有它的意义。所以伴随着塞北与塞南民族矛盾,秦始皇修长城问题一直是人们议论的一个题目。近代的洋务运动在很长一段时期内,人们都遵循着一条基本否定的认识路线去看待。但是中国走向开放的新历史,又唤起人们重新去认识近百年前那一次特定环境下的开放活动。"文化大革命"已经结束了十年,中国的历史已经翻开了新的一页,但谁都无法否认,"文革"的遗存还与我们的生活纠缠难分。总之,较为重要的事件人物等的作用与意义,需要经过相当长的时间才能充分完整地表现出来。

与上述情况不同的是,许多有关历史事物的"决议""结论""定论"等,不是基于历史的评价,而是基于现实的某种迫切的政治、经济需要而做出的,一般说来,是由政治家们决定的。政治家活动的一个重要特点就是临事而断。如果他们不对某些急迫的问题适时做出结论、决断和处理,局势就无法驾驭和控制。在这里利益可能高于一切,道德呀,公正呀,合理呀,等等,只能退避三舍。高明政治家的决断,一般经得住历史的检验,低劣的政治家则可能立即遭到历史的惩罚。正是在这一点上,显示了政治家们的高低之分。

历史常常开人们的玩笑。由于种种原因,某些"决议""结论""定论"一时间靡然向风,受到多数人的支持和拥护,似乎与历史的发展相符合,获得了历史的通行证;反之,对"决议""结论"等持不同见解的人则遭到批判、孤立,似乎被历史抛弃。一时间似乎各自都被置于稳定的历史位置。然而历史却是这样的无情,随着时转运迁,曾被多数人接受拥护的"决议""结论",越来越成为历史发展的障碍；一时被批判、受孤立的少数人的主张却显示了强大的生命力。现在多数人才清醒过来，在农业合作化中被批判的"小脚女人"，恰恰是站得住脚的历史硬汉。

既然许多历史事件和人物的作为包括所谓的"决议""结论"，在历史的发展中不断与新的历史条件重新组合，展现新的意义，那么，"决议""结论"等怎么能成为历史学研究的出发点或必须遵从的原则呢？

政治家们要求人们，包括史学家，遵从"决议""结论"之类，是合乎政治家的秉性与政治的功能的。但是作为史家的独立研究与自主认识，他完全有权拒绝政治家的这种要求。在这个问题上，求同存异、平等对话是唯一合理的方式。我们应尊重这样的事实：在不同的领域，有不同的主宰。比如，在政治领域，可能是某个机关或某位首脑出任主宰；在认识领域，特别是在研究领域，认识主体就是主宰。主宰多元化比主宰一元化是历史的进步！

我这里说某些"决议""结论"的一时的利益性，绝不是贬义，而是指当时对于历史全过程而表现出来的局限性。这种局限性是任何人都无法避免的，当然有高低之分。史学家对这些说三道四，似乎很高明，但多半是事后诸葛亮；如果把他放在当事者的地位，可能更蹩脚。不过绝不能因此而不准史学家说三道四。史学家所做的不是处理实际事务，而是鉴往知今和文化建设，这是提高整个民族和人类素质所不可缺少的。换句话说，这叫作分工不同、所司不一。

这里附带说一句分工问题。我们天天讲社会分工、劳动分工。但是我们又常常缺乏真正的分工意识和相应的行为准则。在很长时期内，强调的是认识一元化，不承认认识上的分工，要求所有的认识统一和服务于一种规定性的认识，或用一种认识统辖一切认识。其结果只能是僵化、教条，甚至引出造伪。我认为应该切切实实承认在认识上没有什么人掌握了一通百通的"一"。世界上根本不存在一通百通。过去搞的一通百通是借权力实现的，这种情况无论如何要改变。关于这个问题我将另文讨论。

第三，价值标准的变化也会引起不同的评价。有关历史的"结论""决议""定论"等，不仅仅是价值判断，但无可否认，其中也包含着某种价值判断。关于历史认识中的价值问题，我曾与张国刚同志写过一篇专文讨论①，这里从略。价值问题的一项重要内容是主、客观的复杂结合。简单地说，讨论价值问

---

① 《世界历史》，1986 年第 12 期。

题首先需要确定价值标准。价值标准有许多,对历史事件、人物做"决议""结论",与历史学家研究这些问题,对价值标准的选择可能是不一样的。标准不同,认识就不可能相同;即使是同一个标准,由于对形势、程度的估计不同,也会得出不同的认识。远的不要说,新中国成立以后,围绕着以阶级斗争为主,还是以发展社会生产力为主,就有数不清的争论与相应的"决议""结论"等。至今这个问题也还没有解决,还在争论。

价值问题具有非常明显的主观性,也可以说有很大的随意性。这是谁也没有办法避免的。有些人标榜完全的客观主义,摒弃价值论,其实,他们所谓的纯客观主义恰恰也是一种价值论。价值问题是人的社会化活动的一部分,反过来说,只要是社会化的人,参与社会的交往,就不可能消除价值关系。道家讲的"无",佛家讲的"空",似乎抛弃了一切。然而在社会交往中这正是一个价值项。

我强调价值的主观性、随意性及其不可避免地存在于人的活动之中,无非是要说明关于历史的任何权威性的"结论""决议"都是相对的,都是可以重新认识的,可以重新评价的。

基于上述三点理由,我认为在历史家的面前,没有任何必须接受的和必须遵循的,并作为当然出发点的"结论"与"定论"。我的这篇短文只是想从理论上说明这个问题。至于在实际上人们怎样安排自己,完全有自己的自由。有人愿意把某种"决议""结论"作为自己研究的前提,不仅无可厚非,还应受到一视同仁的尊重。

有人可能会问:不遵循权威性结论,岂不众说纷纭、莫衷一是?对,从认识规律上看,众说纷纭,莫衷一是,是认识的常态。反之,舆论一律,认识一致,则是变态,前者是认识的自然表现,后者则是权力支配与强制的结果。求"一是"的思想和心态,说明自己还不是认识的主体或主体意识还很淡薄,还没有从中世纪中走出来,程度不同地存在着贾桂气。

众说纷纭是把认识推向深入的唯一之路,它的总和更接近真理。如果有那么一个人穷尽了一切真理,其他人不必动脑子,只要听唱就行,那自然省了很多事。然而,上帝至今还没造就出这样一个人,似乎永远也不会创造出这样的人。当然,历史上并不是没有人想充当这样的角色,其结果几乎都没有推进真理,大凡都适得其反。诚可哀痛!

原载《书林》,1988 年第 12 期

史学发展蠡测

今后史学的发展，我认为已由有组织的规划时期进入多元自由竞争时期，在学术竞争中可望出现不同的流派和不同的风格。

近几年所谓的"史学危机"，并不表示史学本身价值的下降。只要有人类存在，史学永远是其文化伴侣。如果说"危机"，只能说新的突破即将来临。如何突破，人们都在思索。这里我仅作几点。

第一，开展当代史的研究是牵动整个史学步入新阶段的火车头。有人说，当代史是人们所熟悉的，用不着研究。然而，熟悉的或有过经验的，同史学是两个不同层次的东西。史学作为一种认识，是经过史学家特殊劳动之后的产品，当代史也必须经过史家的再认识才能呈现在人们的面前。

当代史与人们的生存休戚相关，有着广泛的群众基础和社会需要。我们不能忽视这一点。一个学科缺少或没有它生存的群众基础和社会需要，或离它太远，注定要走向萎缩。多年来，我们的史学队伍因种种原因没能在当代史上用功夫，是值得反思的一个重大问题。

现代以前的历史，社会进步是极为缓慢的，现实与过去差别不太大，所以能察古知今。然而现代社会，特别是当代，几十年，甚至十几年就会发生重大变化，"察古知今"基本上不中用了，必须察今而后知今。

对当代史研究的深度与广度，是史学现代化的重要标志，甚至也是国家政治民主化程度的指示器。有些人在法律规定之外干涉当代史的研究是毫无道理的。史学家有理由拒绝这种干涉。

第二，开展与当代社会重大问题相关的历史研究。简言之，面对现实，反顾历史。无论从世界看，还是从我国看，都面临着许多重大课题有待解决，如战争与和平，进步与公正，阶级与调和，革命与改革，文明与野蛮，道德与强制，文化交流与冲突，社会主义发展与分化，等等。为解决这些问题，首先需要了解它，而历史的考察则是绝对不可缺少的，史学家对此是责无旁贷的。

有一种看法,历史同现实一挂钩,似乎有损历史学的圣光,这实在是一种偏见。史学家不能离开人间烟火,为什么要把与人间烟火有密切关系的历史研究视为庸俗呢?关系到整个民族,乃至人类命运的重大问题,史学家能袖手旁观吗?不能!这类问题的研究绝不是唯一的,但必须视为正当的,同样可以具有很高的学术性。

我们许多同志呼吁进行多学科交叉研究,在我看来,交叉研究不仅仅是一个方法论问题,它与研究对象也有极为密切的关系,而面对现实,反顾历史的问题,几乎无一例外都需要吸收其他学科的成就与方法。

远离现实社会问题的研究不是不需要,但如果整个学科都有这种倾向,那么它一定会受到社会的冷遇,对此史学家应该反省,而不应抱怨社会,或谁人不重视等。史学应当用自己的方式拥抱社会!

面对现实,反顾历史,可能有人搞什么"实用主义",以现实改铸历史之类的事。其实翻开史学史,这类现象何时何代不存在?出现了这类现象,进行争鸣就是了。其实说白了,以最客观自举者,何尝没有实用主义之类的现象呢?

第三,进行高层次的综合研究,现在新学科的发展有瓜分历史学的趋势,每出现一个新学科,大致都会相应出现一个专门史。这种现象不是表明历史学没落,恰恰说明历史学是一切学科的基础之一,说明了历史学的重要。现在的问题是,历史学不能眼睁睁看着被别的学科瓜分而叹息,而应视为历史学的发展获得了新的基础,面对这种情况,历史学必须进行更高层次的综合研究,更深入更全面地找出历史发展的机制。

最后说明一点,我不排斥任何传统方式与传统选题。竞争吧,在竞争中各自会表明自己的价值,会找到自己的地位。

原载《光明日报》,1988 年 4 月 20 日

思想自由与争鸣——战国百家争鸣的启示

思想自由,百家争鸣,认识深化,三者之间既是互为条件、互为因果、互相促进的关系,又是递进关系。有思想自由而有百家争鸣,有百家争鸣而有认识深化。认识深化程度是人类智慧和文明发展的重要标志。

在中国的历史上,三者形成良性循环的时代是不多见的,战国时代诸子百家自由争鸣,可谓最值得称道,本文仅就这个问题谈几点历史的启示:

认识主体人格独立

认识主体人格的独立与自主,是进行独立思考的前提,能进行独立自由的思考才可能有百家争鸣。因此可以说,认识主体人格独立自主的程度决定着思维自由的程度,也决定了百家争鸣和范围与深度。反过来则可以说,思想自由的程度又是认识主体人格独立自主的重要标志。

战国时期不是所有的人都普遍获得了人格相对独立和思考自由的机会,获得这种机会与条件的只有"士人"。他们虽然数量不大,但却震动了整个社会。

战国时期,当权者与士的关系一般不是主仆关系,相当多的是主客关系。主仆与主客关系是一个很重要的区别。主仆关系具有隶属性,主客关系则不然,客对于主有其相对的自主性和独立性,两者的关系有某种平等性。所谓"分庭抗礼",原意就是指君主和士发生关系时,取消君主之礼,而行主客之礼,表现为君与士之间的相对平等关系。当时社会上一个特点,就是尊士之风甚盛。"礼贤下士"便是当时尊士风气的一个侧面。

我们来看一则材料。《史记·孟尝君列传》曰:"孟尝君曾待客夜食,有一人蔽火光。客怒,以饭不等,辍食辞去。孟尝君起,自持其饭比之。客惭,自刭。士以此多归孟尝君。"作为一个群体而在社会上有如此的地位,这在中国历史上是绝无仅有的。

造成认识主体相对独立性的一个外在因素，是当时多种政权并存的局面。这种局面造成了士的流动性，东家不要到西家。当时的一些著名人物，如吴起、孟轲、苏秦等，都在几个国家做过事。"朝秦暮楚"是当时社会的一个写照。对于战国社会而言，朝秦暮楚是人格自由的表现，士人有选择的自由。

　　主体独立是认识自由的前提，一个人如果连自身的自主性都没有，何谈认识的自主性。认识没有自主性，就谈不上争鸣。战国时代百家争鸣的形成，恰恰就在于战国时代出现了这么一个环境，形成了一批相对自主的士人。这可以说是战国时代百家争鸣的历史前提和逻辑前提。

一切可以作为认识对象

　　在历史进程中，认识主体与认识对象之间，并不是自由地反映与被反映的关系。更多时候，认识主体是被限制的，不准去自由进行认识；认识客体因种种原因被分割，某些领域和对象不准去认识。而战国时期的认识却几乎是全方位开放，一切都可以置于认识对象之中。

　　从道理上讲，言论自由不能以统治者允许的范围为界限，而应以认识对象自由认识为标志。战国时期，人们可以用理性判断各种问题，上天是怎么回事，是神吗？天子，君主是怎样产生的？什么样的君主才是合理的？总之，似乎没有什么不可以去认识的问题。

　　在各种认识对象中，最难认识的要属君主了，但历史毕竟提供了对君主重新认识的机会。庄子从他的理论逻辑推导出，君主是大盗。孟子批评当时的君主们是率兽食人之辈，点名批评梁惠王"不仁"。荀子从他的理论出发，认为当时的君主都不合格，等等。这些批评虽然不讨君主的喜欢，但君主们也没有动刀问罪。

　　一切认识对象都可以认识，才可能使认识趋向完整和深入，否则会使认识变成残缺不全的畸形物。

在认识对象面前认识主体平等

　　一切可以作为认识对象对思想解放意义十分重大，但是它仍然可以被局限在少数人范围内。曹刿对鲁公进谏论战时曾谈到这种现象。曹刿的出身可能较贫贱，在当时一般人的观念中，不要说上帝，君主这种圣物一般人无权认识,就是国家政务也只有权贵才能发表意见。当曹刿向鲁公言兵事时,有人劝阻说:"肉食者谋之,又何间焉?"①肉食者指贵族,只有贵族才能参与国事,下层人是无资格发表意见的。孔子也反对在认识对象面前认识主体平等,他说的"非礼勿视,非礼勿言,非礼勿听,非礼勿动",就是用礼限制人们的认识自由,而他讲的"民可使由之,不可使知之",则更明确地宣布取消民的认识权。从人的本性上,孔子曾把人分为"上圣""中人"与"下愚"。"中人以上,可以语上;中人以下,不可以语上也。"②这里虽主要是讲教育,实际上把"中人"以下的人都排斥在认识主体之外,在认识对象面前自然也谈不上什么认识平等。

先秦诸子也把人分为圣人、贤人、智者与凡人、愚者、贱者两大层次,后者既谈不上认识的权利,也没有认识的能力。墨子认为一切道理只能从贵者、贤者、慧者出;贫者,贱者只能扮演听从者的角色。孟子把人分为劳心者与劳力者,自然劳力者是谈不上什么认识的。荀子同样夸大了圣人、君子在认识中的地位与作用。

不过在论到士时,不少思想家都提出,士应该无所顾忌地去认识一切,事实上许多士人也放开胆量去谈天说地、论人。孟子形容当时情况是:"圣王不作,诸侯放恣,处士横议,杨朱墨翟之言盈天下。"③ "横议"说明士人讨论的问题是无所顾忌的。《庄子·天下》说宋钘、尹文之辈"不忘天下,日夜不休"。也就是说,这帮人不在其位,而要谋其政,孤身孑影却要关心天下事。《天下》篇的作者于是得出结论说,这帮人"图傲乎救世之士哉"!《吕氏春秋·博志》载:"孔、墨、宁越,皆布衣之士也,虑于天下,以为无若先王之术者,故日夜学之。"这也是说,不在其位,而谋其道。《淮南子·俶真训》说:"周室衰而王道废,儒、墨乃始列道而议,分徒而讼。于是博学以疑(按,王引之云:'疑读曰凝。')圣,华诬以胁众,弦歌鼓舞,缘饰诗书,以买名誉于天下。"儒、墨之徒,以道自持,藐视成说,博学广议,招收生徒。圣人在哪里?圣人就在我的笔下!横议,只有横议,才能开拓认识的新领域,把认识推向新高峰!

从战国百家争鸣的实际情况看,争鸣者在认识对象面前可以自由认识和自由选择,从而促进了认识的深化。

---

①《左传》庄公十年。

②《论语·雍也》。

③《孟子·滕文公下》。

权与理相对二元化

权力和认识之间的关系问题,是人类历史中一个十分麻烦的问题。以前权力的中心是处理利害关系,认识则重在讨论是非价值问题。然而利害与是非价值经常交织在一起,常常会出现权力干预认识或认识评论权力得失等现象。这样,权力与认识之间就会发生矛盾、冲突。权力膨胀和强化大多要设法对认识加以控制和干预,甚至把认识禁锢在一定范围之内,不得越雷池一步;如果认识一旦触犯权力的规定,掌权者就会施以淫威。这一点从周厉王利用卫巫监谤可以得到很好的说明。

春秋以降,随着周天子的衰落,诸侯林立,互相竞争和争夺,逐渐形成舆论开放的局面。

儒家力求道与王的统一,在道与王发生矛盾时,主张从道不从君,道高于君。道家崇尚自然之"道",帝王则是等而下之者。《老子》虽然把王看为宇宙四大之一,同时又提出:"王法地,地法天,天法道,道法自然。"①王是被道、自然制约的。《老子》以道为根本,王只有从道才可安位。这样,在认识上就把君主与道分为二元,并且道高于君。法家在倡导君主专制上可谓诸子之冠。即使如此,他们也依照法家的理论原则对君主进行了品分。《管子·形势解》说:"明主之务,务在行道,不顾小物。"所谓道,即治国方略。墨子的重要主张之一是"尚同",即"天子之所是,必亦是之;天子之所非,必亦非之"②。即便如此,天子与理论仍属二元结构。在墨子看来,君主、天子都必须实行墨家的主张,否则便属暴主。

权力与道理二元化的观点并不是所有君主都愿意接受的,更不愿意在实践上付诸实现。但是在当时的智能竞争中,为了招揽人才,有些君主或主动或被动地在一定程度上接受了这种事实。他们把权力与道理分别为二。战国初年,魏文侯是力图大业、求改革和善招纳人才的君主。当时有位名士叫段干木,魏文侯再三延聘,委以高位,均遭段干木拒绝。魏文侯每次从段干木门前过,均"轼之"。轼,伏轼,装在车前面的横木。"轼之"是一种礼节,伏住车轼,目视马尾,表示敬意。魏文侯的仆人(驾车者)问:"君胡为轼?"魏文侯答道:"段

---

① 《道德经·第二十五章》。
② 《墨子·尚同中》。

干木不趋势利,怀君子之道……段干木光(广)于德,寡人光于势;段干木富于义,寡人富于财。势不若德尊,财不若义高。"①魏文侯把权势、财富与道义,认识分为二元。前者掌握在君主之手,后者则可能为士人之长,是君主所不及之处。掌握权势的君主如果没有这种认识,就不可能起用贤人,也不会虚心听取臣下之见。

孔子之孙子思是当时的著名知识分子之一。鲁缪公有一次问子思,"古千乘之国以友士,何如"?大意是,古代具有千乘兵车的国君若同士人交朋友,是怎样的呢?子思听后很不高兴地说:"古之人有言曰,事之云乎,岂曰友之云乎?"大意是,古代人的话,是说国君以士为师吧,怎样能说与士人交朋友呢?孟子借此事发挥道:"以位,则子,君也;我,臣也;何敢与君友也?以德,则子事我者也,奚可以与我友?"大意是,论地位,你是君主,我是臣下,我哪敢同你交朋友?论道德,你应该向我学习,以我为师,怎样可以同我交朋友?子思、孟子在这里都强调了权势与道义的二元关系。

《战国策·齐策》记载齐宣王与颜斶的一次辩论,可作为权势与道义二元化的又一例证。齐宣王与颜斶相见,齐宣王说:"斶前!"(你过来!)斶说:"王前!"齐宣王很不高兴。左右大臣说:"王,人君也;斶,人臣也。"颜斶与王对呼是无礼的。颜斶答道:"夫斶前为慕势,王前为趋士。与使斶为趋势,不如使王为趋士。"齐宣王愤然作色曰:"王者贵乎?士贵乎?"于是围绕王贵、士贵,齐宣王与颜斶展开了一场面对面的争论。颜斶纵论古今,阐述了王固然拥有权势,但如果没有士人的辅佐和谋略的指导,多半要归于失败。齐宣王最后折服,说道:"嗟乎!君子焉可侮哉,寡人自取病耳!"当即表示愿拜颜斶为师。

关于王与士谁尊贵的争论,实质上是关于权势与道义、认识何者为贵的争论。从战国历史上看,许多君主并不接受权力与认识二元论或把认识置于权势之上的见解,但也有一部分君主接受了这种看法,在行动上则表现为尊士、尊师、尊理。

权力与认识的二元化,对君主的权威和政治的运行可能带来麻烦甚至困难。如果当权者对两者的关系处理得好,对实际政治是绝对有益无害的。战国时期那些有作为、图改革的君主,大抵都是敞开言路,尊重知识分子的。

权力与认识二元化对认识向深广方面发展是绝对不可缺少的。由于战国

---

① 《淮南子·修务训》。

298

时期存在着权力与认识二元化的条件与社会气氛,对百家争鸣的发展与深入提供了比较好的环境,也可以说,这是百家争鸣得以开展的前提条件。

没有必须遵从的权威

认识发展的动力之一,是不同观点与见解之间的相激,即挑战和应战。认识领域不存在人不犯我,我不犯人的局面。认识的天性之一就是"犯他性"。犯他而后才能有新见。犯他不可避免的要有"破"。"破"与"立"是一个相反而相成的过程。先秦诸子之间既有公开的对阵、指斥、无限上纲,又有娓娓细语的辨析。有的针对整个学派,有的则仅针对个别论点。在争鸣中并不都是壁垒分明,常常是你中有我,我中有你。因人废言者有之,弃取并行者亦有之;有的学派意识很强,有的则全然把学派抛到一边。总之,在争鸣中没有裁判员,自己就是认识的上帝。

战国诸子相激到什么程度,可以从如下两方面考察:

第一,没有任何一个论题是神圣不可批判的。不管哪种论题都没有获得人人共尊的地位。任何理论都是可以讨论的;信仰者有之,但都不是必须的和规定的。儒家对仁和礼尽管有不同解释,但都又把仁、礼作为自己的旗帜。可是在道家看来,仁与礼是造成人世祸害的根源。仁、礼与"道"是对立的,是破坏"道"的恶果。《庄子》认为,仁礼这类东西不属于人的自然本性,是那些好事的"圣人"(非道家所称的圣人)制造出来的。仁、礼之兴造成了一系列的恶果,它既是人的桎梏,又引起人互相猜忌。带着桎梏而又互相猜忌,既可怜,又可悲,更可恶。以至作者发出这样的谴责:"虎狼,仁也。"①法家中的某些人是有限地主张仁、礼的,但也有人把仁、礼比作虱子蠹虫,而主张加以灭绝。总之,在战国,找不到哪一种理论或论点是不可以再认识,不可以讨论,不可以批判的。

第二,没有不受到批判的权威。在争鸣中形成了流派,也出现了权威。孔子之于儒家,老子之于道家,墨子之于墨家,李悝之于法家,几乎均处于权威和圣人的地位,孔子和老子甚至还有点神味。这些权威是人们选择的结果,而不是行政或宗教性的规定。如果越出派别,这些人就完全变成可以讨论和批判的对象。《庄子·盗跖》的作者把孔子视为"伪巧人",对孔子进行了全盘否定

---

① 《庄子·天运》。

和批判。孟子除对墨子、杨朱的学说进行批判外,还斥之为"禽兽"理论家。

诸子互相激烈的争论中把认识推向一个又一个高峰。从战国百家争鸣中可以看到,在理论上互相批驳,指名道姓,甚至人身攻击都是常见的现象。争鸣只要深入,这类现象是不可避免的。从总体看,只要不借助理论以外的武器,这种形式对认识的深化也还是有益的。

以上五方面,是战国百家争鸣的条件和自由度的标志,同时也是对我们今天百家争鸣最富有启示的地方。

在开展百家争鸣问题上,我们的教训很多,很值得总结。我认为只从政治上"反左""反右"着眼总结经验教训是不够的。百家争鸣是一种认识运动,我们应从认识规律上来探讨它内在的机制和正常运行的条件。

原载《开放时代》,1989 年第 4 期

历史研究应关注现实

　　一个学科的产生、发展、繁荣或曲折、衰落,固然是受诸多社会条件以及学科内在原因制约的,但是,对一个学科的生命力具有决定意义的,是社会的需要和该学科对社会需要满足的程度。如果社会没有相应的需要,或者某个学科远离社会的需要,那么该学科是注定要走向困境乃至衰落的。历史学的内容极其丰富,也有不同领域和层次,史学家可以任意选择。但历史学的重要功能之一,应该是通古今之变,关切民族与人类的命运。

　　历史学号称是以研究历史发展规律为己任的,但扪心自问,我们史学界究竟提出了哪些与当今人类、与我国现实生活相关的"规律"或"规律性的理论"呢?讨论昨天与前天的规律无疑对认识今天具有重要意义,但如果只限于昨天与前天,所谓的规律就不免苍白无力。人都是现实的人,是生活在今天的人。如果史学所讲的规律与人们生活的现实无关或者间接而又间接,那么,这些"规律"是不会引起人们的兴趣与注意的,这是最简单不过的道理。老实说,如果不能把规律性的认识贯通到现实社会,而仅限于过去,虽然我们不能忽视它的科学意义,但在很大程度上只能是些文化性的知识开发和积累。如果史学要以研究社会规律为己任,那么就必须关注人间烟火。所谓的规律,应该程度不同地伸向现实社会生活。迄今为止,史学家们所讲的"规律",很少是自己的发现,多半讲的是与现实生活无关或关系很少的规律。一句话,缺乏独创性,缺乏实用性。

　　在现今人们所关注的时代的声音中,有多少是从我们史学家队伍中发出来的?我们的民族向何处去?人类的命运如何?按说,这些问题,没有历史学家的关心、参与和探讨,是难以深切了解和把握的。遗憾的是,大部分史学工作者对于这类问题还是袖手旁观或无动于衷的。出现这种情况的原因固然是多方面的,况且我也绝不是说要所有的史学工作者都来从事这方面的工作,因为作为一个独立的科研工作者有权安排自己的研究领域,任何人无权干涉。但是，在整个史学界，如果大多数人都对现实漠不关心，那么史学不遭到时代与社会的冷遇反倒显得有些奇怪了。平心而论，史学不关心时代，有什么理由要时代关注自己呢？史学家应当以自己的智慧、见解与时代的需要进行平等的交换。历史学研究的内容不涉及或很少涉及当代，而当代所提出的问题史学又很少关心，这样的史学不能不走向"困境"，陷入"危机"。

关注现实与满足当代社会需要的史学研究，是历史学的龙头，其他都不过是龙身。如果龙头抬不起来，龙身就只能在水中拖曳。就目前史学现状看，不是说龙身过大，而是龙首小而弱，难以带动整个史学的腾飞。据我的大致了解，在我国史学研究的队伍中，从事当代史以及对社会重大问题做历史研究的人是很少的，而在这支很小的队伍中，能够大胆地触及一些社会敏感问题的，又是微乎其微。史学家疏远了现实，相应地，现实也疏远了史学。这一点是最需要我们史学工作者深刻反省的。近几年的所谓"史学危机"，并不是表示史学本身价值的下降。只要有人类存在，历史学就永远是它的伴侣。如果说有"危机"存在的话，那只能说旧的已经失去生命力，而新的突破即将来临。我以为，开展与人类和民族命运相关课题的研究，是历史学摆脱危机、走向复兴的重要途径。

开展当代史的研究，是牵动整个史学界步入新阶段的火车头。有人说，当代史是人们熟悉的，用不着研究。然而，熟悉的或有过经验的，同史学是两个不同层次的东西。史学作为一种认识，是史学家经过特殊劳动之后的产品，当代史也必须经过史学家的再认识才能呈现在人们面前。当代史与人们的生存休戚相关，有广泛的群众基础和社会需要。现代以前的历史，社会进步是较为缓慢的，现实与历史差别不大，所以能察古知今。然而现代社会，尤其是当代，几十年，甚至十几年就会发生重大变化，"察古知今"基本上不中用了，必须察今而后知今！甚至可以这么说，当代史研究的深度和广度，是史学现代化的重要标志。

历史研究应面对现实，反顾历史。无论从世界看还是从我国看，都面临着许多重大课题有待解决，如社会主义与资本主义的关系，战争与和平，进步与公正，阶级与调和，革命与改革，文明与野蛮，道德与强制，文化交流与冲突，社会主义发展与多元化，等等。为解决这些问题，首先需要了解它，而历史考察则是绝对不可少的，史学家对此责无旁贷。

有一种看法认为，历史同现实一挂钩，似乎有损历史学的圣光，这实在是一种偏见。史学家不能离开人间烟火,为什么要把与人间烟火有密切关系的历史研究视为庸俗呢?关系到整个民族,乃至人类命运的大事,史学家绝不应该袖手旁观。当然,这类问题的研究绝不是唯一的,但必须视为正当的,同样具有很高的学术价值。

原载《人民日报》,1998 年 6 月 6 日第 5 版

分层研究社会形态兼论阶级－共同体综合分析*

关于中国历史社会形态问题,几十年来大多是围绕着一个"定式"做些"加减"性的讨论。近年来有跳出"定式"的萌动。然而就我而言,尚未想从"定式"中完全跳出去,只想多少做些调整或修正。具体而言,就是分层次地把握社会形态。我认为有三个层次的问题:其一是基础性的社会关系形态问题;其二是社会控制与运行机制形态问题;其三是社会意识形态与范式问题。这三者既有联系又有区别。

1.关于基础性的社会关系形态问题,我依然认为运用马克思主义有关生产力与生产关系的理论所勾勒出的社会关系,从总体上看最贴近历史,或者说解释力最强。把某一段历史时期是否概括为"奴隶社会"以及中国历史上是否有"奴隶社会"并不重要,过去把它视为一个与马克思主义命运攸关的大事,实在是小题大作。同样,用不用"封建社会"来概括周秦以后的历史也并不重要。重要的是用以分析社会关系的基本理论和方法是否依然有效?时下有这样与那样的新方法和新理论,面对着奴隶主与奴隶、地主与佃农以及人身占有、支配与被占有、被支配这些基本的社会关系,或轻描淡写,或只描述而不分析,显然是不可取的。如果进行分析,我认为唯物史观在揭示和解释这种关系时最为有力。

基础性的社会关系即阶级关系,之外还有其他各种社会关系。是否可以这样说,社会关系大体可分为两大类:一类是基础性的阶级关系;另一类是"社会共同体",它比阶级关系更复杂,其中既有阶级关系的内容,又超越阶级关系。共同体小到一个家庭,大至民族、国家。基础性的阶级关系是其他社会关系的基础,起着制约作用,但其他社会关系又有其存在的依据,不能全进入阶级关系之中。据此,是否可以设想一种阶级-共同体分析方法?

---

* 原题目为《分层研究社会形态兼论王权支配社会》。

我仍然相信，基础性的社会关系是由社会生产力的发展状况决定的，进而讲生产方式决定着社会的基本面貌。

2. 马克思在说到法国中世纪的特点时，曾说过这样一句话：行政权力支配社会。这句话对我认识中国传统社会具有提纲挈领的指导意义。我稍加变通，把"行政权力"变成"王权"二字。我认为中国传统社会的最大特点是"王权支配社会"。与"王权"意义相同的还有"君权""皇权""封建君主专制"等。王权支配社会不限于说明政治的作用，而是进一步把它视为一种社会体系和结构。

在社会生产力发展缓慢的历史时期，在生产力还没有突破现有的社会关系以前，社会的运动主要受日常社会利益关系矛盾的驱动。这里所说的"日常社会利益"是指形成利益的基础性的社会关系没有什么大的变化，利益的内容大体相同，利益分配和占有方式也大体相同。社会利益问题无疑有许多内容，但主要的还是经济利益。在长达数千年的中国传统社会中，经济利益问题主要不是通过经济方式来解决，而是通过政治方式或强力方式来解决的。这样，政治权力就走到历史舞台的中心，并在相当长的时期内成为社会控制和运动的主角。

中国从有文字记载开始，即有一个最显赫的利益集团，这就是以王—贵族为中心的利益集团，以后则发展为帝王—贵族、官僚集团。这个集团的成员在不停地变动，结构却又十分稳定，正是这个集团控制着社会。这是一个无可怀疑的事实，我的问题就是以此为依据而提出的。

这种王权是基于社会经济又超乎社会经济的一种特殊存在，是社会经济运动中非经济方式吞噬经济的产物。以王权为中心的权力系统有如下几个特点：一、一切权力机构都是王的办事机构或派出机构，不存在一些人所说的"分权"制。二、王的权力是至上的，王的权位是终生的和世袭的，没有任何有效的、有程序的"制衡"，更不存在"制衡"制度。三、王的权力是无限的，在时间上是永久的，在空间上是无边的。在社会诸种权力中，王权是最高的权力；在日常的社会运转中，王权起着枢纽作用。四、王是全能的，统天、地、人为一体，所谓大一统是也。

这种以武力为基础形成的王权统治的社会就总体而言，不是经济力量决定着权力分配，而是权力分配决定着社会经济分配，社会经济关系的主体是权力分配与占有的产物。在王权形成的过程中，同时也形成相应的社会结构体系。王权无须经过任何中介，直接凭借强力便可以拥有与支配"天下"。在那个时代，政治统治权和对土地与人民的最高占有、支配权是混合在一起的。也

305

可这样说,对土地和人身都是混合性的多级所有,王则居于所有权力之巅。因此权力的组合与分配过程,同时也是社会财产、社会地位的组合与分配过程。王权-贵族、官僚关系既是政治系统,又是社会结构系统、社会利益系统,这个系统及其成员主要通过权力或强力控制、占有、支配大部分土地、人民和社会财富。土地集中的方式,主要不是"地租地产化",而是"权力地产化"。这个系统在社会整个结构系统中居于主要地位,其他系统都受它的支配和制约。

3.在意识形态方面,王权主义是整个思想文化的核心。作为观念的王权主义最主要的就是王尊和臣卑的理论与社会意识。

天、道、圣、王合一,简称"四合一",置王于绝对之尊。"四合一"把王神化、绝对化、本体化,把王与理性、规律一体化,把王与道德一体化,把理想寄希望于王。尽管人们以此为依据对许多具体的君主进行了批评、甚至鞭挞,可是归结点依然是王权和"王制"。只要没有超出这个大框框,也就说明还没有走出王权主义。这不是苛求古人,而是要说明这种思想文化范式决定了越是寄希望于圣王,就越难摆脱现实的王。

与王尊相应的是臣卑的理论和观念。臣民卑贱是天秩所决定的。所谓天秩指的是宇宙的结构或万物秩序之类的事物关系。在各式各样的结构和秩序中,君主都处于至尊至上之位,臣民与君主相对而处于卑下之位。千姿百态的阴阳论无一例外地把君主置于阳位,把臣民置于阴位,这成为天秩、命定、必然。臣民在社会与历史上只能为子民、为辅、为奴、为犬马、为爪牙、为工具。"主者,人之所仰而生也。""为人臣者,仰生于上也。"君主是天下人的衣食父母,生养万民。既然臣民是被君主恩赐才能生存的下物,那么属于君主自然是理中之事。社会硬件(权力、等级等)对君臣主奴地位规定无疑具有强制的性质,而成俗的主权观念则使人变为自觉的臣仆。从这个意义上说,成俗的政治文化对人的规范作用更为突出。面对着君主的圣明,臣下在文化观念和心理上深深存在着一种错感和罪感意识。进谏固然包含着对君主批评,然而这种批评在观念上又是一种错误和罪过,于是在臣下的上疏中,常常有这样一些语句,诸如"昧死以言""臣某诚惶诚恐,顿首顿首""兢惶无措""彷徨阙庭,伏待斧锧"等。这绝不是空洞的客套语和形式主义,而是社会定位与文化认定。

王权崇拜是整个思想文化的核心,而"王道"则是社会理性、道德、正义、公正的体现。我们祖先的理想就是"王道乐土"!

原载《历史研究》,2000 年第 2 期

中国近代史要再认识
——纪念严范孙、张伯苓诞辰学术讨论会致词

朋友们、同志们：

我们的校长已经致了欢迎词，我们这里只就本次会的学术讨论问题再说几句。

严修先生与张伯苓先生是南开学校的创始人，但在这一段历史时期，他们几乎遭到了扫地出门的厄运。直到 20 世纪 80 年代初，两位老先生才逐步恢复了他们在南开历史上的正位。两位老先生被冷落，无疑是在那个时代的大背景下发生的，不过作为南开历史学专业人员的我们也有不可推卸的数典忘祖的责任。我们不只是无视校史的事实，更主要的是因为在我们的历史视野中没有给严修、张伯苓这样的伟大先驱者留下立足之地。

今天我们来开这个会，不仅仅是从南开校史的角度来纪念二位老先生，更主要是想从大历史的视野给他们以历史的定位。两位老先生不仅是属于南开的，他们同时也是在近代史上产生过重大影响的历史人物，是教育救国的最早的倡导者、杰出的实践家，并取得了卓著成就。尤其需要强调的是，二位老先生开创的是新的社会化私学。南开加盟西南联大，无疑有南开的辉煌。但张老先生一直念念不忘使南开再度私立。20 世纪 40 年代末，他制定了 10 年规划，立志把南开再恢复为社会化的私学。社会化私学的意义何在，诸位比我更清楚。我只想说一句，没有社会化私学的发展，社会教育体制是不健全的。因此两位老先生创建的社会化私学体系更有特别重要的历史意义。

两位老先生为贯彻教育救国的宗旨贡献了自己的一生。这里只说一点，严老先生把自己的家业无偿贡献给南开；张老校长在南开体系中只取一份工资，其数额仅是教授的二分之一。这样的奉献精神真可谓前少古人，后少来人，他们的风范与日月同辉！

在过去很长一段时期为什么在我们的历史视野中没有严修、张伯苓这样的人物的位置？这涉及对 1840 年以来历史进程的基本估计。对此人们有不同

的评价体系,因此有不同的历史定位。我个人赞成如下的看法,即近代历史的主导方向是先进的中国人追求民族独立和实现社会近代化。但如何实现民族独立和社会近代化呢? 中国自身的历史没有提供一个必然逻辑,为此先进的人们只能进行多元性的试验和探索。直到今天依然是在试探和探索之中。

在多元的试验与探索中,革命无疑是十分重要的,但并不是唯一的;历史不能告别革命,但也不必都走革命一途。如果从多元的试验与探索来审视中国近代史的进程,那么,许多人的努力和奋斗应得到相应的历史地位,诸如教育救国,实业救国等,都有不可磨灭的历史功绩。如果我们给教育救国以应有的历史地位,那么严修、张伯苓先生难道不是最值得称道的近代历史人物吗?!

如果从多元试验与探索的角度看近代历史过程,如果从"革命"唯一论向外跳一步,那么我们就应该重新思考已经成俗的、把历史规范化的许多概念,比如"革命"本身就需要再界定和重新认识,其他的如"改良""保守""妥协""让步""反动""投降""卖国"等,可能都要有程度不同的调整、评价和再认识。

为求民族独立与社会现代化,必须加入新的世界体系,加入新文明的行列。然而这是相当困难的选择。比如为了求民族独立,我们必须有民族主义,可是民族主义却是一把两刃剑,这把剑的两刃的作用和意义有许多需要再认识和再评估。有的先生不止一次问我,你们搞古代史的,总把汉族的扩展说成传播了先进文明,恩格斯说拿破仑给日耳曼带去了生机,难道现代文明没有历史上的汉族的历史内容?我说这是你们搞近现代史的事。就实而言,不是无言以对,而是不敢正视以对。我们常说如果没有帝国主义的侵略,我们也会如何如何……事情也许可能;但也有人认为中国古代社会没有孕育进入现代文明的机制。因此,加入世界文明体系与民族关系问题还一直是困扰我们的一个大问题。

在我看来,中国古代社会的一个重要特点是王权支配社会,因此社会体制极为软弱。近代化的社会需要充分发展社会机制,然而中国的近代史又没有容许社会机制的正常发展。国家权力过分压抑社会机制或取代社会机制是不利于社会发展和历史进步的。这个问题也很值得深入研究。

我们研究历史不应为历史而历史,同时还应有人文的关怀。人文关怀是多元的、多方面的。近来在文化哲学范围内有激进主义、自由主义、保守主义、个人主义、新左派等问题的争论。这些与历史有着极密切的关联,但作为历史学家却很少参与。我不知道是这些问题太浅薄，不值得史家介入；还是太玄虚，不是我们研究对象中的事，因此置之不理；还是我们史学家太迟钝。历史学不能没有人文的关怀，人文的关怀只有上升为理论才能充分体现出来。我们是否可以这样说，缺少理论精神固然有多方面的原因，其中之一可能是史学家缺少人文精神。我认为缺乏人文关怀的史学是"小圈子"几个人之间的史学，当然这也需要。不过局限于此，历史学就失去了它的社会性，也很难与社会交往。一种学问不能与社会交往，不萎缩也是很难的。在我们的行列中常常听到要别人重视的呼喊，无疑掌握资源分配的人给予重视会有一定的作用，但作为我们从事历史研究的人，似乎也应自问，我们出品的东西本身有重量吗？如果没有重量却要人重视，这与乞求何异？所谓的重量无疑有很多因素，而其中包含的人文精神应是格外占分量的。

这些年来史学研究的开放程度大有进展，但还需要再开放。这次会议我们要讨论两位老先生以及由此扩展的各种问题。我认为在讨论中思想要开放、再开放。20世纪80年代我曾写过几篇文章讨论思想开放，其中有两篇，一篇是《除对象，争鸣不应有前提》，另一篇是《史家面前无定论》。我依然持这种看法，当与不当，供诸位参考。

原载《中国社会历史评论》,2001年第6期

"史学危机"与对历史的再认识

　　当前的历史学是否存在危机,对此有截然不同的两种看法:一派说无,一派说有。持无者认为,近年来,史学著述如雨后春笋,新方法在史学研究中崛起,人才辈出,形势之好,三十余年未有盛于此时者也;持有者认为,目前的史学,表面看很繁荣,但史学多半只是史学家自己的史学,在社会改革的大军中,很难找到史学家的身影,历史学的社会价值,不是见涨,而是见跌。两种看法,哪一种更本质地反映了事实,我个人更倾向于后一种看法。这里我先摆一下一个值得深思的现象:在高等学校历史系,大凡"为历史而历史"的课程与学术讲演,很难引起青年学子的兴趣与共鸣,如果不是纪律的约束,有时简直拢不住听众;反之,探讨通古今之变的课程和学术报告,常使青年学子兴奋不已。特别是初出茅庐的青年学者所做的具有强烈时代感的学术报告,听众蜂拥而至,座无虚席,地板、窗台都成了争抢的空间。这种情况是不是阳春白雪与下里巴人之别所致?经过观察,我的答案是否定的。我认为这是两种知识的冲突在青年学子身上的反映。所谓两种知识,即守成型的知识与进取型的知识。"为历史而历史"属于前者,通古今之变则属于后者。就目前史学界的状况而言,守成型的知识比较发达,进取型的知识相对来说是薄弱的。这种状况不能满足青年的追求,也不能适应社会改革的需要,于是呈现出史学价值见跌的趋势,在这意义上,说史学存在危机,未尝不可。

　　如何改变目前的状况?我认为需要对马克思主义进行再学习,对历史需要进行再认识。

　　马克思主义作为科学的世界观和方法论具有无限的生命力,但是作为一种社会意识形态,它不可避免地要随时代的变化而有所变化。如果说马克思恩格斯所创立的马克思主义是在一定的历史条件下产生的一种理论体系和意识形态,那么后人对他们的学习和理解又会在新的历史条件下构成一种次生的意识形态。这种次生意识形态同马克思主义的原生态既有继承关系,又有新成分。这种次生形态在一个时代也会形成一定的"范型"(借托马斯·库恩用语），而被众多的人所接受。这种"范型"具有时代的意义，随着历史条件的变化，它不可避免地会有过时的地方。就我国史学界的情况而言，迄今为止，所形成的认识"范型"，基本上是以郭沫若、范文澜为代表的老一辈马克思主义史学家学习马克思主义的成果。从中国史学的角度看，郭沫若等所形成的知识"范型"，具有划时代的意义，导致了中国史的全部重新改写，此功当不可灭。但是时代发生了重大变化，我们的国家和社会主义建设进入了一个新时期。在新的形势下，老一代马克思主义史学家所形成的知识"范型"已不能完全适应新时代的需要，或者说，在历史的发展面前，有些过时了，新时代要求史学家对马克思主义进行再学习。现在提出的许多过去不能提，或提不出来的新的理论问题，如历史发展的动力问题，人民群众与历史的问题，五种社会形态问题等，正是对马克思主义再学习兴起的标志。对马克思主义的再学习，并不是一件容易的事情，它不仅要适应时代的需要，做新的艰苦探索，还要克服一些阻力，因为有一些人认为以往的学习已达到尽善尽美的地步，不需要对马克思主义进行再学习，也不必提出新问题。当然，在再学习的过程中提出的问题未必都正确，但是没有这种再学习，就不能使人更上一层楼。

对马克思主义的再学习，势必促使人们对历史进行再认识。事实上这种再认识已广泛展开。我认为在再认识中有一个根本性的问题，那就是设法提高史学的社会价值。一个学科的命运，主要取决于它的社会价值。史学的社会价值指什么，人们有不同的看法。在我看来，社会价值的主要标志是社会功用。任何科学都不是天国中的神曲，它应该与人民的生活与命运血肉相连，历史科学也不例外。社会的功用可以表现为立竿见影，也可以作为一种知识储备，在未来的某一个时候起作用，不过它们的立足点则应是现实。因此，我认为提高史学的价值的关键在于：史学必须干预生活，即为社会主义事业服务，为建设两个文明服务，为人类的进步服务。

"察古知今"是人们熟悉的格言。察古知今应该是史学家统一不可分的两项任务，察古的目的是为了知今。如果察古不是为了知今，史学就失去了它存在的基础。为古而古的史学也不是一点用处也没有，不过至多只能是充当人们闲暇时的弄物和消遣资料而已。这话说得有点刻薄，但事实只能是这样。这绝不是说要每个史学家都去把古和今联在一起，这里只是从总体上说明问题。当前史学的问题就在于只注重察古而不注重知今。由于不注重知今，史学不仅与现实脱节，在很大程度上，它本身也变成了一种盲目的追求。这种盲目追求之风越盛,史学的社会价值就越低。为了提高史学的价值,不能靠外来的恩赐,也不能靠乞求,只能靠史学家自己劳动,以自己的成果证明史学对国计民生是有直接裨益的。对国计民生能带来实际效益,就不必为史学的处境犯愁。史学家应该从历史中走到现实中来,对现实的经济、政治、文化教育、军事、外交、民族、生活方式等问题发表意见,参加到创造生活的洪流中来。史学家应该通过历史的反思为民族、为社会、为人类的进步提出足资思考的课题。史学家应该为国家的繁荣和进步而思考!

有人认为,能给史学带来生机的根本问题是改进研究方法。毫无疑问,方法的探索与改进,无疑会给史学研究增加生气,不过我认为,方法不能从根本上提高史学的社会价值。方法有助于达到目的,但方法不能代替目的的追求,而干预生活则应是史学追求的目的,只有干预生活,才能使史学获得生机。

史学干预生活,必须沿着科学的道路前进,必须保持科学的独立性。史学家在研究中只对研究对象负责,不承认有超越对象的任何更高的权威。史学工作者要把全部精力放在揭示历史的客观逻辑上,而不必左顾右盼。这样做的结果,未必都是正确的,但这是达到正确或接近正确的唯一的道路;左顾右盼,看风下笔,在某种情况下,其结论未必全是错的,然而在认识上这类著述只能充当注脚,它没有独立的价值,与科学的创造性全然无关。

目前史学价值见跌,我们既不能怨天,也不能尤人,更不能责怪其他学科夺走了史学阵地。史学家应该反省自问!经济学家、法学家、哲学家、社会学家、文学家等近几年勇敢地投入改革的行列,积极地干预生活,从而赢得了自己学科的升值。在这些学科中所发生的激烈争论牵动了亿万人的心弦,正因为此,所以才引起人们广泛的关注、兴趣和探讨的热情。回头看一下史学界,在改革中,在三个面向繁多的问题中,我们究竟提出哪些值得令人深思的问题?扪心自问,实在少得可怜。不是现实生活抛弃我们,而是我们远离了现实。其实,当前有许多与历史相关的现实问题正等待着史学工作者去研究、去讨论,人们在为改变现实和创造美好的未来而奋斗。我们众多的史学工作者却走不出历史的后院,整日忙着和历史上的人对话、交心,这种状况怎么能引起面向现实和未来的人们的兴趣呢?

脱离现实是造成史学社会价值下降的基本原因,走向现实是使史学升值的根本道路!

原载《书林》,1986 年第 2 期

理念、价值与思想史研究

　　研究思想史的大路数不外"我注六经"与"六经注我"。"六经"(泛指史料和研究对象)是历史性的客体,而"我"则是活的能动的主体。说"六经"是历史性的客体,并不是说它是"死物",它可能还蕴含着未释放的能量与信息,但这要由"我"来开发。有人倡导历史研究要"无我","要绝对客观化",如果仅限于发掘历史资料而言,说说"无我"多少还沾点儿边,但要较真,则不可能"无我"。如果缺乏"我"的特别的视角,那些资料就只能静静地躺在那里"睡觉"。历史研究是对历史的一种认识,在认识范围内是绝对不可能"无我"的;如果在认识范围内也要"无我",那还有什么知识产权呢?所以在历史研究中不能盲目地提倡"无我",而应多思索如何把"我"置于合适的地位。如何安置"我"?一是要发挥"我"的认识能力,二是要使"我"的认识尽量符合认识对象。这与胡适讲的"大胆假设,小心求证"相近。说起来可以把两者分开,实际上是混为一体的,这正是人的特有的功能。

　　"我"的因素很多,过去我们常说立场、观点、方法,现在人们多半不讲了,其实细想想,立场、观点、方法对"我"还是最基本的东西。面对同一对象,人们的立场、观点、方法不同,就会有不同的认识和结论,就会有不同的叙事方式。其实古人是很关注立场、观点与方法的,如"君子之见""小人之见""仁者见仁,智者见智""物以类聚,人以群分""党同伐异""各是其是,各非其非""横看成岭侧成峰"以及"惺惺惜惺惺",等等,都是这层意思。现在常说的理念、价值等,其实就是立场、观点、方法问题。每个人持什么样的理念和价值,对研究具有决定性的意义。立场、观点、方法并不是主观的简单设定,而是主客观的混合物。

　　凡是进行学术研究的人,脑子中都会不断地积累各式各样的问题,而理念可以说是灵魂。每个人的理念是什么,可能各不相同,但又都不会缺位。没有理念是根本不能进行任何研究的。理念可能源于"承继",也可能是自己的

"独创"，还可能是两者的"结合"；持什么样的理念在研究过程中又会不断进行调整和完善。这里以"阶级"理念为例，因为现在讲的人少了，反而值得再议。一谈"阶级"，常常会想到马克思，但马克思说过，"阶级"不是他的发明，早在他之前这一概念就已被人发明并用于说明社会关系了。在中国古代，贾谊《新书》中有一篇的题目就是《阶级》。"阶级"的内涵在不同时期和不同人的理念中有很大的差异，但有一点是共同的，即论述人的社会地位的不同。中国古人说的"食人"与"食于人"，"治人"与"治于人"就是古典的阶级分析，这种区分是任何人也无法否认的事实。不管古典的还是马克思说的，阶级这个理念都是一个全局性的范畴，因为它关系着社会结构、人的社会地位、国家与法律的性质以及人们的生活方式等大问题。中国历史上的思想家，除个别的之外，几乎都把政治问题置于首位，自然也都把阶级问题作为最基本的命题之一来对待。阶级问题的核心是利益问题，思想家们不可能离开自身的利益和社会阶级利益问题。时下分析思想家时多半回避阶级利益问题，动辄用社会良心、文化、人性、人类、圣人、道德体现等来进行判定，很少用社会关系与利益关系来进行定位。从历史学的角度看，这是很成问题的。因为这样一来，那些思想家们不再是活生生的历史人，而是一个个飘在玄虚里的空灵。不管思想家怎么超脱，他必须吃、穿、住、行，而这些就必须在现实社会中来寻求，因此也就必然成为一定利益的载体。他既然要面向社会，就必须面对社会的利益关系。人离不开社会利益关系，也离不开阶级关系。

过去把阶级定位机械化、绝对化，我们这个年龄段的人(60岁以上)都有过经历。其实从学术角度说，机械化也无妨。赵纪彬曾写过一篇《辩人民》，征引了大量资料，证明"人"是奴隶主，"民"是奴隶，可以说把阶级分析推向了极端，但他作为一名学者，是很有特色的一家之言。如果作为一种学术方法，作为学术中的一元，完全有其存在的正当性与合理性。过去讲阶级，问题主要出在政治上，而且不是一般的政治，是实行"专政"的政治。政治家尊崇某种理论与观点也是历史上常见的现象，不可能不允许政治家有其信仰与理论选择，但不能对异见动辄实行专政，这是中世纪的行为。西方中世纪还有个宗教裁判所，而我们号称进入了最先进的社会，实行专政连个法律程序都没有，能不让人反感？我的意思是说，要把理论上的阶级分析与违反政治程序的"阶级专政"区分开来，极端的阶级专政使人们对阶级分析产生了厌恶情绪，是可以理解的。但冷静下来，我们还是应该把无程序的专政与阶级分析方法区分开来。

由于阶级是无可否认的历史事实,相应地,阶级分析方法依然有其合理性。就中国当前现状而言,分析阶级状况和思想倾向,应该说是一项重大课题,如陆学艺、杨继绳等人,已经有专著出版,令人敬佩。又如在经济学领域,有所谓替富人说话与替穷人说话之分,其实在思想理论界都有类似问题,双方需要交流、切磋、沟通。

阶级不是一种孤立的存在,相互之间也不是泾渭分明,阶级与社会各种关系交织在一起。过去的阶级分析是直线性的,在我们这一代人是一种普遍的思维方式,包括自己写的东西,现在看起来有点儿可笑。对此当然应该进行纠正。但我并不抛弃阶级分析,不过我也有修正,提出阶级-共同体综合分析。社会共同体有大有小,小至一个家庭,大至民族与国家,现在又有世界村、国际联合体等。阶级与共同体互相纠合,高屋建瓴的思想家们一般说来,既立足于一定的阶级,又能关注共同体的利益。在这个意义上,说某些思想家是社会良心,无疑有其道理。不过普遍利益也不可能是一律等量的,还有对谁更有利的问题,这就是阶级问题了。现在流行的说法是等级、利益集团、阶层、强势、弱势等,其实这些概念的核心应该是阶级。马克思就说过古代是等级的阶级。我们考察、梳理任何思想,都应揭示其具体的历史内容,其中包括处理阶级利益的思想。泛泛说社会良心而避开具体历史内容,就不可避免地要流于空疏。时下对孔子的颂扬铺天盖地,就是缺少具体的社会历史内容,尤其不谈他的思想对谁更有利,这是不符合历史的。阶级分析的重要内容之一就是解析社会利益问题,利益问题是人们生活和社会关系的基本问题。人们的思想也是围绕着利益转动,到目前为止,有比阶级分析方法更能深刻解析社会利益问题的方法吗?

比阶级更大的一个理念是历史是否有规律的问题。规律这一理念影响着研究走向。过去很长一段时间把历史规律观念绝对化、模式化、教条化、行政化、权力化,比如把消灭私有制的社会主义改造、"人民公社""文革"等都宣布为历史规律,并以此为旗号征服或压服了人,现在来看,这些恰恰是违反历史规律的,是人为的假规律。类似假规律的泛化(那时几乎把什么都说成是规律)与专政相结合,造成了深重的灾难。冲破它,并从中走出来,无论对国计民生,还是对历史的再认识,都是必需的。如何重新认识那一段历史与当时思想界占主流地位的种种观念,我想只有从违反历史规律的角度才能把问题说得更清楚、更彻底。

假规律的横行与惨烈的历史教训使人们对规律这种理念产生了逆反,一谈规律就有点儿厌恶,在某种意义上也是可以理解的。但冷静思考,我们不能因噎废食,不能抛弃规律理念和对规律的再探索。历史是有其规律的,如果历史没有规律、是随意的,岂不是说,社会可以成为居于支配地位的人手中的泥团,愿意捏成什么样都可以?"人民公社""文革"等岂不是也理所当然?然而历史一再表明,有权威的人可以逞一事、一时之能,但不可能扭转历史进程的大势,大势就是规律。凡是向历史发号施令、扭曲历史的人,时间或长或短最终都要被历史清算。我们身边发生的事情足以说明这个问题。时下很多人认为历史是偶然性的堆积,这反而为向历史发号施令者提供了最有力的理论武器,既然没有历史规律,那我想怎么办都可以,只要我有支配力量就行。否认规律的思想与把规律绝对化的思想,看起来是两极,实际上是相通的,都容易与权力意志论合流,为极权张目。

"规律"问题至关重要,是个特别大的问题,遗憾的是尚没有相应的空间让人们进行自由的研究和讨论。某大刊物曾发表过一篇触及大规律问题的文章,本应就此展开讨论,结果又被强力扼杀了,令人扼腕叹息!规律不是谁人掌上之物,更不应是权杖,它是一种历史过程,只能在讨论与争鸣中逐步揭示出来,至于正确与否,只能靠实践来检验。主政者可以信奉某一说,但不能干涉他人的不同认识。只要不把"规律"与无程序的"专政"相结合,允许人们自由讨论,且不说对历史本身的认识,对主政者也会提供更宽阔的选择空间。学者是认识问题,主政者是实践问题,应各司其职。两者也会发生撞击,那就应在历史自然过程面前各自进行调整。

我个人仍然相信历史是有规律的,比如改革开放就比较符合中国的历史规律,因此才取得了巨大的进步和效果。回头看,1949年制订的《共同纲领》是比较符合历史规律的,可惜被废弃了。大家认同民主、人权、公平、正义等原则,这些原则就是历史规律的体现!规律不是代数公式,不是人为圈定的模式。恩格斯晚年说,规律是很少的,也只有在有限范围内才有意义,他还严厉批评了把规律泛化和乱套现象。这一点我们应当汲取。

历史有规律,必然有阶段性或时段性。每个人都只能生活在历史进程中的一定时段,因此任何思想也都有时段性。前一段时间在纪念孔子诞辰时有一篇新闻稿,说孔子的思想是超时空的,这种全称的概括是极其片面的。深邃的思想家无疑会提出一些具有超时空性的"普遍的思想形式",但其主体和主要内容不可能超时空。如果用"超时空"来概括孔子的整体思想,那孔子就不再是人,而只能是至上神,因为只有至上神——上帝才是超时空的! 如何给孔子定位,每个人都有自己的自由,我仍认为孔子是人,是人就应从历史规律和历史的时段性来入手进行评说。现在提出"建设和谐社会",于是一些学者就把孔子、儒家张扬为"和谐"之祖,说孔子的儒家思想中包含着"和谐社会"的理想,能为建设"和谐社会"提供大量的思想资源,对中国建设"和谐社会"具有重要意义。其实孔子、儒家说的和谐与现代意义上的和谐,从主流上说不在一个层面上。孔子的和谐是等级森严的"金字塔"式的和谐;现代意义的和谐应该是宪政、民主、法治、多元博弈和协调。如果一定要把孔子、儒家的和谐与现代的和谐联系起来,只有用冯友兰先生提出的抽象继承法。从历史规律上说,倒是只有破除孔子、儒家的"和谐",才能实现现代的和谐。现在提倡的和谐不可能源于孔子与儒家,它只能来自现代社会的矛盾与要求。如果一定要从孔子那里寻找和谐资源,真可谓缘木求鱼了,不落入乱弹琴才怪! 还有"以人为本"也往儒家身上拉,真有点儿莫名其妙,这个词明明出自法家著作。其实不管出自哪一家,那时的"以人为本"与现代的"以人为本"能是一个层面上的意思吗? 如果把孔子作为一个文化符号,尽可以往他身上贴金,把现在的观念附加在他身上,但这不属于历史学。

又如,人们对近代史主线有不同的认识,或曰现代化为主,或曰反帝反封建为主,或曰两者交错,等等。所谓主线就是规律,对主线的不同认识必然导致思想史的不同体系。

如果研究思想史不讲历史规律,也不讲时段,那么一系列的概念,诸如进步、落后、革命、反动、正义、非正义、正确、错误、合理、不合理、普遍性、普世性、普适性、特殊性、资治、通鉴,乃至改革、开放,等等,都失去了基本的依据。因此研究者有无规律这个理念,对历史的认识有着至关重要的指导意义。比如凭什么说"进步"与"落后"呢? 我看只要提出这个问题,那么"规律"就暗含在其中。袁世凯称帝是历史的反动,这是大家的共识,如果不是他违反了历史规律,凭什么说他反动?

阶级、规律与价值判断有着直接的关系。价值主要指事物的关系、意义和作用,而其中最主要的是利益或利害关系。价值隐藏在现象的深处,价值不是研究者的主观判定,它也是一种历史的客观存在。我与张国刚曾写过一篇《历史研究中的价值认识》,提出价值的几个层次,即原生价值、延伸价值和抽象价值。原生价值指事情发生时产生的关系、作用与意义。延伸价值指以前的某些历史现象在历史的延续中,在环境改变了的情况下,与新的历史条件结合而产生的作用与意义。抽象价值指从具体历史形态中抽象出来的超越历史具体情况的普遍的思想形式、智慧与思维方式等。在揭示客观价值过程中,认识主体的主观价值无疑或多或少地要掺和其间。所以,价值认识比描述现象要困难得多,需要更多的抽象思维。这里仍然以阶级为例,古人说的"生之者"与"食之者"大致就是被剥削者与剥削者。其实"剥削"就是一个古词,本身就有谴责的含义。古人对剥削这种现象论述甚多,阳货说"为富不仁"就是一个了不起的价值判断,由于孟子认同,后来儒家多数也跟着说。在历史的典籍中,对剥削进行谴责的记录比比皆是,特别是在思想家的言论中更多。这里引三首大家熟知的诗以示其概。唐朝张碧《农父》:"运锄耕斸侵晨起,垄亩丰盈满家喜。到头禾黍属他人,不知何处抛妻子。"李绅《悯农》:"春种一粒粟,秋收万颗子。四海无闲田,农夫犹饿死。"聂夷中《田家》:"父耕原上草,子劚山下荒。六月禾未秀,官家已修仓。"诗人把剥削之惨烈活生生地揭示出来了。人们看到了剥削,对剥削进行了程度不同的谴责,但富人的财富到底从哪来的?人们又有不同的看法。孔子说"富贵在天",墨子与法家说有"力"者则富贵,孟子说劳心者"食于人",更多的是认为有权则有富。韩愈在《原道》中有这样一段论述:"是故君者,出令者也;臣者,行君之令而致之民者也;民者,出粟米麻丝,作器皿,通财货,以事其上者也。君不出令,则失其所以为君;臣不行君之令而致之民,则失其所以为臣;民不出粟米麻丝,作器皿,通财货,以事其上,则诛。"在《圬者王承福传》中又说:"用力者使于人,用心者使人,亦其宜也。"韩愈的看法是那个时代的主流观念和理论。即使对苦难的劳力者寄予同情的智者大抵也都是在这个框架内论述问题,只是希望有权有势的富贵者有所克制,减少一点儿刻薄,但框架是不能变的,你看韩愈的用词,民不事其上就要"诛",也真够狠的!

人类很久以来对剥削的谴责和批判,导致了 20 世纪世界性的消灭剥削的大试验,这些试验无疑有巨大的历史意义,但结果出乎预期,都不大成功,令人伤痛。这里又要谈规律,我想,产生剥削的原因不仅仅由于私有制,应该说还有其他诸多原因,因此仅仅消灭私有制并不能消灭剥削,而且公有制也不能消灭剥削,在漫长的历史中公有制多多,其剥削与私有制没有大的区别。这个问题另行讨论。历史的事实表明,剥削制度至少在我们能想象的时日里是无法消灭的,然而它又带来了数不清的问题,甚至灾难。现在经常提到分配不公,如果不是一些人的利益被侵占,何来不公?利益被侵占就是剥削。面对着这种情况,研究者持何种价值取向?除非故意视而不见,在事实面前,谁也绕不过去,无非是站在哪一边的问题。因此,评价剥削制度就成为一个十分棘手的问题。

过去的历史与可预见的未来,剥削制度的不可超越性与多数人被伤害是历史中的一个巨大矛盾,或者说是个二律背反现象。人们的社会关系固然有许多项,利害关系应该说是最主要的和最基本的,是其他社会关系的基础。思想家,特别是政治思想家,不管他们各自有怎样的理念和追求,他们的思想核心无一例外地都必须面对社会利害关系,面对二律背反问题。

由于我们过去立足于消灭剥削这一价值取向,对涉及"二律背反"的有关思想史问题,总的来说是直线化和简单化了,至少我是这样,其实绝不是我一个人的问题,而是那个时代的普遍现象。多数人一味地赞扬"大同""平均""杀尽不平方太平"之类的思想,对各式各样的改良思想和对阶级调和论不敢肯定和提倡,这种思维定式无论如何应该修正。消灭剥削的思想和主张固然很美好、很道德、很惬意,但事实上做不到,强实行反而有害。很显然,不宜把消灭剥削作为评价历史的基本坐标,而应把改良剥削制度作为评价的基本坐标,如果是这样,思想史肯定要进行改写。历史不能假设,但在历史进程中先辈们曾制定过相当适宜的纲领和政策,如1949年制订的《共同纲领》;也有过相当好的实践经验,如"阶级合作""联合政府""减租减息""和平土改""公私兼顾、劳资两利",等等。如果把这些作为看待那个时期的一个基本坐标,思想史肯定会有另一个体系。

最近有的学者提出:"儒学曾是中华民族发育、成长的根。""一百多年来,中国传统文化、特别是儒学受到了'西方文化'全方位的冲击","儒学的复兴和中华民族的复兴是分不开的", 等等。这里既涉及社会进程及价值判断问题,不能不作一辩。

把儒学说成中华民族发育、成长的根,这符合历史事实吗?难道民族发育、成长的根只是一种思想文化?能这样解析历史吗?再说,儒家产生之前华夏民族早就存在了,"根"能在其后才有,以前是无根之族?还有,汉以后尊崇儒家,但社会仍存在多元文化,鲁迅就更看重道家的影响,更多的学人看重"儒道互补",之外还有佛家的影响。就实而论,占统治地位的是外儒内法文化。显然,把儒学说成是中华民族的根,既把历史简单化了,又太吹捧儒学了。

近代以来,儒家文化受到"西方文化"全方位的"冲击",这是历史之大势呢,还是遗憾呢?翻开历史,儒学在"冲击"面前有回应能力吗?不受"全方位冲击",中国能向前发展吗?儒家在世界新潮流面前扮演了顽固的角色,这一点恰恰是应该正视的。儒家受"全方位冲击"而无回手之能,足以说明它"全方位"过时了!

"儒学的复兴和中华民族的复兴是分不开的",是否是说"中华民族的复兴"要以"儒学的复兴"为条件?我不知中华民族复兴从何时计起?不管从何时算起,排排时间表,儒学复兴与中华民族复兴应该说没有什么关系,如果有请举出证据来,难道改革开放与儒家"分不开"?!当代新儒家洋洋得意亚洲"四小龙"兴起归功于儒学,而李光耀却迎头泼了一瓢冷水,明确地指出,新加坡之兴与儒家没有关系,儒学在现代化中没有什么可用的东西。现在又来拿中国说事,真不知其可也!中华民族的复兴可能需要一点儿传统东西做缘饰,装点门面,但其主流应该是现代的宪政、科学、民主、法治、公民、人权、市场文化等,而这些在儒学中几近于零。现在一些人不断哀叹人欲横流,人心不古,呼喊恢复儒学,斗私批欲。这在实践上能行得通吗?人欲其实是一个很值得看重的东西,恩格斯说过人的欲望是历史的动力之一。人欲"横流"有问题,但不是取消人欲,而是设法使它顺流,要规范它走入现代的商业与民主法制轨道。为道德而献身的人无论在哪个时代都是令人敬佩的,但不能搞"道德"专政和"理想"专政,更不能搞"饿死事小,失节事大"了,这种苦果吃得太多了!我们不能把思想史搞成道德史,就是说道德史也不宜把道德说成是民族的根,而应该把道德与社会历史更紧密地连接起来,不要把道德空灵化。

上边说的阶级、规律,其中心是要说社会利益与社会发展的趋势问题,价值则是社会利益的取向和历史的作用与意义。思想史不能回避这些问题。

原载《天津社会科学》,2008 年第 3 期

先秦史研究的几点思考

说起先秦历史研究,我先说几句较远的话。就我个人体验与观察,我认为不管是谁,从事历史研究都离不开某种理念,也离不开有点贬义的所谓的意识形态。有些人可能很不以为然,但这需要平心静气地扪心自问。"历史"固然是过去的事,但它能不是矛盾体吗?研究者是现实的人,能离开现实的社会环境、社会矛盾以及多元的社会观念吗? 这种状况就决定了研究者不可能有什么所谓的价值中立(在非常具体的时间、名物、地理等事情上另论)。诚实的研究者不应回避自己的理念、价值等问题,至于如何表述,那完全由自己选择。下边回到题目来说自己。

在我混混沌沌的学术生涯中,四十岁以前几乎没有学术个性。"文革"之后逐渐萌生独立的学术意识,逐渐意识到此前天盖式的观念有许多需要再认识。但由于我的经历与知识局限,只能蠕动式地向外移动,而且也不是很容易的事。下边说的这些,在现在人们视野中也许不算个什么,但从我的经历与那个年代说,或许还能多少显示一点我的学术个性。

一、对绝对化阶级斗争说的怀疑与挣脱

1979 年我与王连升合写过一篇《关于历史发展的动力问题》的文章,对绝对化的阶级斗争说进行过质疑,并引起了史学界一场较大的争论。沿着质疑的思路,我对先秦史研究的进路也进行了相应的变更。此前一谈到政治,几乎没有不与阶级相连或画等号的。20 世纪 70 年代末和 80 年代初,我撰写《先秦政治思想史》时,就与此前盛行的凡是历史人物与思想都要进行阶级定位的套路拉开了距离。我当时有如下两点认定:一、政治不等于阶级性,它还有社会性;二、政治思想家除有阶级性外,也可以有超越阶级的普遍性。因此在全书的章目中没有"阶级"这个词,对每一位思想家也没有冠以某某阶级的

帽子。如果读者有兴趣与当时出版的思想史著作比较一下,不难发现其间的差别。回忆往事,当时我还相当战战兢兢,因为出版时正赶上清理精神污染的"小文革"。在书的序言中对上述理念说得很含糊,到 1985 年,我把序言稍加改写,在刊物上发表,明确阐述了上述意见。现把该段文字复述于下:

> 在阶级社会,政治思想的核心部分具有最明显的阶级性质,但从政治思想的总体看,又不能全部归入阶级范畴。比如关于处理人与自然的关系的理论,除有阶级烙印外,还有人类与自然的共同关系问题;关于社会生活的认识,也有一些超出了一个阶级的范围,比如调和阶级关系的某些论述,便包含了不同阶级、不同阶层的要求;还有一些社会规范是人人需要遵守的,也不好简单地划入某一个阶级范畴之中。就每个思想家而论情况更为复杂,虽然每个人都无法游离于阶级生活之外,但在观念上,并不妨碍某些人会提出超阶级的理论和主张。

为了从公式化的阶级定位中走出来,我还用了相当工夫对战国的社会身份进行了研究和梳理。当时的想法是,不从流行的"阶级"框框出发,而是从实实在在的有资料可稽的社会身份入手来看社会的结构。这些文章收在《洗耳斋文稿》中。

对战国"士人"的研究,后来延伸出《先秦士人与社会》的小册子,多位先生综述"文革"后重新开展社会史研究成果时,大抵都把本书作为启先之作。从方法论来说,本书的确不是先前的从"阶级"框框入手,而是从社会身份入手,展现士人社会化的景图。

以前人们都是在论述西周"井田制"时涉及"授田制"。春秋以后"井田制"破坏了,接下来的是私有制等,自然"授田制"也终结了。我在研究"公民"(诸侯控制下的农民)身份过程中发现了战国的"授田制"(关于战国的"授田制",我在 1972 年内部铅印的教材中已经提出, 当时还没有考古资料,1978 年写论战国"公民"一文时看到了湖北云梦睡虎地秦墓竹简,为我的判断提供了铁证)。20 世纪 80 年代以后,几乎所有论述战国土地制度的学者都会论及"授田制"。"授田制"的确是关乎历史进程的一个大制度,有极为重要的意义,如社会结构与分层,编户制度,赋税、徭役、兵役制度,君主集权的形成与作用,社会观念等。这些年人们开始关注学术史,人们认定最先揭橥战国"授田制"

的是我,对此我感到很欣慰!

我对身份的研究本想是上推春秋,下接秦汉,基本资料也收集成形,由于他务,没能坚持,回想起来很遗憾。

我并不是简单否认阶级分析的大思路,但我认为要从历史特定的身份入手,才可能避免空洞化。

二、社会形态问题

我一直认定历史发展是有阶段性的,对此或许成为一种"迷信"。在我看来,不说阶段就很难对历史进行整体把握。说到阶段性,又可以从不同层次上说。

最抽象的应该是社会形态问题。五种生产方式说在我这个年龄段的经历中,曾经是不可发疑的"天条"(但允许有不同的划段)。20世纪80年代有的学者开始发疑,但被主流视为异端。我前后两次参加编撰大学教材。20世纪70年代那一次,还信笃"天条"。80年代末曾与南开同仁发起另写一部中国通史教材,拟了提纲,并与出版社订了出版合同。在这份提纲里,我们就不用"奴隶社会"这个概念了。由于那场风波和我被肃整,这套教材也就胎死腹中。20世纪90年代姜义华先生主持编撰《中国通史教程》,承蒙不弃,约我加盟,主持第一卷的编写。这一卷涉及五种社会形态的三种。参加这一卷的作者都是有学术个性的专家。陈雍先生与原来原始社会一套话语相距甚远;朱凤瀚先生从80年代就不认同奴隶社会说;赵伯雄先生也不赞成封建社会的成说;葛剑雄先生对秦汉有独到的见解。几位先生的联合,成就了本卷。请读者稍加留意,在大的标题上已经没有原始社会、奴隶社会、封建社会这些词了。

这里也要说一下我们的困境。我们并不否定社会形态这个命题,但我们也没有能力概括出表达社会形态的新概念。在行文中偶尔也还使用"封建社会"这个词,但加了一个"注",说明我们不得不暂用。就我个人的观念而言,直到目前为止,我依然认为"社会形态"是个整体性的大问题,不能忽视,时下已有不少先生提出新的概念,值得关注,并希望进一步论证。这些年对所谓历史的"宏大叙事"颇有微词,其实这是很片面的,没有社会形态这类的"宏大叙事",就很难整体把握历史进程。

三、关于我提出的"权力支配社会"问题

过去我们的认识思路大抵是从基础到上层建筑和阶级斗争来说事。我在研究君主专制制度发展过程和社会身份的基础上,提出了"权力支配社会"这个判断,显然有点"逆反"。我不是说权力可以生发出"基础",但在社会运行机制上,权力有"支配"作用。这里我简单说三点:

1.1979年的《论秦始皇的是非功过》一文,便离开阶级、所有制、人民要求或民族争夺等认识进路来论说秦的统一。关于秦朝统一的原因,人们曾经从政治、经济、文化、民族、历史传统等各个方面进行过探讨,大家的看法很不一致。在各种不同的观点中,最为流行的一种见解是:认为秦始皇统一中国顺应了人民的要求,符合人民的愿望,是为了巩固封建生产关系,促进社会生产力的发展。我认为诸种看法都缺乏对实际过程的具体分析,缺乏具体史料的支撑。我转向过程分析,沿着"尊主、广地、强兵"的实际来说事。我的结论是:"秦的统一和中央集权制国家的建立是权力支配经济运动的产物。""经济上的兼并运动决定着统一。""君主集权制与其说是某种形式的土地占有关系(国有或私有)要求的产物,毋宁说是权力支配经济,主要是支配分配的产物。权力的大小与分配的多寡成正比,所以人们都拼命地追逐权力。封建统一与君主集权就是在这种追逐权力的斗争中形成的。这种追逐当然不是个人之间骑士式的角斗,而是以君主为核心、以军事和官僚为基础的集团的行动。"

2.社会分层是经济运动的自然产物,还是由权力为主导而塑造出来的?这是很不相同的。从对社会身份的研究中,我得出:"从春秋战国看,组成封建地主的不外诸侯、封君、卿大夫、官僚、官爵大家、豪士、豪民、豪杰这些人。他们中的多数不是通过经济手段发家的,主要是靠政治。""如果说春秋战国已进入封建社会,那么封建地主中的多数显然不是沿着土地买卖的道路产生的,主要是通过武力争夺和政治分配方式形成的。""暴力和政治虽然不能创造出封建经济,但在封建经济关系基础上,它可以在很大程度上影响及至决定封建地主成员的命运及其存在形式。"

3.对春秋战国诸子在政治上的争论,我的判断是:几个主要派别热烈的争论不涉及要不要君主制,也没有设想出用别的政治体制取代君主制,相反,他们争论的是什么样的君主专制制度与如何巩固、强化、完善君主制。结果,越争就越促进君主专制主义理论的发展。秦始皇的皇帝一统的专权体制就是

这种思想和春秋战国发展起来的君主专制的集大成者。

四、价值问题是全局性的问题

价值问题是历史研究的一个具有全局性的问题。它并不是研究者的主观认定,历史本身就是价值的综合,研究者应该依据历史进程进行判断。历史是复杂的矛盾综合体,因此价值也是复杂的浑成关系,而又有不同的层次。研究者如何进行价值判断,无疑与本人的视角、立场有很大关联。过去用社会形态与分期来确定基本的价值,我认为即使抛开这种话语,似乎谁也无法否定先秦时期有过几次大的社会转型。别的不说,就春秋战国到秦而言,不管从哪个角度说,都是一个社会转型时期。因此在我看来,转型问题也就是价值的核心。用于政治思想研究,我大体是从转型的角度判定各种思想的历史意义。比如我认定法家对社会转型的促进作用最为突出,但我也不是全盘肯定,我本着"在矛盾中陈述历史"的认识路线进行分析和定位。儒家从字面上看,讲得比较中听,但对社会转型、改革等问题,总的来说是不切实际的,甚至是保守的,孟子虽然高扬民本说,但他主张为政要"不得罪巨室",对言善战者和主张辟草莱者施以"上刑",这些主张对社会的转型显然是有阻碍作用的。因此从社会转型角度说,孟子政治主张的历史价值相对属于保守之列。

究竟如何判定价值标准,可能人人相异,但对历史走向和基本历史过程问题,谁也不应忽略。我与张国刚曾写过《论历史研究中的价值认识》一文,大而化之地提出了"原生价值","延伸(再生)价值"和"抽象价值"三个既有联系又有区别的价值判断标准。历史认识没有价值观念,也就没有历史定位和主体意识与批判性。价值中立说不切实际,做不到。

由于我认定传统思想文化的主旨是王权主义,有人批评我是全盘否定论,是给中国历史抹黑等。其实在我看来,此中有几层问题:一是历史事实是否是专制主义?二是其历史作用(价值)问题,三是延伸价值,特别是延伸到现代,其价值若何?不分层次把我一锅煮,我就感到没有批到点子上。

先秦史是中华历史的奠基时期,在某种意义上说,是其后直到近代以前两千年历史的创型时期。无论从事实还是理论上,都值得深入研究和检讨。

原载《史学月刊》,2011 年第 8 期

历史学要关注民族与人类的命运

党的十一届三中全会以来,改革、开放政策给整个社会带来了新的生机和活力,历史学也获得了前所未有的发展。然而,在喜庆成绩的同时,史学发展也还有许多令人不满意的地方。尤其是近几年来,不断有人疾呼历史学面临着"困境",出现了"史学危机"。当然,有的人不赞成这种估计。从大学历史专业状况以及社会对史学需求的情况来看,我认为不妨姑且承认"困境"的存在。那么我们要问,为什么在改革、开放的今天,"禁区"一个一个被打破、学术环境越来越好,历史学反而走入"困境"、陷入"危机"呢?这是作为一个史学工作者应该认真加以思考的。

一、满足社会需要是史学发展的基础

一个学科的产生、发展、繁荣或曲折、衰落,固然是受诸多社会条件以及学科内在原因制约的,但是,对一个学科的生命力具有决定意义的,是社会的需要和该学科对社会需要满足的程度。如果社会没有相应的需要,或者某个学科远离社会的需要,那么该学科是注定要走向困境乃至衰落的。近十年来历史学的发展同经济学、社会学、法学等学科发展的基础不尽相同。后者,同我国的改革、开放和观点的转变,以及社会脉搏的跳动息息相关,而历史学则相对距离社会现实较远。史学的发展过程不能说与近十年的变革毫无关系。但是,立足点不在这里。从总体上看,近十年的史学发展基本上还是"文革"前史学模式的深化、观念的某些修正以及外延的扩大。所谓模式的深化,指的是比"文革"前的研究深入了;观念的修正,指的是从教条主义中逐步解脱出来,在理论上出现了一些新的探索;外延的扩大,指的是研究领域与过去相比,有所拓宽。但总的来说,近十年史学的发展主要是补了"文革"所造成的空白,而没有和现实紧密地联系起来,没有搭上时代的列车,史学被时代抛到了后面,从而陷入了困境。关于这一点，可以从以下两方面加以说明。

第一，历史学号称是以研究历史发展规律为己任的，但扪心自问，我们史学界究竟提出了哪些与当今人类、与我国现实生活相关的"规律"或"规律性的理论"呢？讨论昨天与前天的规律无疑对认识今天具有重要意义，但如果只限于昨天和前天，所谓的规律就不免苍白无力。人都是现实的人，是生活在今天的人。如果史学所讲的规律与人们生活的现实无关或者间接而又间接，那么，这些"规律"是不会引起人们的兴趣与注意的，这是最简单不过的道理。老实说，如果不能把规律性的认识贯通到现实社会，而仅限于过去，虽然我们不能忽视它的科学意义，但在很大程度上只能是些死无对证的假说或智力游戏。史学要以研究社会规律为己任，那就必须关注人间烟火。所谓的规律，应该程度不同地伸向现实社会生活。如果说得尖刻一点，迄今为止，史学家们所讲的"规律"，一是自己的发现很少，多半还是重复马克思主义经典作家所讲的适用于多种学科的规律，史学家最多给它加上一点注解或是做些史料的论证；二是多半讲的是与现实生活无关或关系很少的规律。一句话，没有独创性、没有实用性，看起来像一朵花，但实际上没有多大的生命力，这是很令人痛心的！

第二，在现今人们所关注的时代的声音中，有多少是从我们史学家队伍中发出来的？我们的民族向何处去？人类的命运如何？按说，这些问题，没有历史学家的关心、参与和探讨，是难以深切了解和把握的。遗憾的是，大部分史学工作者对于这类问题还是袖手旁观或无动于衷的。出现这种情况的原因固然是多方面的，况且我也绝不是说要所有的史学工作者都来从事这方面的工作，因为作为一个独立的科研工作者有权安排自己的研究领域，任何人无权干涉。但是，作为整个史学界，如果大多数人都对现实漠不关心，那么史学不遭到时代与社会的冷遇反倒显得有些奇怪了。平心而论，史学不关心时代，有什么理由要时代关注自己呢？史学家应当以自己的智慧、见解与时代的需要进行平等的交换。历史学研究的内容不涉及或很少涉及当代，而当代所提出的问题史学又很少关心，这样的史学不能不走向"困境"，陷入"危机"。

关注现实与满足当代社会需要的史学研究，是历史学的龙头，其他都不过是龙身。如果龙头抬不起来，龙身就只能在水中拖曳。就目前史学现状看，不是说龙身过大，而是龙首小而弱，难以带动整个史学的腾飞。据我的大致了解，在我国史学研究的队伍中，从事当代史以及对社会重大问题做历史研究的人是很少的,而在这很少的队伍中,能够大胆、毫无顾忌地触及一些社会敏感问题的,又是微乎其微。纵观有影响的史学刊物,我们能够找到几篇涉及当代重大问题的文章?第一部以"文化大革命"为题材的史学著作,也不是由我们史学家写出来的。

由此看来,许多同志感到史学出现了危机,是毫不奇怪的。关键在于史学家疏远了现实,相应地,现实也疏远了史学。这一点是最需要我们史学工作者深刻反省的。答案在此,出路恐怕也在此。

二、开展与人类和民族命运相关课题的研究

近几年的所谓"史学危机",并不是表示史学本身价值的下降。只要有人类存在,历史学就永远是它的伴侣。如果说有"危机"存在的话,那只能说旧的已经失去生命力,而新的突破即将来临。我以为,开展与人类和民族命运相关课题的研究,是历史学摆脱危机、走向复兴的唯一途径。

第一,大力开展当代史研究。

当代史,指第二次世界大战以来的整个世界历史。这一时期,可以说是人类历史上最丰富多彩、变化无穷和对现在影响最大的历史阶段。然而恰恰对于这一段历史的研究,是我们最薄弱的环节。迄今为止,对于这一历史阶段内所发生的社会结构、政治经济格局,以及思想观念的变化,甚至连一些重大历史事件的来龙去脉,中国史学界尚缺乏应有的研究。这种情况的出现,部分地要归咎于过去政治环境的因素,但是史学研究本身的乏力,也不能不说是一个方面的原因。当代史研究的课题多不胜举,这里仅举几个方面以示题义。

大力开展当代资本主义发展历史的研究。对于现代资本主义社会,我们过去一直是一边倒地批判。说实话,我们批判了这么多年,竟连人家是什么样子都不很清楚。近几年,其他学科已开始正视现实,但我们史学家的工作做得还比较少。对现代资本主义的社会结构、政治经济体制以及思想观念、生活方式等,亟须从史学的角度进行广泛、深入、细致的研究。

大力开展发展中国家现代化进程的研究。现代化问题,可以说是世界上所有发展中国家的共同主题。中国也是一个发展中国家,在很多方面与其他发展中国家面临着相似的问题。许多国家的发展道路与政策、措施,有不少是可以为我所用,或者作为我们的前车之鉴。做好这方面的研究工作,将会为我

国的现代化建设提供很大的帮助。

大力开展社会主义国家改革史的研究。从20世纪50年代开始的社会主义国家改革的浪潮,如今已经席卷了绝大部分社会主义国家,成为当今世界历史的一个重要方面。社会主义改革浪潮,必然会给整个世界的政治、经济、文化,以及国际关系带来巨大的变化。社会主义的改革绝不是一个短期行为,对社会主义改革运动作一个通盘的、历史的考察,其意义将是十分巨大的。

大力开展新中国成立以后历史的研究。从1949年新中国成立到现在,我们走过了一条曲折的道路。现在回过头来看,我们发现"大跃进"是那么可笑,而"文革"又是那么令人不寒而栗。但是,除了直觉上的反应,又有谁对这一段历史的来龙去脉、前因后果作过详细的、全面的考察与叙述呢?除了亲身经历过这段历史的人以外,现在的青年一代,对于刚刚走过的这一段路已相当陌生,这不能不说是一个不正常的现象。对此,我们的史学家负有不可推卸的责任。现在我们的改革遇到了原有体制、观念的巨大阻力,而这些体制、观念在很大程度上是在我们新中国成立以后的历史中形成的。反思30年,不仅是政治学家、经济学家、理论工作者的任务,更是历史学家的任务。

开拓追踪史学。改革开放为中国社会带来了巨大变化,经济制度、政治格局、社会分层、思想观念等各方面都处于大变动之中。在这样一种历史条件下,我们应该具有新闻感和历史感,并把两者结合起来,瞄准社会运动的轨迹,开展追踪史学研究。我认为,这将是一件非常有意义的工作。因为今天发生的一切将是明天的历史,追踪史学研究对于理解形势,预测未来,甚至是单纯的史料收集,都具有很大的意义。试举一例,比如个体户,在割资本主义尾巴之声中曾近乎绝灭,但到今天,个体户却已经发展为在数量和经济力量上均不可忽视的一个社会阶层,如果我们能够对于个体户的发展历史、现状以及未来作一深入研究,相信会得出有价值的认识。

开展当代史的研究,是牵动整个史学界步入新阶段的火车头。有人说,当代史是人们熟悉的,用不着研究。然而,熟悉的或有过经验的,同史学是两个不同层次的东西。史学作为一种认识,是史学家经过特殊劳动之后的产品,当代史也必须经过史家的再认识才能呈现在人们面前。当代史与人们的生存休戚相关,有广泛的群众基础和社会需要。现代以前的历史,社会进步是较为缓慢的,现实与历史差别不大,所以能察古知今。然而现代社会,尤其是当代,几十年,甚至十几年就会发生重大变化,"察古知今"基本上不中用了,必须察今而后知今！甚至可以这么说，当代史研究的深度和广度，是史学现代化的重要标志。

第二，开展与当代社会重大问题相关的历史研究。

简言之，即面对现实，反顾历史。无论从世界看还是从我国看，都面临着许多重大课题有待解决，如社会主义与资本主义的关系、战争与和平、进步与公正、阶级与调和、革命与改革、平等与效率、文明与野蛮、道德与强制、文化交流与冲突、社会主义发展与多元化等。为解决这些问题，首先需要了解它，而历史考察则是绝对不可少的，史学家对此应责无旁贷。

有一种看法认为，历史同现实一挂钩，似乎有损历史学的圣光，这实在是一种偏见。史学家不能离开人间烟火，为什么要把与人间烟火有密切关系的历史研究视为庸俗呢？关系到整个民族，乃至人类命运的大事，史学家绝不应该袖手旁观。当然，这类问题的研究绝不是唯一的，但必须视为正当的，同样具有很高的学术价值。

面对现实，反顾历史。可能有人批评是搞什么"实用主义"。实用有何妨？难道什么实用价值都没有，对民族、对人类的命运漠不关心，才是真正的圣洁的学术？说到底，即使有人搞实用主义史学，也应网开一面，百家争鸣嘛！

现在史学界有一种重方法、轻选题的倾向。过多地强调方法上的突破，而在很大程度上忽视了选题的更新。这是一种本末倒置的现象。理论与方法固然重要，但一定要与选题更新相结合，才更有意义。

只有在充分开展与当代重大问题相关历史研究的条件下，才能真正体现出历史学的科学效应。历史是一门科学，而科学本身则是一种能够为人类历史发展做出贡献的知识体系；科学的价值在于其能够推动人类的进步。历史学如果远离现实生活，那么只能使其科学化程度下降。反之，史学贴近生活，贴近现实，能使历史科学的发展获得空前的推动力。

当代重大问题的研究与国家民主建设关系紧密。它既可以说是促进民主化的一个动力，又可视为民主化程度的一个标志，史学工作者有义务、有权利大胆触及当代社会史的重大课题。

总之，大力开展当代史以及与当代社会重大问题相关的历史研究，是时代赋予历史学家的责任。同时，也应视为历史学摆脱困境，走向新繁荣的一个转机。

三、更新史学观念,改进工作方式

不可否认,史学研究的突破在相当大程度上依赖于史学界之外的大环境的改观,但史学界本身的努力也是非常必要的。这里提的"更新史学观念,改进工作方式",旨在从史学界内部唤起史学改革的力量。

史学工作者应该具有对于人类与民族命运的强烈的关切感与使命感。从某种意义上讲史学工作的特点是从外部观察生活,冷静多于热情。但是,史学工作者决不能在精神上亦游离于现实世界之外。换言之,史学家应当先把对时代的关切感、责任感与使命感作为研究工作的第一动力。前几年,有人提倡为历史而历史。这里姑且不论能否不掺主观,但主张追求客观亦无不可。然而,如以此否定对现实的关切,引导人们脱离现实,则是不当的。有一段时间,"为历史而历史"的风刮得比较盛,对此应有所反省。

史学工作者应该树立积极的参与意识, 使自己的研究成果起到影响决策、影响公众的作用。现代公民一般都有明确的参与意识。作为从事理性思维的史学家难道不应该成为一个积极的公民吗? 当然,史学家的参与应以科学作为基础。这些年,很多人著文反对把史学用来解释现行政策。我认为这种批评未必精当。史学为现行政策作论证也是一种史学,只要是史学家自主的选择,不仅应该允许,还应视为公民的权利。至于这种做法的是与非,应通过百家争鸣,请读者自裁。过去虽有过沉痛的教训,但不必因噎废食。史学工作者中,至少有一部分人应该把参与意识贯彻于史学研究中,本着总结过去、服务现实与未来的精神去从事自己的研究,使之最大限度地纳入到现实需要的轨道上,从一个方面显示史学研究的价值,适应社会对史学研究的需要。我们的新闻记者、文学家、政治学家和经济学家早已把目光伸向了许许多多现实敏感的区域,引起了社会广泛的重视,我们史学工作者还有什么理由徘徊他顾呢? 只要我们是真正抱着利国利民的目的去追求,是会得到社会承认的。

史学工作者必须树立独立自主的意识和为科学献身的精神。我们史学界不少人还缺乏这种精神,甚至存在着与此相反的两种较普遍的心态。心态之一,认为历史学之所以出现危机,在于领导不重视,以为只要解决了领导重视的问题,历史学就会出现繁荣;心态之二,史学家过分关心现实,会有掉脑袋的危险,因为从中国历史看,搞当代史的人大多没有得到好下场。我以为这两种心态都是值得商榷的。因为前者无疑还是把自己放在一个依附的地位上，而后者仍然表现为一种臣民心态，两者都缺乏为科学和真理而献身的勇气和精神。史学家要用自己的成果来赢得社会的青睐，赢得自身的价值，通过自己的辛勤劳动实现与社会的平等交换，不能总是寄希望于别人的重视，过分乞求重视只能贬低了自己。从历史考察，除了起码必需的物质条件外，一门科学、一种学问的地位，从来不是由任何行政力量所能决定的，相反，往往是行政干涉越多，学科就越容易衰落，古今中外，这样的例子并不鲜见。我们应该提倡，在研究对象面前，自己是自己认识的主人，史学面前无定论！史学家应当只对事实负责。史学家面前只有科学，只有实证，有什么结论就是什么结论，科学至上，而不是条条框框至上。

史学工作者应该有吸收与消化一切新学科、新方法的信心与能力。现在新学科的发展有瓜分历史学的趋势，每出现一个新学科，大致都会有一个专门史相应地出现。这种现象不是表明历史学的衰落，恰恰说明历史学是一切学科的基础之一，说明了历史学的重要。现在的问题是，历史学不能眼睁睁地看着被别的学科瓜分。在新学科、新方法为历史学发展提供了新基础的情况下，历史学必须进行更高层次的综合研究，更深入、全面地找出自身发展的机制。

关于史学工作者的工作方式，我只想提一点看法。我认为，我国许多史学工作者（包括我自己）有一个通病，就是手勤身懒。典型的治史方法是坐在房间里读书、抄卡片，很少走出书斋，到生活中寻找史料。治古史者如此还情有可原，但从事近现代史以及当代史的人，如果一味地坐在书斋里，那么就会丢失太多的东西。史学家应当投身生活、投身社会，才能更准确、更深刻地把握时代的脉搏，把握研究的课题。就以积累史料而言，也会给后人提供可资参考的证据。

原载《求是》，1989 年第 2 期

再说历史学要关注民族与人类的命运

历史学的意义在于，它是一门关系着人、群体、民族、国家、人类之命运的学问。此即司马迁所说的："究天人之际，通古今之变。"这是史学意义的根本所在。如果离开了这一点，历史流于说热闹故事，那就会成为文艺中的一科。

说到史学工作者的社会责任，因立场、价值取向的不同，会有不同的定位和看法。对多元的取向，我们应当正视和平等相待。1989年我曾写过一篇《历史学要关注民族与人类的命运》①，与当下相关的，着重说到了两点：

一是"大力开展当代史研究"，其中提到：

> 大力开展对当代资本主义发展历史的研究
>
> 大力开展发展中国家现代化进程的研究
>
> 大力开展社会主义国家改革史的研究
>
> 大力开展新中国成立以后历史的研究

特别强调了要"开拓追踪史学"。因为"改革、开放为中国社会带来的巨大变化，经济制度、政治格局、社会分层、思想观念等各方面都处于大变动之中。在这样一种历史条件下，我们应该具有新闻感和历史感，并把两者结合起来，瞄准社会运动的轨迹，开展追踪史学研究"。

二是"开展与当代社会重大问题相关的历史研究。简言之，即面对现实，反顾历史"。"无论从世界看还是我国看，都面临着许多重大课题有待解决，如社会主义与资本主义的关系，战争与和平，进步与公正，阶级与调和，革命与改革，平等与效率，文明与野蛮，道德与强制，文化交流与冲突，社会主义发展与多元化等。为解决这些问题，首先需要了解它，而历史考察则是绝对不可少

---

① 《求是》，1989年第2期。

的,史学家对此应责无旁贷。"

这篇文章算不上是理论文章,而是一个调查报告的前言。20世纪80年代中期,教育部高教司委托我对高校历史科进行一次调查,我跑了多所高校,查询了课程开设等情况,发现上述两方面的课程几近于无。20多年过去了,现在的情况如何,我没有再调查,就我所知的南开大学情况而言,虽有所改进,但总的来说依然没有多少改观。

我仍然认为:"大力开展当代史以及与当代社会重大问题相关的历史研究,是时代赋予历史学家的责任,同时,也应视为历史学摆脱困境,走向新繁荣的一个转机。"

上述这些看法到现在我认为都没有过时。为探讨最迫切的命运课题,史学家首先要敢于承担。为此有几点前提性的认识需要讨论和明确:

1.拒绝禁区,打破沉闷区

20世纪80年代初已提出研究无禁区。但有否法定的或行政性的禁区呢?我没有见过有关规定,不过在经历中似乎是存在的。我的直接感受是由媒体编辑们掌控。我主要从事古代史研究与教学,在思想史的研究上,主要剖析思维方式和思维范式与定式问题。这类问题多有古今贯通性,有时会涉及当代。编辑同志们多半要我把联系到当代的部分删掉,或由他们直接加工处理。为了文章能发出去,我也多半妥协。时间一长,在我心底也就有了一条"线"。由于我没有看到公开的禁令,不好说是禁区,我称之为沉闷区。沉闷区是怎么形成的,我说不清楚,编辑们似乎是"司线员",他们是否接到了禁令,我不得而知,于是我常戏曰:编辑专政!一旦自觉或不自觉承认沉闷区,社会责任心也就相对弱化。不少人怕招来麻烦,懒得进入或能躲开就躲开。

我不是有胆量的人,但有时也会闯一下沉闷区。这里说几件事,都发生在20世纪80年代中后期,当时我主持系务。

大约是1985年,青年教师潘荣(李新的研究生)向我提出,不应该回避抗日战争的正面抗战,其作用和意义不能掩盖。这个问题当时有习惯上的禁忌,但又说不清来自何方?经反复思索,我感到这是涉及历史真实的大问题,决定支持,并表示如出了问题由我负责。于是我出面主持,潘荣做了一次大胆的讲演,听众反应极其强烈,开阔了同学的视野,如梦初醒,原来还有这么多事!由此南开大学历史系现代史的讲授内容发生了相当大的改变。

据我所知,当时大学没有开设"文革"史的。而"文革"在中国历史中有着浓缩性的意义,于是我决定请左志远教授开设"文革"史,引起了同学们的极大兴趣。除了给本系讲,还向全校开设了选修课,由于选课的人太多,不得不进行限制。

我还请陆镜生教授开设了人权史。事情起于一个偶然的机缘。1986 年,美国天普大学斯维德勒教授来中国访问,他是研究人权和宗教之间对话的名家。从最高研究机构到著名大学访问了 16 家,统统婉拒他讲人权。他本来是到哲学系讲学的,我想不起是何因由访问了我。在谈话中,他对不让讲人权很不理解。我的第一感觉是,马克思主义怎么能拒绝讲人权?当即表示,请他来历史系讲,我主持。这里说几句题外话,这位教授主办一个宗教之间对话刊物,刊登讨论人权方面的文章,他向我约稿,我说我是研究中国古代史的,他说古代也有"人"的问题,于是我与葛荃合作写了《儒家的人论与王权主义》,刊登后引来批评,他提议我们回应,遗憾的是我不会英文,请人来回翻译很难,只好作罢。1989 年 5 月,在华沙要召开一次国际人权讨论会,这位教授是积极的参与者,于是邀请我参加。我以不会英文婉拒,他来信说可以带一位翻译,由会议负责。他说,你是第一位开放讲人权的,中国只邀请了你一人。那时出国要上级部门批准,结果被否决了。此事也说明当时人权问题有禁忌。

对上述诸事,都有人劝我:少惹点事吧。我说,没有明文禁止,不要自己吓唬自己。其实学校领导也真的没有干预。自我禁锢是怎么形成的,这真是个需要研究的问题。

众所周知,目前在国内,能被体制承认和计入工作量的成果须在一定刊物上发表才算数,而这些刊物都有"线";有越"线"内容在非"圈内"刊物发表的,都不被承认,当然也不能计入工作量。这样一来生存空间就被压缩了,学术视野也受到局限,相当多的人免找麻烦,避开所谓的敏感问题,于是就出现了沉闷区。例如南开历史系开设的"文革"史后来就长时间中断了,我问任课老师是什么原因?回答很简单:没饭吃!是的,成果无处发表!

"沉闷区"中的问题多数是与命运相关的问题,实在需要更多人进来探索。现在已涌现出不少有勇气的史家探索"沉闷区",令人敬佩。

2.走出"原理"和"唯上"思维的限制

所谓"原理"思维与孔子说的"思不越位""非礼勿听"等"四勿"相近。在当下就是以"原理"为思维范式。我们那个时代论说历史除讲事实依据外,都要说"依据原理"或"理论依据"云云。研究历史唯一的依据是事实,根本不应另有什么"理论依据"问题,这是教条主义的一种形式。现在我们也会引述先贤前哲的论述,那是尊重知识权,而不是作为历史判断的"依据"。"唯上"思维是以权力为准,谁的权力大就依从谁。

我们都有过"打语录仗"的经验,这是我们这一代人常用的法术,想起来有点荒唐,但却是一个时代的普遍的事实。

我并不全否认"原理"思维。在历史研究中常常会有以某种理论为认识先导,但只能是认识的一种思维方式,也只是个人的选择,而不应成为必需的。有些"上"确实站得高、看得远,值得尊重,但不必"唯上"。

这些年来情况发生很大变化,开阔多了,但仍有很强的声音,依然要求按"原理"进行思维;对"上"虽然不像过去那样畏惧,但要公开进行讨论也很难。我不是主张抛开"原理"和"上",而是应平等相待。

3.改变事情发生在中国、研究者主要在域外的现象

有许多事情发生在中国,但研究主体多半在域外,近现代,尤其是当代领域这类问题很多。这种现象应该说是不正常的。我们能否改变呢?可能有难度,但必须正视。

在域内,有另一种情况值得关注,即有些题目被某些单位垄断,形成"史出一孔"的格局,这也是不正常的。经济上我们反垄断,在历史研究对象上也应该纠正垄断格局,档案到期就应向社会敞开,只有在开放的研究中才能把历史的"真"呈现在人们的面前。"史出一孔"固然有其意义,但也有极大的副作用,其中之一就是"尊尊"和"为尊者讳",仅此一项就会使历史失真。如果有很多人不相信所述历史的真实性,就会引起精神危机。"史出一孔"在信息化时代已经难于维持,此处搞"史出一孔",彼处无法垄断,于是出现了许多"出口转内销"和"舶来品"的史学著作,从而引起更多的疑问。

在中国发生的事情,当然不拒绝域外人的研究,但首先要在域内敞开,应该给有承担精神的史学工作者较大的空间。真金不怕火炼,只有经过史学家们的反复考证,历史的"真"才能真正显示出来。现在有些人非常怕历史的"真",越怕越会引起人们的质疑,一旦所倡导的历史知识失去人们的信任,其后果是不堪设想的。

4."定论"不能规范历史,只是一种历史认识

我们流行的一种观念是很看重"定论",某些权威机关的决议和权威人物

对历史的论说,常常成为史学家认识的前提,只要引述"定论",似乎就得到了历史的确证。应该说这是不符合历史认识规律的。

历史学家为什么不承认各式各样的所谓"定论"是认识的前提,1989年我写过《史家面前无定论》①一文做过论述,现再补充几句。

我们的确面临众多对历史做出的各式各样的"定论""决议"等。这些"定论"在历史认识面前是处于什么位置呢?我认为也只能是一种历史认识。这些"定论"与历史研究者没有特殊的行政性隶属关系。

按照现代社会的规范,如果这种"定论"或"决议"是某个行政负责人或机关做出的,在行政范围内或组织范围内无疑具有某种权威性,但也必须承认它不是每个成员必须认同的。现代性的社会组织,其成员都有对"决议"持保留态度和提出不同看法的权利。至于某些组织之外的人士,就更不能对人家提出任何要求。

做出"定论"或"决议"的人和机关都有时限性,也都是历史过程中的一种事实和现象,因此对历史认识而言,都变成了历史再认识的对象。"定论"仅仅是进行历史再认识的参照系之一,但不是史家必须遵从的。

说到具体人物,常说"盖棺论定",其实"盖棺"也不能"论定"。道理很简单,盖棺时的"论定"只是当时的一种认识和判断,重要历史人物的作用需在历史的长河中逐渐展现,因此就需进行不断的再认识。

我们有些重量级的人物,对许多事情曾有过这样与那样的"定论",这些"定论"对历史认识起过程度不同的规范作用,但完全装入这个口袋是不可能的,因为历史比某些"定论"不知要丰富多少倍,也不知要复杂多少倍。任何定论都不能把历史"圈住"。如果这些"定论"能把历史"圈定"住,那历史就会成为他手中的弄物和玩具,但这可能吗?

时下有一个非常奇特的现象:同一个时代,同是一个团队的头面领导人,在世时曾发生过激烈的分歧,甚至被对方整死,但评价基调却一样或近似,这样的"定论"只能作为一种噱头,让人哭笑不得,怎么能成为历史认识的依据呢?

种种"定论"本身只是某人和某些人的意志和见解,是人格化的东西,这些都是属于历史的,而历史不能是属于某些人的,更不能成为某些人的装饰品。用"定论"规范历史,还是让它归于历史,这是一个必须分清的问题。我认

①《书林》,1989年第2期。

为"定论"必须归于历史,决不能用来规范历史。

有些人把某种"决定""决议""思想"作为撰写历史的界碑,毫无疑问,是画地为牢,当然,作为一家之言固无不可。从我个人 50 多年的体验说,各种"定论"中无疑有部分内容经得起历史的检验,但也有相当多的不实之论。历史应该敞开让人去研究,有关历史问题的"定论"等只是历史认识的一种。

5.除对象,争鸣不应有前提

我曾以此为题写过一篇文章,发表在《书林》1986 年第 8 期。在这里重申一下我的看法。

从认识论上讲,在认识对象面前,一切学派都应该是平等的,谁先认识了对象,谁就处于领先地位。因此,在认识对象面前,各种理论与方法是一种认识竞争关系,不应该有谁领导谁的人为规定。马克思主义者坚信沿着马克思主义道路能最快地攀登到科学的顶点,但也不能排除非马克思主义者也会做出重大的贡献。我们说马克思主义是开放的,如果不承认在马克思主义之外还会有科学发现,那么开放什么呢? 向谁开放呢?

还有,谈百家争鸣,不能只限于一国之内。思想文化和科学认识这种东西是没有国界的。在现代世界交往如此频繁的情况下,思想文化已远远走在政治、地理区划的前头,逐渐成为一盘棋。此中既有马克思主义内部不同流派之争,也有马克思主义与其他各种理论和学派之争。

为了推进百家争鸣,有些人著文一再呼吁要把政治与学术分开,但政治和学术根本无法彻底分开,想分也分不开,也没有人能分开,有人要分那也只是属于他个人的事。从认识上讲,一切领域、一切对象都是学术所需要探索的,政治作为一种现象,也应包括在学术探索的对象之内。在这种情况下,如果一定要把政治和学术分开,政治就会变成一块神秘的土地,变成超对象的不可知的东西,变成中世纪的神堂。客观事物本身是错综交织的,因此知识本身是连在一起的。硬要把政治从认识对象中挖走,那么整个社会科学就会变得残缺不全,不成体统,大部分社会科学因此而失去它科学的意义。现在学术越来越不承认有任何不可认识的禁区;政治,一方面应充分保证认识的自由,另一方面又对各种认识进行选择, 这种选择应该像到商店里买东西那样,不买的并非无用的,更无权毁弃。所以学术与政治的关系,应该是自由认识与自由选择的关系。政治家们不要超出法律规定去干涉学者们的认识自由,学者们也要承认政治家在法律范围内有选择的权力。为了妥善地处理两者的关系,关键是要有相应的立法。利用职权粗暴干涉认识并造成极坏后果的事例,在古今中外历史上到处可以找到。这说明人类自身还很不完善,而建立和健全相应的立法会有助于妥善处理两者之间的矛盾。行政负责人当然可以对学术中的是非发表意见,也有权与工作相结合进行选择,但这一切都不要对持不同见解者构成人身安全的威胁,也不要强迫别人接受自己的见解,搞什么认识统一之类的活动。学者不要因自己的见解被行政选中而趾高气扬,以为自己是真理的化身,借行政权力搞学霸那一套;未被行政选择者也不必因受冷遇而灰心,学术之道,不在眼前之功利,眼光要放远些。总之都要豁达宽容。

历史工作者承担什么样的社会责任,由自己选择。但有几点应该是共同的:

其一,要对历史求"真"。一个"真"字很不易呀,不仅要有才、学、识、德,还要有"胆","胆"有时靠生命来作保,尤其是写当代史,历史上第一位有纪事的史官就是因写当代史而献出了生命!

其二,应该做出价值判断。我与张国刚合写的《历史研究中的价值认识》①一文,把历史价值分为三个层次:原生价值、延伸价值、抽象价值。价值的判定与选择很不相同,但史学工作者都不应该回避。在稍复杂的历史面前超越价值的"历史认识"是不存在的。

其三, 史家的责任是为人们对自己命运的认识和领悟提供一个参照系,如此足矣。

原载《史学月刊》,2013 年第 5 期

---

① 《世界历史》,1986 年第 12 期。

防御性思维与史学理论萎缩的后果

在史学认识中,历史事实的叙述属于"实",而史学理论似乎处于"虚"的地位;"实"不能无,"虚"好像可有可无。一般说来"实"的是稳定的,"虚"常常是漂移的,于是"虚"便被一些以求实自居的人置之一旁,或弃而不顾。其实只要认真考察和分析,这种看法属于短见。也可以说是一叶障目,他只看到了叶,而看不见树。

史学理论好像属于"虚",但它却具有统领性"帅"的意义,缺了史学理论,史学就会像没有"帅"的一群散兵游勇,没有阵列,只能是饾饤之学(中性含义),很难呈现历史整体(整体有大小的不同)面貌,形不成完整的叙事,很难有社会效应,也很难有认识启发意义,会失去通常所说的"知古通今""述往事,思来者""明是非"之效。史家刘知几说的"史之为用,其利甚博,乃生人之急务,为国家之要道"①等也只能落空。

史学理论有各式各样,有大有小,大的可能是整体性的历史观,小的可能是局部性的理念;可以是高头讲章,也可以是具体历史的理论概括,至于正确与否,是另外一层次问题。各式各样的历史理论多得不胜枚举,这里只说几个例子就能看出其影响之大。如"一切历史都是当代史""一切历史都是思想史""价值中立"、中国历史社会形态的诸种意见,如中国近代以来"革命史观"和"现代化史观"之争,对历史上农民反抗是"革命""起义"还是"暴乱"之争,等等,都是历史理论问题,其影响是何等的大啊! 如果再把域外的理论纳入视线,其说之多可谓不可胜数。对各种历史理论这里不能评论,下边只概说一点历史理论的一般性意义:

1. 开拓了研究领域。提出一种史学理论就可能打开史学中的一个新领

---

① (唐)刘知几撰,(清)浦起龙释:《史通通释》卷十一《史官建置》,上海古籍出版社,1978 年,第303—304 页。

域。马克思、恩格斯在《德意志意识形态》中所说的："我们仅仅知道一门唯一的科学,即历史科学。历史可以从两方面来考察,可以把它划分为自然史和人类史。"①这是从广义上说的。在我们这里,很长时间历史学不再广义展开,"文革"之后,人们逐渐在广义上开拓历史学,且不说宏观的历史,即使是视角的不同,也必定有一种相应的史学理论为先导和支撑。现在各种门类的历史学五彩缤纷,争奇斗艳,都有一定的史学理论相伴。多领域的开拓还仅处于方兴未艾之时,已经令我这个耄耋之辈眼花缭乱。

2.促进认识的深化和资料的发掘。历史认识是不断深化的过程,即使研究对象大体一致,而促进认识深化的动力也主要来自新史学理论的提出。现在谈起来多少有点调侃性的"五朵金花",尽管在 1949 年以前多少都有所论及,但进入 20 世纪 50 年代更加集中和凸现,从史学理论上说,进入一个新的阶段;在争论中虽然有诸多教条主义因素,但其对中国历史认识的深化和资料的发掘,可以说都是前所未有的,在认识史上是不可低估的,至今依然是认识中国史的参照系。

3. 推进历史的整体认识。一种史学理论的提出会引发认识对象的再整合,认识对象的内在结构不是一下子都能揭示出来的,要靠史学理论的指导才能深入其中。史学理论有的涉及面很大,有的相对较为具体,有宽窄、大小的不同,但有一点是共性,就是从整体看历史。整体也是相对而言,并不是说要包括整个的历史。在史学任何一个领域,缺乏相应的史学理论,就不可能有整体视觉。历史的复杂性最容易导致认识的碎化,把历史学弄成饾饤之学。尽管史学理论可能有偏,可能导致认识的整体错位,但它仍具有参考价值,因为提出了一个参考系。例如,理学家以理义叙事,清代的考据学有"尊经""信古""疑史"(史学著作)三个要点,这都是一种史学理论,明乎此,就比较容易判断理学家和考据大家的得失。由此可以得出结论:对前人历史认识的得失不仅在史料的辨析,同时要看他们的历史理论是否得当。

4.通古今。司马迁提出的"究天人之际,通古今之变"是高屋建瓴之论,直到今天依然是我们的指导。但如何"通古今",这是时代的命题,要靠史学家随时而进,提出新的理论。如果没有新的理论启动,历史就只能是一具沉睡的僵尸。只有史学理论居于"帅"位,才可能"究天人之际,通古今之变"。

---

① 《马克思恩格斯选集(第一卷)》,人民出版社,1995 年,第 66 页。

有人提倡"为历史而历史",似乎没有任何功利,其实大的功利正在其中,"为历史而历史"是把历史真实显现出来,而历史的真实常常与某些利益集团相抵牾,于是被禁锢、甚至杀头的危险都可能出现,说起来有点蹊跷,第一位见诸史载的齐太史就是因"为历史而历史"被杀的。如果看事情的全过程,还是有一种史学理念在其中:君虽恶,但臣不能杀之。广而言之,历史叙事可以说都是有一种史学理念来指导的。

5.多元的争鸣才能明是非。不同的历史理论会导致历史认识的差别,甚至大相径庭,形成是非认识的多元情况,这是无可奈何的事实。但有个好处,人们对是非认识就有了选择的空间,看何种认识有更多的史料作证,是非问题也只能以史料的真、假和偏、全为据。

6.引发叙事方式的变更。历史理念的不同,必然引发材料的取舍、诠释、修辞的差别。

总之,历史理论,不管是所谓的宏大叙事,还是微观的辩证,都是不可缺少的。前一个时期,不少人鄙薄所谓的宏大叙事,应该说是史学的一种短见,没有宏大叙事就不能显现历史的大势和大局。就以社会分期为例,五种图式(社会形态)固然难以成立,代之而起的是什么?至今史学家们没有贡献出自己的整体见解,即使有人提出,又难形成某种共识。共识未必就是正确,也未必就是认识得深刻,但至少是一种认识的参照。探讨社会形态是摆在史学家面前的一个难题,是一个最具挑战性的问题!

史学理论的发展既要有思想自由的环境,又要史学工作者有创造性的思维。虽然现在有诸多史学理论浮出水面,但就我的经历而言,我们长期处于一种防御性思维状态,现在依然没有消解。

改革开放以前,史学界的多数人处于防御性思维状态。何谓防御性思维?主要表现在:一是"唯上",换一个说法,就是以掌权人的说词为"圣条";二是表现为言必引"经典",论述历史必须先找所谓的"理论依据";三是,体现在史学工作者身上就是怕犯错误,怕扣帽子,怕打棍子,怕被剥夺饭碗。当时罪名很多,最主要是资产阶级思想和修正主义,之外还有很多,严重的是"反动""反革命"之类,直到成为"罪犯",等等。当时的绝对化的阶级斗争理论是不断推进的,前几天可能还是属于"革命的",没过几天就一下子变成了"革命"的对象。被尊称的史学界马克思主义"五老"——郭沫若、范文澜、吕振羽、翦伯赞、侯外庐,他们曾是革命的带头人,一日之间都成为革命的对象,影响极其恶劣的是郭沫若在"文革"前夕,自己宣布过去的著作应该全部焚毁,我们不知内幕,但可以肯定,他一定有难以承受的某种压力而痛苦地作了这样的表态。问题不在于他个人,而是一个巨大的标志。郭老要焚毁前作,遑论其他人!

1956年提出"百家争鸣"曾露出一线希望,比如雷海宗先生就稍微放开胆量,提出中国没有所谓的奴隶社会,转眼就成为"右派"的依据之一。而后"百家争鸣"变成"百鸟朝凤"。

作为史学工作者,他的本能是不能不思考,但本能又不能不考虑生存空间,在这种环境中,于是多数人自觉或不自觉陷入防御性思维(或绕路思维),更可怜、可悲的是,所谓的防御也大都陷于失效或失败!

防御性思维无论是主动的还是被动的,其直接的后果是异化为"鹦鹉学舌",具体到个人固然还有稍许差别,但陈述历史的方式大致是一种范式,只有局部的差异。另一个后果就是把历史饾饤化。

史学理论是史学的灵魂,没有一定的理念,几乎就难于呈现历史和叙说历史。历史能呈现在人们的面前必定是历史事实(史料)和史学家认识的组合;饾饤化可以给史学贡献诸多金豆子,但难呈现历史的整体面貌。在历史认识中,一定的理论是统领全局的,从这层意义说,史学理论是史学之帅。

提倡历史理论的创新,并不是海阔天空的遐想,我个人更看重归纳法,这就需要力求详细、全面地占有资料,从材料中归纳出某种理论,这就是常说的"论从史出"。历史有些时期资料少得可怜,但更多的时期是浩如烟海,能做到详细、全面是很难的,但越难越应该下功夫。历史学是一种"笨"学问,所以范文澜老提出"板凳要坐十年冷"。归纳出来的历史理论也未必准确,但史料摆出来了,反驳者可以提供被忽略的材料或纠正其谬,这会使历史面貌更接近真实。史学理论确切与否,最后是要靠打材料仗。如果主要的正、反材料大致都能装入某种史学理论,这种理论相对就有更多的解释力和说服力。这里附带说一句,我并不完全否定所谓的"以论带史","带"不能曲解为"代"。"以论带史"大体就是演绎法,我们生活在"理论"环境中,接受某种理论为前提也是常见的事实。应该注意的是不能把理论固定化,不能把某种理论作为证据使用。理论可以充当先导,但不能成为"证据",因此长时间流行的"理论依据"是不能成立的。

个人取用防御性思维是一回事,如果某些掌控一定权力的人用强权要其他人也如此,肯定就是历史学发展的阻力。我说一件往事,20世纪80年代初,庞朴先生发起恢复和重新提倡文化史研究,曾向某个具有权威性的机构提出建议,并希望获得支持,但遭到拒绝,理由很明快:可能引起文化史观泛起。庞朴先生只好从民间做起,获得一些学人支持,特别是得到复旦大学一些同仁的积极参与,1982年年底在复旦大学举行了对后来影响深远的"中国文化史研究学者座谈会"。我有幸与会,多少知道一些内情。由此可见,一个观念的提出是何等麻烦和困难啊!

眼下情况有了很大改观,创造性思维相当活跃,提出种种有新意的史学理论,大大促进了史学的发展。但从另一面说,限制创造性思维展开的阻力仍然不小,有些学者每每提出对不同见解要进行"亮剑",我这个八旬老翁不知道"亮剑"在历史学领域的含义是什么?是重演"反右""文革",还是什么新方式?如果"亮剑"的含义是敢于争论,自然很好,我建议最好不要用"亮剑"这个武力词,毛主席说过"要文斗,不要武斗";如果真的是要"动武",那就另说了。如果是争论,对历史学首要的是要摆出充分的史料,打一场拼史料的仗会令人兴奋,纠正谬误,展现新史料,以历史的真实取胜,但一定要双方平等相待。争论激烈扣点帽子也无妨,摆出证据就好,这无疑会振兴史学和促进史学的发展。掌控一定行政权力的人参加到历史认识中来,当然是很好的事,他们视野可能更宽阔,但认识当否,同样必须由全面的、真实的史料来验证,不能一言九鼎。在这个意义上史料高于理论、也高于权力。

为什么我一再说史料,而不说史料就是历史的真实,因为历史的真实与史料并不一定全相符,多数仅仅是历史真实的一角,而史学工作者能操控的也就是史料,所以只能从史料说起。况且,我们的经验表明,有些真实的历史被淹没了,没有留下史料,或是留下了被篡改的史料。由此向前推,这类情况很多,比如帝王们常常更改"实录",更改后的"实录"如果没有其他的反证,是信是不信?更改的背后究竟是什么?也只能提出疑问而已。

创造性思维最主要一点是史学家必须平视。一切认识对象在史学家面前都是"平等"的,史学家应像法官那样去进行审视和判案。即使面对历史上最伟大的人物和事件,史学家也不能自卑、自鄙。我个人并不完全认同用"温情与敬意"诠释历史,因为它具有单项性。历史是复杂的矛盾体,不可能都是"温情与敬意",我认为对历史应采取分析的态度,既可能是敬意,也可能是鞭挞,两者之间又有说不尽的种种认识。

作为一名历史学的工作者,可能是个平头百姓,认识能力和知识面都属平平,但在历史的认识中无须估量自己的高低,自己就是认识的主体,这种主体性是任何人也不能取代的,在历史认识主体性这点上与圣人、权威是平等的。如果把圣人、权威置于自己的主体性之上,创造性的思维,特别是史学理论就会萎缩,"帅"不到位,整个史学也必然会陷入颓势。

原载《史学月刊》,2016 年第 6 期

中国政治思想史研究对象和方法问题初探

中国政治思想史的研究被冷落了 30 年。这几年，随着政治学的重新建立,中国政治思想史的研究又提到日程上来。不少院校有关科系开设了这门课程,有一些研究者,陆续撰写论文和专著。但是关于政治思想史研究对象和方法问题,还有很多不清楚的地方,亟须深入讨论。本文试就这个问题发表一点浅见,以就教于同志们。

一

关于政治思想史研究对象问题,苏联学者有过清晰的概括:"政治学说史作为一门学科,要阐述政治思想的发生和发展所固有的规律性,证明政治思想的历史是国家和法的学说有规律的积累过程,而这个过程是在代表不同阶级利益的思想派别的斗争中进行的。"①中国学者也有相近的看法,他们说:"政治思想史的研究对象是:历史上各个阶级和政治集团对社会政治制度、国家政权组织以及各阶级相互关系所形成的观点和理论体系;各种不同政治思想流派之间的斗争、演变和更替的具体历史过程;各种不同政治思想对现实社会政治发展的影响和作用。"又说:"政治思想最主要的就是各个阶级对待国家政权的态度和主张,即关于国家的产生、性质和作用,以及如何维持国家政权的理论观点和政治主张。"②上述的说法,我认为是相当深刻的,作为政治思想主要内容之一是被抓住了。我同意上述概括,但又感到尚有不足的地方。在我看,问题主要是把政治思想史的对象规定得过于狭窄,有碍于视线的展开。根据我的粗浅认识,政治思想史除了研究国家和法的理论外,如下一些内容也应列入它的研究范围。

---

① 参见[苏]K.A.莫基切夫主编:《政治学说史》,中国社会科学出版社,1979 年 4 月。
② 参见徐大同等编著:《中国古代政治思想史》。

首先是关于政治哲学问题。就中国先秦的政治思想理论看,政治思想与哲学思想浑然为一体。人们常说"哲学是时代的精华"。所谓精华是说哲学的认识是深刻的,且具有普遍性。在政治思想史的研究中,我们不难发现,各个流派和不同人物的认识有深浅精粗之分,这种认识上的差别最明显的标志之一是哲理化的程度不同。缺乏哲理的政治思想,一般地说属于直观性的认识。先秦诸子中的多数,为了充分和深入论述他们的政治思想,特别注意哲理性的认识。就目前的认识状况,究竟把哪些命题视为政治哲学,或怎样才能更清楚地抽出政治哲学性命题,是一个需要展开讨论的问题。从先秦政治思想史看,至少如下一些问题,都可以算为政治哲学。如天人关系,人性论,中庸、中和思想,势不两立说,物极必反说,理、必、然、数、道等必然性理论,历史观,圣贤观等等。这些问题与政治思想有极为密切的关系,其中一些问题是政治思想的理论基础。许多思想家把这些问题与政治理论、政策等交融在一起。例如,孟子的仁政理论就以人性善说为基础,荀子的礼治主张是针对人性恶而来的,法家主张人性好利,他们认为这种本性既改不了,也无须改,改了反而有害于政治,从这种理论出发,他们认为在政治上应该实行利用、利诱、利导、利惩等政策,超脱利害之民是不治之民,应加以铲除。诸子对天的看法也很不相同,有的认为是神,有的认为是自然,有的认为兼而有之,但他们又有一个共同点,都认为天制约着人事。由此出发,除神权政治外,法自然的政治思想在许多派别中都占有突出的地位。如果细加分析,在法自然上又有各种不同的主张。有的主张天人契合;有的主张天人相分;有的主张有合有分;有的主张天而不人,即绝对的自然主义。于是在政治思想上就形成了明显的分歧。从先秦政治思想史看,政治哲学问题具有特殊重要的意义,是应该花大气力研究的课题之一。

其次,关于社会模式的理论(又可称之为理想国的理论),也应是政治思想史研究的重要内容之一。社会模式思想与国家政权组织形式的思想,虽有密切的关系,但范围不同,两者不是一回事。社会模式或理想国理论是关于社会总体结构与相互关系的理论或设计,它包括社会生活的各个方面,在政治思想史中具有独特的意义。就先秦情况看,这一类的论述是相当丰富的,许多有关的思想和设计别开生面,耐人寻味。孔子的"有道"之世的模式,老子关于"小国寡民"的设想,庄子的"至德之世""无何有之乡"的幻境,孟子的王道世界,《礼记·礼运》篇中的"大同"境界,荀子的"王制"社会,农家人人劳动、自食

350

其力、不分君臣的美境,杨朱童子牧羊式的田园生活,等等,都属于理想国范围内的课题。在这些五花八门的理论中,有异想天开的幻想,有对现实生活深刻观察后的升华,还有切近实际的描绘,有的是现实主义的,有的则属批判现实主义的,有的是浪漫主义的,还有现实主义和浪漫主义的结合。在这些理论中,有奇想,更有深刻的思考和哲学的思辨。就庄子的"至德之世""无何有之乡"而言,乍然看去,作者一本正经、绘声绘色讲述的理想世界,使人感到荒唐。他要求人类彻底回到大自然中去。在庄子看来,人们的社会性生活,不仅包括国家、政治,还包括一切知识文明,以及仁义道德,等等,不仅是多余的,而且都是祸害,是束缚人的桎梏,应加以灭除。人类应该像牛马在草原自由漫步那样,过着"天放"的生活。对这种荒唐的追求,似乎可以一笑了之。其实,在作者到达这个荒唐的结论之前,还有深刻的思想作为先导,这就是人的自然性与社会性的关系及其矛盾问题。作者深刻地揭露了在当时历史条件下两者的对立,可惜没有看到两者历史的统一,而对于两者的对立,又缺乏一副科学的头脑去对待,于是走向极端,用人的自然性去否定和排斥人的社会性,推导出纯自然化的乌有之乡的幻境,从而也走到了绝境。作者怒斥了当时社会关系对人们生存权利的剥夺,可是他又企图让自然剥夺人类的社会生活的权利。他谴责当时社会关系对人的自由的限制,呼唤还人以自由,可是他所向往的自由只不过是牛马自然生活式的自由,结果用自然的自由取消了社会性的自由和人的创造自由,人类反而失去了一切自由,人不再是人。在庄子的理想国理论中,到处是一片荒漠,可是在荒漠中又蕴藏着黄金。对先秦诸子各式各样的理想国理论,我们需要进行分析,沿着他们走过的思路,寻找他们的得失,这是非常有意义的。所以研究和分析社会模式思想和理论,应该是政治思想史重要内容之一。

再次,治国的方略和政策也应是政治思想史的研究内容。国家和法与治国方略和政策有密切的关系,但两者又有区别。我们从先秦政治思想中不难发现,一些人在国家组织体系和法律规定上并没有什么原则区分,但在治国方略和具体政策上却有明显的不同,甚至形成水火之势。比如在农商关系上,有的主张重农抑商,有的主张唯农除商,有的主张农工商协调发展,有的主张以商治国,凡此等等,在政策上分歧甚多,各有一套理论。政治思想是一个复杂的领域,包含有多方面的内容,并且具有多层次性。不同的方面和不同的层次与政治实践有远近之分,有关治国方略和具体政策方面的主张与实际政治最为接近。实际的政治家常常从这些主张中选择行动方案。在政治思想史研究中应特别注意这方面的研究,从中可以得到许多可资借鉴的东西。

在政治思想史的研究中,还应把伦理道德问题作为重要内容之一。从学科上划分,伦理道德应该是另一个独立的领域。伦理道德不同于政治思想,比如在法家那里,他们便把政治和道德分为两种不同的事情。不过在中国政治思想史上,有些派别把伦理道德政治化,这一点在儒家那里表现得十分突出。比如"孝",早在周初,周公就明确地把它作为一种政治规定,在《康诰》中宣布:"元恶大憝,矧惟不孝不友",对不孝不友者"刑兹无赦"。儒家继承和发展了这种思想,孔子把孝视为直接的政治。有人问他,你为什么不当官从政?孔子回答道:我宣扬孝道,就是从政。①儒家把修身、齐家、治国、平天下贯通为一,也就是把道德与政治合而为一。把道德政治化,以道德治国虽不是中国古代所独有,但由于儒家在封建社会占正统地位,因此伦理政治在历史上起过重大作用,有着深远影响,应给以足够的重视。

关于政治实施理论以及政治权术理论也应是政治思想史研究的内容。进行政治决策以及如何把政策、政治规定和各种行政措施付诸实现,这是政治思想家们经常讨论的问题,比如关于进谏、纳谏、庭议、兼听、独断、考课、监察等,都属于这方面的问题。

在君臣关系方面,人们喜欢讲忠义,其实内中充满了利害之争和尔虞我诈。这一点被法家彻底揭露出来。这种关于权术的种种论述,就是官场争斗的理论表现。比如在君主专制的情况下,臣子如何进说就是一个经常被人议论的问题。韩非子的《说难》是专论这个问题的名篇。其实,他的论说脱胎于他的老师荀子。荀子在《非相篇》中有一段论述,应该说是《说难》的根本。在先秦诸子中,有关政治实施和政治权术理论是相当丰富的,具有独特的意义,很值得研究。

以上几项还没有把政治思想史的研究内容说完全,但这几项大抵都是不可缺少的。

基于上述内容,政治思想史的研究对象,大体可概括如下:研究历史上不同阶级、不同阶层、不同学派和不同人物关于国家和社会制度、社会改造,以及通过国家机关和强力处理人与自然的关系和人与人的关系的理想、理论、方针和政策;研究这些理想、理论、方针和政策提出的社会背景及其对实际政

---

① 参见《论语·为政》。

352

治的影响；研究它们之间的相互关系及其发展、演变的过程和规律。这里要着重说明的是，在阶级社会，政治思想的核心部分具有最明显的阶级性质。但从政治思想的总体看，又不能全部归入阶级范畴。比如关于处理人与自然的关系的理论，除有阶级烙印外，还有人类与自然的共同关系问题；关于社会生活的认识，也有一些超出了一个阶级的范围，比如调和阶级关系的某些论述，便包含了不同阶级、不同阶层的要求；还有一些社会规范是人人需要遵守的，也不好简单地划入某一个阶级范畴之中。就每个思想家而论情况更为复杂，虽然每个人都无法游离于阶级生活之外，但在观念上，并不妨碍某些人会提出超阶级的理论和主张。对于思想家的这些主张，从本质上看，无疑是掩盖了事物的本质，歪曲了事物的真相，从而在客观上形成欺骗。但就思想家的主观而论，则不能一概斥之为虚伪，或存心欺骗，不能排除有些人是出自真诚，并为之而献身。应该说，阶级的存在，恰恰又为某些人制造超阶级的幻想和理论提供了根据。在政治思想史的研究中，一定要坚持阶级分析，但阶级分析方法并不是要求人们简单地把每一个人和每一个思想命题都统统编排到阶级的行列中。比如说某个人代表某个阶级，于是便认为他讲的每一句话都代表某个阶级，每个命题都是阶级意志的体现。在过去一段时间内，有些人在这方面做得很彻底，结果如何呢？常常是捉襟见肘。比如，有人把庄子视为没落的奴隶主代言人，把庄子的话尽量还原为奴隶主的意志，这种分析尽管很入微，可是离庄子实在太远了。实际上，庄子的主旨并不是站在这个或那个阶级立场来讨论政治问题，而是站在自然主义的立场看社会。在这里不是讨论阶级分析方法问题，目的在于说明，即使在政治思想史范围内，也不能把每一种思想命题统统还原为阶级的命题，因为政治思想的对象本身并不都是阶级的。

二

政治思想史的研究目前尚处于探索阶段。为了加快研究步伐，一方面要注意学科自身的认识规律循序而进；另一方面还要借鉴思想史和哲学史研究的经验与教训。根据个人粗浅的体会，应该像广角镜那样，从多方面着眼，用多头并进的方式开展研究。

首先需要进行的是按思想家或代表作进行列传式的研究。思想史不同于其他史的一个重要特点,是思想家个人占有特别重要的地位。每个思想家虽然都是社会历史的产物,但一定的思想又是思想家个人认识的产物。因此,一定的思想,一方面不可能不以产生它的历史条件为基础;另一方面又具有明显的个性。在古代,由集体智慧而凝结成为统一认识成果的现象虽不乏其例,但主要的是个人的认识。因此,列传式的研究,是研究思想史(包括政治思想史在内)的基本方式之一。甚至可以这样说,列传式的研究是基础性的研究。对思想家和代表作研究不够,也就难于进行其他方面的研究。以列传式研究为基础的中国哲学史和思想史著作已有好多部,正是这些著作使哲学史的研究获得了广阔而坚实的基础。为了把中国政治思想史的基础打得宽广深厚,恐怕也需要几部或十几部不同风格的以思想家为基础的中国政治思想通史、断代史和专人史。

其次,进行流派研究。政治思想领域存在着流派是不会有疑义的,但是划分流派的标准却是一个尚待深入讨论的问题。就目前的认识来看,有的以阶级为标准,比如奴隶主的政治思想,封建地主的政治思想,农民的政治思想,等等;有的以在社会历史进程中的作用为准,如划分为先进、落后、改革、保守等;有的以思想理论特点为准;有的采用传统的说法,如儒、法、道、墨等。这些标准,都有它的价值和意义,不过在实际的运用中又常遇到困难,常常捉襟见肘。从思想史看,只有形成流派的思想,才能把认识推向深入,才能构成一种强大的社会力量。流派对历史的影响比之个人要大得多。在历史上,某些思想领袖之所以显得格外突出,也是以流派为基础的,因此研究流派是十分必要的。

再次,要开展社会思潮和一个时代重大课题的研究。这种研究不以个人和流派为限,而是以每个时代普遍关心的热门问题为中心进行综合研究。比如战国时期,不管是哪家哪派,都对人性与政治的关系问题发表了自己的见解。因此人性与政治关系就可视为一个思潮问题,有必要进行综合研究。又如,先秦诸子从不同立场和角度出发,广泛讨论了君主的产生、品质、作用、品分等,提出了各式各样的理论,因此君主问题作为一个思潮问题也是值得研究的。通过思潮和时代重大课题的研究,既可以对一个时代普遍关心的问题做出总的估计,又可以看到每一个人的认识如何汇成一个时代的文化总体,汇成一种历史文化流,即普遍意识。比如先秦诸子对进谏与纳谏问题有各式各样的理论和态度,分歧颇多,但通过对这个问题的讨论,形成了一个共同的意识,即进谏与纳谏是政治上的美德和政治兴旺的必要条件。这种共同的意识对实际政治曾起了巨大的影响。关于政治思想史中的思潮和重大课题的研究,应该特别注重。

还有,政治思想中的重要概念、范畴,例如礼、德、法、刑、仁、义、爱、赏、罚、势、术等的研究,也是很重要的。每个学科和学派都有它们的特殊概念和范畴,从而形成特定的思想形式。概念和范畴虽然不是独立的存在,但一经出现,又有相对的独立性,并在认识中作为纽带把前代和后代联系起来。由于时代的变化以及每个人认识上的差别,所用的概念字面上虽然无别,但所表达的客观含义常常有很大的差异,在各自思想体系中的地位也很不同。因此对概念与范畴做综合的研究是剖析普遍的思想形式所不可缺少的。比如"仁"这个概念,差不多先秦诸子都使用,在政治和道德理论中占有重要的地位,但各家对之却有很大差别,甚至是对立的。儒家高举仁的旗帜,出公入私,招摇于世。可是庄子对仁却给以鞭挞,《庄子·天运》说:"虎狼,仁也。"细加分析,在儒家那里,仁的地位也不相同,孟子把仁作为最高的旗帜,荀子则更看重礼,仁从属于礼。研究重要概念和范畴的发展变化,对推进政治思想史认识是极有意义的。

对各种政治思想进行比较研究也十分重要。人所共知,只有比较才便于进行鉴别,评价得失,权衡利弊。比较研究可以从不同角度进行,如人与人之间的比较,不同流派比较,流派内部不同代表人物比较,不同时代的比较,中外比较等。比较研究能够开人视野,利于从总体上把握和估价各种思潮。

政治思想与政治实践的关系也应该作为一个专门问题进行研究。政治思想与政治实践是两个不同的学科,后者的历史研究属于政治史,但两者又有极为密切的关系。政治实践是政治思想认识的对象,又是它产生的主要土壤,反过来,政治思想对政治实践又有直接或间接的影响,乃至起指导作用。在政治实践过程中,有些政治家把某一种政治思想奉为圭臬,有的则兼蓄并用;还有一种情况,我们难于直接说明一家一派对政治实践的作用,而只能从各种政治思想形成的政治文化总体看对政治实践的影响。

在研究政治思想时,我认为,价值性认识和是非判断性认识,具有特别重要的意义。我们研究政治思想史不能只限于描述,还要考察它的价值。为了判定一种思想的价值,首先要明确价值标准。对我们来说,价值标准是明确的,这就是历史唯物主义。但经验告诉我们,在实际运用中,却又表现为千差万别。比如,同是一个孔子,有的认为他是反动派,有的认为是革命党。在两种极端认识中间,还有一个广阔的余地,于是许多人在这个中间地带又找到了各式各样的价值标准。价值问题不只是个阶级定性问题,还有许多其他方面的内容。政治思想史不作价值分析,它就会变成一笔糊涂账。为了更好地判明各种思想的价值,应该探讨一些价值标准问题。在这个问题上,既要借助历史学已获得的成果,又要结合政治思想史的具体情况理出一些自身特有的标准。

是非判断性的认识与价值性的认识有密切关系,但又不相同。在政治思想史中如何判断是非,即判明真理与谬误,实在是一桩更为困难的事。从哲学上说,这个问题已经解决,人所共知,实践是检验真理的标准。但是把这条原则用于政治思想史,就产生许多枝节。政治中的实践具有鲜明的阶级性,在古代,除了某些短暂的革命时期以外,当权的都是剥削阶级。人民群众的许多美好政治理想不能实现,也实行不了;反之,代表剥削阶级的政治思想却付诸实践,而且证明有许多主张在当时是可行的、有效的,甚至起了促进历史的作用。在这种情况下,真理与谬误该如何分辨,代表剥削阶级利益的政治思想中有否科学和真理?实践证明是可行的、起了积极作用的思想是否就是实践检验证明了的真理?人民美好的、但不能付诸实践的政治愿望,与真理是什么关系?此种种,是亟须讨论的问题。我体会,把哲学史中判断是非的方法简单地拿过来运用于政治思想史,是难以说清问题的。因此,在这个问题上,需要从事政治思想史研究的同志做些新的探索。

以上所说,带有面面观的性质,而且又只是提出了一些问题,面面观总不免要流于片面。如果能起抛砖引玉的作用,也就感到满足了。

原载《天津社会科学》,1985 年第 2 期

传统思维方式与行为轨迹

传统思维方式问题从哲理上已有许多研究,我这里只从政治哲学角度说起。在我看来,中国传统政治思维方式的基本特点是一种"阴阳组合结构"。什么是阴阳组合结构呢?我想用如下一些组合命题来说明,如君本–民本的组合,尊君–罪君的组合,王体道–道高于君的组合,等级贵贱–人为贵的组合,王有天下–天下为公的组合,礼之分–乐之合的组合,顺从–自强的组合,正统–革命的组合,等等。我所说的阴阳组合命题,包括以下两种含义:一是说,在传统思想中,如"君本""民本"等命题都不是单独存在的,在理论逻辑上也不能自成系统,而是两者互为条件,互相依存,互相渗透,是一种有机的组合关系;二是说,两者是主辅组合,在上边所列的诸命题中都是前者为主,后者为辅,正像阳为主、阴为辅那样,不能颠倒。这里就君本–民本这一组合命题为例略作说明。中国历史上论述君本与民本的理论极多,如果不把它们视为一种组合关系,就一论一,单项推理,就会得出截然相反的看法,甚至会认为君本与民本是互相排斥和互相否定的。比如,有些人抓住"民本"往下推,于是得出中国古代就有民主理论与民主机制,"民本"是与"君本"相对的,进而认为民本是现代民主的源头与合乎逻辑的发展,等等。这种看法显然并不符合历史的实际。中国历史上的君本与民本是一种组合关系,胶结在一起,根本无法分割。两者的关系应该说是这样的:君本以民本为基础,民本以君本为归宿。唐太宗如下一些话把两者的关系说得十分清楚:"民者国之先,国者君之本。"①"天地之大,黎元为本;邦国之贵,元首为先。"②在传统思想中,"民为国本"与"君为民主"是辩证地统一在一起的。

---

①《帝范·君体》。

②《唐太宗集·晋宣帝总论》。

传统思想中讲民本的地方多多,然其要点不外是"重民"二字。为什么重民?有说不完的话。其实归纳起来主要是如下两点:一是说国之兴亡在民之向背;二是说民是衣食之源。如何重民?也有说不完的话,然其要点不外是轻徭薄赋和慎罚。因此民本、重民的出发点是君本,是如何维护君主制度的稳定,而绝没有把民提升为社会"主人"的意思,更不包含近代民主的含义。有人说"民本"便含有人格独立、人格平等以及民主的因素,那是开发者的投入和自我主观愿望的投射,在历史中是不存在的。君本—民本的组合体系是一种极高明的理论结构,对把握、处理、调整君民关系提供了相当宽余的空间,于是谁想超越这个理论平台都是极其困难的事,以致可以说,直至近代西方的民主观念传入之前,我们的祖宗在讲到君和民的关系时基本上都是在这个平台上打转转。由此可以看出阴阳组合理论结构的容量有多大!

　　在我看来,上边所说的种种阴阳组合命题在古代思想观念领域具有普遍性,是一种思维定式,同时也是一种价值系统。因此这些理论框架对人们的行为方式也成为一种设定和规范,尤其对士人的影响尤为突出。他们思想和行为大体不出上述组合范式。孔老夫子是大圣人, 高扬道的旗帜,以道为最高和最后的人生准则,他曾发出壮言:"朝闻道,夕死可矣",但在实际上他的"恋君"情结不比"死道"情结为弱,你看他三个月不见君则心神无主,惶惶不可终日。鲁昭公、定公、哀公显然不是他的"道"中之君,如果孔老夫子的理论逻辑与行为相一致,他就应远离鲁君和当时的其他的君主。浮游于海,固守他心中的道,但他没有这样做。我想所以如此,就在于上述的组合性的思维方式,也可称之为文化范式中有相应的活动空间。而且孔子本人对这种思维方式就有重大的创造,这突出表现在"中庸"论上。孟子也是在组合思想与作为。孟老夫子对当时的君主们几乎没有说过什么好话,几乎是一批到底,他还说过"民为贵,社稷次之,君为轻"这句流传千古、让人无限崇敬的豪言,也是我们许多人认定民本即民主论的最重要的依据。的确这句话曾惹恼那位和尚皇帝朱元璋,几乎要把他革除教门。然而,不应忽视,孟老夫子的种种看似抨击和批评言词的衷曲,恰恰是对君主们的忠告和殷切的希望。中国有两句老话,"爱之极则恨""恨铁不成钢",孟夫子的言论大抵属于此类。他自己坦言,世上爱君之切者,没有超过他的。我认为这不是他为取悦君主而说的表面逢迎之词,而是思维方式与行为统一的一种表现。在中国历史上几乎所有具有思想家色彩的儒生大抵都在组合性思维范式中行事。朱熹是旷世大儒，他用理学原则评判历史，认为三代以下没有一个够格的君主，他对宋朝的弊政批评也常常入木三分，照理，应对宋朝的皇帝有一个相应的定位，可是在他眼里宋朝却没有坏皇帝，即使不如意，也都是可以成圣的材料。宁宗赵扩即位不久，召朱熹做侍讲，让朱熹兴奋得不得了，满怀信心要把宁宗调教为圣王。没有想到，好景不长，宁宗听不进他的大而无当的唠叨，转而认为他是个假道学，把他赶出了京城。然而他的"忠君爱国"姿态依然如故。朱熹不可谓不智，也不可谓不知世故，难道他真的是故意装傻？我想不是，从文化范式来看这是合乎逻辑的。儒家整天教育人们要忠于君王，要事之如父母，朱熹又是领衔大儒，因此像孩子被娘打一样，不会影响恋母情结，他的忠君情结应该说是真实的。这里不妨再说几句海瑞这位儒臣。海瑞受王阳明的影响较大，坚守知行合一。在我看来，他是我所说的组合结构的人格体现。范仲淹说："居庙堂之高则忧其民，处江湖之远则忧其君。"海瑞就是如此浑然为一体的典型，不过又以尊君为归宿。他说得十分清楚："天下者，陛下之家。"所以为民也就是为君，正如何良俊评价的那样："海刚峰之意无非为民。为民，为朝廷也。"如下的一幕，把海瑞的心境淋漓尽致地展现出来。嘉靖皇帝是个有名的昏君，当时的民谣"嘉靖，嘉靖，家家皆净"，把当时的苛政揭露无余。嘉靖四十五年（1566 年）海瑞的上书震惊了朝野。他对嘉靖进行了正面的批判，惹恼了嘉靖，将海瑞下狱，判以死刑。由于海瑞的上书又充满了对皇帝热切的钟爱，嘉靖也不无领会，所以迟迟未执行。在一拖再拖的过程中，嘉靖病逝。海瑞在监狱里不知道这一消息。一天，狱吏设酒宴款待海瑞，他以为是临刑前的送别餐。海瑞在上书之前已做好了必死的准备，把家属打发回家，备置了棺材。所以当狱吏请他吃酒时，便开怀大饮。饭罢，狱吏告诉他："宫车适晏驾，先生今出即有大用矣。"按一般人心理，听到这个消息，至少会松口气。然而海瑞却悲恸不已，如丧考妣，将酒饭全都吐出来，痛哭昏厥，栽倒在地。从海瑞一生的经历看，他绝不是逢场作戏，而是真情的表露。由此我要说的是，前边说的传统思想文化的阴阳组合结构既是一种理论，又是一种思维与行为方式，同时还是立命的价值准则。

以上说的是自觉的事例，其实细考察，那些造反者的思维方式也不出上述的组合结构。比如，梁山好汉的旗帜是"替天行道"，在我看来，他们的路线与上边那些人尽管不一样,但思想文化方式并没有根本的差别。这点以后有机会再细致讨论。

　　总之,阴阳组合结构对传统社会的规范有着不可估量的意义,有待深入研究。这里只是提出问题,以期引起讨论。

原载《天津社会科学》,2001 年第 4 期

开展思想与社会互动和整体研究

　　近二十年来,思想史与社会史的研究都取得了很大的进展。就实而论,思想与社会本应打通。但就我的观察看,这点似乎有所忽视,或者说尚未引起充分的注意。思想史研究大抵主要是研究思想家的文本、思想逻辑、学术传承和抽象继承,相对而言,很少注重与社会历史的关系;社会史研究的主流是社会的实体问题,相对来说,疏于与思想的结合。当然也有一些学人开始关注思想与社会关系的研究,并出版了一些有分量的成果,但总的来说还是比较薄弱的。

　　思想与社会的互动关系应该说是历史研究中的一个常青的课题。从历史本身看,两者一直处于互动之中,犹如鸡生蛋、蛋生鸡一样,轮番不已,引起了历史的跌宕起伏。有人说历史是思想史,有人说历史是社会史,无疑都各有道理。我们所要讨论的既不同于通常的思想史的研究,又与通常的社会史研究有别。这个命题强调两者的汇通。因此,在这里作为关键词的"思想"不宜视为一个独立的、自主的领域,思想关联着特定的语境(社会)。思想也不限于精英,而应有意识地打破人为设定的精英与民间的鸿沟,要更多关注民间的思想与行为;同样,作为关键词的"社会"也不是与思想相分隔的,比如说到社会的分化、阶层、等级、社区、团体、法权关系等,一定要把它们同时视为一种思想文化建构的结果。思想与社会无疑可以二分,尤其在研究时更可以作认识性的学科划分,但就历史本身而言,两者是结为一体的,以致可以说两者互为表现,是一种历史的本体。因此,研究思想与社会的关系是一种整体研究,对此不应有疑问。

　　是否可以这样说,中国历史的特点之一是世俗化为主,也就是说"彼岸"问题不占主要地位。因此,思想与社会的整体性或者说一体化的特点更为明显。与此相应,终极关怀、价值体系、知识体系、政治体系、社会体系之间是一种一体化的关系。其间虽然不无矛盾和对立,但主流是合一和相通的。这在传统思想中有极其明确的表述。诸如,天人合一,道、器不二,体、用不二,百姓日用即为道,天理即伦理,知行合一等。这些观念所表达的既是中国传统思想文化的骨架,也是社会历史的灵魂。它向我们揭示,不能把思想与社会分割开来。

与上述情况相应,中国的社会关系与西方森严的凝固化等级制度以及印度那样的种姓制度也不大相同,但也不是像钱穆等先生说的那样是平等的社会。

中国的特点是等级的森严性与成员的流动性巧妙地结合在一起,再加上"革命论",以及科举制等制度等相配合,于是就有了"王侯将相宁有种乎?""皇帝轮流坐,几时到我家?""朝为田舍郎,暮登天子堂""十年财东轮流坐""人皆可以为尧舜""圣人满街走"等豪言壮语和相应的社会观念。虽然事实上,皇帝与百姓,圣人与凡人,官宦与平民,财东与贫民之间的路途远不是那么通畅,也绝不是举步可达,但确实又不是一条死路,还真的有那么一些人走通了。这种相对活化的社会关系为思想与社会的沟通与互动提供了现实的基础和条件。自古以来我们民族的思维方式基本上不是在世俗之外寻找理想和价值的寄托,而是在现实之中努力实现理想和价值。

因此,我这里所提出的思想与社会互动过程,不是一般的既研究思想又研究社会,也不是思想研究与社会研究的机械相加,而是说主要是两者的互动和混成现象。更具体地说,主要是研究如下两方面的问题,一是思想的社会化和社会的思想化过程问题;二是思想(观念)的社会和社会的思想(观念)。庞朴先生在论"一分为三"时,对"三"曾作了这样一句概括,即"超乎两端也容有两端的第三者"。我套用庞先生的这句话,就是要研究超乎思想与社会也容有思想与社会的那个"三"。换句话说我们要研究的重点既不是"形而上",也不是"形而下",而是联结上下并包容上下的形而"中"。说起来多少有点"玄",其实这种"玄"也是一种非常重要的历史存在和现象。

如何整体性研究思想与社会的关系,当然不是一个新课题,多年来人们都在思索和研究。许多学者做过十分有创造的实践。比如顾颉刚、侯外庐等先贤都有过筚路蓝缕之功。就这两位前辈而言,他们的研究路数显然不大相同,但各有里程碑性的著作遗留给后世,值得我们学习和借鉴。当代学者和一些国外学者也有新的著作问世,同样值得学习。我们提出的思想与社会的互动过程研究,就是想在已有的基础上如何把研究再向前推进。如何推进?我个人还说不清楚。但有些设想和题目罗列在下边,以便作为切入点,并用以把握对象(同时也想作为稿约,因为我们南开大学社会史研究中心今后还要举办这样的讨论会)。以下这十几个问题,没有明确的逻辑关系,是随笔性的。

1.社会性的政治哲学范式与社会整体控制问题。所谓社会性的政治哲学范式不是一家一派的私论,而是全民性的共识和行为归宿,它对人们的行为具有总体规范和制约意义。这些看起来有点虚,但实际又非常实。我们应该充分注意,常常是极虚的却恰恰是最实的,以致可以这样说,它是看不见的控制社会的大手,支配着人们的灵魂和行为,不可不察。比如"大一统"就是一个典型的问题,它就是一个形而上与形而下混为一体的历史现象,顾颉刚写的《五德终始说下的政治和历史》就是这方面的一篇范文。

2.社会政治阶层、身份、角色及其观念、人格、生活、功能综合研究。学界在这方面已有一批成果出现。在这里我特别提出要大力开展官僚阶层、官僚集团的研究,因为他们对历史影响实在太大了。

3.我们泛称为思想的可以分为精英思想(包括经典思想)、统治思想、普遍的社会思想与观念、大众心态等不同层次,这些不同层次的思想其间有互动、沟通,又有区别。对社会具有实际、直接规范和操作意义是统治思想和社会普遍思想,这些思想与观念,与精英思想相比多半属于平庸,或了无新意,其实正是这些思想与观念规范着社会和人们的行为。对大众的生活方式、习俗与行为的研究已引起了学界的注意,也有相应著作问世,在我的感觉中,似乎对大众习俗、行为中蕴含的观念研究得还不够。比如普遍性的泛化的王权主义观念,亦即权威观念(诸如家庭、行会、结社、团体、秘密会道门、宗教、师生、朋党等社会组织观念等)还缺乏深入的研究。大众心态属于日用性的,焦点是生存、利益问题,与精英思想有很大的差别。目前学界已有学者关注,并有著作问世,但总的来说,还未给予足够的重视。

4.价值取向、信仰(包括宗教信仰)与行为方式。学界对宗教信仰的研究成果累累,但对价值很少注意,甚至不把价值引入历史研究之中,似乎价值只是研究者主观因素,而不是客观历史和历史本体之一。就实而言,价值是人的本质问题之一,或者说人是一种价值存在,人的活动都包含了价值内容。价值的中心是"意义"。一谈到意义,总有一种"空"的感觉,实际上是非常实际的,比如礼的仪式的真谛就在于意义。"意义"无处不在,以至有人说,人就是"意义网上的动物"。思想和社会的互动正是人的价值实现领域。我们的史学对价值问题的研究大多是就事论事,而缺乏历史本体性的系统研究,这可能是一个重大的疏忽。

5.社会思潮与社会运动。比如改朝换代思潮与社会运动,革命思潮与社会运动,改革思潮与变法,社会矛盾激化时期群体性的盲动、疯狂与观念,社会"解构"过程中的畸形、怪异、妖孽性的文化和运动等。

6.纲纽性(核心)概念与社会。小到个人,大到学派和社会性的思想,都有纲纽性概念来支撑。这种纲纽的概念,特别是普遍化了的社会性的纲纽概念是文化精神的凝结,又是社会关系的坐标,同时也是社会关系。比如"道"这个概念就包含了数不清的思想与社会内容,我们不能只在思想层面上研究它,还要进行整体研究。

7.形式主义与文化和社会。社会化的形式主义是社会的规范与定位的准则,又是人们生活的当然前提。形式主义的东西很多,有政治的、文化的、习俗性的、宗教性的等。形式主义是历史的凝结,人在某种意义上说也是一种形式主义的存在物,我们应深入揭示形式主义的文化和社会内容。比如源远流长的颂扬文化(其中包含了假、大、空文化)就是一种形式主义的东西,一般不被人们注意,其实其中包含了丰富的社会与文化内容,很值得研究。

8.社会化的文化典型、文化偶像、文化符号、文化图腾等。比如"孔子偶像""清官现象""曹操现象""关公现象""诸葛亮现象"以及物化的标志,如旌表牌坊、神位祠堂、神物等,这些是既虚又实的混合物,其中汇集了太多的历史内容,有待深入研究。

9.观念的制度化与制度的观念化过程研究。这中间的问题很多,最值得引起注意的是理论形态、制度规定与实际的权力运作之间的复杂关系,需要认真梳理。另外,现在研究制度本身的著作不少,但对制度观念研究则相对薄弱,比如关于宰相制度的著作已有多部问世,但关于宰相观念的研究则很少。不研究制度观念,也就难以准确揭示制度功能。

10.区域文化和社会的整体研究。

11.思想社会化与社会思想化过程研究。如互化的渠道、中介、媒体、机制、组织及其资源的支配等,问题多多。

12.思维方式与行为方式。思维方式问题从哲理上有许多研究,这里只说一下我们自己认定的思维方式——"阴阳组合结构"与行为的关系问题。什么是思维方式的阴阳组合结构?我想用如下一些组合命题来说明,如"君本-民本"的组合,"尊君-罪君"的组合,"道高于君-臣谬论"的组合,"等级贵贱-人为贵"的组合,"王有天下-天下为公"的组合,"礼之分-乐之合"的组合,"顺从-自强"的组合等。我所以说是组合命题,意思是说,在传统思想中"君本""民本"等命题都不是单独存在的,在理论逻辑上也不能自成系统,而是一种组合关系;所谓阴阳组合也就是主辅组合,前者为主,后者为辅。这种组合命题也就是思维方式,它对中国人的思想与行为的影响至大。

以上的问题都是零零碎碎的,但目的只有一个,就是希望对思想与社会进行整体研究。从学科上说是属思想史呢,还是社会史呢?我认为这不重要。重要的是要呈现出"思想的社会""社会的思想"及"思想社会化和社会思想化的过程"。进一步说,对历史进行整体研究才能更准确地对历史进行定位,有了比较准确的历史定位,我们才有较确定的历史"对话"对象。有些先生为了发扬传统,常常爱做"抽象继承"。抽象继承无疑有其功效,但忽视整体的过分的抽象,在我看来似乎是自己在说什么,因此我多有疑问。比如,近年战国出土简帛的确有极大的价值,足可以引起程度不同地改写历史,还有众多的疑难问题也是向历史家智慧的挑战。许多学者为此做了艰苦的探索,令人敬仰。但是有的先生说,这些简帛的出土足以带来一场新的"自家的文艺复兴以代替上一世纪由西方冲击而起的新文化运动"。对这种民族文化的自信我深表敬意,但也有诸多怀疑。试问,以出土简帛作为新的文艺复兴的起点有足够的历史的根据吗?或者说在我们所知的历史之外提供了这样的新的历史依据吗?还有,简帛的历史内容与我们已知的历史有那么大的差距吗?另一方面,以此"取代"上一世纪由西方冲击而起的新文化运动,这可能吗?又如何"取代"?恕我直言,这种"狭隘"的民族文化精神未必有利于我们走向世界!"文艺复兴"从哪说起固然重要,但世界的历史注定了中国的"文艺复兴"不能"直线"地走,因此我们的"兴"恐怕也不能从"复"的形式来寻找源头或借题发挥。要承认在世界的进程中我们落后了一步,但我们也有便宜可用,那就是实实在在的"拿来主义"。有人提出应该认真总结一下一百多年以来我们的"学习"史,分析其中的经验和教训,尤其应该想想我们认真学习了吗?我认为这个问题提的很有意义,值得深入研究。这里附带说一句,我们民族文化自尊的依据主要不在祖宗那里,应在我们自己的新创造中来寻求。

最后,我还要扯到思想与社会的关系这个问题上来。思想与社会是有机的整体,并以历史的形态存在和延伸着。这里借机说一句个人的看法,我认为我们数千年历史的一个重要特点,是一种结构性的王权主义。这种结构性的王权主义也是传统的社会与思想纽结关系的主干。

(2001 年 4 月 7 日在南开大学社会史研究中心举办的"思想与社会"学术讨论会上的发言)

原载《历史教学》,2001 年 8 月

中国古代政治学说史研究对象与方法 *

一、中国政治学说史的研究对象

政治学说史的研究对象,顾名思义,即历史上出现过的各种政治学说及其发展的过程。具体而言,包括研究各种政治学说的特点、性质、内容及其发生、发展的历史条件和对现实政治、社会、文化的影响,不同政治学说流派之间的争鸣、渗透、演变和更替的历史过程等。然而一言及如何界定政治学说以及政治学说的内容和范围,学者们又争论不休。其争论的焦点是:究竟应当如何确定"政治"这个概念。

政治学说是系统的政治理论体系。人类的政治意识可以大体分为三个层次:政治心理、政治思想和政治学说。政治心理大多表现为情感、倾向、成见、信念、风俗、习惯等,它具有自发性或直接感受性,是一种不系统、不定型、不深刻的政治意识。政治心理具有社会性,它并不为少数思想家所独有,几乎一切社会成员都会或多或少有这种政治意识。政治思想是一种理论化的政治意识。它是政治心理的升华,因而比较系统、比较定型、比较深刻。政治学说则是系统化乃至哲理化的政治思想。它更丰富、更完整、更系统、更深刻。一种政治学说一旦被人们接受,就会对他们的思想、心理有重大的影响,进而支配他们的政治行为。占统治地位的政治学说是一定政治体系的重要构成之一。它不仅直接表现为理论形态,以体现统治意志,还贯彻在国家政治制度和政策法令中,以维护现存秩序,并积极干预社会生活的各个领域,为人们的行为提供基本准则和规范,支配、影响其他各种社会意识。政治学说本身就是一种极其重要的政治现象。

---

　*本文与张分田合作。

"政治"是政治学最基本的概念。这个概念歧义众多,因而人们对政治学的研究对象及政治学说的内容和范围的认识也有很大差别。古今中外的政治学家给"政治"这个词下的定义很多,各种说法差异很大。如有人认为政治即国家事务;有人认为政治是与公共权力有关的现象;有人认为政治是人与人之间的权力关系;有人认为政治即管理众人之事;有人认为政治是指政府制定政策的过程;有人认为政治是为社会进行价值物的权威性分配;有人认为政治是"权术""霸术""统治术"。还有一些思想深刻的理论家则试图通过一系列关系的综合考察来多层次、多角度地界定这个概念。

　　什么是政治?人们可以清晰地感知它的存在,又很难准确地界定它。大体说来,政治是围绕国家政权问题而发生的一系列特殊的社会现象的总称。它是一个历史范畴,与国家相伴而生,又随着社会的发展而不断改变其内容及活动的形式和范围。政治与国家、政权、公共权力、统治、社会管理、政府、法制、法律、社会秩序等现象及与此有关的各种现象直接相关联。政治关系在各种社会关系中居于中心地位,它影响、制约甚至支配其他各种社会关系。政治活动是利益,特别是经济利益的重要表现形式。社会优势群体(经济上处于统治地位、主导地位或优越地位的社会群体)通常也是国家统治权力的真正拥有者、支配者。一切集团或个人参与政治的根本目的都是力图通过掌握或分享国家权力、参与或影响政府决策以维护自己及相关社会群体的切身利益。因而政治又是各种重大的社会关系及社会矛盾的集中体现。政治属于上层建筑范畴,它是上层建筑中最活跃、最敏感的部分,制约着并渗透到哲学、宗教、道德、文学、艺术等上层建筑的各个部分。政治的活动范围极其广泛,几乎无所不及。它往往主动参与乃至以强制性规范干预各种重要的社会生活。人类的各种社会活动都可能自觉或不自觉地与政治发生关系。总之,自国家产生以来,政治因素几乎渗透到社会生活的一切领域。

　　毫无疑问,各种政治学说所关注的主要对象是国家政权问题。国家是政治现象的基本形式。政治的基本内容是参与国家事务,指导国家,确立国家活动的方式、任务和内容。各个阶级、阶层之间的关系,特别是它们之间的政治和利益关系,在很大程度上都要通过国家结构表现出来。各种政治现象大都围绕国家这个中心展开。国家问题必然成为历史上各种政治学说所关注的重点。因此,政治学说史的研究重点也应随之确定。

　　但是,国家问题并不能包纳所有的政治现象。社会是一个有机体。政治是一种极其复杂的社会现象。政治是经济的集中表现,又在上层建筑领域居于主导地位,渗透到社会生活的各个领域。各种社会现象与政治息息相关,有的在一定条件下可以转化为政治现象。例如"政教合一""神道设教"既是一种宗教现象,又是一种政治现象。战争是政治斗争的最高形式。在祭祀和征伐被视为国家头等大事的时代,宗教与战争就是最大的政治。孝道本属家庭伦理范畴,但在统治者奉行"以孝治天下"的政策并将孝亲规范纳入法律时,伦理道德规范便直接转化为强制性的政治规范、法律规范。当人们以"天""自然""道""阴阳""气"之类的概念和范畴来论证社会公共权威、政治关系及其规范之时,哲学思想就是政治思想。这方面的例子很多。以探究政治的特性、本质和规律为己任的各种政治学说必然将这类社会现象纳入自己的视野。因此,政治学说史研究的对象、内容和范围应该与之相应。

"政治"一词的本义,在中国和西方有所不同。在西方,"政治"一词源于古希腊语的"城邦"(城市国家)一词。政治学即"国家学"。在中国古代,"政治"通常称"政"或"治",主要指布政治事。"治者理也","劳心者治人,劳力者治于人"。这就是说,政治的活动方式是"治","治"的对象是"人"(小人、劳力者、臣民等),"治人"的目的是使之安定、有秩序、服从管理。"治"是一种统治者管理、支配、操纵、影响、控制广大被统治者的活动。"在君为政,在民为事","政者事也"。"为政""从政""执政"即行使权力,治理国家事务。礼乐刑政之"政",主要指行政。《国语·齐语》有"教不善则政治"。"政"又称为"刑政",主要指一种统治手段。中国古代的"政体"一词虽也涉及制度,但主要是指统治方略。由此可见,中国古代所说的"政治",主要指治国之道。中西方的这种差异是移译概念时遣词用字造成的。如果据此而推定中西方古代政治学说在对象、内容和范围方面有重大差异,中国古代政治学说仅关注治国之道,就难免失之偏颇。其实中国古代的"政"与"治"是包括国家制度问题的。如人们议论政治时常讲"政者正也""政者制也"。既然政治的目的之一是率民遵循正道,那么必然需要定制、立法、制礼,这就涉及确立政体、制度、法则及行为规范等一系列问题。国家与法的问题一直是中国古代政治学说所关注的重大课题。以现代意义上"政治"一词为标准去考察,就不难发现:中西方古代政治学说虽各具特点,各有侧重,但所涉及的对象、内容和范围并无大的差异。

比较而言,中国古代政治学说的确更偏重治国之道的研究。这个特点可能与中国很早就确立了君主专制制度有关。古希腊的亚里士多德面对 150 多种城邦组织选择更理想的国家制度,他的学说必然以国家理论为中心。西欧中世纪的政治学说以教权与王权谁应居于最高地位为中心课题。资本主义生产方式产生以后,人们力图以人权代替神权,以国家代替教会,因此致力于重新解决关于国家体制和建立原则的认识,从理论上证明各种经济关系和社会关系不是由教会和教条创造的,而是以权利为依据,由国家创造的。西方政治学说之所以更重视国家与法律问题,固然与学术传统有一定关系,而现实政治需要才是其根本原因。资本主义制度确立之后,现代西方政治学开始把目光移向如何维护这种制度,其学术重点也因而转向政府决策、政治参与、政治行为、政治文化、政治社会学。许多学者甚至主张以"制定政策的过程"或"价值的权威性分配"来定义政治。有人甚至声称政治学的主要任务是记述"人的政治行为"。这个变化很像中国古代的情况:大一统制度确立以后,大多数思想家只关注治国之道。

就总体成果而言,中国古代政治学说正是以国家政权问题为中心,兼及各种政治现象,提出系统政治主张的。这里要特别指出,国家政权的核心是君主与君主制度。以儒家政论为例:儒家是以"礼"来概括自己的政治学说的。礼的核心问题是社会政治结构、国家政体及相应的政治规范。儒家总是以天道、人性、道德来论证君主制度、等级制度的绝对性,然后以此为前提,进而讨论王道仁政及礼乐刑政等具体的治国之道。儒家的政治学说几乎包纳了中国古代的一切政治现象。其他学术流派的政治学说大多有与此相类似的特点。法家的政治学说则显然是典型的以君主为核心的"国家论""法制论"。

中国古代的政治学说包罗万象,有时还与其他领域的学说理论交织在一起,因此中国古代政治学说史的研究对象也应包纳无余,在确定研究的内容和范围时,宁失之于宽,勿失之于狭。即除了关于国家、政体、法制的理论以外,还要根据中国古代政治学说自身的特点,充分注意政治哲学、社会模式理论、关于治国方略与政策的理论、政治实施理论、政治权术与政治艺术理论、政治道德理论,以及中国古代政治学说所关注的其他各种理论和各种其他门类学术理论中所包含的政治理论内容。

二、中国古代政治学说史一般性的研究方式与方法

如何开展政治学说史的研究,这是一个有待深入探索的问题。根据前人

的实践经验和政治学说的特点,中国古代政治学说史的研究必须借助多种多样的研究方式和综合性的研究方法。

就研究方式而言,应该开展多视角、多层次、多头并进式的全面研究。其中比较重要的研究方式有以下几种。

（一）列传式研究

列传式研究以每一个思想家或每一部代表作为研究对象。这种研究方式是各种思想史的基本研究方式之一。政治学说具有很强的思辨性,它大多是思想家个人认识的产物。思想家的理论虽以一定的历史条件为基础,往往凝结着集体的智慧,却又具有明显的个性。如孟子、荀子都属先秦儒家,而其政治学说各有特点,前者更重视仁义,后者更重视礼法。又如在先秦法家代表人物中,慎到重势,商鞅重法,申不害重术。政治学说史的研究必须首先从研究思想家的个性入手,甚至可以说这是政治学说史的基础性研究。

（二）学术流派研究

学术流派的存在是一个显而易见的历史事实。如在先秦有儒、道、墨、法等重要的政治学术流派。一种学说只有形成流派才能把认识推向深入,才能产生重大的政治影响。思想家的群体造就了学术流派,学术流派的声势烘托了思想家。在历史上,许多思想领袖之所以显得格外出众,也是以流派为基础的。每一个流派及流派中的每一位思想家都有其个性,而流派中的群体又有其共性。流派的研究既可以深化列传式的研究,又可以使整体研究提升一个层次。这种研究无疑是十分必要的。

（三）政治思潮和一个时代重大政治课题研究

这种研究不以个人和流派为限,而是着眼于每个时代普遍关心的热门问题进行群体性的综合研究。每个时代都会有这类思想现象。如先秦诸子中的许多人介入了礼治思潮、法治思潮和无为而治思潮,并提出了各自的见解。通过思潮和时代重大课题的研究,既可以对一个时代政治学说的总体成果进行评估,又可以依据对同类政治课题的不同解答进一步认识个性,还可以从群体的共同取向中看到一个时代的具有普遍性的政治意识。这种普遍意识对实际政治和政治文化的影响既广泛又深刻,还会汇成历史文化之流而传之久远。对它的研究可以把共性研究向前推进一步。

（四）重要政治命题研究

每一种政治学说都是完整的理论体系。各个理论命题则是这一理论体系的基础构件。政治命题研究的功能之一是对一种理论体系做进一步的分析性研究。许多重要命题不仅为一个流派所共有，而且超越流派乃至超越时代。如"民为国本"就是一个自西周以来受到历代不同流派的思想家普遍关注的政治命题。对这类命题的研究意义更为重大，它可以深化对中国古代政治学说特点和本质的认识。

（五）政治范畴、概念研究

范畴和概念是人们对事物的实相、性质、内容和特点的主观判词。每个政治学流派都是以一系列范畴、概念来构造理论体系的。不建立自己的范畴体系，就不能提出具有思辨性的学说体系。每个学派都有偏爱的或独特的范畴和概念，从而形成特定的思想形式。如法家偏爱法、势、术、刑、赏、罚、耕、战等范畴和概念。它们是法家学说的支柱，并使其独具特色。还有一些范畴和概念具有通用性。如"仁"这个概念在中国古代政治理论和道德理论中占有重要地位，大多数学派都使用它。但是人们对它的界定有很大差异，它在每一种学说体系中的地位也有明显的不同。即使在张扬"仁"的儒家内部，也有人把它置于最高范畴的地位，有人则将其从属于"礼"。范畴和概念又是一种学说进行代际传承的纽带。由于时代的变化，其内涵也在不断变化。因此，对范畴和概念作综合研究是剖析个性、揭示共性所不可缺少的。这也是一种基础性的研究。

（六）政治学说比较研究

比较研究可以分为不同思想家比较、不同流派比较、流派内部不同代表人物比较、不同时代比较、中外比较等。有比较才能有鉴别。有鉴别才能更深刻地认识个性，揭示共性，权衡利弊，评价得失。比较研究有利于从总体上深化对各种思想现象的认识。

（七）政治学说与政治实践关系研究

政治实践是政治认识的对象和源泉。政治认识一旦升华为政治思想、政治学说，又对政治实践有直接或间接的影响，乃至有指导、规定作用。社会各阶层的人们如何看待、评说、运用各种政治学说，是认识一种政治学说的特点、价值与本质的重要依据。例如儒家学说长期被专制君主奉为统治思想，据此可以准确地界定其本质。从政治学说与政治实践的互动中还可以更深刻地看到政治学说史发展的条件、动因与过程。

(八)是非判断性研究

政治对文明时代的社会历史进程的影响最为显著。政治学说与政治理性、社会公正、历史进步的关系极其密切。研究政治学说史不能只限于描述，还要考察各种学说的价值，判断是与非、真理与谬误。研究政治学说史而不作价值判断，就会弄成一笔糊涂账。这种研究的难度比较大，却又是政治学说史研究中极有魅力的部分。它是从总体上把握一部政治学说史所不可或缺的。

就政治学说史的研究方法而言，这里着重强调方法的综合性。作为一个学科门类，政治学说史属于交叉学科，它既可以归入历史学，又可以归入政治学。这就决定了政治学说史的研究必须充分借助历史学、政治学的研究成果及相关的研究方法。如前所述，政治是一种几乎无所不及的社会现象。政治现象往往涉及社会生活的各个领域，并与哲学、宗教、道德、经济、军事、文学、艺术等有密切关系。这就决定了政治学说在各种观念形态中"专门化"的程度最低，它具有极强的"侵略性"、包容性。因此，研究政治学说，特别是研究中国古代政治学说，必须借助社会科学各个学科的研究成果及其研究方法。更何况学科的分类只是研究对象的区别，不是研究方法的畛域，一切有利于解剖研究对象的方法都可以采用。这就意味着应当把视野拓展到更为广泛的领域，即人类认识各种社会现象乃至自然现象所积累的各种有价值的研究成果及其研究方法，只要是可以用于认识政治现象，特别是与政治有关的精神现象的，都应该毫不犹豫地拿来。这就是前人所说的"集千古之智"。

总之，一门学科的重大突破往往有赖于研究视野的扩大和研究方法的创新。政治学说史的研究亦不例外。一切自我锁定研究视野、研究方式和研究方法的做法都是不足取的。

三、中国古代政治学说的特点

中国是最早提出系统的政治学说的国家之一。中华民族创造了独具特色的政治理论体系，为丰富人类政治知识宝库，做出了重大的贡献。

在世界古代史上，中华民族的先人对政治觉悟甚早，思之最深，现存的早期文献大多与政治息息相关。在甲骨文、金文中，便有关于社会政治的记载，反映了当时的政治观念。《尚书》则是中国最早的政治典籍。《诗经》《易经》也有许多内容涉及政治。《尚书·毕命》中有"道洽政治,泽润生民"。在先秦的其他文献中也有这种用法,而论"政"、论"治"的材料则不胜枚举。这表明华夏民族很早就已开始使用"政治"一词。据文献记载,西周时期的学校教育就已设置有关政治的课程。春秋时期,私人讲学之风大盛。孔子自称讲学的宗旨是教人如何入仕从政,并以德行、言语、政事、文学等科目教授弟子。可以说中国是最早在学校教育中设置政治学课程的国家。《孟子·尽心下》说:"诸侯之宝三:土地、人民、政事。"这比西方提出"国家三要素"说早二千多年。儒、法、道三家的学说,都是世界上著名的具有体系的政治学说,至今仍受到广泛的关注。其中法家又是世界上最早使政治学说摆脱道德的桎梏、专门以政治为研究对象的学术流派。法家的政治学说是世界现存最早的系统的国家与法的理论。《礼记·礼运》的"大同"思想,比西方提出的乌托邦思想,至少早千年以上。秦汉以来具有重要价值的政治著作更是不胜枚举。历代思想家在考察和阐释各种社会政治现象的过程中纷纷提出自己的政见。由于立场、观点、方法的差异,这些政见形成众多的学术流派。就总体而言,在当时历史条件下所能遇到的一切政治问题,都纳入了思想家们的视野之内。中国古代政治学包罗万象,体用兼备,成果丰硕,对人类认识政治现象做出了重大贡献。思想家们所提供的政治理性和政治智慧,就是在今天看来,也仍然具有重要的借鉴意义。

总地说来,中国古代绝大多数学派的政治学说始终没有成为一门独立的学科。以影响最大的儒家学说为例,其各种学说大多围绕经学展开。这就将各种学科分别关注的问题搅混在一起。儒家偏好以礼、仁、义、爱之类的伦理范畴来讨论政治,这就必然混淆政治与道德、政治理论与道德理论的界限。其实,学科分化程度不高是世界各地古代政治学说广泛存在的现象。混淆政治与道德的界限也是西方古代政治学说乃至许多现代政治学流派的通病。

一般认为,古希腊的亚里士多德是最早将伦理问题与政治问题有所区别的西方政治学家。他使政治学成为一门独立的学科。亚里士多德指出,伦理学研究个人的善,政治学研究群体的善。但是,他把国家说成是"最高的善",把政治归结为伦理的目的,道德仍然与政治混淆在一起。在整个中世纪,西方政治学说一直是神学的婢女,根本无法摆脱宗教教义和伦理道德的纠缠。在世界的其他地方,情况亦大体相同。

在中国古代,绝大多数政治学术流派也是把政治与伦理混为一谈的。但也有例外,这就是先秦法家。法家著名代表人物才是世界上最早使政治学成为独立学科的思想家。

先秦法家是世界上最先使政治理论摆脱道德观念桎梏的政治学术流派。现存的法家著作都以政治为核心问题,很少谈论与政治无关的事物。其中《商君书》最为典型。法家,特别是商鞅一派,具有强烈的非道德主义倾向。他们以现实的态度审视人与人之间的权力关系,认为政治地位和政治关系既不依据道德、是非标准而确立,又不依赖忠孝信义去维系。他们把政治权力视为决定一切社会生活的力量。据此,他们以君主独一与以法治国为核心命题,以法、术、势为主要概念,界定国家职能,设计政权组织形式,规划政府机构,设置暴力机关,确定权威性政策制定和执行的途径及社会价值权威性分配的方式。他们对国家及君主专制政体的产生、目的、职能、形式和权力分配以及政治运作等政治的基本问题做了系统的探讨和论述。有时法家也论及道德,但在他们看来,道德只是政治的工具,不是政治的目的。法家的思想无疑是一种相当纯正的政治学说。如何评价法家学说的内容,是另外一回事。仅就这种政治思维方式本身而言,的确是难能可贵的。在中国古代,这种政治思维方式曾形成影响深远的学术流派,这是中国古代政治学比较发达的标志之一。可惜的是,这种学术风格后来没有成为主流。

在特定的社会历史环境下产生的中国古代政治学说又具有自己的特点,主要表现在以下几个方面:

其一,政治学与哲学、伦理学浑然一体。

政治思想与宗教神学、道德观念纠缠在一起,是世界各地古代政治学说普遍具有的特征。这是古代人类对政治现象认识不够清晰、不够深刻的一种表现。在这一点上,中国亦不例外。但是,中国又有一些独特之处:一是政治哲学比较发达,神秘主义色彩较为淡薄;二是政治思想与伦理观念结合得更为紧密,政治伦理化的倾向更为明显。

中国古代最初的政治观念是将王权与神祇和伦理交织在一起的,其中宗法观念在社会政治生活中一直占据重要的位置。在商代,祖宗神的权威很难与天神的权威严格地区别开来,对祖先的崇拜比对上帝的崇拜有过之而无不及。在西周,天子观念将人与神的关系视为宗法伦理关系,而宗法制度和宗法观念又是西周政治制度和政治文化的重要基石。重伦理的文化倾向,为重人的政治开辟了道路。

春秋战国时期,中国古代文化初步完成了从重神到重人的转型,其具体表现之一是政治思维重现实、重理性。"天""天道""自然"等哲学概念逐渐取代神祇的地位,成为政治学说的终极依据。这就使政治思维由原来的王权–神祇–伦理三位一体,逐渐转化为王权–政治哲学–伦理三位一体。尽管宗教神学对人们的政治观念仍具有一定的影响,"天""道""元气"等哲学概念仍具有神秘主义因素,但一般说来,"人"才是中国古代政治学说关注的重点,关于君、臣、民之间政治关系的理论,是各种政治学说体系的基础理论。

　　政治思维向人聚焦,推动了道德观念的升华。随着伦理道德逐渐变成世俗化的普遍的社会政治规范,"德"在政治思维架构中的地位日益凸显。人们对道德的内在结构和价值功能进行了广泛的讨论,并将伦理作为指导社会政治生活的根本法则之一。在这方面,儒家是典型代表。儒家学派对道德规范的认识价值和行为操作价值作了充分的论证,赋予每一项道德规范以具体的政治功能,主张以道德原则规划社会政治,约束政治行为。在这种情况下,一方面"天下为公""以德配天""为政以德""修、齐、治、平"成为理想政治准则;另一方面伦理道德哲理化,抽象为"人道""人性"等哲学概念。思想家们总是把天与人做一体化思考,天道与人道互相诠释。人们论天道旨在论人道,天也被赋予人的属性。在理论功能上,天是工具,人是目的;在价值取向上,人是工具,道德是目的。关于天与人、人性与政治的思辨,丰富、深化了政治哲学,使伦理学、哲学与政治学结下了不解之缘。长期居于传统文化主流地位的儒家学说是政治学、哲学、伦理学三位一体的典型代表。

　　重视政治哲学在政治理论体系中的地位和作用,是中国古代思想家的共同特点。他们对矛盾观、历史观、圣贤观、人性论及各种必然性理论做了深入的探讨,这些哲学问题大多与政治理论、政策方针等交融在一起。各种哲学思维的重点不是认识论,而是政治思想。大多数著名思想家的本体论、认识论都与政治论题(包括与政治论题扭结在一起的伦理论题)直接相关。换句话说,讨论本体论、认识论的主要目的是为政治主张寻找理论依据,讨论宇宙观、自然观主要是为了论证社会政治秩序。哲学学说寓于政治学说之中,甚至可以说哲学从属于政治学说。论哲理,讲伦理,归根结底是为了论治道。这种思维方式本身就很难使人明确地界分各个学科。

　　儒家的经学思维方式是秦汉以来阻碍各个学科分化独立的另一个主要原因。汉代以后,儒家长期居于统治思想地位。他们祖述尧舜,宪章文武,遵奉经典。在他们看来，"经"是圣贤垂训的典籍，容不得评头品足。因此，儒家学者一般采取为经典作注、代圣贤立言的方式，阐发义理，展开政论。儒家的礼学与仁学本来就是无所不包的没有分化的体系。由于经学思维方式禁锢，礼与仁所内蕴的哲理、治道、伦常不仅未能分化出相对独立的学科，反而更加混沌一体，更加包罗万象。例如，在宋明理学那里，礼与仁不仅是治国之大纲，而且上可以与"天理""太极""自然之理"同训，下可以流行于万事万物之中。礼与仁既可以登上形而上的殿堂，又可以成为日常细行的规矩，以致统摄、制导一切概念和范畴。

其二，君主论是核心命题，君道是中心内容。

中国古代政治学说的核心命题是君主论，中心内容是君道。具体表现是：古代只出现过有君论与无君论两大类政治学说，无论哪一类都把君主作为政论的关注点。绝大多数学术流派和思想家主张实行君主制度，各种政治学说之间的主要区别仅仅在于如何维护这种制度，即实行什么样的治国之道。例如，儒家推崇礼治，法家主张法治，道家宣扬无为而治。由于圣王、君主被奉为制礼乐、行赏罚、为无为的最高主体，所以治国之道实际上是为君之道。

政治学把国家政治问题作为关注的中心问题。在君主制度下，王权与国家政权几乎是同义词，所以中国古代思想家必然围绕王权展开政治思维。

社会历史环境和认识对象的局限是造成这一特点的重要原因。自三代以迄明清，华夏大地上只存在过一种政治制度，即君主制度（包括君主制度的各种变形）。特别是战国、秦汉以后的中央集权专制政体历经二千年而没有重大变化，由此而形成了王权支配一切的社会体系和结构。关于三代以前的历史，文献中也只有"上古无君"或自开天辟地以来历代圣王相传的记载。在中国古代社会晚期，社会中的确酝酿着新的经济因素，但是在专制王权的桎梏下，这些新因素成长缓慢，尚不足以为新的政治观念的发生、发展提供强大的驱动力。这一切从政治、经济、文化等各方面局限着人们的视野。思想家们的认识对象只有君主制度，充其量只能在有君与无君之间加以选择。无君论虽不乏批判精神，却又与世无补。因此，绝大多数的思想家致力于设计一种理想的君主制度。

设计理想的君主制度，必然引发关于政体问题的分歧和争鸣，但是争论的焦点不在于是否应当"天无二日，土无二王，尊无二上"，而在于如何配置君臣上下的权力才更有利于长治久安。由于贵贱有等、天子独尊、君权至上等政治原则获得全社会的广泛认同，许多人把君主制度看作是理所当然、不言而喻的前提，所以政治学说所讨论的重点不是政体，而是治道。一些学术流派和思想家甚至对政体问题略而不论。古代政治学说的这个特征对人们的政治意识有重大影响。其中最突出的表现是：每当世道衰败、宗国危亡、天下板荡之时，反思政治、救衰图治的人们总是把对现实批判的锋芒指向暴君，把对未来理想的企盼寄予明君。在对明君的企盼中，人们多方设计防范王权失控的措施，提出一批相关的理论，但却没有人曾经想到设计一种更合理的政治制度以取代君主专制制度。

其三，王权绝对化理论与政治调节理论融合为一体，政论多以组合命题展开。

王权绝对化理论与政治调节理论有机地融合在一起，是中国古代政治学说的一大特征。这是以君为核心命题的政治思维方式的必然结果。

君权至上是古代政治学说的主题。围绕这个主题，人们把权势和美德加诸王冠之上。君主被称为"天""帝""圣""王""辟""上""主""真龙天子"等。在许多思想家的政治学说体系中，天、道、圣、王合一，王被置于绝对至尊的地位。他们认为王者独有天下，势位独尊，权位独一，权力独操，决事独断。总之，王是沟通天人的中枢；王是认识的最高权威和终极裁决者；王是全社会的最高主宰，拥有统属社会一切的巨大权力……对此，诸子百家多方论证，提出了系统的理论，充分肯定了君主至高无上的权威，把王权推向绝对化。

可是，在现实生活中，王权受到各种政治因素的制约。其中臣（官僚、贵族）和民（庶民）都是客观存在的不容忽视的制约力量。"君舟臣水""君舟民水"，不绝于史的载舟覆舟的历史现象告诉人们：君主的地位不是绝对的，而是有条件的。人们还发现，为君者大多不是圣贤，君权的运作常常受到个人才智、情欲等各种条件和因素的限制或影响。这不仅会造成政治失误，在一定条件下还会招致天下大乱。于是如何指导王权正确运作而实现长治久安，如何防范王权走向极端而导致倾覆，成为思想家们关注的重点。

思想家们从讨论君与臣、君与民等现实政治关系及天与君、道与君等虚拟的政治关系入手，提出了一系列王权自我调节的理论，如民本论、君臣师友论、社稷与天下论、尚公论、天谴论、从道论、纳谏论、法治论等。这些理论从不同角度论证了调节王权的必要性，提供了制约王权的理论依据。它们交互融贯，构成了古代君主论内在的理论调节机制。

各种政治调节理论是君权至上论的派生物,其理论的前提无一不是对君权的肯定。例如,由于儒家的天、道、理、道统、礼、仁等概念中包含着等级制度、君主制度及纲常伦理的一般原则,圣人是道的最高体现和人格化,天命之王、道化之君则是最理想的治者,因此,张扬道统、尊道崇圣、复礼归仁的出发点和归结点只能是君主政体的巩固。

由于在当时的历史条件下,对君权没有任何程序化、制度化的制衡机制,所以政治调节理论显得格外重要,并在政治运行过程中发挥着积极的作用。在理论著作中,思想家们往往以大部分篇幅阐发调节理论,提出许多动人的命题。在朝堂议政中,在奏折、谏章中,人们引述最多的也是调节理论。帝王们通常也承认各种调节理论所提出的基本政治原则,并将其作为修德施政的指导思想。重视调节王权的理论,是古代政治学说史上一个引人注目的现象。

政治调节理论的提出,实际上承认了君权的相对性,即尊天、行道、敬德、遵礼、守法、为公、任贤、保民、纳谏,才能居大位,保社稷,安天下。但是,各种调节理论毕竟是从属于、服务于王权绝对性理论的,它们无意也不可能走向否定君权至上。所以,古代君主论具有这样一种理论特色:将君权的绝对性和相对性交织在一起。依据逻辑,承认君权是相对的、有条件的,就应当否定君权至上。可是古代政治学说没有沿着这条思路向前开拓,相反,讨论君权的相对性是力图找到一条维护君权至上的途径,这就难免在理论上显得自相矛盾。

古代思想家是用组合命题的方式来自圆其说的。民本论最为典型。传统君民关系论将"民为国本"与"君为民主"这两个看似截然对立的命题组合在一起,从两个不同的角度论证了君主在政治中的中枢地位,并为帝王治民安邦提供了理论依据。这两个命题又是以一批具体的论点串联在一起的。以孟子的学说为例,他的君民关系论至少由以下几个论点或命题构成,即君权"天与之";天立君为民;"无君子莫治野人";"君为民之父母";"无父无君,是禽兽也";"王与民同乐";"天子不仁,不保四海";"民为贵,社稷次之,君为轻";行仁政则"王天下"。每一个具体论点都有特定的理论功能及其实践意义,但唯其总体才是孟子所谓的"王道"。正是由于"民为国本"是以"君为民主"为基本前提的,所以民贵君轻之类的激越之谈不会导出"人民做主"的结论。类似的例子俯拾即是。

各种政治调节理论皆由论证君主与规范君主两大类命题构成。例如:道统论以"道中有君–道高于君"为基本结构,革命论以"天命–革命"为基本结构,公天下论以"以一人主天下–不以天下奉一人"为基本结构,民本论以"君为民主–民为国本"为基本结构,君臣一体论以"君主–臣辅"为基本结构,礼治论以"圣王制礼–王者守礼"为基本结构,法治论以"君主立法–法为天下之法"为基本结构。一般来说,前者是主命题,后者是副命题;前者制导后者,后者为前者服务。道义或道统,既论证了一种理想化的君主政治模式,又对现实中的君主提出了严格乃至苛刻的要求,就是这种理论结构的典型代表。尽管规范、品评乃至批判君主是各种政治调节理论的主要功能,但它们不会把人们引向否定君主制度,除少数无君论者外,诸子百家的政治思维总是沿着两条看似自相矛盾的思路展开:一方面把各种权威奉献给圣王、君主,树立起一种理想化的绝对权威;另一方面又为这个权威设置了极严格的规范。这种普遍存在的理论现象,与其说是自相矛盾,不如说是一种特定的结构或范式。由于两个乍然看似相悖的思路是相辅相成的关系,所以它们共同构成了一种特定的思维方式。

其四,"尊君–罪君"政治文化范式。

中国古代政治学说不乏精彩之处,它们体现着中华民族的政治理性和政治智慧。"大同"理想、"均平"理想、"无君"理想,内蕴超越时代的政治理性。"大一统"思想把整个社会组织成统一的政治、经济、文化有机体,开创了无与伦比的中国古代文明,在建立统一多民族国家的历史过程中发挥过积极的作用。古代的政治谋略、政治道德中的合理因素,在今天看来也是应当有所借鉴、有所继承的。中国古代所创建的以科举制度为代表的考任制度及其指导思想,启发了现代社会的文官制度。总之,必须正确对待和评价古代政治学说的历史地位和作用。但是,由于时代的局限,古代政治学说内蕴政治文化悖论,"尊君–罪君"理论结构或文化范式是其中影响最大的一个。

"尊君–罪君"理论结构不仅体现为在统治思想中包含着相当丰富的规范、约束、品评君主乃至抨击暴君、暴政的内容,还体现为除无君论者外,在一切抨击暴君、暴政的思想家的理论体系中都包含着论证君主制度的内容。这就形成了一种共有的政治文化范式。

所谓"尊君",即尊崇君主制度、尊崇理想中的圣王或以尊崇时君为己任;所谓"罪君",即非议、批判乃至抨击帝王。"尊君–罪君"文化范式是一种政治文化基因,它可以在理论上或行为上表现为不同的类型。主要有二大类:一是"尊此君–罪此君"类型。这种政治行为类型多见于谏议的过程中,即通过诤与谏及相应的调整,"格君心之非""矫君之失""纳君入礼",最终"致君尧舜"。各种谏议论、改革论是其理论形态。二是"罪此君-尊彼君"类型。这种类型多见于政治动荡的过程中,即通过弃旧迎新,择主而事,重建君主政治秩序。"革命"论是其理论形态。在理论上将二大类型综合在一起的是道义。道义是传统政治价值的最高概括。道义理想与道义操作的结合必然构成"尊君-罪君"范式,即罪现实之君,尊理想之君。现实之君不可能完全符合道义理想,必然招致谏净、"革命"之举,即受到程度不同的批评、非议。各种罪君形式又可能通过不同途径缩小君主与道义的距离,即使它无济于事,人们仍然期盼理想中的圣王降临人间。道义对君臣两方面的政治意义又在互动中强化着一种特定的政治文化。这种政治文化的本质特征是臣民在道义面前自我剥夺了政治参与的主体性:在帝王观念中是"自尊-自罪",在臣民观念中是"尊君-罪君",又剥夺了政治参与的主体性,即把最终决定全社会命运的权利托付给某一特殊的主体或冥冥之中某种超然的力量,诸如天命、圣人或贤君之类。古代的"无君"论者最终也没能从这种政治文化中超脱出去。这就注定了传统政治思维中没有"宪政"的容身之地。

原载刘泽华、张分田主编:《政治学说简明读本(中国古代部分)》,南开大学出版社,2001年

开展统治思想与民间社会意识互动研究 *

统治思想与民间社会意识的关系是一个很值得研究的重大课题。这个研究对深度分析、全面解读统治思想与民间社会意识的成因、演化、特点、本质及其相互关系具有重大意义。在以往的研究中，大致说来，占主流的是"二分法"。先是阶级的二分法，强调两者的对立。近年来，讲阶级性的大大减少，取而代之的是"精英"与"大众"的二分法。当然也有一些学者开始关注两者的互动，如葛兆光注重研究一般的知识、思想与信仰。但是，这方面的研究尚待大力开发与推进。本文仅就统治思想与民间社会意识互动这个课题的研究思路谈几点意见。

一、"二分法"与"和合法"应当互补

思想与社会本是一个有机的整体。然而，由于学科的分化，人类社会的主要领域被分割，诸如政治、经济、社会、文化的区隔；人类社会的精神与实体被分割，诸如思想与社会的区隔；人类社会的精神现象也被分割，诸如政治思想与社会思想的区隔等。为了提高研究的专门化程度，人们可以将本来浑然一体的历史现象分割给不同的学科。但是，切忌因此而忘记事物本身的客观整体属性。就像缺乏整体关切的政治史很容易变成"断烂朝报"一样，缺乏整体关切的社会史也很容易变成"片段家常"。因此，在按照学科适当分割并加以专门化的研究之后，必须以综合性的研究来还原并解读事物的整体。

在各种学科分工中，历史学肩负着整体研究的学术使命。思想与社会互动研究的目的之一就是在这方面下功夫，即综合思想史与社会史的资源、对象、思路、方法，撰写更全面的思想史和社会史。

---

* 本文与张分田合作。

统治思想与民间社会意识关系研究是思想与社会互动研究的切入点之一。其主要目的是强化问题意识，对学科分工细化引起的思想与社会、上层与下层、官方与民间、经典与民俗、精英与大众、政治思想与社会思想的区隔等做一种补充和整合。依照历史现象之间固有的内在联系，确定研究对象，拓展研究视角，设计研究思路，对各种社会政治观念进行综合性解读。

统治思想属于"上层文化"，民间社会意识属于"下层文化"，二者之间又相互影响，甚至互为因果。它们之间的分化、互动、影响与交融既是一种重要的思想现象，又是一种重要的社会现象。官方与民间、精英与大众既有差别又有联系。无论从发生还是从发展的角度看，都很难把思想发明权简单地归于任何一方。就具体历史现象而言，有的非此即彼，有的亦此亦彼，有的介乎二者之间。这两个层次的社会意识的共同内容和本质最能体现一个社会的共同价值与信仰。凡是被精英总结的、被国家肯定的、又被大众认同的思想，其影响力更为深远。如果将它们截然相分，使之二元对立，是不恰当的。

从现有学术成果看，许多学者（包括我们自己）将统治思想与民间学说、经典思想与庶民信仰、精英思想与大众心态简单二分，进行二分研究。这无疑是必要的，也取得了可观的成绩。但如果过分夸大其差别，看重其区隔，忽略其相互涵摄的关系，容易导致片面性。迄今为止，对中国历代统治集团社会政治思想的研究、历代社会思潮的研究、统治思想与各种社会思潮关系的研究、官方意识形态与民间信仰互动关系的研究等都比较薄弱，有的甚至是空白。这与过分的"二分法"有直接的关系。在进一步的研究中，必须对二分法进行适当的调整，并补充以"和合法"，即重视两者之间的互动、互溶以及同一性等，把"从上往下看"与"从下往上看"结合起来，多层次、广视角、整体性地考察社会普遍意识发展变化的历史。在对统治思想、经典思想、精英思想、社会思潮、民间信仰和大众心态分别进行系统研究的基础上，考察它们之间的相互关系，对全社会普遍意识发展史做出深度分析和系统描写。

二、统治思想与民间社会意识互动的基本形式

统治思想与民间社会意识关系研究的一个重要的思路和特点是：将各种民间的精神现象作为主要研究对象，在深入剖析这些精神现象的基础上，解读经典思想、精英思想和统治者的思想，进而深化对统治思想、主流文化和全

社会普遍意识的认识。

统治思想与民间社会意识互动的基本形式有三种：

第一种形式是自下而上，即民间的许多社会观念、政治诉求和文化资源通过各种途径向统治思想输入。从发生学的角度看，通常大众文化、民间学说在前，统治方略、官方学说在后，统治思想是在不断采择、吸收、加工、整合各种大众文化、民间意识、私家学说的基础上形成与演变的。先秦百家争鸣与秦汉统治思想、宋代理学思潮与元明清统治思想的关系是最有代表性的例证。有时统治者还会直接依恃各种大众信仰实施统治，诸如所谓"神道设教"之类。

第二种形式是自上而下，即统治思想通过各种途径向社会大众输出。一旦某种统治秩序及其统治思想形成，统治者就会借助各种手段向社会大众灌输统治思想。其中最重要的手段是设置制度、弘扬官学、表彰楷模、惩处失范。这些手段对民间社会意识的影响极其广泛而深刻，在一定程度上甚至可以实现统治思想的民俗化。两汉以来儒家社会政治观念的广泛传播是典型事例。在这种情况下，许多大众文化现象实质上承载着统治思想的内容和精义。

第三种形式是上下共享，即在统治思想与民间社会意识长期的互动过程中，产生若干稳定的、共享的社会价值、文化资源，进而形成社会主流文化。与此相关的社会政治观念往往属于全社会普遍意识范畴。在这种情况下，许多思想文化现象既是官方的，又是民间的。诸如"天下有道"的政治期盼、"平均天下"的社会理想、天地君亲师等社会权威崇拜以及各种大众社会文化符号等，都属于这一类。

上述历史现象提示人们：国家的与社会的、官方的与民间的、上层的与下层的、精英的与大众的往往存在明显差异，将它们大体区分，分别研究，这种做法是成立的、可行的、必要的。但在民间与官方之间，许多思想文化现象往往或同源，或互摄，或共享。有的既不能仅仅依据出自民间而判定非官方，也不能仅仅依据出自官方而判定非民间。有的既是民间的，也是官方的，甚至是全社会共享的。如果这类现象没有研究透彻，那么，不仅不能准确地认识根由、共性与本质，也不能深刻地认识来源、个性与特质。

有鉴于此，我们主张，无论研究一个朝代的统治思想还是研究一种民间社会意识，都必须有广阔的视野，采用多角度、多层次的分析方法。其中统治思想与民间社会意识之间互摄、交叉、结合、共享的部分最值得深入研究。

三、若干研究课题

统治思想和民间社会意识的来源和构成很复杂,它们之间的互动关系也很复杂,因此,统治思想和民间社会意识的关系研究可以从不同的角度、不同的层面、不同的对象入手,可供选择的具体课题很多。这里仅列举若干课题,以示其要。

(一)历代统治集团的社会政治思想与各种社会思潮的关系研究

这一课题以各种社会思潮为主要研究对象。社会思潮与统治思想的关系最为直接、最为明显。它们常常互为因果,甚至亦此亦彼。一方面发端于民间的社会思潮往往是统治思想的重要来源和推动统治思想演变的主要动力之一,另一方面统治思想对各种社会思潮往往有深刻的影响,许多统治者的政治选择还会为其推波助澜。

社会思潮比某个思想家、某个学派的影响要广泛得多、深刻得多,它们往往会造就主流文化乃至全社会的普遍意识。以春秋战国时期的思想为例,当时的学派虽号称百家,而在政治上可以概括为三大思潮,即法治思潮、礼治思潮和无为而治思潮。就大多数思想家而言,争论的焦点不是要不要法治、礼治和无为而治,而是三种治术以何为主。这就必然在纷纭的争论中,形成若干普遍性的共识。这些共同的政治文化成果是超越学派的。无论哪个王朝、哪个最高统治者偏爱哪一个学派的政见,统治思想中都会包含礼治、法治、无为而治的内容。

社会思潮的形成与发展往往具有上下互动的特点,有悠久的历史渊源和广泛的社会基础。一种高度思辨、相当系统的政治哲学不可能突兀而生,它必有一个较长的积累、提炼过程。一种影响广泛的思潮不可能局限于思想家的书斋,它必植根于深厚的社会大众文化。在这个意义上,作为社会思潮弄潮儿的思想家们更像是一个中介者。许多思想学说是沟通上下、提炼精华、发挥演绎的产物,其基本文化价值的归属很难简单地判定是上层的还是下层的,是官方的还是民间的,是精英的还是大众的。

大多数影响广泛的社会思潮具有超越学派、通贯阶层的特征。例如,"无为"就是一个超越学派的命题,道、法、儒三大流派都有精到的论述。它甚至可能源于某些全社会共享的传统文化资源。许多学者已经指出无为思想与楚文化的密切关系,但在《史记·秦本纪》中也可以找到与"无为"相关或相似的政论。汉唐以来,众多学派都论说无为,明清皇家殿堂上也高悬着"无为"的匾额。显而易见,无为而治是一个影响广泛的社会思潮,不能简单地判定其学术渊源和学派归属。许多相关研究一遇到"无为"这个概念就简单地与道家挂钩,这显然是片面的。

在中国古代,许多起自民间、学界的社会思潮,与官方虽然有别,而其核心价值却又与统治思想大同小异。这种现象也需要通过研究更广泛的历史资料做出深度分析。

(二)王权主义与各种社会权威崇拜的关系

这一课题以各种社会权威崇拜为主要研究对象。社会权威崇拜大多与社会大众广泛认同的社会观念、政治信仰有关。这类观念和信仰具有大众性和相对稳定性,它是任何一个朝代赖以实现其统治的社会心理基础。

社会权威崇拜与王权主义的关系极其密切。王权主义是社会的一种控制和运行机制。大致说来又可分为三个层次:一是以王权为中心的权力系统;二是以这种权力系统为骨架形成的社会结构;三是与上述状况相应的观念体系。各种获得官方认可、大众认同的社会权威崇拜属于与古代社会权力系统和社会结构相匹配的观念体系。这些社会权威崇拜通常是在传统文化和统治思想的影响下形成的。它们也具有全社会共享的属性,其中,天地君亲师崇拜最具典型性。

天地君亲师是中国古代社会五种最重要的权威。分而言之,天地是天人体系中的绝对权威,君是政治体系中的绝对权威,亲是宗族体系中的绝对权威,师是学术体系中的绝对权威。总而言之,天地君亲师是互拟、互类、互证关系,它们集中代表着各种绝对权威的基本属性和特点。参透了这五个字的来源、意义和作用,也就把握了中国古代权威主义政治文化的真谛。

天地君亲师崇拜的基本文化要素很可能是与文明的曙光一同降临中华大地的。早在以甲骨刻写卜辞,以钟鼎记述铭文的时代,人们就已把天神地祇、祖宗神灵、先王先哲奉为绝对权威而顶礼膜拜了。在春秋战国的百家争鸣中,上帝的权威、帝王的权威、宗法的权威、师长的权威之间就存在着互拟、互类、互证的关系。荀子的"礼三本"说最有代表性。在汉代,董仲舒的"王道三纲"、《白虎通》的"三纲六纪"和《太平经》的"天地君父师"等进一步发挥了这种思想,并将其散播在社会各个阶层。人们普遍认为君、亲、师皆如天,天、父、师皆如君,天、君、师皆如父,天、君、亲皆如师。天命、君命、亲命、师命皆不可违。宋明理学将有关思想抽象为天理,归结为心性,推广于宇宙,散布于人事。于是,"天地君亲师"的牌位高踞于每一个家庭的供桌之上,成为社会风俗文化的一道风景线。与这类崇拜相关的社会政治观念显然是一种社会普遍意识。

天地君亲师联为一体的绝对权威崇拜,归根结底是绝对权威遍布社会各个层次这一现实在观念形态上的体现。在中国古代,与君主制度、等级制度及各种人身依附关系相适应,一切在上者,无论虚拟的天神、地祇、道理,还是实在的君、亲、师,以及嫡、长、夫、主等,都是主宰者。这类权威大多以"君"为文化符号,诸如宇宙的"天君"、国家的"君王"、家庭的"夫君"等。这就以帝王权威为核心构成了一种泛化的君崇拜。泛君崇拜与帝王崇拜互为因果、相互支撑。它是一种更具基础性、普遍性的社会意识。作为一种精神枷锁,它为权威主义的社会政治秩序提供着文化依据。

中国古代社会权威崇拜的来源与类型很多,诸如与宗教信仰有关的佛祖、菩萨、弥勒、玉皇、天尊,与政治理念有关的圣王、圣人、清官。各种社会权威崇拜都是研究统治思想与民间社会意识关系的重要历史材料。

(三)官方意识形态与民众社会理想的关系

这一课题以民众社会理想为主要研究对象。社会理想是社会思想的一种表达方式。各种社会理想是考察思想与社会互动的最重要的研究对象之一。

依据现代学科分类,"政治思想"被划归政治学,"社会思想"被划归社会学。但政治思想与社会思想很难截然两分。例如,"大同"理想既可以作为"理想社会模式"写入社会思想史,也可以作为"政治理想"写入政治思想史。古代思想家通常对社会与政治做一体化的思考。"三纲五常""天地君亲师"等命题都将哲学思想、政治思想、社会思想冶于一炉。围绕这一类的题目本应写一部"社会政治思想史"。

一般说来,由于社会地位和所处环境不同,各个阶层的社会理想存在差异,有些内容甚至相互对立。但是,有些内容又可能为全社会所共享。在中国古代,"天下为公""平均天下"的若干基本思路就获得普遍认同。形形色色的均平理想是这方面的典型例证。

"平"在中国古代社会政治观念中占有重要位置。平、均、齐、同大体是同一类概念,人们喜欢以这些字眼论治家、治国。治理家族称"齐家",治理天下称"平天下",国家大治则称"天下太平"。论赏罚则言"公平",论田土则言"均平",

论理想则言"大同"。"平均天下"是理想的政治,"天下太平"是政治的理想。

均平理想的形成有四个重要渠道:一是统治者调整各种社会关系的政治方略。在现存文献中,最先明确提出均、平、齐、同的是统治者。诸如《尚书·洪范》的"王道平平"。二是思想家的相关理论。诸如老子的"损有余而补不足",孔子的"不患寡而患不均",庄子的"平均",《礼运》的"大同"等。三是宗教信仰的理想境界。诸如道教的"万年太平"、佛教的"众生平等"。四是下层民众基于"同恨人间路不平"而凝成的生活向往。在制度化的等级社会结构中,贵贱等级中的贱者、贫富差别中的贫者面临着种种不公正的待遇,向往平、均、齐、同的理想社会是一切贫贱者自发的政治倾向。上述四种不同来源的均平思想互相影响,形成了若干全社会的共识,即理想社会的特征之一是"平"。

形形色色的均平理想是有差别的,然而,它们在形式上多有相似之处,在内容上多有共同的成分,又与同样的社会问题相联系,因此,往往纠缠在一起,不易区别。例如,《太平经》社会政治观念的基本思路与汉代统治思想很相似,而许多学术著作却简单地从民间与官方二元对立的角度解释《太平经》的"太平",认为它鼓吹社会平等、财产共有。这类见解严重背离了《太平经》的基本思维逻辑。只有深入研究官方意识形态与民众社会理想的关系才能避免这类偏颇之见。

(四)宗教的社会政治观念与主流文化的关系

这一课题以宗教的社会政治观念为主要研究对象。宗教信仰以一种特殊的形式体现着广大信徒的社会政治观念、社会权威崇拜和社会理想。许多宗教在社会各阶层都拥有信徒,贯通上层与下层,其社会政治观念应列为研究统治思想与大众心态关系的重要资源。

宗教通常属于与国家权力有别的社会力量。古代统治者对于社会大众信奉的宗教有相悖的选择,但也往往予以顺应,加以利用。有的时候他们本人也是虔诚的信奉者,甚至尊某种宗教为国教。以宗教信仰形式存在的社会政治观念必然与统治思想有一个互动的关系。以政治性很强的道教为例,在道教经典中包含着丰富的社会政治思想。这些思想既是社会思潮的产物,又以宗教说教的形式向社会各阶层的信徒灌输、强化特定的价值观念。道教不仅在社会各阶层拥有众多的信徒,还曾被一些朝代奉为国教,其社会政治观念很值得深入研究。

宗教大多源起于民间,有一个由下层走向上层,再由上层走向下层的历史过程。这个过程的重要内容之一，是宗教的社会政治观念与主流文化的互动。道教在这方面也很典型。道教社会政治思想主流的变化曲线与历代统治思想的变化曲线大体同步。《太平经》的思想与汉代经学有千丝万缕的联系；魏晋唐宋的一批著名道教学者大搞援儒入道；明清一批著名道士力求与宋明理学有所契合等。有些道教著名学者的政治思想甚至可以看成是统治思想的一种宗教化的解释版本。然而，又不能依据这个现象就断言这些思想只属于社会上层。研究这个现象有助于认识统治思想与各种社会思潮、民间信仰的互动关系，而这方面的研究又恰恰是当前中国政治思想史研究的一个薄弱环节。

道教政治思想通常被列入非主流文化。然而，种种迹象表明问题并非这么简单，有时甚至可以说它是主流文化的一个部分或一种存在形式。道教经典常常以政治教科书身份进入最高统治者的殿堂，有时还会成为培训科举考试应试者的必读教材，进而影响众多平民信徒的政治意识。在道教政治思想的创造者、宣扬者中，既有帝王将相和思想精英，也有普通道士和草莽英雄。其影响贯通思想和社会的各个层次，不仅同时塑造着"主流文化"与"非主流文化""上层文化"与"下层文化""雅文化"与"俗文化"，而且可以成为二者之间互动的重要中介。道教社会政治思想及其社会影响的复杂性，也为认识思想与社会的复杂关系提供了极好的素材。

(五)钦定的经典思想与大众社会文化符号的关系

这一课题以各种大众社会文化符号为主要研究对象。社会大众文化符号是指大众化的、与社会组织形式相关的，特别是与等级、名分、礼仪等关系密切的文化符号。钦定的经典思想与大众社会文化符号之间存在着复杂的互动关系。许多大众社会文化符号被注入了丰富的思想内容，可以称之为"非文本的思想"。有的大众社会文化符号甚至演化成重要的概念、范畴，可以称之为"理论化的文化"。对它们的研究可以深化对经典思想的认识。

中国古代统治者和思想家大多重视教化的作用，讲究"人文化成"，即从影响老百姓的日常生活入手，以人伦序列"化成天下"。他们善于演绎经典思想，发挥各种与等级、名分、礼仪相关的文化符号的意义，为纲常名教提供理论依据，为礼乐教化提供通俗的手段，诸如男女、夫妇、父子、君臣之类的"名分"都被注入特定的文化价值。在这个背景下，各种名分、礼仪乃至衣食住行皆有文章，从而形成许多符号性很强的事物或概念。以穿衣着装为例，由于衣着与等级、名分、礼仪密切相关，所以，产生了一系列与衣着有关的文化符号，如"衣钵"可以标示传承,"衣冠"可以标示精英,"缙绅"可以标示功名,"衮服"可以标示君主等。这类现象表明,大众社会文化符号既是社会现象、文化现象,又是思想现象,很值得深入研究。

从现有研究成果看,许多政治思想史的研究者没有将各种大众社会文化符号作为重要研究对象。例如,对于秦始皇发明"皇帝"尊号,许多学者往往单纯从秦始皇的心态、欲望及"皇""帝"字义的角度予以评说。可是,由于没有引入大众社会文化符号这个研究视角,所以,对秦始皇帝王意识的成因、构成和特点的解读还有待进一步深化。

实际上,君主称谓具有很强的符号属性。从夏之后、商之王、周之天子,到秦之皇帝,历代帝王尊号的更替生动地记述着中国古代王权观念的发展史。数以百计的君主称谓从不同角度标示着君权的来源与构成,诸如后及君宗、宗子、君父等宗法称谓负载着家国一体、君父一体的君权观念。王及一人、元首、太上、至尊、民主、人君、政长、辟、万乘、国家、社稷等权势称谓负载着帝王独尊、王权至上的君权观念。天子及皇、帝、天、龙、凤等神化称谓负载着君权天赋、帝王神圣的君权观念。皇帝及圣人、君师、君子、大人、宗极等圣化称谓负载着君主圣明、与道同体的君权观念。皇帝、衮服、陛下、皇舆、万岁等礼仪称谓负载着尊君抑臣的观念。早在先秦,宗法、权势、神化、圣化、礼仪等五大类君主称谓所标示的君权观念就大体整合在一起。先秦诸子经常将各类君主称谓作为政治概念使用。儒、道、墨、法等思想流派都提出了各自的圣王论。以圣化为主,兼备权势、神化、宗法的君权观念显然很早就是社会普遍政治意识。秦始皇的功劳只是为它找到了一个最佳的文字符号。由此可见,皇帝尊号是在各种君主称谓的基础上,经过意义的不断叠加而形成的。它是社会大众群体性的政治取向与秦始皇个性化的政治选择相结合的产物。

(六)统治思想与各种民间社会文化典型的关系

这一课题以各种民间社会文化典型为主要研究对象。文化典型是一种人格化乃至偶像化的文化现象。其形成的主要特点是在各种类型的历史故事中筛选最有典型意义的人物,经过人为的文化加工,使之成为某种社会理念的载体,进而衍化成标示某种特定人格典型的文化现象。文化典型依托历史,升华现实,借助范例,树立典范。它们生动形象,亲切感人,很容易获得社会各阶层的信仰。

人格化是文化典型区别于其他文化现象的主要特征。任何一种文化最终都归结为一种人格。在同一社会群体中,多数成员往往具有某些共同的心理特征和性格特征。它是共同的基本经验和生活方式的产物,由特定的社会环境铸模而成。这种群体性人格特质可以称之为社会人格。社会人格包含着许多为社会公认的价值、品格、规范和公德,是社会普遍意识的一种载体和存在形式。一种文化体系总是把与之相适应的社会人格提升为理想人格,把最接近理想人格的人树为全社会的人格典范,甚至将其符号化、偶像化。反之,它总是把反社会人格看成是一种社会病态,并选择乃至制造若干极端化的人物作为相应的文化典型。正反两方面的文化典型在铸模人的灵魂,调节社会生活,建立公共秩序方面有着重大作用。

依据其特点与功能,各种文化典型可以大体分为文化偶像和文化鉴戒两大类。文化偶像是正面的文化典型;文化鉴戒是负面的文化典型。文化偶像以颂扬典范的方式体现着获得广泛认同的理想人格、角色期待和行为模式,而文化鉴戒则以惩戒失范者的方式警示世人。例如,"尧舜"是圣王的代词,属于文化偶像;"桀纣"是暴君的代词,属于文化鉴戒。它们常常相提并论,成对出现,相反相成。

无论文化偶像还是文化鉴戒,都不是对历史原型的忠实摹写。剪裁历史,增删事实,修饰形象,注入意义,唯其如此,文化典型方堪称文化符号。以"尧舜""桀纣"为例,作为历史人物,尧舜即唐尧、虞舜;桀纣即夏桀、商纣。尧舜是盛世之王;桀纣是亡国之君。前者的成功令人艳羡,后者的失败遭到唾骂。正反两方面的经验教训成为诸子百家论说帝王之道最有力的证据。尧舜成为公认的圣君典型,桀纣成为公认的暴君典型。人人言尧舜,个个道桀纣,一切褒扬之辞和贬斥之辞分别向两极凝聚。前者成为完美无缺的治者与人格的象征,后者成为一无是处的君主与人格的代称。这就使"尧舜"与"桀纣"在很大程度上背离了历史原型。作为一种文化符号,"尧舜"与"桀纣"都是某类文化典型的抽象。前者可以泛称圣王贤君乃至所有完人;后者则可以加诸独夫民贼乃至各种恶人头上。尧舜凝集了古代文化的一切理想;桀纣汇聚了古代文化的一切禁忌。它们以一种背反的极化结构概括着中国古代文化的精义。

文化典型是在特定社会政治结构以及相应的社会政治观念中诞生的,因而其构成和特点与之完全相符。例如,在中国古代,帝王是公认的最重要的社会角色,君、臣、民是三个最基本的政治等级,而圣贤主义又是社会文化最突出的特征。与此相应,在一批圣人文化偶像中,圣王偶像数量最多,类型也最完备;圣人偶像明显地分为圣王、圣臣、圣民三大层次。作为一种最重要的文化现象,圣人偶像也是研究各种社会思潮(特别是圣化思潮)、社会权威崇拜(特别是圣王崇拜、圣人崇拜和神圣崇拜)、社会理想(特别是圣王理想、圣贤人格)的重要对象。

文化典型大多具有强烈的道德色彩。各种文化偶像是人格理想、角色模范、行为典范的集合体。中国古代讲究"三纲五常""忠孝节义"。与此相应,文化偶像都是自觉遵守社会角色规范的道德楷模,且大多以某种具体的社会角色的面目出现,诸如明君、慈父、忠臣、孝子、节妇、义仆等。这类文化偶像几乎遍及各种主要社会角色,可以排成系列,诸如圣王偶像尧舜、圣臣偶像周公、圣贤偶像孔子、贤相偶像诸葛亮、清官偶像包拯、忠义偶像关公、义仆偶像李善及二十四孝等孝子偶像。它们实质上是获得社会普遍认同的各种角色规范、角色期待的人格化的文化符号。

在中国古代,许多文化偶像获得全社会的崇拜和敬仰,对人们的精神世界有深刻的影响,其中关公偶像最为典型。武圣关帝不是思想家,且与历史原型有很大距离,然而,附加在这个文化偶像身上的忠义价值及各种文化意义却深刻影响着人们的思想,特别是广大"愚夫愚妇"的政治观念和道德理念。这类文化典型为全社会所共享,贯通上层与下层、官方与民间、精英与大众。越是获得官方推崇、民众敬仰的文化偶像,越具有普遍意义。

各种文化典型的形成都经历了自下而上、自上而下的互动过程。有多种文化因素参与了这个复杂的演变过程。例如,关公偶像的原型是蜀汉的败军之将。关羽横死,遂被一方民众作为冤魂厉鬼而顶礼膜拜。后来僧人借用民众信仰使之成为佛教护法神。儒家又将其收归门下,树立起手捧《春秋》、恪守忠义的模范形象。在民众崇拜、帝王敕封和某些行业添加意义等各种因素作用下,关公不仅作为武圣而与文圣孔子平起平坐,还被说成是协天大帝、伏魔大帝、武财神,从而获得广泛的信仰。在关公形象演变过程中,各种宗教信仰、民间社会意识、经典思想、官方学说和统治者的意志都起了重要的作用。在不同社会群体中,对这个偶像的文化意义的理解也有异有同,有取有舍。其他文化偶像的形成与意义也有类似的情形。因此,有必要从统治思想与民间社会意识关系的角度,对其成因、内涵、主旨、功能、影响以及不同社会群体取舍与解读的异同等做深入系统的研究。

此外,相关的研究课题还有很多,如统治思想、经典思想与各种蒙书、职业性行规的社会意识的关系等。各种蒙书大多是经典思想的通俗解读本,在统治思想、经典思想和精英思想大众化、民俗化的过程中发挥着重要的作用。这类研究也有助于认识中国古代的价值体系。

从思想史学科的角度看,深入研究统治思想与民间社会意识的关系是为了更全面、更准确、更具体地解读官方意识形态以及相关的经典思想、精英思想。它不仅没有背离思想史研究的宗旨和目的,而且扩充了思想史研究的领域、资源、对象和视野。有关的探索既可以弥补以往的思想史研究的明显缺失,又可以为丰富思想史的研究方法、改进思想史的研究范式开辟新的途径。

原载《天津社会科学》,2004 年第 3 期

中国传统政治文化研究方法 *

一、政治价值取向的普遍性

政治文化是现代政治学研究领域之一，它的定义迄今众说纷纭。一般认为，所谓"政治文化"指的是政治系统赖以生成的文化条件或背景，亦即一个民族在特定时期流行的一套政治态度、信仰和情感的集合，主要表现为个人对政治系统以及自我在政治系统中所担任角色的心理取向。政治文化与政治系统互为因果，是个人政治行为和选择的主观的决定性因素，并对政治运行施以影响。现代政治文化研究一般以现时的个人心理为主要对象。

我们所说的"中国传统政治文化"与传统的"政治系统"相对，即中国古代君主政治赖以生成、运转和发展的文化条件和背景。

研究中国传统政治文化不同于研究现代政治文化。现代政治文化研究以现实人的政治心态为主，可以通过抽样调查、行为测量、心理分析、统计等方法进行。传统政治文化的主体已消失，它蕴藏在历史的残骸之中，要通过分析历史文物和文献资料展现出历史人的政治心理、情感和意识。在这里，依据材料的分析、实证与揣摩将得到广泛的运用。

在古代中国，政治具有较强的弥散性，几乎渗入整个社会文化，使之呈现出鲜明的总体性政治价值取向。也就是说，不仅直接与政治系统密切相连的文化显现出政治性价值取向，同时在宗教、教育、伦理，甚至社会物质文化等方面，均无一例外地显示出明显的政治性价值取向。由此形成中国传统文化所特有的政治文化化与文化政治化过程。因此，假使我们像研究现代西方政治文化那样，仅仅以政治系统为轴心来界定中国传统政治文化的研究对象暨

＊本文与葛荃、刘刚合作。

范围,无疑过于狭小,很难把握其基本脉络,也难以窥其全豹。鉴于此,我们研究中国传统政治文化除了借鉴现代政治文化的研究主题,譬如权威类型及其合法性、政治一体化、政治参与、政治社会化等,还必须在研究主题和范围方面做必要的开拓工作。中国传统政治文化的领域极其宽泛,表现形式除了心理、情感、意识,还包括政治理论思想形态。

基于上述情况,在研究传统政治文化时,我们不能简单引用现代政治文化研究方法,必须根据对象特点进行改造和创新,以展现"历史人"的政治价值取向、政治心理和意识。在进行历史的描述时,尽管有些细节可能会模糊不清,但并不会影响总体认识的清晰度。

二、政治价值系统与政治化过程和政治一体化

中国传统政治文化内涵宽泛,问题繁多。但若提纲挈领,下面三方面的研究是必不可少的。

第一,研究中国传统政治文化的价值系统。价值系统是政治文化的基本构成。中国传统政治文化的价值系统是一个以王权主义为核心,以宗法观念、清官思想、平均主义为补充的"刚柔结构"体系。研究中国传统政治文化必须从解剖这个价值系统入手。

王权主义的主要内涵是王权至上和王权崇拜。王权主义作为传统政治价值系统的核心,决定着传统政治文化的特质,制约着其他价值构成,并通过多种社会化渠道,对人们的政治意识和政治选择施以强烈的影响。宗法观念的基本点是父家长权威至上和父权崇拜。父权是王权的原型和权力基础,王权则是父权的最高代表。父权崇拜为君主政治提供了广泛的社会心理基础,并对国家政令法规的制定和实施产生直接的影响。清官思想主要表现为一种政治理想,其根本价值准则是"忠君爱民",缓和社会冲突。清官形象是儒家传统"仁政"思想的人格化,被社会各个阶层所接受,作为王权主义的内在调节机制发挥作用。平均主义更多地体现着小生产者的政治期盼,表现为一种政治理想,反映了社会下层成员对于等级特权的对抗心理。其中隐含着某种潜在的政治参与意识,在一定时期和条件下会直接作用于政治的运行。然而平均主义的"均平"理想一般要通过"替天行道"的方式来实现,实践的政治归宿依然是王权主义。因此平均主义基本是作为君主政治运行的外部社会调节机制

而发挥作用的。

简言之,王权主义是中国传统政治文化价值系统的核心,宗法观念与之相辅相成;清官思想和平均主义作为某种调节机制,对人们的政治意识、观念和心理进行调节,潜移默化地引导和决定着人们的政治价值取向及行为选择,从而对政治运行过程产生直接的影响。

第二,研究中国传统政治文化的政治社会化过程。政治社会化是政治文化形成、持续、改变和发展的过程。对个人来说,是个人获得政治知识,形成政治信仰、观念、态度和行为模式的学习过程。对于政治系统来说,则是通过有意识的政治教育和训练,以培养政治人的过程。在中国传统社会,君主专制政治系统的社会化功能极为发达,在王权主义的统摄之下,传统政治文化的社会化过程具有如下特征。

其一,"教化"作为君主政治的基本职能之一,成为最主要的政治社会化途径。所谓"教化",即以王权为中心的政治系统,通过宣讲、表彰、学校教育以及各种祭祀仪式等方式,将王权主义的价值体系灌入人们的意识之中,培养出符合君主政治需要的忠臣和顺民。辟庸(雍)庠序是古代的教育系统。《白虎通》说:"天子立辟雍何?辟雍所以行礼乐,宣德化也。"[1]辟雍是贵族子弟学校,亦是"行礼乐,宣德化"的教化机构。"上自黄帝,下及三王,莫不明德教,谨庠序,崇仁义,立教化。此百世不易之道也。"[2]传统社会又极重祭祀,即所谓"国之大事,在祀与戎"。祭祀不仅仅是一种神祖崇拜仪式,而且还是一种仪式化的政治学习和文化传播适应过程。通过祭祀祖先,使父家长的权威一再得到确认,并将"父家长崇拜"的观念输入人们的心理、意识之中。同样,通过祭祀天地,使君主的统治权威得到确认,并将君主权威的合法性观念注入人们心中。"教化"是政治社会化的基本手段,也是君主的要务。

其二,政治社会化与政治录用密切结合。政治录用是政治系统的重要功能之一,指通过一定的方式,依照一定的政治标准选用人员,并在政治结构中担当各种角色。政治录用与政治社会化相互作用。政治录用不仅能调整、引导和确定人们的政治选择倾向,而且其本身直接作用于社会化过程,表现为一种特殊的政治社会化功能。例如,汉代的政治录用方式为"察举征辟"和通习

---

① 《白虎通·辟雍》。
② 《盐铁论·遵道》。

经术。"举辟"和通经术本身就具有极明显的价值输出功能。人们为进入政治系统,直接参与政治资源分配,就会自觉地接受"孝廉忠义"等儒家政治准则和观念。明代八股取士,以程朱之学为考核标准,人们便一心研习程朱理学,接受程朱之学内涵的政治价值准则。显而易见,传统中国的政治录用实际具有政治社会化功能,所以唐太宗会得意地说:"天下英雄尽入吾彀中。"

其三,家庭、学校具有直接社会化效应。西方政治学研究一般将家庭、学校视为间接政治社会化过程。中国传统社会的家庭和学校则具有直接性质。传统政治文化认为家庭与学校都是政治系统的有机构成,国家(王朝)是家庭(族)的扩大,君主是"天下之父母也"①。君主具有最高统治者和最大父家长双重身份。因此,人们在家庭范围内接受教育,正是通过亲子之情培训儿童的政治情感和选择倾向。"出则事公卿,入则事父兄"②,家庭教育为人们日后步入社会,做忠臣顺民奠定了心理和情感基础,"君子之事亲孝,故忠可移于君"③。学校则以儒家的忠孝仁义为教,注重政治思想培养,使学生逐渐建构起王权主义认知体系。传统中国的家庭及学校的政治社会化功能具有直接性。

其四,"内圣外王"是个人政治社会化的最高阶段,也是成熟阶段。个人政治社会化通常指个人政治人格和政治角色形成过程。西方政治学研究大多将这一过程分为儿童期和成人期两个阶段,认为基本文化因素(价值、角色、行为模式)的内化和传递主要在儿童期完成,成人期则是调整、维持、补充和发展阶段。就中国传统社会来看,个人政治社会化可分为先天和后天两个阶段。古人认为文化因素可以遗传,夫妻之道是伦常纲纪的基本体现之一,胎教是道德培养的第一步。据《韩诗外传》载,孟子之母曾说:"吾怀妊是子,席不正不坐,割不正不食,胎教之也。"④载道的夫妻生活和妊娠期的胎教构成个人政治社会化的先天阶段。从婴儿期开始的人生旅程,是个人政治社会化的后天阶段。这一阶段又可分为小成、大成、完成三个时期。小成期以"敬事"教育为主,大成期以"明理"教育为主,完成期则通过道德修养和社会政治实践,即所谓"修身、齐家、治国、平天下"的过程,达到个人政治社会化的最高阶段:"内圣外王"。这已经标志着政治人格的最终形成。

---

① 《盐铁论·备胡》。

② 《论语·子罕》。

③ 《孝经·广扬名章》。

④ 《韩诗外传》卷九。

第三,研究传统中国的政治一体化问题。所谓"政治一体化",简言之,主要指人们(政治系统中一般成员)对国家的认同问题。人们通过对国家的认同,意识到各自的同一性,从而获得某种属于特定政治系统的归属感,并为其所属的政治权利或统治权威提供合法性基础。从民族心态来看,人们对国家的认同意识是构成民族精神或国民性的重要内容之一。中国传统政治文化的政治一体化主要包括以下三个层次。

其一,血缘认同。中国人之所以为中国人,主要取决于两点,一是"文",二是"种"。这后一点就体现了"血缘认同"。古人云:"非我族类,其心必异",历史上的"华夷之辨"以血缘认同为基点,形成强大的民族凝聚力和同化力,"炎黄子孙"通过"用夏变夷",聚合了众多民族,形成了世界第一大族:中华民族。这不仅表现为文化同化过程,同时也是血缘认同的结果。在传统中国,血缘认同具有特殊重要的政治一体化功能。"天下一家""四海之内皆兄弟也"的传统观念,体现了以血缘认同为基础的伦理主义精神。这种精神于"溥天之下,莫非王土,率土之滨,莫非王臣"的专制主义精神相结合,构成中国特有的政治伦理大一统。血缘认同为王权主义和君主政治的一统天下提供了相应的政治心理条件,从另一个方面增强了君主统治的权威性。

血缘认同作为中国传统政治文化的重要构成,融合在人们的政治观念和意识之中,诸如君父、臣子、子民、父母官等明显含有血缘认同成分。血缘认同将血缘关系和政治关系融为一体,传统政治价值的核心"三纲",即把夫妇和父子的血缘关系视为君臣政治关系的根基。《易传》认为:先有天地,后有万物和男女,"有男女然后有夫妇,有夫妇然后有父子,有父子然后有君臣"①,把君臣政治关系看作夫妻、父子血缘关系在社会政治发展过程中的自然延伸。在君父与臣子的政治角色中,也依然保留了父与子的行为模式。血缘认同为国家权威的合法性提供了社会心理基础,使个人与国家在心理和意识上自然而然地融为一体。

其二,文化认同。中华民族形成的另一重要条件是"文",及"文化认同"。中华民族历来以"礼仪之邦"自诩,具有鲜明的文化认同倾向。《礼记》曰:"凡人之所以为人者,礼义也。"②只要皈依礼义,即使异族亦可入主中原,纳入中

---

① 《易传·序卦》。
② 《礼记·冠义》。

华民族之列;反之,假如缺少这种文化认同,即使"华夏"也会堕为"夷狄",难免与禽兽为伍。中国传统政治文化将人分为小人、君子、贤人、圣人,这种区分无疑是以对文化的认同程度为标准的。其中小人和圣人分处于人之两极。小人是与禽兽相差无几的人欲之身,圣人则是集礼义之大成的天理化身。从人自身的发展来看,文化认同的最高境界是圣人。圣人在人格心理上,是泯灭了自我和本我的纯超我象征;在观念形态上,是淡化了主体性的必然性化身;在政治行为上,是载道和传道的工具。圣人的本质是王权主义的国家权威的人格化,因此,对圣人的认同,既是个人自立和自我完成的修身过程,同时又是治国平天下的政治实践过程,亦即所谓"内圣外王"的过程。对圣人的普遍认同,赋予了中国人以统一的国家人格和政治理想。

其三,权威认同。国家权力集中表现为权威,血缘认同和文化认同最终要归结为权威认同。人们在血缘认同过程中对家长权威的绝对崇拜,促成了根深蒂固的权威认同心理因素。成人对待国家权威的态度和方式,可以追溯到儿童对待父母权威的态度和方式,二者具有深刻的同一性。中国传统政治文化中血缘认同的普遍化,又导致了政治心理中的成人儿童化现象,在君主面前,人们不是"臣子",就是"子民",都是"君父"的晚辈。文化认同则缔结了权威类型中的最高角色——圣人。秦汉以后,君主与圣人在主体上是统一的。由于血缘认同和文化认同的政治作用,使得人们对君主权威的认同极具普遍性和广泛性,成为传统民族精神结构中的主体。人们对君主权威的认同,主要体现在对君主人格魅力的崇拜和对传统权威合法性的认可上。具体言之,君主的人格魅力表现在其能够"参天地,化万物,立人极"。君主的人格反映着必然性,因此,不仅能决定政治盛衰,国家兴亡,所谓"一言而兴邦""一言而丧邦""人存政举,人亡政息";而且是道的主宰和决断是非的总裁:"圣人者,道之管也"①,"正嫌疑者视圣人"②。君主权威的传统合法性则表现为一种无须证明的"历来如此",如"天无二日,民无二王""天子无妻(齐),告人无匹也""率土之滨,莫非王臣""君亲无将,将而诛焉",等等,就反映了"历来如此"的权威性。不过,一般说来,人们对君主权威的认同并非一概对现实中具体君主的认同,而是对体现着原则的理想君主的认同。人们希冀理想君主和厌恶昏君,为"有

①《荀子·儒效》。
②《春秋繁露·深察名号》。

道伐无道"的传统"革命"提供了合法性依据。因而,农民起义和易姓"革命"不过是以特殊方式对君主权威的认同。正是这种"反皇帝不反皇权"的改朝换代,不断地强化着人们对于君主权威的认同感。对明君的崇拜和对昏君的厌恶使很多中国人在显意识中表现为对君主的顶礼膜拜,而在潜意识中又怀有"彼可取而代之"的皇帝梦,从而形成畸形的兼具奴性与"革命"性的独特国民性。

政治一体化除了国家认同问题,还包括政治过程中各结构之间的关系、政治转换中不同礼义的综合以及各种团体或亚文化间的联系方式等问题。中国传统政治文化内容极其丰富,远非上述三个方面的描述所能涵盖,我们的论述只不过"管中窥豹,略见一斑"。但就大体而言,我们自信还是把握了中国传统政治文化的一些基本问题。

三、研究传统政治文化的五种视角

中国传统政治文化的研究,要采用多学科综合性方法,涉及政治学、历史学、文化学、社会学、心理学等学科。这是就其方法而言。本文所要讨论的是选用何种视角,采用何种方式来把握研究对象。这里谈以下五个方面。

(一)整体研究

首先,要把中国传统政治文化视作一个有限的系统,研究其内在结构的同一性,以及具有同一性的观念、意识和心理。例如清官意识、圣人崇拜、臣民心理等就是超阶层和利益集团的系统化意识。其次,将这个有限的系统放在与外部世界的关系中研究其特性。例如,天朝上国的政治心态,闭关锁国心理等。总之,整体研究就是要把握传统政治文化的总体特征及其本质精神,诸如:社会组织方面的王权主义,宗法意识,等级观念,平均主义;国家权威方面的大一统观念,正统主义和三教合一的意识形态;民族关系方面的华夏中心意识,文化同化主义;社会政治生活方面的忠君爱国,重义轻利,慎独和出世观念;政治思维方式方面的天人合一,中庸之道,历史循环,等等。整体研究有助于我们从宏观上把握传统政治文化的基本特征和发展大势。

(二)分层研究

在传统中国,各个社会阶层和利益集团均有不同的利益要求和政治期盼,表现为不同的价值取向和行为模式,因而需要进行分层研究。例如,就政治参与来看,一般民众基本持非参与态度。但他们的政治情感,利益要求和期盼,往往会通过戏曲、曲艺、小说、话本中的忠奸褒贬或因果报应表达出来,经过某种输入环节进入转换过程,从而对政治运行产生影响。士人阶层通常持有积极参与态度。他们大多通过察举、科举、入幕为僚或盟党结社、操纵舆论等方式参与政治生活。可是另一方面,使人们往往又具有"天下有道则仕,无道则隐"的价值观念。仕和隐构成士人政治意识的两极。因此在士人"以天下为己任"的心态中,往往又潜藏着某种非主体性危机。此外,每一个阶层之中,又可以进一步做分析考察。譬如,一般民众之中,农民阶层的利益要求和政治期盼,城市小工商业者的政治心态;士人阶层中,步入仕途的当权集团的政治观念和行为准则与在野集团的政治期盼,等等。至于其他阶层,如商人、宗教团体,等等,更是属于分层研究的范围。分层研究有助于我们从不同的视角,对传统政治文化进行多维透视,以便准确把握其实质,弄清其本来面目。

(三)个案研究

一般说来,文化发展往往会集中体现在某个精英人物或优秀分子身上,于是个人成为政治文化的缩影和文化发展过程中的焦点。精英人物的个性不仅对一定政治文化的形成产生重大影响,而且会在文化的轨迹上留下不可磨灭的足印。在中国古代,孔子就是这样的人物。孔子对中国传统文化的影响堪称独步。他生前是学者,死后被尊为圣人,成为中华民族的精神领袖。孔子的独特个性使其在行为上不像老子那么"清静无为",也不像墨子那样具有"赴火蹈刃,死不旋踵"的气概,而是表现为一种平易近人的中庸精神。虽然缺乏超越性,却更具广泛性,容易为民众认同。于是,孔子成了圣人,中国传统政治文化也表现出以中庸为神圣的特性。又如汉高祖刘邦,从一个溺儒冠的草莽英雄转变为中国历史上第一个祭孔的皇帝,这种价值观念的变更和心态转换也颇耐人寻味。再如五代时的冯道,历四朝,事五姓,在改朝换代的利益冲突中左右逢源,自号"长乐老",被视为政治舞台上的"不倒翁"。对这样的人物进行个性分析,无疑有助于深入揭示封建官僚的政治心态特性。个案研究通过微观分析,把握传统政治文化的细部结构及其发展过程中的精微环节,有利于把传统政治文化的研究推向深入。

(四)过程研究

所谓过程研究就是对中国传统政治文化做历史的考察,亦即对政治文化本身的形成和发展过程进行考察。通过这一研究,我们将把握传统政治文化演进的来龙去脉,找出发展的规律性。过程研究大致有两种方法。一是还原法,即从现实出发,寻找社会政治现象背后的文化—心理原型。例如,"革命"问题是社会政治生活中一个重要问题,运用还原法进行研究,我们就必须回答诸如人们关于"革命"的文化—心理原型是什么,传统革命观与现代革命观有何差异等问题。二是推进法,即从传统出发,考察政治文化发展变化的时代轨迹。例如王权主义是中国传统政治文化的核心问题,在不同的时代有着不同的特征表现,秦专任法术,汉王霸并用,唐三教并行,宋以后则以理学为正统。对这一过程进行实证性的描述,阐明其发展的内在联系,从而逐步由传统逼近现实。

中国传统政治文化肇始于三代,定型于春秋战国,先秦诸子建立了中国传统政治文化的基本模式。一般说来,过程研究必须有一个坚实的基点,它既是还原的终点,又是推进的起点。先秦诸子的政治文化模式就提供了这样一个基点,就像演绎的内容隐含在逻辑的前提中一样,秦汉以后政治文化的发展在主体上不过是先秦模式的展开或萎缩。

(五)比较研究

这是一种跨时空研究,这种研究并不只意味着超出本民族的社会历史局限,将文化放在世界各民族文化之林中进行比较;更主要的是,它必须提供一种文化类型,这种文化类型综合了具有恒久性和普遍性的文化因素,比较研究主要是文化类型的比较。中国传统政治文化主体上是一种臣民型政治文化,与西方的公民型政治文化大相径庭。这种臣民型政治文化是由一系列具有某种恒久性的臣民文化因素综合而成的,这些文化因素固然因时代不同而有相应的表现形式,但其精神实质却有一贯性。例如,从"存天理,灭人欲"到"灵魂深处爆发革命";从"用夏变夷"到"中体西用";从"重农抑商"到"割资本主义尾巴",等等。他们之间有着某种内在的文化联系和一致性。因此,文化类型能跨越具体的历史发展阶段和社会政治条件,在不同的社会形态中存在。文化类型并非永远"恒久"不变,文化的转型与社会发展并不一定是同步的,既可能超前,也可能落后。就趋势而言,以臣民型为主体的中国传统政治文化必然要向着现代的公民型政治文化转化,比较研究的目的就在于促进文化转型,并为现实的文化选择提供适宜的参照系。

四、政治文化的转型

中国传统社会是君主专制主义的一统天下。在君主政治数千年相对稳定的发展过程中，与之相应，传统政治文化也逐渐凝聚成一种稳定的价值体系，并且弥散于社会政治生活的各个领域，固着于人们的观念、意识和心理之中，凭借各种文化形式和社会化渠道，连绵不息地一代代传延下来。随着历史的演进，19 世纪下半叶，中国社会的经济结构、政治结构及其统治形式发生了几次重大变革，每一次变革都意味着一种新型政治价值系统的建立；与此同时，政治文化的价值构成也随之发生变化。在实际历史过程中，新型政治价值系统的社会化过程不能不受到稳定的传统政治文化体系的顽强抵制，因此，政治文化价值系统的转型需要长期的，甚或是数百年的社会化过程。我们看到，迄今为止，实际发生的政治文化转型主要局限于政治文化的表层结构，而传统政治文化价值系统的主体作为深层文化因素依然延续下来。

总之，传统政治文化的价值主体仍然遗留在我们的民族意识和大众心理之中，仍然左右着人们的基本价值取向和政治选择。这就是为什么帝制政治形式早已被历史抛弃，而专制主义的种种政治弊端，诸如个人专权、个人崇拜、言论和思想专制、官僚主义及与之俱来的贪污腐败等始终阴魂不散的重要原因。

五、政治文化化与文化政治化

一定政治秩序的形成和维持，一方面要依赖外在强制力量的约束，另一方面又需依靠政治共同体内成员在观念和意识上的认同。前者表现为政治关系中的"硬件"，如制度、法律、军队、警察、监狱等；后者则表现为政治关系中的"软件"，如信仰、情感、态度、价值观等。从这个意义上讲，政治关系就不仅仅是单纯的权力关系，它还是一种文化关系。政治文化指的就是这些"软件"。一定政治文化的形成是由本民族历史和现实社会、经济、政治活动过程决定的。政治文化影响担任政治角色者的行为、政治要求，以及对法律的反应。可以说政治文化是政治实体中一个有效的组成部分，在某些情况下，对政治行为起着指导作用。

政治发展离不开文化条件，这当中有一个文化政治化的过程。文化政治化包括两层政治含义:其一,一定政治体制的形成有赖于一定的文化背景;其二,一定政治体制的存在和运行,受到文化因素的制约和改造。仅仅从制度、法律、规定、强制等范畴来谈政治是远远不够的,还必须结合一定的文化背景才能真正理解政治的运行和发展。以权力这一范畴为例,权力问题不仅仅是"硬件"的规定和运动,同时也是一个问题。权力从哪里来?是上面给的,是争夺而来,还是人民赋予的?获取权力的方式是什么?是世袭、是接班,还是选举产生?这一套东西,在很多时候是表现在既定程序之外的,这就是政治文化对政治过程的制约和影响。再如对民主的理解,在不同时代不同的文化背景下,理解并不一样。对于不同文化层次的人来说,对民主的理解也大有差别,如对没有文化的文盲讲民主和对经过现代教育的人讲民主就不可能有一样的反应。民主作为一种制度与作为一种文化观念显然是不尽相同的。差异之一,就是非同步性,民主制度体现在一定的程序规范上,而有关民主的文化观念则要宽广得多,它可能落后于现实的民主制度,也可能是超前的。民主制度的改进和发展总是有这种超前的民主观念做前导的,所以政治文化对政治运行和制度的建设有着巨大的影响。

文化政治化十分重要,同样,政治又会文化化。政治与文化是互动的,一定的政治制度与法律体系可以通过不断的政治社会化过程逐渐内化成为政治共同体内成员所奉行的行为准则与政治观念。比如中国传统政治文化中表现较突出的皇帝至上意识,就是长期的君主专制政治实施过程的产物。在君主强大的权威下,百姓自然变得越来越渺小,谈不上任何主体意识,因为圣旨是至高无上的,和它相比,再无是非可言,无道理可辩。以至于在一些场景中一见到皇帝或皇权的标记,便自然而然地双膝下跪,成为一种条件反射。这种心理与行为,就是不断政治社会化的产物。

政治文化化与文化政治化,是中国政治史和文化史中一个十分重要的课题。但长期以来我们没有把它作为一个对象来研究,以致所写的政治史与文化史都显得干瘪而苍白。许多政治现象如果离开了政治文化,就会变得不可思议,比如王莽代汉,以往不少著作仅视为个人野心家的篡权,这显然是浅薄的。如果从西汉后期的政治文化去考察,事情就比较容易了。

原载《天津社会科学》,1989 年第 2 期

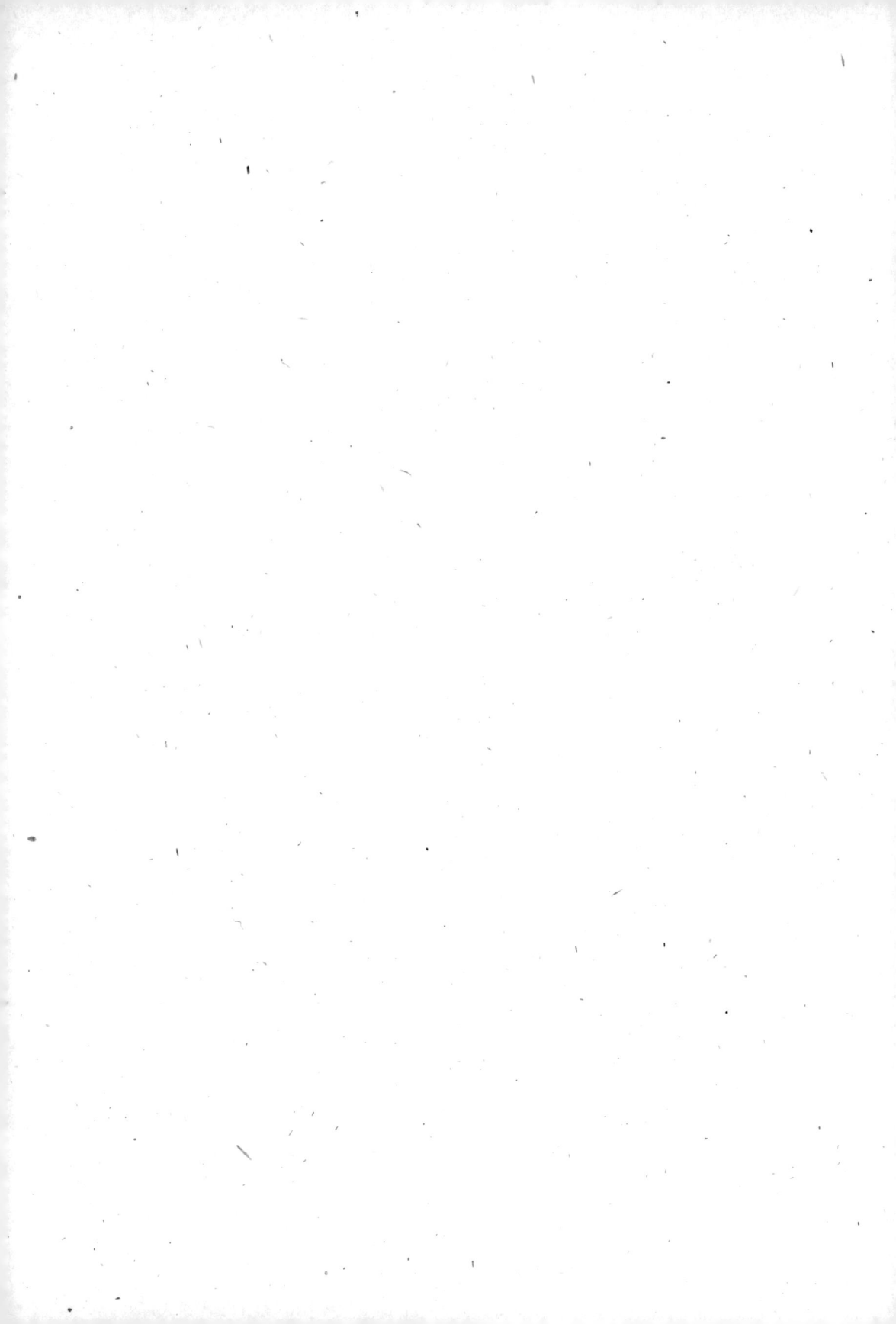